戸籍法の一部を改正する法律の施行等に伴う戸籍情報連携システムを利用した戸籍事務の取扱いについて

テイハン法令編纂部戸籍実務研究会 編

発行 **テイハン**

は し が き

　本書は、令和元年5月31日に公布された戸籍法の一部を改正する法律（令和元年法律第17号）における戸籍法改正（以下「令和元年戸籍法改正」という。）の施行に伴い、令和6年3月1日から、市区町村が管理する戸籍情報システムと法務大臣が管理する戸籍情報連携システムとをネットワークでつなぎ、戸籍事務について当該戸籍情報連携システムを利用して取り扱うことになったことから、この令和元年戸籍法改正の概要を中心に、これに関係する戸籍法施行規則や法務省民事局長通達の取扱い等について解説するものである。

　令和元年戸籍法改正は、行政手続における特定の個人を識別するための番号の利用等に関する法律（平成25年法律第27号。以下「マイナンバー法」という。）におけるマイナンバーの利用事務が、当初、社会保障、税、災害の3分野に限られていたことから、その拡大を検討する過程で、戸籍の分野とも連携すべきとする累次の閣議決定を端緒にして行われたものである。このため、マイナンバー利用事務の窓口における戸籍証明書の提出に代えて、戸籍に関係する情報を、マイナンバー法の規律に従って情報提供ネットワークシステムによって提供する、いわゆるネットワーク連携を行うためのシステムの構築が必要となり、そのシステム（前記戸籍情報連携システム）の構築の準備等のため、公布から全部の改正規定の施行まで5年の歳月を要することとなった。

　この間、令和3年には、デジタル社会形成基本法（令和3年法律第35号）、デジタル庁設置法（令和3年法律第36号）及びデジタル社会の形成を図るための関係法律の整備に関する法律（令和3年法律第37号）が制定され、情報提供ネットワークシステムの管理主体が総務大臣からデジタル大臣に変わるとともに、ネットワーク連携を行う根拠規定も「マイナンバー法第19条第7号又は第8号」から、「マイナンバー法第19条第8号又は第9号」に改正されることとなった。また、令和5年には、令和5年法律

第48号をもって、マイナンバー法が更に改正され、マイナンバーの利用事務等を規定した別表が整理され、改めてマイナンバー法第19条第8号において委任する主務省令において、情報照会者、情報提供者、マイナンバー利用事務等を具体化することとされた。

　更に、同じ令和5年には、地域の自主性及び自立性を高めるための改革の推進を図るための関係法律の整備に関する法律（令和5年法律第58号）において、戸籍情報連携システムを利用することで可能となった、本籍地以外の市区町村での戸籍証明書の交付（広域交付）について、戸籍事務を取り扱う指定市町村長と長を同じくする市町村の機関にも認めることを内容とする戸籍法改正が行われた。

　本書は、戸籍誌に掲載された戸籍法改正に関わる解説を元にしているが、上記のように、令和元年戸籍法改正の後に行われた改正が多岐にわたることから、その内容を現在の法令等に即したものとするべく、当課の青山琢磨補佐官が中心となって必要な見直しを施しているほか、法令編や資料編において関係資料を幅広く掲載するなど、充実したものとなっている。本書が戸籍実務に携わる方々に広く活用されることを願う次第である。

　令和7年（2025年）2月

法務省民事局民事第一課長　櫻庭　倫

目　次

┈ 目　次 ┈

はしがき………………………………………………………………… i

▌本編………………………………………………………………… 1

- 戸籍法の一部を改正する法律の解説（令和元年改正）……………… 3
- 地域の自主性及び自立性を高めるための改革の推進を図るための
  関係法律の整備に関する法律における戸籍法改正の解説（令和5
  年改正）…………………………………………………………………… 44
- 令和元年戸籍法改正に伴う改正戸籍法施行規則及び関係通達等の
  解説………………………………………………………………………… 52
- 戸籍情報連携システムの構築と運用について……………………… 125

▌法令等編…………………………………………………………… 147

- 戸籍法の一部を改正する法律（令和元年法律第17号）新旧対照条
  文（抄）………………………………………………………………… 149
- 戸籍法施行規則等の一部を改正する省令（令和元年6月20日法務
  省令第4号）…………………………………………………………… 159
- 戸籍法施行規則の一部を改正する省令（令和2年4月3日法務省
  令第32号）……………………………………………………………… 183
- 戸籍法施行規則の一部を改正する省令（令和6年2月26日法務省
  令第5号）……………………………………………………………… 192
- 戸籍法施行規則の一部を改正する省令（令和6年4月18日法務省
  令第30号）……………………………………………………………… 211
- 法務省の所管する法令の規定に基づく情報通信技術を活用した行
  政の推進等に関する規則の一部を改正する省令（抄）（令和6年5
  月24日法務省令第35号）……………………………………………… 213

iii

- 戸籍法施行規則の一部を改正する省令（令和6年8月26日法務省令第44号）……………………………………………………………………*214*
- 地方公共団体の手数料の標準に関する政令の一部を改正する政令（抄）（令和6年12月6日法務省令第347号）…………………………*216*
- 戸籍法及び戸籍法施行規則の一部改正に伴う戸籍事務の取扱いについて（令和6年2月26日民一第500号通達）……………………………*220*
- 戸籍法及び戸籍法施行規則の一部改正に伴う戸籍事務の取扱いについて（令和6年2月26日民一第501号依命通知）……………………*237*
- 戸籍事務取扱準則制定標準の一部改正について（令和6年2月26日民一第502号通達）……………………………………………………*241*
- 電子情報処理組織による届出又は申請等の取扱いについて（令和6年2月26日民一第503号通達）……………………………………*249*
- 戸籍届書の標準様式の一部改正について（令和6年2月26日民一第504号通達）…………………………………………………………*259*
- 「戸籍法及び戸籍法施行規則の一部改正に伴う戸籍事務の取扱いについて」の一部改正について（令和6年2月26日民一第505号通達）…………………………………………………………………………*260*
- 「戸籍法及び戸籍法施行規則の一部改正に伴う戸籍事務の取扱いについて」の一部改正について（令和6年2月26日民一第506号依命通知）……………………………………………………………………………*270*
- 在留外国人の死亡通知の取扱い変更について（令和6年2月26日民一第507号通達）……………………………………………………*272*
- 地方公共団体の特定の事務の郵便局における取扱いに関する法律の一部改正に伴う戸籍事務の取扱いについて（令和6年2月26日民一第508号通達）……………………………………………………………*273*
- イメージデータを原本とする除籍・改製原戸籍の謄抄本の作成について（令和6年2月26日民一第509号依命通知）………………………*274*
- 戸籍記載例等の改正について（令和6年2月26日民一第510号通達）………………………………………………………………………………*275*

目 次

- 競争の導入による公共サービスの改革に関する法律の一部改正に伴う戸籍事務の取扱いについて（令和6年2月26日民一第511号通達）‥‥‥‥‥‥‥‥‥‥‥‥‥‥‥‥‥‥‥‥‥‥‥‥‥‥‥‥‥‥‥‥‥‥‥‥‥295
- 「戸籍事務を民間事業者に委託することが可能な業務の範囲について」の一部改正について（令和6年2月26日民一第512号通達）‥‥‥296
- 「電子情報処理組織による戸籍事務の取扱いについて」の一部改正について（令和6年2月26日民一第513号通達）‥‥‥‥‥‥‥‥‥‥‥‥‥297
- 「戸籍事務を処理する電子情報処理組織が備えるべき技術的基準について」の一部改正について（令和6年2月26日民一第514号通達）‥‥‥‥‥‥‥‥‥‥‥‥‥‥‥‥‥‥‥‥‥‥‥‥‥‥‥‥‥‥‥‥‥‥‥304
- 「電子情報処理組織による届出又は申請等の取扱いについて」の一部改正について（令和6年8月26日民一第1797号通達）‥‥‥‥‥‥307
- 戸籍法施行規則における法務大臣の定めについて（令和6年8月30日民一第2000号通達）‥‥‥‥‥‥‥‥‥‥‥‥‥‥‥‥‥‥‥‥‥‥‥‥‥313
- 社会保障・税番号制度システム整備費補助金（戸籍事務へのマイナンバー制度導入に係るものに限る。）交付要綱‥‥‥‥‥‥‥‥‥‥‥343
- 社会保障・税番号制度システム整備費補助金（戸籍事務へのマイナンバー制度導入に係るものに限る。）実施要領‥‥‥‥‥‥‥‥‥‥‥350

資料編 ‥‥‥‥‥‥‥‥‥‥‥‥‥‥‥‥‥‥‥‥‥‥‥‥‥‥‥‥‥‥‥‥‥‥‥‥‥355

- 法務省「戸籍制度に関する研究会」最終取りまとめ（抄）‥‥‥‥‥‥357
- 法務省「戸籍システム検討ワーキンググループ」最終取りまとめ（抄）‥‥‥‥‥‥‥‥‥‥‥‥‥‥‥‥‥‥‥‥‥‥‥‥‥‥‥‥‥‥‥‥‥‥‥391
- 戸籍法の改正に関する要綱‥‥‥‥‥‥‥‥‥‥‥‥‥‥‥‥‥‥‥‥‥‥420
- 戸籍法の改正に関する中間試案‥‥‥‥‥‥‥‥‥‥‥‥‥‥‥‥‥‥‥427

v

本編

- 戸籍法の一部を改正する法律の解説（令和元年改正）·····················*3*
- 地域の自主性及び自立性を高めるための改革の推進を図るための
  関係法律の整備に関する法律における戸籍法改正の解説（令和5
  年改正）···*44*
- 令和元年戸籍法改正に伴う改正戸籍法施行規則及び関係通達等の
  解説··*52*
- 戸籍情報連携システムの構築と運用について·····························*125*

戸籍法の一部を改正する法律の解説

（令和元年改正）
戸籍法の一部を改正する法律の解説

第1　はじめに

　行政手続における特定の個人を識別するための番号の利用等に関する法律（平成25年法律第27号。以下「マイナンバー法」という。）第19条第8号又は第9号の規定による情報連携（以下、単に「情報連携」という。）の対象に戸籍に関する情報を追加することを可能とするなどを内容とする「戸籍法の一部を改正する法律（令和元年法律第17号）」が、令和元年5月24日に成立し、同月31日に公布された。

　戸籍法（昭和22年法律第224号）は、日本国憲法の制定に伴い昭和22年に全面改正された後、電子情報処理組織を利用して戸籍事務を取り扱うことを可能とした平成6年法律第67号による改正、戸籍の公開制度の見直しを行った平成19年法律第35号による改正などの見直しが行われてきた。また、平成25年には、東日本大震災において戸籍の正本と副本とが同時に滅失する危険が生じたことを踏まえ、このような危険を回避するために、管轄法務局等における戸籍の副本の保存を遠隔地において行うためのシステム（戸籍副本データ管理システム）を法務省において構築し、運用することとされ、この戸籍副本データ管理システムの構築に伴う戸籍法施行規則の改正（平成25年法務省令第1号）が行われた[*1]。

　この令和元年の改正（以下「令和元年改正」という。）は、平成25年の戸籍法施行規則の改正により戸籍副本データ管理システムにおいて各管轄法務局等が保存する戸籍の副本のデータが保存、管理されるようになったことを踏まえ、戸籍副本データ管理システムの仕組みを活用した新たなシステム（以下、改正法を踏まえて設計、開発されることが予定されている新たなシステムを「新システム」という。）を構築し、戸籍に記載された

3

各人について戸籍の副本に記録された情報により作成される個人単位の情報（戸籍関係情報。後記第3の1参照。）を整備し、情報連携の対象に戸籍関係情報を追加することを可能とするとともに、戸籍の副本データを戸籍事務において利用し、本籍地以外での戸籍証明書の発行を可能とする等の措置を講ずることなどを内容とするものである。

　本稿は、この「戸籍法の一部を改正する法律（令和元年法律第17号）」（以下「改正法」という。）の概要を解説するものである。以下においては、改正法による改正後の戸籍法やマイナンバー法を「新戸籍法」、「新マイナンバー法」、改正法による改正後、令和6年9月までに更なる改正を経たマイナンバー法を「最新マイナンバー法」という。

第2　改正の経緯

1　法制審議会における審議の経緯等

　平成25年5月に成立したマイナンバー法は、平成27年10月に施行され、平成29年11月からは、順次、情報連携の具体的な運用が開始されている。

　マイナンバー法制定当初の検討段階においては、戸籍事務もマイナンバーの利用範囲とすることが検討対象となっていたが、全市区町村[*2]の戸籍事務のコンピュータ化が完了していないなどの理由から、マイナンバー法の成立の際には、その利用範囲に戸籍事務を含むことは見送られたという経緯がある。その後、全国知事会から、施行後3年を目途として検討される見直し（マイナンバー法附則第6条第1項）については、戸籍等の情報を始め聖域を設けることなく検討を進めるべきである旨の要請がされ、政府内においても、累次の閣議決定において、戸籍事務をマイナンバーの利用範囲とすることについて検討を行うことなどが盛り込まれた[*3]。

　これらを踏まえ、法務省民事局においては、戸籍法の改正に関する検討に着手し[*4]、平成29年9月、法務大臣から、法制審議会に対し、戸籍法の見直しに関する諮問第105号がされた。諮問事項は、「国民の利便性の向上及び行政運営の効率化の観点から、戸籍事務にマイナンバー制度を導入し、国民が行政機関等に対する申請、届出その他の手続を行う際に戸籍謄

本等の添付省略が可能となるようにするとともに、電子情報処理組織を使用して行う戸籍事務を原則とするための規定及び戸籍の記載の正確性を担保するための規定の整備等、戸籍法制の見直しを行う必要があると考えられるので、その要綱を示されたい。」というものである。この諮問を受けて、法制審議会では、平成29年10月に戸籍法部会（部会長・窪田充見神戸大学大学院教授／当時）を設置し、同部会における約１年５か月の調査審議を経て、平成31年２月14日、「戸籍法の改正に関する要綱」が採択され、法務大臣に答申された。

2　国会における審議等

法務省民事局では、この答申を受けて改正に向けた立案作業を行い、平成31年３月15日、第198回国会（平成31年通常国会）に戸籍法の一部を改正する法律案を提出した。この法律案は、同年５月10日に衆議院法務委員会において、同月16日に衆議院本会議においてそれぞれ賛成多数により可決されて参議院に送付され、さらに、同月23日に参議院法務委員会において、同月24日に参議院本会議において、それぞれ賛成多数により可決され、法律として成立した[5]。

3　改正法の概要

改正法は、戸籍関係情報を情報連携の対象とすることを可能とするための措置や、戸籍の副本に関する情報を戸籍事務において利用することを可能とする措置を講ずるほか、戸籍の記載の正確性を担保するための規律を見直すなど多岐にわたる事項を目的としている。このうち、戸籍関係情報を情報連携の対象とすることを可能とするための措置については、戸籍法のほか、マイナンバー法においても所要の改正が行われている。

以下、主要な改正事項について紹介することとしたい。

本稿においては、主要な改正事項のうち、まずマイナンバー法における情報連携に関する部分を中心に論ずることとし、その後、新システムを利用した戸籍事務の取扱いに関する改正等について論ずることとする。

第3 改正法の主要な改正事項について

1 戸籍関係情報を情報連携の対象とすることを可能とするための措置について

　以下、説明の便宜のため、マイナンバー法第2条第5項に規定する個人番号（通知カードやマイナンバーカード等に記載されている12桁の番号。）を「12桁のマイナンバー」といい、同条第8項に規定する個人番号（12桁のマイナンバーに加え、12桁のマイナンバーに対応し、当該12桁のマイナンバーに代わって用いられる番号、記号その他の符号であって住民票コード以外のものを含む。）を「広義のマイナンバー」という。また、新戸籍法及び新マイナンバー法の条文を摘示する場合は、特に断らない限り、改正法の全ての規定が施行された後（改正法附則第1条第5号の施行日以降）の条文を指す。

⑴　改正法において講じられた措置の概要

　前記第2・1のとおり、令和元年改正は、戸籍事務にマイナンバー制度を導入することなどが閣議決定に掲げられたことが検討の契機となっている。そして、戸籍事務にマイナンバー制度を導入する意義としては、法制審議会に対する諮問事項にもあるように、「国民の利便性の向上及び行政運営の効率化の観点から……、国民が行政機関等に対する申請、届出その他の手続を行う際に戸籍謄本等の添付省略が可能となるようにする」という点、すなわち、戸籍謄本等に記載されている情報を情報連携の対象とし、行政機関等が事務をするために必要な情報が情報連携により提供されるようにすることで、国民にとっては申請等に際して求められている戸籍謄本等を提出する必要がなくなり、行政機関等にとっては事務処理のIT化等により事務の効率化が図られ、もって、国民の利便性の向上及び行政運営の効率化に資するという点にあった。

　ところで、マイナンバー法上、情報連携については、特定個人情報[*6]の提供を求めることができる機関（情報照会者）及び事務、照会に応じて特定個人情報を提供する機関（情報提供者）及び提供される特定個人

情報が具体的に法定されている（最新マイナンバー法別表）。戸籍謄本等に記載・記録されている情報を情報連携の対象とするに当たっても、これらの要素を具体的に法定する必要があったが、このうち、提供される特定個人情報については、以下のとおり、戸籍謄本等をそのまま情報連携に供することが困難な事情があった。

すなわち、特定個人情報は、個人ごとに付番された広義のマイナンバーにひも付けられており、情報連携の対象とするに当たっても、個人ごとの情報とする必要がある。また、情報連携に使用されている情報提供ネットワークシステム（最新マイナンバー法第19条第8号及び第9号並びに第21条参照）においては、個人情報保護の観点から、情報連携の対象となる特定個人情報には氏名、生年月日、性別及び住所（いわゆる基本4情報）といった個人を特定し得る情報を含めない運用とされている。このようなマイナンバー法上の建付け及び運用を前提とすると、氏名、出生の年月日、実父母との続柄等を記載事項（戸籍法第13条）としている戸籍の情報をそのまま情報連携の用に供することはできない。また、婚姻や養子縁組といった身分関係の変動や転籍、分籍等によって個人が入籍する戸籍は変動することが予定されているため、ある特定の個人の戸籍に関する情報は、当該個人の（現在の）戸籍に全て記載されている訳ではなく、除かれた戸籍に記載、記録されているものもある。そのため、情報照会者の事務処理に必要な戸籍に関する情報が当該個人の（現在の）戸籍のみから得られるとは限らず、また、事務処理に必要な戸籍又は除かれた戸籍の範囲を情報照会者において特定して照会することも困難である。

これらの事情から、戸籍に関する情報を情報連携の対象とするためには、戸籍又は除かれた戸籍に散在する情報を個人単位に整理した上で、情報提供ネットワークシステムにおいて取り扱われることが可能であり、かつ、情報照会者による事務の処理に必要である情報を整備することが必要であり、そのためには、戸籍又は除かれた戸籍に関する情報を突合・整理することが必要であると考えられた。

そこで、改正法においては、全国の管轄法務局等において保存することとされている戸籍又は除かれた戸籍の副本のデータを保存するためのシステムとして構築された戸籍副本データ管理システムの仕組みを発展させた新たなシステムを構築し、法務大臣において*7、この新たなシステムを利用して、戸籍又は除かれた戸籍の副本のデータを基礎として情報連携の対象となるべき個人単位の戸籍に関する情報（新マイナンバー法第9条第3項*8において「戸籍関係情報」として定義される情報）を作成し、これを他の行政機関等に提供することとし、そのために必要な法制上の措置を講ずることとした。

　以下、戸籍関係情報を情報連携の対象とすることを可能とするために改正法において講じられた措置について、新戸籍法及び新マイナンバー法それぞれの規定を概観する。

(2)　戸籍関係情報の提供に関する事務処理に関する情報提供用個人識別符号の利用（新マイナンバー法第9条第3項）

ア　新マイナンバー法第9条第3項は、法務大臣が、新マイナンバー法第19条第7号又は第8号（最新マイナンバー法第19条第8号又は第9号）の規定による戸籍関係情報の提供に関する事務の処理に関して保有する特定個人情報ファイル*9において個人情報を効率的に検索し、及び管理するために必要な限度で情報提供用個人識別符号を利用することができる旨を定める。ここで「情報提供用個人識別符号」とは、マイナンバー法第19条第7号又は第8号（最新マイナンバー法第19条第8号又は第9号）の規定による特定個人情報の提供を管理し、及び当該特定個人情報を検索するために必要な限度で12桁のマイナンバーに代わって用いられる特定の個人を識別する符号であって、広義のマイナンバーであるものをいうと定義される（新マイナンバー法第9条第3項）*10。

　上記のとおり、情報提供用個人識別符号は、いわば広義のマイナンバーであるところ、広義のマイナンバーを含む個人情報である特定個人情報については、法律で定める場合を除いてその提供、収集、保管が制限される（マイナンバー法第19条及び第20条）。このため、法務大臣が情

報連携を行うに当たっては、法務大臣において広義のマイナンバーを利用することができることを法律上明確にする必要があった。新マイナンバー法第9条第3項は、この点について法的根拠を定めるものである。

イ　なお、改正法の検討過程においては、戸籍事務を個人番号利用事務（マイナンバー法第2条第10項、第9条第1項及び第2項）とすることも検討された。しかしながら、戸籍と12桁のマイナンバーを直接ひも付けることに対する国民の懸念があったこと、戸籍の届出に係る届出人と届出事件本人（当該届出により戸籍に身分事項等が記載される者）とは必ずしも一致しないことから、届出人において届出事件本人の12桁のマイナンバーを常に把握しているとは限らず、戸籍事務は個人番号利用事務とすることにそぐわない面があること、他の行政機関等からの照会に対応するためには情報提供用個人識別符号のみを保有していれば足りると考えられたこと等を踏まえ、改正法においては、戸籍事務を個人番号利用事務とはせず、戸籍事務においては12桁のマイナンバーを用いないこととされた。このため、法務大臣も12桁のマイナンバーを利用することはなく、情報提供用個人識別符号のみを利用して情報連携に関する事務を処理することとなる。

ウ　また、新マイナンバー法第9条第3項では、戸籍関係情報が定義されている。同項の定義は複雑な構造となっているが、その要素を分析すると、以下のとおりである。

㋐　戸籍又は除かれた戸籍（磁気ディスクをもって調製されたものに限る。特に断らない限り、以下同じ。）の副本に記録されている情報の電子計算機処理等を行うことにより作成することができるものであること

　戸籍関係情報は、コンピュータ処理が可能となっている戸籍又は除かれた戸籍の副本のデータ、すなわち、テキストデータ化された戸籍又は除かれた戸籍の副本に記録された情報を基礎として作成されるものである。これは、戸籍関係情報は、情報提供ネットワークシステムを通じて他の行政機関等に対して提供されることが予定されており、

コンピュータ処理することが可能なものとなっている必要があること、戸籍関係情報は、届出等により親族的身分関係に変動が生じた場合には、その内容を反映した情報に更新される必要があるが、全国の市区町村における戸籍の変動を正確、迅速に反映するためには、戸籍又は除かれた戸籍に関する情報をコンピュータによって処理するほかないことによるものである。

　他方、各市区町村において戸籍事務のコンピュータ化がされる[*11]以前に既に除籍となっていた戸籍や戸籍事務がコンピュータ化される際にコンピュータ化された戸籍を調製する基となった戸籍（改製原戸籍）は、その全てがテキストデータ化されていない。また、戸籍の氏又は名の文字が一般的に戸籍に記載できない文字で記載されている場合（いわゆる改製不適合戸籍）には、そのような文字をコンピュータ処理に適する文字としてテキストデータ化することが困難であり、紙によって調製された戸籍のまま取り扱わざるを得ない。このように、現在、我が国に存する戸籍又は除かれた戸籍には、テキストデータ化されていないものが一定数残存している状況にある。これらの戸籍又は除かれた戸籍に記載・記録された情報を情報連携の対象とするためには、その前提として、戸籍又は除かれた戸籍の副本をテキストデータ化することが必要となるが、その作業には、相当の事務負担、費用を要することになる。また、そもそも12桁のマイナンバーの付番に関するマイナンバー法の規定が施行された平成27年10月以前に死亡した者には12桁のマイナンバーが付番されていないことから、情報連携の対象とすることができない。

　このように、戸籍関係情報による情報連携については、現時点では、親族関係の情報提供において一定の限界があることに留意する必要がある（この点については、後記(ウ)・ｄも参照。）。

(イ)　戸籍又は除かれた戸籍の副本に記録されている者（「戸籍等記録者」という。）についての、①他の戸籍等記録者との間の親子関係の存否その他の身分関係の存否に関する情報、②婚姻その他の身分関係

の形成に関する情報、③その他の情報であって、新マイナンバー法第19条第7号又は第8号（最新マイナンバー法第19条第8号又は第9号）の規定により提供するものとして法務省令で定めるものであること

　戸籍関係情報については、その外延を法律において定めるとともに、具体的にいかなる事項に関して戸籍関係情報が作成されるかの詳細を法務省令に委任することとしている。戸籍又は除かれた戸籍に記録される事項は多岐にわたる上（戸籍法第13条、戸籍法施行規則第30条、第34条以下。）、前記(1)のとおり、戸籍関係情報は戸籍又は除かれた戸籍に散在する個人の戸籍に関する情報を整理して作成されるものであるから、戸籍に関する情報が情報連携の対象となるというのみでは、国民にとって自己のいかなる情報が情報連携の用に供されるかが明らかとならない。そこで、法律上、戸籍関係情報の定義において、その外延が明らかにされている。また、具体的な戸籍関係情報の内容については、情報照会者となる行政機関等における事務において必要となる戸籍に関する情報の内容等を踏まえ、その詳細が法務省令により定められている[12]。

㈦　改正法の施行に伴い、行政手続における特定の個人を識別するための番号の利用等に関する法律第四十五条の二第一項の法務省令で定める情報を定める省令（令和元年法務省令第3号。以下「戸籍関係情報省令」という。）が制定された。戸籍関係情報省令においては、①親子関係の存否及び形成に関する情報、②婚姻関係の存否及び形成に関する情報、③未成年後見関係の存否及び形成に関する情報、④死亡の事実に関する情報、⑤国籍の存否に関する情報の5つの情報が戸籍関係情報に係る情報として定められた。その後、改正法附則第1条第4号の施行日（令和4年1月11日）においてマイナンバー法上の（戸籍関係情報の）定義規定が第45条の2第1項から第9条第3項に移動したことから、戸籍関係情報省令の題名が行政手続における特定の個人を識別するための番号の利用等に関する法律第九条第三項の法務省

令で定める情報を定める省令に改められるとともに、戸籍関係情報に係る情報に⑥戸籍の異動に関する情報が追加された。

　a　これらの情報のうち、親子関係、婚姻関係、未成年後見関係の「存否」に関する情報とは、ある特定の二者間に親子関係、婚姻関係、未成年後見関係（未成年被後見人と未成年後見人の関係）といった関係があるかどうかに関する情報であって、当該関係が、いつ、どのような原因で形成されたかの情報は含まれない（このような情報は、これらの関係の「形成」に関する情報に含まれる。）ものと整理されている。

　また、これらの関係の「存否」に関する情報は、これらの関係にある者の双方に、そのことを示す同一の記号を付すこと（例えば、AとBとが親子関係にある場合には、A及びBそれぞれについての戸籍関係情報として、親子関係にあることを示す同一の記号（親子関係記号）を割り当てる。）としている。実際の情報連携に際しては、情報提供者がA及びBそれぞれに対応する親子関係記号等を提供し、情報照会者は、提供を受けた各人の親子関係記号等を突合することによって当該二者間に親子関係等があるかどうかを確認する（情報照会者がA及びBそれぞれの12桁のマイナンバーの提供を求め、A及びBそれぞれの親子関係記号を照会し、両人の親子関係記号が一致するかどうかによって、親子関係にあるかどうかを確認する。）という仕組みとしている[13]。このような仕組みとするのは、情報連携の仕組みにおいては、特定の者の12桁のマイナンバーを用いて他者の情報を連鎖的に取得することができることとはしておらず（例えば、特定の者に12桁のマイナンバーを提出させ、当該個人番号をキーとして、当該者と親族関係のある者を網羅的、一覧的に明らかとなるような情報を作成し、提供することとはしていない。）、特定の個人について12桁のマイナンバーが行政機関等に提供されるのみでは、当該行政機関等において当該特定の個人の親族関係を把握することができないことによるものである。

12

b 親子関係、婚姻関係、未成年後見関係の「形成」に関する情報とは、これらの関係の形成（消極的な身分関係の形成（離婚による婚姻関係の解消など）を含む。）の発生原因事実及びその日時に関する情報である。また、この「形成」に関する情報は、「存否」に関する情報（前記a）とは異なり、ある特定の個人に係る12桁のマイナンバーに対応し、当該特定の個人に係る情報として作成されるものであり、当該関係の相手方が誰であるかといった情報は含まれない（Aという者がいつ婚姻したかといった情報は確認することができるが、誰と婚姻したかといった情報は含まれない。）。このため、情報照会者において「形成」に関する情報を照会するに当たっては、ある特定の個人に係る12桁のマイナンバーのみがあれば足りることとなる*14。

c 「死亡の事実に関する情報」としては、死亡の事実及び死亡の年月日を、「国籍の存否に関する情報」としては、日本国籍の有無、国籍取得の原因及び国籍取得の年月日を情報連携の対象とすることとしている。なお、これらの情報は、ある特定の個人に係る12桁のマイナンバーに対応し、当該特定の個人に係る情報として作成されるものであり、その照会に当たっては、当該特定の個人に係る12桁のマイナンバーのみがあれば足りる。

d これらの情報は、前記(ア)のとおり、テキストデータ化された戸籍又は除かれた戸籍の副本のデータから作成されることとなる。他方、戸籍又は除かれた戸籍（特に、古い除籍等）の中にはテキストデータ化されていないものが含まれるため、現時点において、戸籍又は除かれた戸籍に記載された情報の全てが戸籍関係情報の作成の基となるわけではない。また、テキストデータ化されていない戸籍又は除かれた戸籍を、改正法の施行までに全てテキストデータ化することには、多大な費用と労力が必要となることから、戸籍関係情報を作成するために除かれた戸籍等をテキストデータ化するに当たっては、その作成された戸籍関係情報が利用されるニーズや、テキストデータ化する除かれた戸籍等が合理的な範囲にとどまるかどうかといった事情を踏まえ、

検討する必要がある。

このように、戸籍関係情報を作成するに当たり、その基礎となる戸籍又は除かれた戸籍の情報には一定の制限がある。例えば、親子関係記号を作成するに当たっては、親子関係にある二者は、夫婦関係にある二者とは異なり、必ず同一の戸籍に入籍されているとは限らず（子が婚姻によって新たな戸籍を編製したり、分籍をしたりすることにより、親子は別々の戸籍に記録されることとなる。）、除かれた戸籍に遡って情報を確認する必要が生ずることがあるが、このように除かれた戸籍に遡る必要がある場合に、当該除かれた戸籍がテキストデータ化されていなければ正確な親子関係記号を作成することができない。そこで改正法の施行時点においては、テキストデータ化のニーズ及びこれに要する費用等を考慮し、比較的若年者の親子関係の存否を確認する必要がある児童扶養手当の受給申請の事務に対応するため、令和5年1月1日時点において満20歳未満である子については、親子関係記号を作成するために必要な除かれた戸籍を全てテキストデータ化することとされた。

㈓　情報提供用個人識別符号をその内容に含むもの

戸籍関係情報は、マイナンバー法第19条第8号又は第9号の規定により他の行政機関等に提供されるための情報として作成されるものであるところ、これらの規定においては、広義のマイナンバーを含む特定個人情報を情報連携の対象としている。戸籍関係情報も、情報連携の対象となるものであることから、広義のマイナンバーである情報提供用個人識別符号をその内容に含むものとして定義された（新マイナンバー法第9条第3項）。このため、戸籍関係情報は、戸籍又は除かれた戸籍の副本に記録された情報から作成される各人の親族的身分関係に関する情報と、当該各人に対応する情報提供用個人識別符号とが一体となった情報を指す概念として整理されることとなる。

なお、このような戸籍関係情報の作成過程においては、戸籍又は除かれた戸籍の副本に記録された情報から作成される親族的身分関係に

関する情報が作成されることになるが、この段階で作成された情報は、広義のマイナンバーが含まれていないことからマイナンバー法上の特定個人情報には該当せず、特定個人情報に対して課される各種の安全保護措置等の規定は及ばないが、後記(5)イのとおり、マイナンバー法上、目的外利用の禁止等の措置が講じられている。

(3)　戸籍関係情報を作成するための戸籍又は除かれた戸籍の副本に記録されている情報の利用（新戸籍法第121条）

　戸籍又は除かれた戸籍（紙をもって調製されているか磁気ディスクをもって調製されているか（戸籍法第119条第1項）を問わない。）の副本は、正本が滅失した際の再製（戸籍法第11条）の用に供されるほか、市区町村長の戸籍事務に対する国の関与（戸籍法第3条）に当たって必要な範囲で利用されているが、これらの戸籍に関する事務以外に副本を利用することは、改正法による改正前の戸籍法においては、通常、想定されていなかった。

　改正法においては、法務大臣が、情報連携のため、戸籍又は除かれた戸籍の副本に記録された情報を利用して、戸籍関係情報を作成することとしているが、情報連携のための事務はマイナンバー法に基づくものであって戸籍事務そのものとはいい難く、このような利用を法的根拠なく行うこととすると、保有個人情報の利用目的以外の目的のための利用を制限する個人情報の保護に関する法律（平成15年法律第57号。以下「個人情報保護法」という。）に統合廃止される前の行政機関の保有する個人情報の保護に関する法律（平成15年法律第58号。以下「旧行政機関個人情報保護法」という。）第8条第1項（保有個人情報の利用及び提供の制限）との関係も問題になり得た。

　このため、新戸籍法第121条において、法務大臣が戸籍関係情報を作成するために戸籍又は除かれた戸籍の副本の情報を利用することについて、法的な根拠を明らかにすることとされた。

(4)　戸籍関係情報の提供（最新マイナンバー法第19条第8号、別表及びマイナンバー法19条8号命令関係）

最新マイナンバー法第19条は、特定個人情報の提供を原則禁止すると
ともに、例外的にこれが許容される場合を各号において限定列挙してい
る。具体的には、同条第8号では、不正な情報提供がされないような機
能を備える情報提供ネットワークシステムを使用する場合に、マイナン
バー法別表に規定された主体及び事務の処理にのみマイナンバーを利用
することができるとした上で、主務省令において、情報連携の主体・事
務・対象となる情報を限定することとしている。

　このため、法務大臣が戸籍関係情報を情報連携により提供するに当た
っては、マイナンバー法第19条第8号に基づく命令においてこれらの事
項を規定する必要がある。そこで、事務の処理に当たって戸籍に関する
情報を必要とする個人番号利用事務を所管する関係府省からの要望、関
係機関のシステム対応の可否、行政運営の効率化や国民の利便性向上の
必要性等を踏まえ、情報連携において戸籍関係情報を提供することが適
当と認められる個人番号利用事務について、マイナンバー法別表第2に
つき所要の改正を行った上で、行政手続における特定の個人を識別する
ための番号の利用等に関する法律第十九条第八号に基づく利用特定個人
情報の提供に関する命令（令和6年デジタル庁・総務省令第9号。以下
「マイナンバー法19条8号命令」という。）に戸籍関係情報に関する規定
が設けられることとなった。

　これにより、マイナンバー法19条8号命令では91の事務について戸籍
関係情報が情報連携の対象とされることとなった（令和6年9月時点）。

　なお、戸籍関係情報を情報連携の対象とする事務の代表的な例を挙げ
ると、以下のとおりである。

① 　健康保険の被扶養者の認定・検認に関する事務（マイナンバー法19
　条8号命令別表1の項、第3条等）

② 　国民年金・厚生年金の未支給年金の支給に関する事務（マイナンバ
　ー法19条8号命令別表58の項、73の項、第60条、第75条）

③ 　児童扶養手当の認定に関する事務（マイナンバー法19条8号命令別
　表81の項、第83条等）

④　奨学金の貸与・支給に関する事務（マイナンバー法19条 8 号命令別表141の項、第143条）

⑤　公営住宅の優先入居の要件の確認（マイナンバー法19条 8 号命令別表53の項、第55条）

　マイナンバー法19条 8 号命令においては、戸籍関係情報省令で定められる戸籍関係情報に係る情報のうち、各行政事務に必要なものを特定して規定している（いわば、戸籍関係情報省令は情報連携に供される戸籍関係情報の一覧（メニュー）であり、このメニューの中から選択された各行政事務ごとに必要な戸籍関係情報がマイナンバー法19条 8 号命令において規定されることとなる。）。

⑸　その他の措置について

ア　情報提供用個人識別符号の取得に関する手続に関する措置

　情報提供用個人識別符号は、既に、情報提供ネットワークシステムの運用において利用されている符号であるが、法令上は、政令（令和元年政令第25号による改正前の行政手続における特定の個人を識別するための番号の利用等に関する法律施行令（平成26年政令第155号。以下、令和元年政令第25号による改正前の施行令を「旧施行令」という。））において定められており、改正法による改正前のマイナンバー法においては情報提供用個人識別符号に関する規定は設けられていなかった。

　前記⑵イのとおり、改正法においては、法務大臣は広義の個人番号のうち情報提供用個人識別符号のみを利用することができることとしており、そのための法律上の根拠規定を設ける必要があったことから、その前提として、情報提供用個人識別符号について定める旧施行令第20条第 1 項の規定に相当する内容が法律に規定された（新マイナンバー法第21条の 2 第 1 項）。

　また、最新マイナンバー法第21条の 2 第 2 項においては、情報提供用個人識別符号の取得の手続の概要について、情報提供用個人識別符号を取得しようとする情報照会者等が、取得番号を、機構[15]（戸籍関係情報を提供する法務大臣にあっては、当該個人の本籍地の市区町村長及び

機構）を通じて内閣総理大臣に対して通知し、及び内閣総理大臣が当該取得番号と共に当該情報提供用個人識別符号を、当該情報照会者等に対して通知する方法により行うものとする旨を規定している。ここでいう「取得番号」とは、「情報提供用個人識別符号の取得に関し割り当てられた番号であって、当該情報提供用個人識別符号により識別しようとする特定の個人ごとに異なるものとなるように割り当てられることにより、当該特定の個人を識別できるもののうち、個人番号又は住民票コードでないものとしてデジタル庁令で定めるもの」と定義されており、具体的には、情報提供用個人識別符号の取得に際して用いられてきた符号に該当するものである。取得番号については、旧施行令下における情報提供用個人識別符号の取得に当たっても用いられていたものであるが、個人情報保護の観点から、これを法律上規定するとともに、その目的外利用の制限や所要の罰則に関する規定が整備された（新マイナンバー法第21条の2第3項から第8項まで、第53条の2及び第55条の2）。

　また、旧施行令においては、情報提供用個人識別符号を取得しようとする情報照会者等から機構に対し、12桁のマイナンバーを通知し、当該通知を受けた機構において、当該12桁のマイナンバーに対応する住民票コードを総務大臣（現内閣総理大臣。以下同じ。）に通知し、総務大臣において、住民票コードを変換して12桁のマイナンバーに対応する情報提供用個人識別符号を生成し、これを情報照会者等に通知するという流れによることとされていた（旧施行令第20条第2項以下）。しかしながら、法務大臣は12桁のマイナンバーを利用しないため、上記の手続によっては情報提供用個人識別符号を取得することができない。そのため、法務大臣による情報提供用個人識別符号の取得に当たっては、法務大臣から本籍地の市区町村長に対して法務大臣の保存する戸籍又は除かれた戸籍の副本に記録された情報に基づき個人を特定するために必要な情報を通知し、本籍地の市区町村長において当該情報によって特定される個人について情報提供用個人識別符号の取得に必要な情報を機構に対して通知するという手続とすることとしている[16]。最新マイナンバー法第

21条の２第２項において、「機構（第九条第三項の法務大臣である情報提供者にあっては、当該個人の本籍地の市区町村長及び機構）を通じて内閣総理大臣に対して通知し」とされているのは、この趣旨を踏まえたものである。

イ　戸籍関係情報作成用情報に関する措置

　戸籍関係情報を作成するためには、戸籍又は除かれた戸籍の副本に記録されている情報を個人単位に整備した上で、情報連携の用に供することができる形式の情報を作成し、これを情報提供用個人識別符号とひも付けることになるが、この作成の過程においては、全国民の戸籍又は除かれた戸籍の副本に記録されている情報が集約され、これらの情報が利用されることになる。そのため、戸籍関係情報を作成する過程において使用されるコンピュータについて十分な安全保護措置が確保されていなければ、大量の戸籍又は除かれた戸籍の副本に関する情報の漏えい等が発生し、多数の個人の権利利益を侵害することとなるおそれがある。また、戸籍関係情報は、情報連携における利用のためにのみ作成されるものである。

　そこで、戸籍関係情報を作成する過程で作成される情報を「戸籍関係情報作成用情報」と定義し（新マイナンバー法第45条の２第１項）、旧行政機関個人情報保護法の特例として、戸籍関係情報作成用情報について、戸籍関係情報の作成以外の目的での利用又は提供を制限するとともに、その作成に関する事務に関する秘密を保護するための規定が設けられた（新マイナンバー法第45条の２、第52条の２、第53条の２及び第55条の２。なお、戸籍関係情報は特定個人情報に該当するため、マイナンバー法に規定する特定個人情報の保護に係る規律が及ぶこととなる。）。

2　新システムを利用した戸籍事務の取扱いに関する改正について

⑴　戸籍の副本の情報を利用した戸籍事務の取扱いについて

ア　戸籍事務においては、非本籍地における届出であっても、届出がされた市区町村において当該届出の受理・不受理を決定することとされているため、その審査の過程において、届出事件本人の戸籍の情報を確認

する必要がある場合がある。例えば、非本籍地の市区町村が戸籍謄本等の添付のない婚姻届の提出を受けた場合には、夫婦となる者の戸籍を確認し、近親婚禁止の規定に抵触しないかどうかなどの婚姻要件の有無を審査しなければならない。

前記平成６年法律第67号により全ての市区町村において戸籍事務のコンピュータ化が可能とされたが、その一方で、各市区町村において戸籍事務を取り扱うシステムは独立しており、原則として各市区町村のシステム間のネットワーク化はされていなかった。このため、他の市区町村に本籍が置かれている戸籍情報の確認については、当事者に戸籍謄本等の提出を求めるほか、他の市区町村に電話で問い合わせ、又は戸籍謄本等の公用請求を行うなどして対応してきた。

そこで、戸籍の届出に伴う戸籍謄抄本等の添付省略を実現し国民の利便性を図るとともに、戸籍事務内部における事務の効率化を進めるという観点から、戸籍副本データ管理システムの仕組みを活用して新たに構築されるシステムにおいては、各市区町村長が法務大臣の保存する戸籍又は除かれた戸籍の副本を利用して戸籍事務を行うことを可能とすることとし、このようなシステムを利用して戸籍事務を行うことを法律上明らかにすることとした。具体的には、法務大臣が戸籍又は除かれた戸籍の副本を保存するものとする（新戸籍法第119条の２。後記(2)参照。）とともに、戸籍法第118条第１項の「電子情報処理組織」を新たに法務大臣の使用に係る電子計算機と市区町村長の使用に係る電子計算機とを電気通信回線で接続したものと定義した（新戸籍法第118条第１項）。これにより、各市区町村長の戸籍事務は、各市区町村に設置された電子計算機であって、法務大臣が戸籍又は除かれた戸籍の副本を保存する電子計算機と相互に接続されたものによって取り扱われるものと法律上位置付けられ、各市区町村長は、戸籍事務に必要な範囲内で戸籍又は除かれた戸籍の副本を参照することが可能となる。これに伴い、届出人は、戸籍謄本等の提出を求められることがなくなり[17]、戸籍の届出における国民の利便性の向上が実現されるとともに、戸籍事務の効率化にも資する

こととなった。

イ　なお、改正前の戸籍法第118条第１項は、戸籍事務の「全部又は一部」を電子情報処理組織により取り扱うことができる旨を定めているが、「一部」についてのみ戸籍事務を取り扱うことを認めることとしたのは、戸籍事務のコンピュータ化に伴い紙をもって調製された戸籍から磁気ディスクをもって調製された戸籍に改製するに当たり、改製に要する費用や期間を考慮して段階的に改製作業を行うことが相当な場合があることから、当該市区町村の一部の地域に本籍地を置く戸籍についてのみ電子情報処理組織によって取り扱うといった対応を可能としたものである。もっとも、戸籍事務をコンピュータ化している全ての市区町村長は、当該市区町村の全ての区域の戸籍について改製作業を終えており、上記のような事情を考慮する必要性がなくなった。そこで、令和元年改正においては「全部又は一部」という文言を削除することとした。

　また、戸籍又は除かれた戸籍の副本が情報連携や戸籍事務において利用されることとなるに伴い、戸籍事務を電子情報処理組織により取り扱う市区町村長は、当該市区町村に本籍を置く戸籍については原則として全て電子情報処理組織によって取り扱うべきであるとの考慮の下、改正前の戸籍法第118条第１項において「取り扱うことができる」としていたのを新戸籍法第118条第１項においては「取り扱うものとする」と改めたところ、前記１⑵ウ㋐のとおり、なお、コンピュータ処理によっては取り扱うことができない戸籍又は除かれた戸籍がなお残存していることを踏まえ、同項ただし書において、電子情報処理組織によって取り扱うことが相当でない戸籍又は除かれた戸籍として法務省令で定めるものについては、例外的な取扱いが許容されることを明らかにすることとした。

⑵　新システムによる戸籍の副本の取扱いに関する規律の新設について

ア　戸籍法第８条第２項は、戸籍の副本について、法務省の地方支分部局である管轄法務局等が保存する旨を規定している。改正法の施行に伴う令和元年法務省令第４号による改正前の戸籍法施行規則（以下「旧戸

籍法施行規則」という。）においては、磁気ディスクによって調製された戸籍又は除かれた戸籍の副本についても戸籍法第8条第2項の規定が適用されることを前提として、磁気ディスクによって調製された戸籍の副本については管轄法務局等に送信すべきものと規定されていた（旧戸籍法施行規則第75条の2）[18]。

イ　令和元年改正では、法務大臣を戸籍関係情報の作成主体として位置付けたが、その前提として、法務大臣において戸籍又は除かれた戸籍の副本を保存することを規定する必要がある。そこで、磁気ディスクをもって調製された戸籍又は除かれた戸籍の副本は、戸籍法第8条第2項の規定にかかわらず、法務大臣が保存する旨の規律を新設することとした（新戸籍法第119条の2）[19]。なお、改正法の施行後も磁気ディスクをもって調製された戸籍又は除かれた戸籍の作成主体は市区町村長であり、この点に変更はない。

(3)　いわゆる広域交付について（新戸籍法第120条の2）

ア　従来の戸籍事務においては、前記(1)のとおり各市区町村間の戸籍事務を取り扱うコンピュータシステムは相互にネットワーク化されていないことから、戸籍証明書等の交付の請求は、当該戸籍を管理する本籍地の市区町村長に対してのみしか請求することができなかった[20]。

　もっとも、例えば、相続手続の場面においては、相続人自身の戸籍証明書等のみならず、被相続人の生まれてから死ぬまでの一連の戸籍証明書等が必要になるなど、複数の本籍地にまたがって戸籍を取得する必要が生ずる場面がある。この場合、それぞれの戸籍のある本籍地の市区町村長に対し、窓口あるいは郵送での戸籍証明書等の交付請求が必要となり、必要な戸籍証明書等を全てそろえるに当たって非常に不便が生じているとの声があった[21]。

　令和元年改正においては、国民の利便性向上及び行政の効率化の観点から、行政機関への届出、申請について戸籍証明書等の添付省略という政策目標を実現するために、マイナンバー法を改正し、情報連携により戸籍関係情報の提供を行うこととした（最新マイナンバー法第19条第8

号及び第9号、別表、マイナンバー法19条8号命令）。そのため、一定の行政事務においては、この情報連携により、戸籍証明書等の添付省略が図られることとなった。

しかし、相続関係を証明するためには、前記のとおり被相続人の生まれてから死ぬまでの複数の戸籍証明書等により、全ての相続人と被相続人の身分関係を証明することが必要な場合があるところ、マイナンバー制度における情報連携においては、特定の者のマイナンバーを用いて、他者の情報を連鎖的に取得できるものとはしていないため、必ずしも相続関係を証明するために必要な情報を取得することができない。また、そもそも、マイナンバー法の射程としている行政事務以外の分野においては、マイナンバー法に基づいて提供される戸籍関係情報について情報連携はできない。このため、相続関係を証明する必要がある場面においては、マイナンバー法に基づいて戸籍関係情報の提供が可能となったとしても、依然として、本籍地以外の市区町村において戸籍証明書等を取得できないことによる不便は解消されないこととなる。

イ　そこで、令和元年改正により、戸籍事務を新たに構築されるシステムによって取り扱うものとすることに伴い、戸籍又は除かれた戸籍が磁気ディスクをもって調製されている場合には、戸籍法第10条第1項の請求（戸籍法第12条の2において準用する場合を含む。）は、いずれの市区町村長に対してもすることができることとした（新戸籍法第120条の2第1項）。この制度により、戸籍法第10条第1項の請求、すなわち、いわゆる本人等請求の場合には、本籍地の市区町村長以外の市区町村長に対しても戸籍証明書等の交付の請求が可能となり、これにより、国民にとって、例えば、相続等の手続に際して必要となる戸籍の収集等の負担が軽減されることになると考えられる。

なお、令和元年改正においては、上記のとおり、戸籍証明書等の広域交付ができる者を戸籍法第10条第1項に規定された者[22]、すなわち、戸籍に記載されている者又はその配偶者、直系尊属若しくは直系卑属という、いわゆる「本人等」に限定している。広域交付では、一度の手続

により広範囲の戸籍証明書等を取得することが可能なことから、「本人等」以外からの請求については、より慎重に交付の可否を判断すべきであり、原則非公開である戸籍について、当該戸籍を管掌する本籍地の市区町村以外の市区町村において判断することが適当なのかという問題がある。また、都市部の市区町村に請求が集中すること等により、戸籍証明書等の交付に係る事務負担が一部の市区町村で過度に増大するおそれもある。そこで、これらの点を考慮して、戸籍証明書等の広域交付の請求ができる者を「本人等」に限定したものである。

このように、「本人等」に限定して広域交付を認めることとしても、被相続人の配偶者及び子が相続人であるような典型的な相続の場面では、被相続人やその配偶者及び自己の戸籍証明書等を本制度を利用して収集することができ、相続の手続が容易になるなど、相当の効果が生じるものと考えられる[23]。

広域交付を認めることとすると、一度の請求において交付を求めることができる戸籍証明書等の範囲が広がることとなるから、前記のとおり戸籍情報保護の観点から、より厳格な本人確認の下で交付の処分を行う必要がある。このため、本人等に認められる広域交付については、郵送による請求は認めず、窓口交付のみ[24]に限ることとし、代理請求も認めていない（新戸籍法第120条の2第2項）。さらに、本人確認をより厳格に行う観点から、マイナンバーカード、運転免許証等の顔写真付き身分証明書によって本人確認を行うことを省令で定めている[25]。

本人等に認められる広域交付において郵送請求を認めないこととしているのは、①都市部の自治体を中心に郵送請求を認めることによる事務負担の集中について懸念が示されていること、また、②厳格な本人確認を想定しているところ、郵送による場合には、顔写真付き身分証明書が送付されても、請求を受け付けた市区町村長において、窓口における顔写真付き身分証明書による本人確認と同程度のより厳格な本人確認を行うことが性質上困難であることによるものである[26]。

また、代理人による請求を認めないこととしたのは、①代理請求にお

いては、代理人自身の本人確認、代理権限の確認、交付請求の主体である請求者の本人確認を行う必要があるところ、本人確認事務及び代理権限確認事務の負担増や不正請求の危険性が拡大することについて、市区町村から強い懸念が示されていること、②専門職代理人による広域交付が可能となると、都市部の特定の自治体に請求が集中することが懸念されていることによるものである[27]。

(4) 戸籍電子証明書の制度について（新戸籍法第120条の３）

ア　改正前の戸籍法においては、紙による戸籍証明書等の交付を前提としており、オンライン申請において戸籍に関する電磁的記録を送信することができず、令和元年改正により、マイナンバー法に基づいて戸籍関係情報の情報連携が可能となったとしても、上記(3)アのとおり、全ての行政分野に対応することができず、依然として、紙の戸籍証明書等を提出する必要が生じていた。

イ　このような状況を踏まえ、令和元年改正により、新戸籍法第120条の２の規定によりする戸籍法第10条第１項の請求、すなわち本人等請求については、戸籍電子証明書（磁気ディスクをもって調製された戸籍に記録された事項の全部又は一部を証明した電磁的記録をいう。以下同じ。）又は除籍電子証明書（磁気ディスクをもって調製された除かれた戸籍に記録された事項の全部又は一部を証明した電磁的記録をいい、戸籍電子証明書と除籍電子証明書とを合わせて戸籍電子証明書等という。以下同じ。）について、することができるとされた（新戸籍法第120条の３第１項）[28]。

　具体的には、請求者から一定の行政機関等に提供するとして戸籍電子証明書等の請求があった場合、請求を受けた市区町村長は、新たに構築されるシステムを利用して請求された戸籍を特定し、当該請求をした者に対し、戸籍の情報を必要とする行政機関等において戸籍電子証明書等の情報を閲覧するために必要となる戸籍電子証明書提供用識別符号等（戸籍電子証明書提供用識別符号及び除籍電子証明書提供用識別符号を合わせて「戸籍電子証明書提供用識別符号等」という。以下同じ。有効

期限が3か月の閲覧用のパスワードである。）を発行することとしている（新戸籍法第120条の3第2項）。

戸籍電子証明書提供用識別符号等の発行を受けた者は、行政手続における申請等に伴い戸籍証明書等の提出が求められている場合において、戸籍証明書の提出に代えて、戸籍電子証明書提供用識別符号等を行政機関に提出することとなる[*29]。戸籍電子証明書提供用識別符号等の提供を受けた行政機関等は、当該符号等を利用して、当該符号等に対応する戸籍電子証明書等が保存されている閲覧用のサーバにアクセスし、当該戸籍電子証明書等の提供を受けることができる（新戸籍法第120条の3第3項）。

戸籍電子証明書提供用識別符号等の発行については、戸籍証明書等の請求をオンラインにより可能とする仕組みが構築されていない市区町村においては、改正法の施行当初は、窓口において発行手続を行うことも想定されるところであるが、市区町村においてオンライン手続により戸籍電子証明書提供用識別符号等を発行することを可能とするようなシステムが構築されることを前提に、戸籍法第10条第1項に規定する者が、市区町村長に対し、戸籍電子証明書等及び戸籍電子証明書提供用識別符号等の発行を求めることも想定されており、その場合には、窓口に来訪せずに、オンラインによる申請によって行政機関等への申請の際に紙の戸籍証明書等の添付を省略することも可能となる。

このような戸籍電子証明書等の制度については、マイナンバー法に基づく戸籍関係情報の提供を補完する役割として位置付けることができるものと考えられる。

(5) 新システムを利用した届書等情報の取扱いについて

ア　従来の戸籍実務においては、市区町村が届書を受理した場合において届出のあった市区町村以外の市区町村において戸籍の記載をすべきときは、受理をした市区町村から戸籍の記載をすべき市区町村に当該届書を送付することとされているが、前記(1)のとおり各市区町村の戸籍事務を取り扱うコンピュータシステムは相互にネットワーク化されていない

ことから、届書類の送付は郵送によっていた。また、届書の保存につい
ても、戸籍の記録が終了した紙媒体の届書が1か月ごとに管轄法務局等
に送付され、管轄法務局等においてこれを保存しているという状況にあ
った。しかしながら、このような取扱いについては、届書が受理されて
から戸籍の記載をすべき市区町村長に届書類が到着するまでに一定の時
間を要し、その分、戸籍の記載がされるまでにタイムラグが生じるほか、
郵送事故等により受理された届書に沿った戸籍の記載がされないなどと
いったリスクが伴う。

　このため、令和元年改正により戸籍事務を新たに構築されるシステム
によって取り扱うものとすることに伴い、届書類の郵送事務についても
新たに構築されるシステムによって電子的に取り扱うこととすることが
相当であると考えられた。そこで、新戸籍法においては、届書類を受理
した市区町村長は、当該届書類を電磁的に画像情報化した情報（届書等
情報）を作成した上で、法務大臣の使用に係る電子計算機に送信し（新
戸籍法第120条の4第1項）、法務大臣は、その送信を受けた届書等情報
を磁気ディスクに記録する旨を規定するとともに（同条第2項）、法務
大臣は、当該届書等情報によって戸籍の記載をすべき市区町村長に対し、
届書等情報の送信を受けた旨を通知することとされた（新戸籍法第120
条の5第1項及び第3項）[*30]。これにより、戸籍の記載をすべき市区
町村長は、戸籍の記載をすべき届出がされたことを知ることができ、新
たに構築されるシステムを利用して届書等情報を参照し、当該届書等情
報に係る届出の内容を戸籍に反映させることができることとなる。

イ　戸籍の記載をすべき市区町村長が新たに構築されるシステムにより
届書等情報を参照することができるようになれば、当該市区町村長に対
しては届書類の郵送は不要になる。そこで、この郵送のために届出人に
必要な通数の届書の提出を義務付けている戸籍法第36条の特例を設け、
他の市区町村長に郵送するために提出が義務付けられていた届書の提出
は不要とされた（新戸籍法第120条の5第2項及び第4項）[*31]。

ウ　また、届書等情報が作成された場合について、紙の届書類の公開に

ついて定める戸籍法第48条第2項にならって、届書等情報の公開に関する規定が設けられた（新戸籍法第120条の6）。

戸籍法第48条第2項の届書等の閲覧及びその内容の証明に係る請求については、当該届書等を実際に保存している機関に対してすることが前提となっているが、前記イのとおり、届書等情報は届出のあった市区町村長及び当該届出により戸籍の記載をすべき市区町村長において参照可能な情報となることから、届書等情報の閲覧やその内容の証明の請求についても、これらの市区町村長において参照可能な情報を利用して事務を取り扱うことが可能となる。また、戸籍の届出を受理した市区町村長及び戸籍に記載した市区町村長の双方において届書等情報の閲覧又はその内容の証明に応ずることができるとすれば、国民の利便性も高まるといえる。そこで、届書等情報の閲覧やその内容の証明の請求については、届書等情報に係る届出若しくは申請を受理した市区町村長又は当該届出若しくは申請によって戸籍の記録をした市区町村長に対してすることができることとされた。なお、届書等情報の閲覧やこれによって証明する情報の請求に関する方法といった技術的細目的な事項については、法務省令に委任している（以上につき、新戸籍法第120条の6第1項）。

また、届書等情報の内容を証明する書面の交付請求については、戸籍法第48条第2項と同様、郵送での請求を認めるとともに、本人確認について、それぞれ戸籍法第10条第3項及び第10条の3の規定を準用している（新戸籍法第120条の6第2項）。

(6) 新システムを利用した戸籍事務に関する安全保護措置等について（新戸籍法第121条、第121条の2、第132条及び第133条）

ア （ア） 戸籍副本データ管理システムは、戸籍又は除かれた戸籍の副本の保存のために設置、管理されているものであり、各市区町村長は副本データの送信以外に使用することはなく、したがって、各市区町村長が戸籍事務を処理するに当たって戸籍副本データ管理システムに保存されている他の市区町村の戸籍又は除かれた戸籍の副本のデータを参照することはできない。

戸籍法の一部を改正する法律の解説

　これに対し、令和元年改正に伴い新たに構築されるシステムにおいては、これまで述べたとおり、法務大臣の使用に係る電子計算機において全国民の戸籍又は除かれた戸籍の副本を保存し、市区町村長は、法務大臣の保存する戸籍又は除かれた戸籍の副本を利用して戸籍事務を行うこととなる。このため、新たに構築されるシステムに関する秘密が漏えいした場合には、戸籍又は除かれた戸籍の副本に記録された情報が大量に漏えいする等の危険にさらされることとなり、個人の権利利益に重大な侵害を及ぼす危険がある。

　そこで、新たに構築されるシステムに関する秘密を保護するため、新たに構築されるシステムを構成するコンピュータを使用する法務大臣及び各市区町村長に対し、新たに構築されるシステムによって取り扱われる事務に関する秘密について、その漏えいの防止等の必要な措置を講ずる旨の規定（新戸籍法第121条）を設けるとともに、新たに構築されるシステムの運営に関する事務に従事する者又は従事していた者に対し、その業務に関して知り得た事務に関する秘密保持義務（新戸籍法第121条の２）を課し、当該義務に反して秘密を漏えい・盗用する行為に対する罰則規定（新戸籍法第132条）を設けることとされた*32・33。

(イ)　新戸籍法第121条及び第121条の２において保護の対象として念頭に置かれている「秘密」とは、新たに構築されるシステムの機器構成・設定等、暗号アルゴリズム、暗号・復号に必要な情報等である。これらの情報が漏えいした場合には、システムの機器等の脆弱部分が明らかになりその部分に対する攻撃で処理能力が低減する危険性、不正アクセス等、暗号化処理機能の危殆化、復号化処理による漏えいの危険性があるため、特にこれらの秘密を保護する必要がある。

　また、新戸籍法第121条において規定されている適切な管理のために講ずべき措置としては、組織的保護措置（職員研修、安全管理者の設置等）、物理的保護措置（保管庫の施錠、立入制限、防災対

29

策等）、技術的措置（情報の暗号化等）が考えられる。

イ　周知のとおり、個人情報保護の要請は年々高まっており、戸籍法においても、平成19年改正により戸籍の公開の在り方について見直しを行う等、戸籍の情報の保護を図ってきたところである。

令和元年改正においては、市区町村長が新たに構築されるシステムを使用して他の市区町村の戸籍又は除かれた戸籍の副本に記録された情報を取り扱うこととなるため、戸籍事務の処理に当たってこれまでよりも広い範囲の個人情報を取り扱うこととなる。そのため、職員等が自己又は第三者の利益のために不正に用いることによる個人の権利利益が侵害される可能性は増大し、このような権利利益の侵害に対する国民の不安感も高まるものと考えられる。

そこで、新たに構築されるシステムの不正利用に対する抑止力を高めるとともに、新たに構築されるシステムにおける個人情報の取扱いに対する国民の信頼を確保するという観点から、戸籍又は除かれた戸籍に記載された事項について業務目的外利用を防止するため、戸籍に関する事務の処理に従事している者又は従事していた者が、その事務に関して知り得た事項を不正な利益を図る目的で第三者に提供する行為について、罰則を課することとした（新戸籍法第133条）。なお、この罰則規定の新設は、上記のとおり新たなシステムが構築されることに伴い、取り扱われる戸籍に関する個人情報が広がることを契機とするものであるが、個人情報の保護や戸籍事務に対する国民の信頼の確保といった保護法益は、不正提供行為に係る戸籍に関する事項がシステムで取り扱われるものか否かに関わるものではないと考えられることから、構成要件上は両者を区別せず、一般に戸籍事務に関して知り得た事項を不正に提供する行為を罰則の対象としている。

また、新戸籍法第133条は、市区町村の職員若しくは職員であった者又は市区町村長の委託（二段階以上の再委託を含む。）を受けて行う戸籍に関する事務の処理に従事している者若しくは従事していた者を対象とする規定であり、法務省の職員は対象とされていない。これは、法務

30

省の職員については、業務に関して知り得た保有個人情報一般について同条と同様の罰則を規定する旧行政機関個人情報保護法第54条（現個人情報保護法第180条）が適用されることから、新戸籍法第133条の適用の対象とする必要はないと考えられたことによるものである。

3　その他の改正事項

(1)　市区町村長及び管轄法務局長等による調査権に関する規定の新設（新戸籍法第3条第3項、第27条の3）

　市区町村長及び管轄法務局長等がそれぞれの戸籍に関する事務を行うに当たっては、届出人や届出事件本人等の関係者に対して質問等の調査をすることが一般的に行われているが、改正前の戸籍法においては、市区町村長及び管轄法務局長等がこのような調査を行うことについて明確な根拠規定が設けられていなかった（旧戸籍法施行規則第63条においては、市区町村長が、届出又は申請の受理に際し、戸籍謄本その他の書類の提出を求める旨が規定されていた。）。しかしながら、調査の対象となる者に対して当該調査の行政目的を明らかにし、もって、戸籍事務に係る事務処理を円滑に進めることを可能とする等の観点からは、市区町村長や管轄法務局長等が行う調査について法律上の根拠を明確にすることが望ましいと考えられた。

　そこで、新戸籍法第3条第3項において管轄法務局長等について、新戸籍法第27条の3において市区町村長について、それぞれ上記の調査権に関する法律上の根拠規定を新設することとした[34]。

　なお、改正法による上記各規定は、改正前の戸籍法の下で行われていた市区町村長等による調査について法律上の根拠を明確にするにとどまるものである。改正前の戸籍法の下では、市区町村長等による届出人等に対する調査は、いわゆる任意調査として行われていたものと考えられるが、改正法の施行後もこのような任意調査としての性質が変更されるものではなく、実務上も、従前どおりの運用に従うべきものと考えられる。

(2)　戸籍訂正手続に関する規律の見直し等

ア　職権による戸籍訂正手続に関する見直しについて

(ア)　改正前の戸籍法上は、市区町村長が戸籍の記録を訂正すべき事由を発見した場合の手続として、裁判所への申立てを促すために届出人等に通知をすることとしており、この通知をしても戸籍訂正の手続をとる者がいない場合に初めて、管轄法務局長の許可を得た上で、市区町村長による職権訂正を認めていた（改正前の戸籍法第24条第1項及び第2項）。しかしながら、訂正すべき事由が客観的に明白である場合にまでも裁判所への申立てを促すことは手続として迂遠であり、当事者による適切な申立てがされない場合には、客観的に明白な誤りのある戸籍の記載が放置されることになりかねない。

　そこで、新戸籍法においては、市区町村長において訂正の内容及び事由が明らかであるときには上記の通知をすることを要しないものとし、届出人等に対する通知を経ずに管轄法務局長等の許可を得て職権による戸籍訂正ができるものとされた（新戸籍法第24条第1項及び第2項）。

(イ)　また、戸籍実務上、「戸籍の訂正の内容が軽微なものであって、かつ、戸籍に記載されている者の身分関係についての記載に影響を及ぼさない場合」については、改正前の戸籍法の下においても、包括的な管轄法務局長等の許可があるものとして個別に許可を得ることを要せずに、市区町村長において戸籍訂正をすることが認められていたところ[35]、新戸籍法においては、このような戸籍実務の運用を踏まえ、法律において、直接、このような手続による戸籍訂正を認めることとされた（新戸籍法第24条第3項）。

(ウ)　なお、これらの戸籍訂正手続に関する見直しにより、法律上は、届出人等に対する通知を経ずに職権による戸籍訂正が可能となる。しかしながら、職権による戸籍訂正が認められる場合であっても、訂正される戸籍に記載された者において戸籍が訂正されたことを把握することができるようにすることが望ましいといえる[36]。

　そこで、市区町村長が職権により戸籍の訂正をした場合には、速や

かに届出人又は届出事件の本人に連絡を行わなければならない旨の規
定が、戸籍法施行規則第47条の2に設けられることとなった[37・38]。

イ　創設的届出に係る戸籍訂正手続に関する戸籍法第114条の解釈の明
確化について（新戸籍法第114条）

改正法による改正前の戸籍法第114条は、届出によって効力が生ずべ
き行為（創設的届出に係る行為）が無効である場合につき家庭裁判所の
訂正許可審判を経て戸籍訂正手続をとることができる旨を定めていた。
しかしながら、創設的届出に係る行為のうち、婚姻、養子縁組等の身分
関係の有効・無効など当事者対立構造による手続である人事訴訟手続に
おいて判断されるべき事柄については、家庭裁判所の訂正許可審判によ
ることは相当ではないと解され、実務上も、このような解釈に従った運
用がされていた。

そこで、新戸籍法第114条においては、このような解釈を法文上も明
確にする観点から、創設的届出のうち人事訴訟手続においてその有効・
無効が判断されるべきものについて、同条に規定する戸籍訂正手続の対
象から除外された[39]。

(3)　死亡届の届出資格者の拡大に係る見直し（新戸籍法第87条）

改正前の戸籍法第87条においては、任意後見人が死亡届の届出資格者
とされている一方、任意後見契約を締結しているものの任意後見監督人
が選任される前に本人が死亡したために任意後見受任者の資格にとどま
る者は、届出資格者とはされていなかった。

しかしながら、任意後見受任者であっても本人と相応に密接な関係を
有することが通常であって、任意後見人と同様、本人の死亡について迅
速・的確な報告ができる立場であることに実質的な違いはないものと考
えられる。加えて、死亡届出の際の届出資格の審査においても、任意後
見受任者であれば、登記事項証明書等によって届出資格を容易に確認す
ることが可能であり、届出資格の拡大によって、戸籍事務の負担がそれ
程増大するものではないと考えられた[40]。

そこで、新戸籍法第87条において、死亡届の届出資格者として任意後

見受任者を追加することとされた。

4 改正法の施行日について

上記のとおり、改正法の改正事項は多岐にわたるが、大きく分けて、新システムの構築や情報提供ネットワークシステム等の関係システムの整備が施行の前提となる規定と、このようなシステム整備を前提としない規定とに分類することができる。また、システム整備が前提となる規定については、関係する他法令の施行が前提となるものとそうでないものとに、システム整備が前提とならない規定については、施行までに一定の周知を要すると考えられるものとそうでないものとに、更に分類することができる。

改正法においては、このような改正事項の分類に応じて、施行日について異なる規定を設けている（改正法附則第1条）。以下、施行日の到来が早い順に、新戸籍法の規定を中心に、その概要を示すこととしたい。

(1) 改正法の公布の日から起算して20日を経過した日から施行される規定

改正法附則第1条本文柱書は、改正法の施行日について、原則として公布の日から起算して20日を経過した日（上記のとおり改正法の施行日は令和元年5月31日であったため、同条柱書に規定する施行日は、同年6月20日となる。）としている。この施行日の対象となる具体的な規定は、以下のとおりである。

ア 改正法の制定に伴い、法務大臣は、戸籍副本データ管理システムの仕組みを利用した新たなシステムの設計・開発を進めることになるが、その過程においては、法務大臣や新システムの設計・開発の委託を受けた事業者において、新システムの仕様やセキュリティに係る情報等、新システムの構築及び維持管理並びに運用に係る事務に関する秘密を取り扱うこととなる。そのため、当該秘密に係る所要の保護措置に係る規定（新戸籍法第121条、第121条の2及び第132条）については、公布の日から20日を経過した日（令和元年6月20日）から施行することとされた。

併せて、新システムを含めた戸籍事務を取り扱うシステム全体について新たな定義を設けた新戸籍法第118条や、新システムによる戸籍事務

の取扱い及び戸籍関係情報作成の前提となる戸籍の副本の保存主体に関する新戸籍法第119条の２についても、併せて同日から施行することとされた。

イ　また、戸籍事務に従事する者に対する当該事務に関して知り得た事項の不正提供等の罰則規定（新戸籍法第133条）についても、これまで戸籍事務に従事していた者が当然に従うべき戸籍事務の適正な取扱いに係る義務について罰則を設けるものであり、周知の必要性が乏しく、個人情報の保護にも資するため、公布後速やかに施行することが相当であると考えられたことから、公布の日から20日を経過した日（令和元年６月20日）から施行することとされた。

ウ　その他、趣旨の明確化やこれまでの実務運用について根拠規定を設けるにとどまる改正を行った規定（新戸籍法第１条、第３条、第27条の３、第114条等）についても、公布の日から20日を経過した日（令和元年６月20日）から施行することとされた。

(2)　改正法の公布の日から起算して１年を超えない範囲内において政令で定める日から施行される規定

職権による戸籍訂正手続に係る規律（新戸籍法第24条）及び死亡届の届出資格者に関する規律（新戸籍法第87条）については、いずれも新たなシステムの構築に関わらない戸籍事務の見直しに関する規律であるが、従前の戸籍実務における取扱いを変更することになるものであることから、戸籍法施行規則その他関連通達等の見直しや戸籍事務従事者に対する周知期間が一定程度必要となる。

そのため、これらの規定については、公布の日から起算して１年を超えない範囲内において政令で定める日（令和２年５月１日）から施行することとされた（改正法附則第１条第２号）。

(3)　改正法の公布の日から起算して３年を超えない範囲内において政令で定める日から施行される規定

情報連携は、後記(4)のとおり改正法の公布の日から５年を超えない範囲内において政令で定める日から開始されることとされたが、これに先

立ち、法務大臣においてあらかじめ情報提供用個人識別符号を取得するとともに、当該情報提供用個人識別符号を利用して戸籍関係情報を管理しておく必要がある。そこで、法務大臣が情報提供用個人識別符号を取得して戸籍関係情報を管理する前提となる規定については、公布の日から起算して3年を超えない範囲内において政令で定める日（令和3年9月13日）から施行することとされた（改正法附則第1条第3号）。新戸籍法のうち、当該施行日に係る規定は、法務大臣が戸籍関係情報を作成するために戸籍又は除かれた戸籍の副本に記録されている情報を利用することができる旨を定める新戸籍法第121条の3であるが、同条の施行に伴い、戸籍事務の取扱いとは異なる規定が新戸籍法第6章の中に規定されることとなるため、同章の章名も「電子情報処理組織による戸籍事務の取扱いに関する特例等」と改められることとなった。

(4) 改正法の公布の日から起算して5年を超えない範囲内において政令で定める日から施行される規定

　情報連携を可能とするためには、戸籍関係情報を作成するためのシステムや、情報提供用個人識別符号の利用及び取得を可能とするためのシステムの開発を前提に、開発されたシステムにおいて、実際に、戸籍関係情報を作成し、情報提供用個人識別符号の取得を行う必要がある。さらに、情報照会者となる他の行政機関側のシステムの整備も必要となる。また、戸籍事務においても、市区町村が戸籍の副本の情報を参照し、また、本籍地以外での戸籍証明書の交付請求等を可能とするためには、法務大臣の管理するシステムのみならず、各市区町村の戸籍情報システムの改修が必要となる。

　これらのシステムの開発は、いずれも、戸籍又は除かれた戸籍の副本に記録された情報を利用することが前提となっており、並行して開発・設計が行われた。

　以上の事情を踏まえ、新たに構築されるシステムについて、正確かつ安全に運用できるようにするためには、5年の準備期間が必要であると考えられたことから、新たに構築されるシステムが運用されることを前

提とする規律については、公布の日から起算して5年を超えない範囲内
において政令で定める日（令和6年3月1日）から施行することとされ
た（改正法附則第1条第5号）。

第4　おわりに

　これまで述べたとおり、改正法の内容は多岐にわたるが、マイナンバー
法に基づく情報連携についても、戸籍事務に関する新たな取扱いについて
も、国民生活や行政事務の取扱いに与える影響は大きいものと考えられる。
　情報連携や広域交付等の新たなシステムの構築を前提とした制度は、国
民の利便性の向上と行政運営を効率化させる重要なものであり、その内容
が周知され、広く活用されることが望まれる。

＊1　戸籍副本データ管理システムが構築された経緯等の詳細については、武見敬太郎
　　「戸籍法施行規則の一部を改正する省令の解説」戸籍881号1頁、佐藤博文・金田充
　　弘・堀井彩奈未「戸籍副本データ管理システムの導入に伴う関係通達及び通知の一
　　部改正に関する解説」戸籍882号1頁を参照。
＊2　戸籍法においては、戸籍事務は市町村長が管掌することとされ（戸籍法第1条）、
　　市町村、市町村長及び市役所又は町役場に関する規定が多数設けられているが、市、
　　市長及び市役所に関する規定は、東京都の特別区又は政令指定都市の区若しくは総
　　合区、特別区の区長又は区長若しくは総合区長、区役所に準用され（戸籍法第4
　　条）、特別区又は政令指定都市の区においても戸籍事務が取り扱われている。その
　　ため、以下、戸籍法の条文上、市町村、市町村長、市役所又は町村役場と規定され
　　ている場合であっても、市区町村、市区町村長、市区役所又は町村役場と記載する
　　こととする。
＊3　例えば、未来投資戦略2018（平成30年6月15日閣議決定）において、「戸籍事務
　　……等の公共性の高い業務について、マイナンバー制度の利活用のあり方等の検討
　　結果を踏まえ、結論を得る。その結論を踏まえ、必要な法制上の措置については、
　　国民の理解を得つつ、次期通常国会への提出を目指す。」とされた。
＊4　平成26年10月、戸籍制度に関する研究会を、平成27年6月、戸籍システム検討ワ
　　ーキンググループをそれぞれ立ち上げ、制度面、システム面の両面から検討を行い、
　　それぞれ、平成29年8月、同年7月に最終とりまとめを行っている。
＊5　衆議院法務委員会及び参議院法務委員会のいずれにおいても、附帯決議はされて
　　いない。
＊6　広義のマイナンバーを含む個人情報をいう（マイナンバー法第2条第8項）。
＊7　法務大臣を戸籍関係情報の作成主体（すなわち、マイナンバー法上の情報提供

者）としたのは、

① 戸籍関係情報を作成するための新たなシステムの基となる戸籍副本データ管理システムを運用する立場にあったこと

② 戸籍事務は、地方自治法（昭和22年法律第67号）第２条第９項第１号に規定する法定受託事務とされており、本来国の事務であって、改正法による改正前の戸籍法の下でも、第３条により国の関与についての規定があるほか、戸籍の再製に係る法務大臣の指示（第11条及び第11条の２）、戸籍訂正に係る管轄法務局長等の許可（第24条）、法務局等における戸籍の副本の管理（第８条）、法務局等において保管する届書の記載事項証明書の発行（第48条第２項）等の戸籍の情報を取り扱う事務を行っているなどの実態があったこと

といった事情を踏まえ、戸籍又は除かれた戸籍に関する情報を集約して戸籍関係情報を作成する主体としては、法務大臣が適切であると考えられたことによるものである。

＊8　本項の改正は、改正法附則第14条によるものであるところ、本項は、戸籍関係情報を情報連携の対象とする運用が開始されることが見込まれる段階、すなわち、改正法の公布の日から起算して５年を超えない範囲内において政令で定める日から施行される（附則第１条第５号）。もっとも、本項が施行されるまでの間も、戸籍関係情報に関する所要の規定が先行して施行されており、その間における戸籍関係情報の定義は、附則第12条（改正法の公布の日から起算して20日を経過した日から施行。附則第１条本文柱書）によって改正される新マイナンバー法第45条の２第１項で規定される。

＊9　広義のマイナンバーをその内容に含む個人情報ファイルをいう。マイナンバー法第２条第９項、同条第４項、第８項参照。

＊10　情報提供ネットワークシステムにおける行政機関等相互の情報の授受に当たっては、12桁のマイナンバーは用いられていない。これは、12桁のマイナンバーは、「見える番号」であることから、容易にその本人を特定することができ、これを情報提供ネットワークシステム上も用いることとすると、万が一情報提供ネットワークシステムから情報が漏えいした場合には、漏えいした情報と特定の個人が簡単に結びついてしまうことから、このような事態を回避するために、12桁のマイナンバーと同様に住民票コードを「種」としつつ、12桁のマイナンバーとは全く別の「見えない符号」を生成し、これを情報連携において利用することとしたものとされる。また、この「見えない符号」は、情報提供ネットワークシステムに参画する行政機関等ごとに異なるものとして生成されることで、より情報を集約しにくくする仕組みがとられている（以上につき、阿部知明「情報提供ネットワークシステム、マイポータルなど番号法関連のシステムについて」ジュリスト1457号49頁参照。）。この「見えない符号」が情報提供用個人識別符号であり、上記のとおり、行政機関等ごとに異なるものとして生成されることから、「機関別符号」と呼称されることがある。

＊11　令和元年７月１日当時、戸籍事務を取り扱う全国1896の市区町村のうち1893の市区町村においては、既に戸籍事務はコンピュータによって取り扱われていたが、そ

38

戸籍法の一部を改正する法律の解説

の後、新潟県加茂市、及び北海道夕張市の2市については令和元年度中に、東京都御蔵島市も令和2年度中に戸籍事務のコンピュータによる取扱いを開始した。

*12　後記㈑のとおり、戸籍関係情報は「情報提供用個人識別符号」を含むものとして定義されているため、ここで法務省令で定めるものとされている情報は、「他の戸籍等記録者との間の親子関係の存否その他の身分関係の存否に関する情報」など戸籍関係情報の実質的な内容となる情報ではあるものの、戸籍関係情報そのものではないことに留意する必要がある。

*13　このような仕組みを想定していることから、情報照会者においては、親子関係等の「存否」を確認するためには、親子関係等にあるとされる二者のいずれについても12桁のマイナンバーの提供を受ける必要があり、一者の12桁のマイナンバーのみでは、親子関係等の「存否」を確認することはできない。

*14　このような形式で情報連携のための情報が作成されることとなったのは、前記aのような情報提供ネットワークシステムの仕組みが前提となっていることに加え、情報照会者の処理する行政事務においては、例えば、児童扶養手当の支給額の認定に当たって、申請者が未婚のひとり親である場合には、地方税法上の寡婦又は寡夫とみなして所得割の額を算定することとされている（児童扶養手当法施行令（昭和36年政令第405号）第4条第2項第3号）ことから、当該申請者の婚姻歴を確認する必要があるなど、特定の個人について身分関係の形成に関する情報のみ（相手方が誰であるかは問わない。）が必要となる場合があることによる。

*15　地方公共団体情報システム機構を指す。マイナンバー法第2条第14項参照。

*16　具体的には、法務大臣から本籍地市町村長に対し、情報提供用個人識別符号の取得に係る個人の本籍及び筆頭者の氏名並びに当該個人の氏名、生年月日、性別に関する情報を通知し、本籍地市町村長から機構に対しては、当該情報によって特定される個人の氏名、住所、生年月日、性別に関する情報（基本4情報）を機構に通知することを想定している。機構は、基本4情報を住民票コードと結びつけて管理しているため、基本4情報の通知を受けることにより、当該個人に対応する住民票コードを特定することが可能であり、これを総務大臣に通知することによって、他の情報照会者等の手続と同様、総務大臣において住民票コードを基として情報提供用個人識別符号を生成することが可能となる。

*17　分籍届（戸籍法第100条第2項）及び転籍届（戸籍法第108条第2項）については法律上届出の際に戸籍謄本の添付が求められているが、新戸籍法においては、届出事件の本人の戸籍が磁気ディスクをもって調製されているとき（すなわち、新たなシステムによって当該戸籍の副本の情報を確認することが可能であるとき）には、上記各規定を適用除外し（分籍届につき新戸籍法第120条の7、転籍届につき新戸籍法第120条の8）、戸籍謄本等の添付を要しないこととしている。また、これらの届出以外にも、旧戸籍法施行規則第63条に基づき、届出に当たって戸籍謄本等の提出を求められることがあるが、これらについても、新たなシステムが構築されて戸籍又は除かれた戸籍の副本の情報を参照することが可能となれば、戸籍謄本等の提出は不要となる。

　なお、旧戸籍法施行規則第63条は、令和元年法務省令第4号による改正により削

除されているが、これは、同旨の規定が新戸籍法に規定されたことによるものであり（新戸籍法第27条の３。第３の３(1)参照。）、新たなシステムが構築されるまでの間は、新戸籍法第27条の３に基づき、各種届出の際に戸籍謄本等の提出を求めることができた。

*18　改正法による改正前の戸籍法第119条第１項においては、電子情報処理組織によって戸籍事務を取り扱う場合には、戸籍を磁気ディスクに記録し、これをもって調製する旨を定めているが、磁気ディスクによって調製された戸籍に係る副本の取扱いについては特段の定めはなかった。

*19　これに伴い、戸籍法施行規則についても所要の整備が行われている。この点も含め、戸籍法施行規則の改正の概要については、戸籍973号掲載の佐藤秀逸「戸籍法施行規則等の一部を改正する省令について」を参照。

*20　住所地の市区役所又は町村役場以外の市区役所又は町村役場で戸籍証明書等の交付請求が可能な場合として、事務委託や広域連合の場合があるが、いずれも本籍地の市区町村長に対して請求し、本籍地の市区町村長が交付決定を行っている。

*21　平成30年５月に実施された戸籍法改正に関する中間試案に対する意見募集手続（パブリックコメント）では、中間試案に掲げていなかったにもかかわらず、本籍地以外の市区町村において戸籍証明書等を取得できる広域交付制度の導入を求める要望が、寄せられた意見の約20％を占めた。そのため、法制審議会戸籍法部会においても、これら意見を踏まえて、広域交付制度及び第３の２(4)の戸籍電子証明書等の制度について議論を行ったものである。なお、パブリックコメントで寄せられた意見及び同部会における議論の詳細は、同部会第８回会議の部会資料及び議事録を参照。

*22　戸籍に記載されている者（その戸籍から除かれた者（その者に係る全部の記載が市区町村長の過誤によってされたものであって、当該記載が戸籍法第24条第２項の規定によって訂正された場合におけるその者を除く。）を含む。）又はその配偶者、直系尊属若しくは直系卑属のことであって、本稿においては、「本人等」ということがある。

*23　なお、本人等請求により交付請求ができないような場合、例えば相続人が兄弟であり、既に新戸籍を編製しているような場合のように、戸籍法第10条の２の請求により交付請求をしなければならない場合には、当該戸籍については、本条の広域交付は利用できないこととなる。しかし、このような場合には、各相続人がそれぞれ居住地等において必要な戸籍証明書等を収集し、それらを持ち寄ることで、従来よりも戸籍の収集に要する負担が減るものと考えられる。従前どおり、本籍地の市区町村に対して郵送や士業者に依頼することにより必要な戸籍を収集することも、もとより可能である。

*24　現在、コンビニエンスストアに設置されているキオスク端末を用いて戸籍証明書等の交付を受けるサービスが一部の市区町村において実施されているが、これは、法的には、戸籍法第10条第１項の請求を窓口で行っているものと同様であると解されている。

*25　住民票の写しの広域交付については、住民基本台帳に記録されている者が自己又

戸籍法の一部を改正する法律の解説

は自己と同一世帯に属する者に係る住民票の写しについて交付を受けることができるとされている（住民基本台帳法第12条の4第1項）。また、窓口請求のみ認めており、郵送請求は認めていない（住所地における住民票の交付請求に関して郵送請求を認めている同法第12条第7項に相当する規定は、広域交付について規定する同法第12条の4には設けられていない。）。さらに、本人確認のために提示する書類は、マイナンバーカード等顔写真付き身分証明書を提示する方法に限定されている（同条第1項、住民基本台帳法施行規則（平成11年自治省令第35号）第4条第2項）。

＊26　オンラインによる戸籍電子証明書等の交付請求（新戸籍法第120条の3）の環境が整えば、郵送による請求を認めなくともそのニーズには応ずることが可能となると考えられる。

＊27　広域交付が利用される場面の多くは、自己の現在戸籍を本籍地以外（住所地）で取得しようとする場面や、相続関係を証明する必要がある場面であると想定される。この場合、戸籍に記載されている者の配偶者、直系尊属、直系卑属についても広域交付が認められていることから、代理人による請求を認めることとしなくとも、交付請求をしようとする者に過度の負担を生じさせることはないと考えられる。

＊28　戸籍電子証明書等の請求は、いわゆる広域交付と同様、本籍地以外の請求については、郵送での請求及び代理請求は認めないこととしている（新戸籍法第120条の3第4項）。その理由についても、広域交付において述べたことが当てはまる。

＊29　情報通信技術を活用した行政の推進等に関する法律（平成14年法律第151号）第11条（第198回国会において成立した情報通信技術の活用による行政手続等に係る関係者の利便性の向上並びに行政運営の簡素化及び効率化を図るための行政手続等における情報通信の技術の利用に関する法律等の一部を改正する法律（令和元年法律第16号）による改正後の条文）においては、法令の規定において申請等に際し添付することが規定されている一定の書面等について、行政機関等が政令で定める一定の措置により電子情報処理組織を使用して、当該書面等により確認すべき事項に係る情報を参照することができる場合等には添付を省略することが可能である旨規定されているところ、改正法附則第8条において、一定の書面等の例示として戸籍又は除かれた戸籍の謄本又は抄本を追加する旨の改正が行われた。戸籍又は除かれた戸籍の謄本又は抄本の添付を省略することができる政令で定める措置については、戸籍電子証明書提供用識別符号等の発行及び提供を通じた戸籍電子証明書等の提供（行政機関等にとっては戸籍電子証明書等の参照）の仕組みも含まれている（情報通信技術を活用した行政の推進等に関する法律施行令（平成15年政令第27号）第5条の表第2号）。

＊30　新戸籍法第120条の5第1項及び第3項は、いずれも届書類を受理した市区町村長以外の市区町村長において当該届書類により戸籍の記載をすべき市区町村長がある場合についての規律であるが、第1項は、届書類を受理した市区町村長が戸籍の記載をすべき場合についての規律であり、第3項は、届書類を受理した市区町村長が戸籍の記載をする必要がない（本籍地外での届出等に係るもの）場合についての規律である。

　このように受理地の市区町村長において戸籍の記載をすべきか否かによって項を

41

分けて規律を設けることとしたのは、届出の際の提出すべき届書の通数について規律する戸籍法第36条が、受理地において戸籍の記載をすべきか否かによって項を分けて規律を設けていることから（同条第１項は、二箇所以上の市区役所又は町村役場において戸籍の記載をすべき場合には、戸籍の記載をすべき市区役所又は町村役場の数と同数の届書を提出しなければならないものとし、同条第２項は、同条第１項の規定を前提に、本籍地外で届出をする場合については、更に一通を追加して提出しなければならない旨を規定している。）、同条の規定振りに併せて、提出すべき届書の通数について特例的な規律（新戸籍法第120条の５第２項及び第４項）を設ける必要があったことによるものである。

*31　前記＊30のとおりの戸籍法第36条の規定振りに加え、法制上は、関連する市区町村長が戸籍法第118条第１項の指定を受けているか否かによって規律の適用があるかどうかを明らかにする必要があったことから、新戸籍法第120条の５の各項は全体的に複雑な構造となっているが、現在は、全ての市区町村長が既に戸籍法第118条第１項の指定を受けていることから、戸籍法第36条の規定にかかわらず、原則として一通の届書類を提出すれば足りることとなる。

*32　新戸籍法第121条等で保護の対象とされている「事務に関する秘密」とは、第３の２⑹ア⑴のとおり、システムに関する秘密を指すものであり、個人情報を対象とするものではない。個人情報そのものについては、個人情報保護法や個別の保護規定（例えば、新戸籍法第133条）等によって保護されることになるが、これらの個人情報保護のための安全保護措置に関する規定の中には、保有個人情報を取り扱う行政システムの安全を確保することも含まれると解されるものがあるものの、システム自体の秘密を保護することに主眼は置かれていない。新戸籍法第121条等は、新たに構築されるシステムにおいては、個人情報が大量に取り扱われ、かつ、その情報が戸籍という機微に関わるものであることから、このような個人情報を取り扱うシステムそのものの秘密を対象として、その保護措置を規定するものである。

*33　新戸籍法第121条、第121条の２、第132条のように、個人情報そのものではなく個人情報を取り扱うシステムに関する秘密を対象とする保護措置を規定する例としては、マイナンバー法第24条、第25条及び第50条がある。

*34　この改正に伴い、新戸籍法第27条の３に規定された内容に含まれる事項を規定していた旧戸籍法施行規則第63条は、令和元年法務省令第４号による改正によって削除された。

*35　昭和47年５月２日付け民事甲第1766号民事局長通達参照。

*36　法制審議会戸籍法部会においては、このような観点から、職権による戸籍訂正が行われるに当たっては戸籍に記録されている者に対して事前又は事後に通知をする旨の規律を設けることについて検討が行われた。しかしながら、改正前の戸籍法第24条第１項の規定による届出人等に対する通知は、通知を受けた者に対して戸籍訂正許可審判（戸籍法第113条、第114条参照。）を申し立てるなど戸籍訂正のために必要な手続をとることを促すものであり、当該通知を受けてもなお必要な手続がとられない場合に、市区町村長の職権による戸籍訂正手続が認められるという法律上の効果を伴うものであった。他方、戸籍訂正があったことを戸籍に記録されている

戸籍法の一部を改正する法律の解説

者が把握することができるようにするための通知は、これによって戸籍訂正の可否が左右されるものとすると、令和元年改正により実現しようとしている迂遠な戸籍訂正手続の見直しといった目的を実現することができず、他方、当該通知によって戸籍訂正の可否が左右されないものとすると、そのような通知を市区町村長に法律上義務付けるだけの根拠に欠けるものと考えられた。

　このため、法律上は、このような通知に関する規律を設けることは見送られた。

＊37　後記のとおり、新戸籍法第24条に係る改正規定は、改正法の公布の日（令和元年5月31日）から1年を超えない範囲内において政令で定める日（令和2年5月1日）から施行された。

＊38　「戸籍法の改正に関する要綱」第4、2、（注2）参照。なお、法制審議会戸籍法部会においては、市区町村長において戸籍訂正の事由があることを認識する端緒としては、戸籍謄本等の交付請求を受けた本人等が誤りを指摘する場合が多く、そのようなケースでは訂正された後の正しい戸籍謄本等の交付を受けることを望むため、事実上、本人等が訂正の内容を知り得ること、そうでない場合であっても、本人の身分関係に影響を及ぼすような事項について戸籍の訂正がされた場合については、本人にその旨を適宜の方法により知らせることとする運用が行われていることが指摘された。

＊39　なお、同条に規定する戸籍訂正手続の対象となる創設的届出としては、例えば、分籍届（戸籍法第100条）、転籍届（戸籍法第108条）や、氏の変更（戸籍法第107条第2項から第4項まで）等がある。

＊40　改正法の検討過程においては、任意後見受任者のほか、死後の事務処理に係る委任契約の受任者についても死亡届の届出資格を認めるか否かが検討されたが、このような委任契約は法定された契約類型ではなく、どのような内容の契約であればその受任者に届出資格が与えられることになるのか、その外延を明確に規定することが困難であるほか、届出の受理審査の場面において届出資格を定型的に確認することも困難であると考えられたことから、改正は見送られた。

```
（令和 5 年改正）
地域の自主性及び自立性を高めるための改革の
推進を図るための関係法律の整備に関する法律
における戸籍法改正の解説
```

第 1 　はじめに

　令和 5 年 6 月13日、戸籍法（昭和22年法律第224号）の一部改正を含む
「地域の自主性及び自立性を高めるための改革の推進を図るための関係法
律の整備に関する法律」（令和 5 年法律第58号。以下「改正法」という。）
が成立し、同月16日に公布された。
　本稿は、改正法における戸籍法改正について解説するものである。

第 2 　改正の経緯

1 　地方公共団体からの提案

　令和 3 年地方分権改革に関する提案募集において、複数の地方公共団体
から、「管理不全空家の所有者特定のための戸籍電子情報処理組織の利用
範囲拡大」に係る提案として、「市町村の空家対策所管部局が管理不全空
家の所有者を円滑に特定できるよう、空家等対策の推進に関する特別措置
法第12条及び第14条等に基づく措置等を行うにあたり戸籍法第118条で規
定する電子情報処理組織を利用した本籍地以外での戸籍発行を公用請求に
おいても活用できるようにする」との提案がされた。

2 　提案を踏まえた対応方針

　上記 1 の提案を踏まえ、「令和 3 年の地方からの提案等に関する対応方
針」（令和 3 年12月21日閣議決定）において、戸籍法について、「市区町村
が法令の定める事務を遂行するための情報提供の求め等に係る規定に基づ
いて行う戸籍謄本等の請求及び交付については、戸籍情報連携システムの

運用開始後において、戸籍謄本等に記載されている者の本籍地にかかわらず、当該事務が同一市区町村内で完結できることについて検討し、令和4年度中に結論を得る。その結果に基づいて必要な措置を講ずる。」とされた。

また、「令和4年の地方からの提案等に関する対応方針」（令和4年12月20日閣議決定）において、戸籍法について、「市区町村が法令の定める事務を遂行するための情報提供の求め等に係る規定に基づいて行う戸籍謄本等の請求及び交付については、戸籍情報連携システムの運用開始後において、戸籍謄本等に記載されている者の本籍地にかかわらず、当該事務が同一市区町村内で完結できることとする。」とされた。

3　国会における審議

法務省民事局では、上記2の対応方針を踏まえて戸籍法改正に向けた立案作業を行い、戸籍法の一部改正を含む法案は、「地域の自主性及び自立性を高めるための改革の推進を図るための関係法律の整備に関する法律案」（以下「本法律案」という。）として、令和5年3月3日、第211回国会（令和5年通常国会）に提出された。

本法律案については、先議議院である参議院において、地方創生及びデジタル社会の形成等に関する特別委員会における審査に付されて、対政府質疑等を経た上で、同年4月14日開催の上記特別委員会において賛成多数により可決され、同月19日開催の参議院本会議において賛成多数により可決された。

本法律案の送付を受けた衆議院においては、地域活性化・こども政策・デジタル社会形成に関する特別委員会における審査に付されて、対政府質疑等を経た上で、同年6月8日開催の上記特別委員会において賛成多数により可決された。その後、本法律案は、同月13日開催の衆議院本会議において賛成多数により可決され、これをもって改正法が成立し、同月16日に公布された。

第3　改正法の概要

戸籍法の一部を改正する法律（令和元年法律第17号。以下「令和元年改

正法」という。）において、新たに構築される戸籍情報連携システムを活用することにより、戸籍又は除籍が磁気ディスクをもって調製されているときは、戸籍法第10条第１項（戸籍法第12条の２において準用する場合を含む。）による戸籍証明書又は除籍証明書*1（以下「戸籍証明書等」という。）の交付請求（以下「本人等請求」という。）は、いずれの指定市町村長*2に対してもすることができ（いわゆる広域交付。戸籍法第120条の２第１項)、また、戸籍証明書等の交付請求に代えて戸籍電子証明書又は除籍電子証明書*3（以下「戸籍電子証明書等」という。）についてもすることができることとされた（戸籍法第120条の３第１項）。

　改正法による戸籍法の一部改正（以下「本改正」という。）においては、市町村の機関が戸籍法第10条の２第２項（戸籍法第12条の２において準用する場合を含む。）による戸籍証明書等の交付請求（以下「公用請求」という。）をする場合には、本籍地市町村長のほか、指定市町村長である当該市町村の長に対してもすることができることとし、令和元年改正法において本人等請求に限って認められていた広域交付について、市町村の機関がする公用請求についても、同一市町村内で完結する場合に限り、その対象とすることとした。また、市町村の機関が当該市町村の長に対して公用請求をする場合には、戸籍証明書等の交付請求に代えて、戸籍電子証明書等についてもすることができることとした（以下、便宜、改正法による改正後の戸籍法を「新戸籍法」という。）。

第4　市町村の機関による当該市町村の長に対する戸籍証明書等の交付請求

1　戸籍証明書等の公用請求

　国又は地方公共団体の機関は、法令の定める事務を遂行するために必要がある場合には、公用請求をすることができるところ、その請求先は戸籍の正本を備える本籍地市町村の長であり、請求の方法としては、窓口における請求のほか、郵送による請求が認められており（戸籍法第10条の２第６項、第10条第３項)、代理人による請求も許容されている（戸籍法第10

条の3第2項）。

2 令和元年改正法により新設された広域交付

令和元年改正法により戸籍法第120条の2が新設され、戸籍又は除籍が磁気ディスクをもって調製されているときは、本人等請求について、いずれの指定市町村長に対してもすることができるという広域交付の制度が新設された。

もっとも、広域交付については、戸籍証明書等の交付の可否を厳格に判断すべきであることや、都市部の市町村に、当該市町村以外の市町村や都道府県、国の機関による請求が集中すること等により、一部の市町村において、戸籍証明書等の交付に係る事務負担が過度に増大するおそれがあること等から、戸籍法第10条第1項の本人等請求に限って認めることとされた。

3 本改正による広域交付の対象拡大

(1) 改正の内容

本改正においては、市町村の機関が公用請求をする場合には、本籍地市町村長のほか、指定市町村長である当該市町村の長に対してもすることができることとし、市町村の機関がする公用請求について、同一市町村内で完結する場合に限り、広域交付の対象とすることとした（新戸籍法第120条の2第1項)[4]。

なお、上記2のとおり、令和元年改正法においては、広域交付の対象は本人等請求に限定されたところ、上記第2の1のとおり、管理不全空家の所有者の特定のため、公用請求についても広域交付を可能とすることを求める旨の提案があったことを踏まえ、これらの均衡を図る観点から、市町村の機関が当該市町村の長に対して公用請求をする場合、すなわち、同一市町村内で完結する場合に限り、広域交付の対象とすることを認めることとされた。

(2) 郵送による請求

令和元年改正法においては、本人等請求に係る広域交付について郵送による請求（戸籍法第10条第3項）を認めることとすると、本籍地以外

の市町村において事務負担が増大するおそれがあることから、本籍地以外の市町村へ請求する場合、すなわち広域交付については、郵送による請求を認めず、窓口交付に限ることとされた（戸籍法第120条の2第2項において第10条第3項の適用が除外されている。）。

もっとも、本改正により広域交付の対象となる、市町村の機関が当該市町村の長に対して公用請求をする場合においては、例えば、支所から本庁に対する請求など、郵送による請求を認める必要性があり、同一市町村内の請求に限ることによって事務負担が増大するおそれも低いと考えられることから、郵送による請求を認めることとした（したがって、新戸籍法第120条の2第2項において第10条第3項の適用を除外していない。）。

(3) 代理人による請求

令和元年改正法においては、本人等請求に係る広域交付について代理人による請求（戸籍法第10条の3第2項）を認めることとすると、本籍地以外の市町村において事務の負担が増大するおそれがあることから、本籍地以外の市町村へ請求する場合、すなわち広域交付については、代理人による請求を認めず、本人等による請求のみを認めることとされた（戸籍法第120条の2第2項において第10条の3第2項の適用が除外されている。）。

もっとも、本改正により広域交付の対象となる、市町村の機関が当該市町村の長に対して公用請求をする場合においては、当該請求の任に当たる権限を有する職員（例えば、空家担当部局の長）の代理人として、当該部局の職員が請求することが想定されることから、代理人による請求を認めることとされた（したがって、新戸籍法第120条の2第2項において第10条の3第2項の適用を除外していない。）。

第5 市町村の機関による当該市町村の長に対する戸籍電子証明書等の請求

1 令和元年改正法により新設された戸籍電子証明書等の請求

地域の自主性及び自立性を高めるための改革の推進を図るための関係法律の整備に関する法律における戸籍法改正の解説

令和元年改正法により、戸籍又は除籍が磁気ディスクをもって調製されているときは、本人等請求について、いずれの指定市町村長に対してもすることができることとされ（戸籍法第120条の2）、その請求は戸籍電子証明書等についてもすることができることとされた（戸籍法第120条の3第1項）。

なお、指定市町村長は、戸籍電子証明書等の請求があったときは、請求者に対し、戸籍電子証明書提供用識別符号又は除籍電子証明書提供用識別符号（以下「戸籍電子証明書提供用識別符号等」という。）を発行するものとされ、行政機関等[5]から、所定の方法により、戸籍電子証明書提供用識別符号等を示して戸籍電子証明書等の提供を求められたときは、当該符号に対応する戸籍電子証明書等を提供するものとされた（戸籍法第120条の3第2項及び第3項）。

2　本改正による対象拡大

(1)　改正の内容

本改正においては、市町村の機関が当該市町村の長に対して公用請求をする場合、その請求は戸籍電子証明書等についてもすることができることとされた（新戸籍法第120条の3第1項）。

もっとも、本人等請求の場合には、戸籍法第10条第1項に規定する者、すなわち戸籍に記載されている者又はその配偶者、直系尊属若しくは直系卑属が一度に多数の戸籍電子証明書等（これに対応する戸籍電子証明書提供用識別符号等）を請求することは想定されない一方で、市町村の機関による公用請求の場合には、一度に多数の戸籍電子証明書等（これに対応する戸籍電子証明書提供用識別符号等）の請求が行われる可能性があり、システムの負荷等が過大となるおそれがある。そこで、市町村の機関が当該市町村の長に対してする公用請求については、戸籍電子証明書等を請求することができる事務を限定することとし、当該事務については法務省令で定めることとされた[6]。

(2)　郵送による請求

上記第4の3(2)と同様の理由により、市町村の機関が当該市町村の長

49

に対してする戸籍電子証明書等の請求についても、郵送による請求を認めることとされた（したがって、新戸籍法第120条の3第4項において第10条第3項の適用を除外していない。）。

(3)　代理人による請求

　上記第4の3(3)と同様の理由により、市町村の機関が当該市町村の長に対してする戸籍電子証明書等の請求についても、代理人による請求を認めることとされた（したがって、新戸籍法第120条の3第4項において第10条の3第2項の適用を除外していない。）。

第6　施行期日

　広域交付及び戸籍電子証明書等に係る規定は、令和元年改正法附則第1条第5号において、公布の日から起算して5年を超えない範囲内において政令で定める日から施行することとされており、令和6年3月1日から施行されている。

　本改正は、令和元年改正法により新設された広域交付及び戸籍電子証明書等の制度を前提とし、その対象を拡大するものであることから、令和元年改正法附則第1条第5号の規定による施行日である令和6年3月1日から施行されている。

第7　終わりに

　デジタル社会の進展を受けて、政府は、各種行政手続において求められる証明書の添付省略を図るため、行政機関間でシステム的な情報連携を行うことを推進している。

　もっとも、連携する情報が個人のプライバシーに関わるものである場合や、職務上行われる公用請求など、その請求が必ずしも本人の同意によらないものである場合には、行政機関間の情報連携に当たり慎重な対応が求められると考えられる。

　戸籍の情報については、令和元年改正法により、マイナンバー法に基づく情報連携や戸籍電子証明書等を利用した情報連携のほか、本人等から本籍

地域の自主性及び自立性を高めるための改革の推進を図るための関係法律の
整備に関する法律における戸籍法改正の解説

　地以外の指定市町村長に対する戸籍証明書等の請求を認める、広域交付等
の措置が講じられることとなったが、本改正においては、新たに、市町村
の機関がする公用請求についても、同一市町村内で完結する場合に限り、戸
籍電子証明書等を利用した情報連携や広域交付の対象とすることとなった。
　戸籍の情報が個人のプライバシーに係る重要な情報であることを踏まえ
ると、国民の情報の適切な管理と、行政事務の効率化の両面を考慮しなが
ら、本改正による取組が適切に実施されることが望まれる。

＊１　戸籍又は除籍が磁気ディスクをもって調製されているときは、戸籍謄本等（戸籍
　　法第10条第１項）又は除籍謄本等（戸籍法第12条の２）に代えて、磁気ディスクを
　　もって調製された戸籍又は除籍に記録されている事項の全部又は一部を証明した書
　　面、すなわち戸籍証明書又は除籍証明書について交付請求をすることができるとさ
　　れている（戸籍法第120条第１項）。
＊２　戸籍事務をコンピュータにより取り扱うこととして、法務大臣の指定を受けた市
　　町村長をいい（戸籍法第120条の２第１項、第118条第１項）、令和２年９月に東京
　　都御蔵島村が指定されたことで、全ての市町村長が当該指定を受けることとなった。
＊３　戸籍電子証明書とは、戸籍法第119条の規定により磁気ディスクをもって調製さ
　　れた戸籍に記録された事項の全部又は一部を証明した電磁的記録をいい、除籍電子
　　証明書とは、戸籍法第119条の規定により磁気ディスクをもって調製された除籍に
　　記録された事項の全部又は一部を証明した電磁的記録をいう（戸籍法第120条の３
　　第１項）。
＊４　国会審議においては、市町村における事務の効率化や速やかな空家対策が期待さ
　　れる一方で、不正請求や濫用についての懸念が指摘されたところ、令和元年改正法
　　により、戸籍事務に関して知り得た情報の不正利用についての罰則（戸籍法第133
　　条）が設けられるとともに、法務大臣及び指定市町村長にはシステム上の情報の漏
　　えい防止措置等を講じることが義務付けられている（戸籍法第121条）。
＊５　情報通信技術を活用した行政の推進等に関する法律（平成14年法律第151号）第
　　３条第２号に規定する行政機関等その他の法務省令で定める者をいう。
＊６　本改正の施行時点で戸籍電子証明書等を請求することができる事務はないが、市
　　町村におけるニーズや想定される請求件数等を踏まえ、今後順次拡大していくこと
　　が見込まれているところ、その実施に当たっては、システム面における対応も必要
　　となる。

51

令和元年戸籍法改正に伴う改正戸籍法施行規則及び関係通達等の解説

はじめに

　令和元年5月24日、第198回通常国会において、戸籍法の一部を改正する法律（令和元年法律第17号。以下「改正法」という。）が成立し、同月31日に公布された[*1]。

　改正法は、国民の利便性の向上及び行政運営の効率化を図るため、本籍地の市区町村長以外の市区町村長に対してする戸籍証明書等の交付請求や戸籍電子証明書提供用識別符号等の発行の制度等を設けるとともに、法務大臣が、磁気ディスクをもって調製された戸籍又は除かれた戸籍の副本に記録されている情報を利用して親子関係の存否、婚姻関係の形成等に関する情報その他の戸籍関係情報を作成し、これを行政手続における特定の個人を識別するための番号の利用等に関する法律（平成25年法律第27号。以下「番号利用法」という。）による行政機関、地方公共団体その他の行政事務を処理する者からの照会に応じて提供することができるようにする等の措置を講ずるものである。

　改正法は、段階的に施行されているところ、改正法のうち戸籍情報の連携に関するもの、すなわち、本籍地の市区町村長以外の市区町村長に対してする戸籍証明書等の交付請求（本稿の第1）、戸籍の副本情報を活用した戸籍届出時における戸籍証明書等の添付負担の軽減（本稿の第2）、届書等情報による事務処理の実現（本稿の第3）及び戸籍電子証明書の活用による戸籍証明書等の添付省略（本稿の第4）等の取扱いに係る規定や、番号利用法第19条第8号の特定個人番号利用事務において戸籍関係情報の照会を可能とする規定については、法務大臣の管理する戸籍副本データ管

理システムの仕組みを活用して新たに構築された戸籍情報連携システム及び各市区町村の戸籍情報システムにおいて、設計・開発、改修等の準備作業が必要となることを踏まえ、改正法の公布の日から起算して5年を超えない範囲内で政令で定める日を施行期日とすることとされ（改正法附則第1条第5号）、今般、これらの準備作業が完了したことから、上記規定の施行期日は、令和6年3月1日とされた。

　また、地域の自主性及び自立性を高めるための改革の推進を図るための関係法律の整備に関する法律（令和5年法律第58号）が令和5年6月16日に公布され、戸籍法の改正部分に係る施行期日も令和6年3月1日とされた[2]。

　これを受け、令和6年2月26日、戸籍法施行規則の一部を改正する省令（令和6年法務省令第5号。以下「改正省令」という。）が公布され、改正省令も令和6年3月1日から施行されている。

　これらの改正に伴う戸籍事務の取扱いについては、令和6年2月26日付け法務省民一第500号民事局長通達（以下「基本通達」という。）、同日付け法務省民一第501号民事局民事第一課長依命通知（以下「依命通知」という。）その他関係通達等が発出された。本稿においては、改正省令の改正の趣旨及び基本通達等による戸籍事務の取扱いについて、依命通知等の内容も盛り込んだ上で、解説を試みるものであるが、本解説においても、改正法による改正後の戸籍法（昭和22年法律第224号）を「法」と、改正省令による改正後の戸籍法施行規則（昭和22年司法省令第94号）を「規則」と、法務省民一第502号民事局長通達「戸籍事務取扱準則制定標準の一部改正について」による改正後の戸籍事務取扱準則制定標準（平成16年4月1日付け法務省民一第850号民事局長通達別添）を「準則」とそれぞれ略称する。

〈令和6年2月26日付け法務省民一第500号民事局長通達（基本通達）〉
〈令和6年2月26日付け法務省民一第501号民事局民事第一課長依命通知〉

「戸籍法及び戸籍法施行規則の一部改正に伴う戸籍事務の取扱いについて」

第1 本籍地の市区町村長以外の市区町村長に対してする戸籍証明書等の交付請求について

1 本人等請求（基本通達の記 第1の1）

(1) 概要（220ページ参照）

法第119条の規定により戸籍又は除かれた戸籍が磁気ディスクをもって調製されているときは、法第10条第1項（第12条の2において準用する場合を含む。）の請求（以下「本人等請求」という。）は、市区町村長（法第118条第1項の規定による指定を受けている市区町村長をいう。以下同じ。）のうちいずれかの者に対してもすることができることとされた（法第120条の2第1項第1号）。

したがって、法第120条の2第1項第2号の場合（公用請求）を除き、法第10条第1項に規定された者、すなわち、戸籍に記載されている者又はその配偶者、直系尊属若しくは直系卑属に限り、本籍地の市区町村長以外の市区町村長に対しても戸籍証明書又は除籍証明書（以下「戸籍証明書等」という。）の請求（以下「広域交付」という。）をすることができる。このため、戸籍に記載されている者の兄弟姉妹等、傍系血族の戸籍証明書等は広域交付による請求をすることはできない。

なお、令和6年2月26日付け法務省民一第505号民事局長通達による改正後の平成20年4月7日付け法務省民一第1000号民事局長通達第1の1において、戸籍に記載されている者の配偶者には、戸籍に記載されている者が死亡し、又は失踪宣告を受けた場合における生存配偶者も含まれることとされた。これは、広域交付においては請求権者が本人等に限られることを踏まえて、法第10条第1項における戸籍に記載されている者の配偶者の範囲が明確化されたものと考えられる。

また、法第10条の2に基づく本人等以外の者による請求（いわゆる第三者請求）については、法第120条の2第1項第2号の場合（公用請求）

を除き、広域交付の対象外とされているところ、専門資格者による職務
上請求についても、広域交付の対象とはならない[3]。

(2) 請求の方法（221ページ参照）

　広域交付における本人等請求については、法第120条の2第2項によ
り第10条第3項及び第10条の3第2項の規定が適用されないことから、
郵送等により戸籍証明書等の送付を請求することや代理人によって請求
をすることは認められない。このため、広域交付における本人等請求に
ついては、本人等が市区町村の窓口に出頭して請求する方法のみ認めら
れる。

　広域交付は、本籍地以外の市区町村の担当者が、窓口において本人等
と直接やり取りすることによって戸籍等を特定することにより、当該本
人等が必要とする戸籍証明書等をまとめて交付する運用が想定されてい
るところ、交付請求書についてはこの運用を想定した様式となっている
（依命通知の別紙1）。すなわち、相続等の手続に際して必要となる戸籍
等の収集の場面においては、本人等においてそれら全ての戸籍等の表示
（本籍、筆頭者の氏名）を請求書に正確に記載することが一般的に困難
であると考えられるところ、本様式では、「対象者」欄に必要な戸籍等
を検索する際の起点となる戸籍等の表示を記載させた上で、「必要な戸
籍の範囲」欄には、「対象者」欄の記載から必要な戸籍等を検索するた
めの範囲を記載させることによって、市区町村の担当者において必要な
戸籍等を特定することができるようにしたものと考えられる[4]。

規則第七十三条の二　戸籍法第百二十条の二第一項の規定により同法第十条
　第一項の請求（本籍地の市町村長以外の市町村長に対してするものに限
　る。）をする場合において、請求をする者は、市町村長に対し、第十一条
　の二第一号の方法により、当該請求をする者の氏名及び住所又は生年月日
　を明らかにしなければならない。

---

(3) 本人確認の方法（221ページ参照）

広域交付における本人等請求をする者は、市区町村長に対し、規則第
11条の2第1号の方法により、当該請求をする者の氏名及び住所又は生
年月日を明らかにしなければならないこととされた（規則第73条の2第
1項）。したがって、広域交付における本人等請求をする者は、規則第
11条の2第1号に掲げる書類（マイナンバーカード、運転免許証等の顔
写真付きの身分証明書）のうち、いずれか一以上の書類を提示しなけれ
ばならない。本籍地の市区町村長に対する戸籍証明書等の請求における
本人確認の方法より厳格な本人確認が求められているのは、広域交付は
一度の手続で広範な戸籍証明書等を取得することが可能となるため、戸
籍情報の保護の観点から、本人確認をより厳格に行う必要性が考慮され
たものと考えられる。

2　公用請求（基本通達の記　第1の2）

(1)　概要（221ページ参照）

　法第119条の規定により戸籍又は除かれた戸籍が磁気ディスクをもっ
て調製されているときは、法第10条の2第2項（第12条の2において準
用する場合を含む。）の請求（以下「公用請求」という。）は、市区町村
の機関がするものに限り、当該市区町村の長に対してもすることができ
ることとされた（法第120条の2第1項第2号）。

　したがって、広域交付における公用請求は、例えば、空家担当部局が
管理不全空家の所有者の特定のために同一市区町村の戸籍担当部局に対
して公用請求を行う場合など、当該公用請求から交付までの手続が同一
市区町村内で完結する場合に限り、当該市区町村の長に対してすること
ができる。

　なお、政令指定都市（地方自治法（昭和22年法律第67号）第252条の
19第1項の指定都市）については、①政令指定都市の機関がする同市内
の区長に対する請求、②政令指定都市の区の機関がする同一市内の他の
区長に対する請求も、広域交付における公用請求の対象となる（依命通
知の記2）。これは、政令指定都市では、市の直轄によって取り扱って
いる事務があることに鑑み、上記の請求についても、当該請求から交付

までの手続が同一市区町村内で完結する場合として、広域交付における公用請求の対象とすることが市の事務の効率化に資すると判断されたものと考えられる。

(2)　請求の方法（221ページ参照）

　広域交付における公用請求については、本人等請求のように法第10条第3項及び第10条の3第2項の適用を除外していないため、窓口に出頭して請求する方法のほか、郵送等により戸籍証明書等の送付を請求することや代理人によって請求をすることも認められる。

　これは、支所から本庁に対して郵送請求をする運用や、公用請求の任に当たる権限を有する職員（例えば、空家担当部局の長の代理人として、当該部局の職員）が請求する運用が想定されるためであり、同一市区町村内の請求に限ることによって市区町村における事務負担が増大するおそれは低いと考えられる[*5]。

規則第七十三条の二

②　戸籍法第百二十条の二第一項の規定により同法第十条の二第二項の請求（本籍地の市町村長以外の市町村長に対してするものに限る。）をする場合において、現に請求の任に当たつている者は、市町村長に対し、第十一条の二第一号の方法により、当該請求の任に当たつている者の氏名及び所属機関、住所又は生年月日を明らかにしなければならない。

③　前項の請求をする場合において、戸籍法第十条第三項の規定に基づき戸籍証明書等の送付の請求をするときは、第十一条の二第五号ロの方法によることができる。

---

(3)　本人確認の方法（222ページ参照）

　広域交付における公用請求について現に請求の任に当たっている者（請求をする者又は代理人）は、市区町村長に対し、規則第11条の2第1号の方法により、当該請求の任に当たっている者の氏名及び所属機関、住所又は生年月日を明らかにしなければならないこととされた（規則第

73条の2第2項)。したがって、広域交付における公用請求について現に請求の任に当たっている者が窓口に出頭して請求する際には、規則第11条の2第1号に掲げる書類（マイナンバーカード、運転免許証等の顔写真付きの身分証明書）のうち、いずれか一以上の書類を提示しなければならない[6]。

　また、広域交付における公用請求について戸籍証明書等の送付の請求をする場合は、規則第11条の2第5号ロの方法（公用請求をする機関の事務所の所在地を戸籍証明書等を送付すべき場所に指定する方法）によることができることとされた（規則第73条の2第3項）。

3　戸籍証明書等の種類及び認証文（基本通達の記　第1の3）

> 改正省令附則
>
> 第三条　戸籍法第百二十条の二第一項の規定により第十条第一項又は第十条の二第二項の請求（本籍地の市町村長以外の指定市町村長に対してするものに限る。）をする場合においては、当分の間、戸籍又は除かれた戸籍に記録されている事項の全部を証明した書面に限り、請求することができるものとする。

(1)　戸籍証明書等の種類（222ページ参照）

　法第120条の2第1項では、法第119条の規定により戸籍又は除かれた戸籍が磁気ディスクをもって調製されているときは、広域交付による戸籍証明書等の請求をすることができると規定されており、戸籍証明書等の種類を限定していないところ、改正省令の附則において、広域交付における本人等請求又は公用請求は、当分の間、戸籍又は除かれた戸籍に記録されている事項の全部を証明した書面に限り、請求することができることとされた（改正省令附則第3条第1項）。

　よって、広域交付においては、戸籍証明書又は除籍証明書のうち、戸籍又は除かれた戸籍の全部事項証明書が交付されることになり、個人事項証明書や一部事項証明書は交付されない[7]。

第七十三条の三　前条第一項又は第二項の請求により交付する戸籍証明書等には、市町村長が、その記載に接続して付録第二十九号書式による付記をし、職氏名を記して職印を押さなければならない。

(2)　戸籍証明書等の認証文（222ページ参照）

　広域交付における本人等請求又は公用請求により交付する戸籍証明書等には、市区町村長が、その記載に接続して規則付録第29号書式による付記をし、職氏名を記して職印を押さなければならないこととされた（規則第73条の３）。当該書式は、本籍地の戸籍（除籍）に記録されている事項の全部を証明した書面である旨の認証文であるところ、(1)のとおり、広域交付においては、戸籍又は除かれた戸籍の全部事項証明書が交付されることから、規則第23号書式における戸籍又は除かれた戸籍の全部事項証明書に係る認証文を参考としたものと考えられる。

(3)　イメージデータを原本とする除籍・改製原戸籍の謄抄本の作成（237ページ参照）

　画像情報（イメージデータ）として磁気ディスクをもって調製されている除かれた戸籍（以下「イメージ除籍」という。）の証明書についても、除かれた戸籍の全部事項証明書に係る認証文を付記することとなるところ、縦書きの認証文により付記をして差し支えない（依命通知の記３(1)）。また、改製原戸籍の証明書については、「これは、本籍地の改製原戸籍に記録されている事項の全部を証明した書面である。（戸籍法第120条の２第１項）」という認証文により付記をすることで差し支えないであろう。

　イメージ除籍であって、いわゆる掛紙用紙が別葉で出力されるものに係る謄抄本作成に関する取扱いについては、平成15年10月24日付け法務省民一第3178号民事第一課長通知「磁気ディスク等を原本とする除籍・改製原戸籍の謄抄本作成についての掛紙の取扱いについて」（以下「3178号通知」という。）により、規則附録第15号書式による付記の適宜の場所に「この除籍（改製原戸籍）は、磁気ディスク（マイクロフィルム、

光ディスク）から発行されたものである。」との付記をする取扱いであったところ（別紙２の記４）、令和６年２月26日付け法務省民一第509号民事第一課長通知「イメージデータを原本とする除籍・改製原戸籍の謄抄本の作成について」（以下「509号通知」という。）によって、3178号通知の対象となる除籍・改製原戸籍（以下「除籍等」という。）の謄抄本を作成する場合は、規則附録第15号書式による付記をすれば足り、3178号通知別紙２の記４の付記は要しないものとされた。これは、3178号通知の発出時においては、紙で調製された除籍等が相当数あったことから、磁気ディスク等をもって調製されている除籍等により作成された謄抄本であることを明らかにする意義があったが、現状においては、磁気ディスク等をもって調製されていない除籍等はごく一部であることから、磁気ディスク等から発行された旨を付記する必要性が小さくなったことを踏まえ、取扱いが変更されたものと考えられる。

　広域交付により3178号通知の取扱いの対象となるイメージ除籍に係る除籍証明書を交付する場合についても、上記と同様の趣旨により、規則付録第29号書式による付記をすれば足りることとされた（依命通知の記３(2)本文)＊8。

　なお、広域交付において、本籍地以外の市区町村長に対して、戸籍事項欄、身分事項欄の一方又は双方に掛紙の記録があり、かつ、これら以外の欄に掛紙の記録がない除籍等であって、3178号通知の取扱いの対象とならないものに係る除籍証明書の交付請求がされた場合には、当該除籍証明書を交付した上で、本籍地の市区町村長にその旨を連絡するものとされた（依命通知の記３(2)なお書）ことから、連絡を受けた本籍地の市区町村長は、509号通知の記２により、当該除籍等について、3178号通知の取扱いの対象となる形式により再製することになる。

　これは、広域交付における事務の効率化及び令和６年度中に利用開始予定である除籍電子証明書（後記第４）の正確性を担保するためにも必要な作業であると考えられるところ、本籍地の市区町村において、既に、上記除籍等を保管していることを把握している場合には、依命通知の記

60

3(2)なお書の連絡を待つことなく、速やかに再製を行う必要があろう。

4　本籍地の市区町村長に対する情報提供（基本通達の記　第1の4）

（222ページ参照）

> 第七十三条の四　市町村長が第七十三条の二第一項又は第二項の請求により
> 戸籍証明書等を交付した場合は、本籍地の市町村長に対してその旨の情報
> を提供するものとする。

　市区町村長が広域交付における本人等請求又は公用請求により戸籍証明書等を交付した場合は、当該市区町村長は、本籍地の市区町村長に対してその旨の情報を提供することとされた（規則第73条の4）。当該情報は、戸籍証明書等の発行履歴として、戸籍証明書等を交付した市区町村から戸籍情報連携システムを通じて本籍地の市区町村に提供される[9]。

5　電子情報処理組織による戸籍証明書等の交付請求（基本通達の記　第1の5）（222ページ参照）

> 第七十九条の八　第七十九条の二の四第一項の戸籍謄本等の交付の請求は、
> 当該請求をする戸籍又は除かれた戸籍の本籍地でしなければならない。

　広域交付については、法第120条の2第1項各号の場合に限り認められるところ、改正省令により、電子情報処理組織による戸籍証明書等の交付請求（以下「オンライン交付請求」という。）は、当該請求をする戸籍又は除かれた戸籍の本籍地でしなければならないこととされた（規則第79条の8第1項）。これは、改正法の施行後においては、広域交付が可能となった一方で、広域交付における本人等請求については本人等が市区町村の窓口に出頭して請求する方法のみ認められることを踏まえ、オンライン交付請求に係る請求先を戸籍の本籍地に限定する必要が生じたため、本規定を設けることとしたものと考えられる。

第2　戸籍の副本等の取扱いについて

1　再製原戸籍の副本（基本通達の記　第2の1）

第七十五条
④　前三項の規定は、戸籍法第十一条、第十一条の二第一項及び第二項（第
　　十二条第二項において準用する場合を含む。）の規定により再製された戸
　　籍又は除かれた戸籍の原戸籍（以下「再製原戸籍」という。）の副本につ
　　いて準用する。

(1)　法務大臣への送信（223ページ参照）

　磁気ディスクをもって調製された戸籍又は除かれた戸籍の副本は、法
務大臣が保存することとされているところ（法第119条の2）、当該戸籍
副本の法務大臣への送信等に係る取扱いについては、規則第75条第1項
から第3項までに規定されている。他方、法第11条、第11条の2第1項
及び第2項（第12条第2項において準用する場合を含む。）の規定によ
り再製された戸籍又は除かれた戸籍の原戸籍（以下「再製原戸籍」とい
う。）については、戸籍ではなく、その性格は一般の行政文書であり、
戸籍法上の公開の対象とはならないことから（平成14年12月18日付け民
一第3000号民事局長通達第7の2(1)）、法第119条の2を根拠として法務
大臣が再製原戸籍の副本を保有することはできないものと考えられる。
しかし、再製原戸籍は、公開の必要性・相当性があると認められる場合
には、一般行政証明を発行することが相当であるとされている（前掲通
達）ことから、記録を保全する観点で法務大臣においてその副本を保有
することが相当であると考えられる。そこで、再製原戸籍についても、
戸籍又は除かれた戸籍の副本の取扱いに係る規定を準用し、再製原戸籍
が磁気ディスクをもって調製されているときは、その副本を電気通信回
線を通じて法務大臣の使用に係る電子計算機（戸籍情報連携システム）
に送信するなどの取扱いを行うこととされたものと考えられる[*10]。

なお、規則第75条第1項及び第2項に定める電気通信回線を通じた送信の方法に関する技術的基準については、法務大臣が定めることとされているところ（規則第75条第5項）、当該基準は、法務省ホームページにおいて示されているとともに、令和6年8月30日付け法務省民一第2000号民事局長通達「戸籍法施行規則における法務大臣の定めについて」（以下「令和6年2000号通達」という。）別添2でも明らかにされている*11。

第七十五条の二　法務大臣は、前条第一項又は第二項（第四項において準用する場合を含む。）の規定によつてその使用に係る電子計算機に戸籍若しくは除かれた戸籍又は再製原戸籍の副本の送信を受けたときは、これを保存しなければならない。この場合において、法務大臣は、前に送信を受けた戸籍又は除かれた戸籍の副本を消去することができる。

③　次の各号に掲げる再製原戸籍の副本の保存期間は、当該各号に定めるとおりとする。

　一　戸籍法第十一条（第十二条第二項において準用する場合を含む。）の規定による再製原戸籍の副本　当該年度の翌年から一年

　二　戸籍法第十一条の二第一項（第十二条第二項において準用する場合を含む。）の規定による再製原戸籍の副本　当該年度の翌年から百五十年

　三　戸籍法第十一条の二第二項（第十二条第二項において準用する場合を含む。）の規定による再製原戸籍の副本　当該年度の翌年から一年

⑵　法務大臣による保存及び保存期間（223ページ参照）

　法務大臣は、規則第75条第4項で準用する同条第1項又は第2項により再製原戸籍の副本の送信を受けたときは、これを保存しなければならないこととされた（規則第75条の2第1項）。

　また、再製原戸籍の副本の保存期間に係る規定が新設されたところ（規則第75条の2第3項各号）、当該保存期間は、規則第10条の2に規定する再製原戸籍の保存期間と同様の期間とされたものと考えられる。

2 戸籍の副本の廃棄手続（基本通達の記　第2の2）（223ページ参照）

> 第七十五条の二
> ④　法務大臣は、除かれた戸籍の副本又は再製原戸籍の副本で、前二項に規
> 　定する保存期間を満了したものを廃棄するときは、あらかじめ、その旨の
> 　決定をしなければならない。
> ⑤　法務大臣は、前項の廃棄をしたときは、本籍地の市町村長にその旨を通
> 　知するものとする。

　法務大臣は、除かれた戸籍の副本の保存期間（規則第75条の2第2項）
又は再製原戸籍の副本の保存期間（規則第75条の2第3項各号）を満了し
たものを廃棄するときは、あらかじめ、その旨の決定をしなければならな
いこととされた（規則第75条の2第4項）。

　また、法務大臣は、除かれた戸籍の副本又は再製原戸籍の副本の廃棄を
したときは、本籍地の市区町村長にその旨を通知することとされた（規則
第75条の2第5項）。これは、戸籍情報連携システムに保存されている副
本が廃棄処理されたことを本籍地の市区町村において把握する必要がある
ためと考えられる。

3 戸籍の副本情報の参照等（基本通達の記　第2の3）

> 第七十五条の三　市町村長は、戸籍事務の処理に必要な範囲内において、戸
> 　籍若しくは除かれた戸籍又は再製原戸籍の副本に記録されている情報を参
> 　照することができる。

(1) 市区町村長による参照（224ページ参照）

　上記1(1)のとおり、改正法においては、法務大臣が戸籍又は除かれた
戸籍の副本を保存するものとされ、改正省令により、再製原戸籍の副本
についても法務大臣が保存するものとされた。また、各市区町村長は、
戸籍事務を法務大臣の使用に係る電子計算機と市区町村長の使用に係る

電子計算機とを電気通信回線で接続した電子情報処理組織によって取り扱うものとされていることから（法第118条第1項）、各市区町村長は、戸籍事務の処理に必要な範囲内において、戸籍若しくは除かれた戸籍又は再製原戸籍の副本に記録されている情報（以下「副本情報」という。）を参照することができる（規則第75条の3第1項）。

戸籍事務の処理に必要な範囲内とは、具体的には、①戸籍証明書等の交付業務、②戸籍の届出業務、③戸籍の訂正等業務、④戸籍の相談業務及び⑤その他戸籍事務の遂行に必要な参照といった目的が挙げられるところ、これらに該当しない目的で副本情報を参照することは認められない（依命通知の記4）。⑤その他戸籍事務の遂行に必要な参照とは、例えば、不受理申出情報等の登録等を行うために参照する場合のほか、戸籍の正本及び副本の件数一致確認作業や、情報提供用個人識別符号（番号利用法第9条第3項）の取得作業等のために参照することが考えられる。

⑵　届出等における戸籍証明書等の添付省略（224ページ参照）

市区町村長は、⑴の②のとおり、戸籍の届出業務において副本情報を参照することができることから、法第119条の規定により届出事件の本人の戸籍が磁気ディスクをもって調製されている場合には、分籍届及び転籍届について戸籍の謄本を届書に添付することを求めている規定（法第100条第2項及び第108条第2項）は適用しないこととされた（法第120条の7及び第120条の8）。

なお、上記は法定の添付書類として戸籍の謄本を届書に添付することを求めている規定の適用を除外するものであるが、この場合のほか、改正法の施行前において、法第27条の3の規定に基づき、届出人等に対し任意で戸籍の謄本等の提出を求めている場合にも、改正法の施行後は、当該書面の提出を求めることを要しない。また、市区町村長は、⑴の①のとおり、戸籍証明書等の交付業務においても副本情報を参照することができることから、法第10条の4の規定に基づき、請求者に対し任意で戸籍の謄本等の提出を求めている場合にも、改正法の施行後は、当該書

面の提出を求めることを要しない。

4　戸籍の副本情報の提供（基本通達の記　第2の4）

第七十五条の三

②　法務大臣は、戸籍法第四十条又は第四十一条第一項の規定により大使、
公使又は領事に届出又は提出された書類の確認に必要な範囲内において、
外務大臣に対し、戸籍又は除かれた戸籍の副本に記録されている情報を提
供することができる。

(1)　外務大臣への提供（224ページ参照）

法務大臣は、法第40条又は第41条第1項の規定により大使、公使又は
領事（以下「大使等」という。）に届出又は提出された書類の確認に必
要な範囲内において、外務大臣に対し、副本情報（再製原戸籍の副本に
係る情報を除く。）を提供することができることとされた（規則第75条
の3第2項）。

外務大臣へ提供することができる副本情報について、再製原戸籍の副
本に係る情報が除かれているのは、当該情報は、大使等に届出又は提出
された書類の確認に使用されることはないとされたためと考えられる
（後記(2)についても同様）。

なお、これにより、令和6年4月1日から、在外公館に提出する戸籍
の届出について、原則として戸籍の謄本の添付を不要とする運用が開始
されている。

第七十五条の三

③　法務大臣は、戸籍法第百二条、第百二条の二、第百四条の二又は第百五
条の規定に基づく戸籍の記載が適正に行われることを確保するために必要
な範囲内において、次の各号に掲げる者に対し、当該各号に定める事務に
関し戸籍又は除かれた戸籍の副本に記録されている情報を提供することが
できる。

一　法務省職員　国籍法（昭和二十五年法律第百四十七号）第三条第一項、
　　第十七条第一項若しくは第二項の規定による国籍取得の届出、帰化の許
　　可申請、選択の宣言又は国籍離脱の届出に関する事務
二　外務省職員　国籍法第三条第一項若しくは第十七条第二項の規定によ
　　る国籍取得の届出、選択の宣言又は国籍離脱の届出に関する事務

⑵　法務省職員又は外務省職員への提供（224ページ参照）

　帰化許可申請、国籍取得の届出又は国籍離脱の届出（以下「帰化許可
申請等」という。）に当たっては、帰化許可申請の申請者又は届出人に
対し、戸籍証明書等を帰化許可申請書又は届書に添付するよう求める場
合があるところ、法務大臣は、国籍取得届（法第102条）、帰化届（法第
102条の2）、国籍選択届（法第104条の2）又は国籍喪失の報告（法第
105条）の規定に基づく戸籍の記載が適正に行われることを確保するた
めに必要な範囲内において、法務省職員又は外務省職員に対し、副本情
報（再製原戸籍の副本に係る情報を除く。）を提供することができるこ
ととされた（規則第75条の3第3項）。

　これにより、法務局の職員が帰化許可申請等の相談において、副本情
報を入手した場合には、帰化許可申請等の申請者又は届出人に対し、当
該副本情報に係る戸籍証明書等の添付を求めなくても差し支えないもの
とされたところ（令和6年2月27日付け法務省民一第407号民事第一課
長通知「帰化許可申請等に必要な戸籍証明書等の添付省略について」）、
これは、改正省令の施行前における国籍事務に係る副本情報の取扱いを
省令により明らかにしたものと考えられる。

　なお、これにより、令和6年4月1日から、在外公館に提出する国籍
の届出について、原則として戸籍の謄本の添付を不要とする運用が開始
されている。

第七十五条の三
④　第二項及び前項第二号の規定による情報の提供は、戸籍法第百十八条第

> 一項の電子情報処理組織と外務大臣の使用に係る電子計算機とを電気通信
> 回線で接続した電子情報処理組織を使用してするものとし、当該情報の提
> 供の方法に関する技術的基準については、法務大臣が定める。

　規則第75条の３第２項及び同条第３項第２号の規定による戸籍又は除かれた戸籍の副本に記録されている情報の電気通信回線を通じた提供の方法に関する技術的基準については、法務大臣が定めることとされているところ（規則第75条の３第４項）、当該基準は、法務省ホームページにおいて示されているとともに、令和６年2000号通達別添２でも明らかにされている。

5　受付帳情報（基本通達の記　第２の５）

> 第七十六条
> ③　受付帳が磁気ディスクをもつて調製されているときは、市町村長は、受
> 　付帳に記録した後遅滞なく、当該受付帳に記録された事項（以下「受付帳
> 　情報」という。）を電気通信回線を通じて法務大臣の使用に係る電子計算
> 　機に送信しなければならない。
> ④　前項に規定する場合において、法務大臣は、同項の規定にかかわらず、
> 　いつでも受付帳情報を電気通信回線を通じてその使用に係る電子計算機に
> 　送信させることができる。

(1)　法務大臣への送信（224ページ参照）

　戸籍事務を電子情報処理組織によって取り扱う場合には、受付帳は、磁気ディスクをもって調製することとされているところ（規則第76条第１項）、このとき、市区町村長は、受付帳に記録した後遅滞なく、当該受付帳に記録された事項（以下「受付帳情報」という。）を法務大臣の使用に係る電子計算機（戸籍情報連携システム）に送信しなければならないとされた（規則第76条第３項）。

　また、この場合において、法務大臣は、規則第76条第３項の規定にか

かわらず、いつでも受付帳情報をその使用に係る電子計算機に送信させることができることとされた（規則第76条第4項）。

これらの取扱いは、戸籍若しくは除かれた戸籍又は再製原戸籍の副本（以下単に「戸籍の副本」という。）の法務大臣への送信と同様であるところ（規則第75条第1項又は第2項（第4項において準用する場合を含む。））、これは、受付帳情報を保全する観点で、法務大臣においてこれを保有することが相当であると考えられたことによるものと考えられる*11。

なお、受付帳情報は、届書等情報（後記第3）とは異なり、戸籍の記載を要しない外国人のみの事件に係る情報も含むことから、当該情報についても法務大臣へ送信されることとなる。

第七十六条
⑤　前二項に定める電気通信回線を通じた送信の方法に関する技術的基準については、法務大臣が定める。

規則第76条第3項及び第4項の規定による受付帳情報の電気通信回線を通じた送信の方法に関する技術的基準については、法務大臣が定めることとされているところ（規則第76条第5項）、当該基準は、法務省ホームページにおいて示されているとともに、令和6年2000号通達別添2でも明らかにされている。

第七十六条の二　法務大臣は、前条第三項又は第四項の規定によつてその使用に係る電子計算機に受付帳情報の送信を受けたときは、これを保存しなければならない。
②　受付帳情報の保存期間は、当該年度の翌年から十年とする。

---

(2)　法務大臣による保存及び保存期間（225ページ参照）
　法務大臣は、規則第76条第3項又は第4項により受付帳情報の送信を

受けたときは、これを保存しなければならないこととされた（規則第76条の２第１項）。

　また、受付帳情報の保存期間は、法務大臣が保存した年度の翌年から10年とされたところ（規則第76条の２第２項）、当該期間については、受付帳情報は、受付帳の情報そのものではなく、電子情報処理組織による処理の利便のために記録された情報に過ぎないこと、受付帳の原本の保存期間が150年であること（規則第21条第３項）を踏まえて設定されたものと考えられる。

第七十六条の二

③　第七十五条の二第四項及び第五項の規定は、受付帳情報について準用する。

---

(3)　廃棄手続（225ページ参照）

　規則第76条の２第２項の保存期間を満了した受付帳情報の廃棄手続は、戸籍の副本に係る廃棄手続の規定を準用することとされた（規則第76条の２第３項）。すなわち、法務大臣は、受付帳情報の保存期間を満了したものを廃棄するときは、あらかじめ、その旨の決定をしなければならず、また、法務大臣は、受付帳情報を廃棄したときは、本籍地の市区町村長にその旨を通知することとなる。

第３　届書等情報の取扱いについて

1　届書等情報を作成する対象となる書面（基本通達の記　第３の１）
（225ページ参照）

第七十八条の二　戸籍法第百二十条の四第一項の届書等は、次の各号に掲げるものとする。

　一　戸籍の記載をするために提出された届出、報告、申請、請求若しくは嘱託、証書若しくは航海日誌の謄本又は裁判に係る書面（戸籍法又はこ

の省令の規定により添付し、又は提出すべきこととされている書面を含む。）

二　戸籍法第二十四条第二項の規定による戸籍の訂正に係る書面

三　戸籍法第四十四条第三項の規定による戸籍の記載に係る書面

四　第五十三条の四第二項の書面

五　第五十三条の四第五項の取下げに係る書面

　市区町村長は、法の規定により提出すべきものとされている届書若しくは申請書又はその他の書類で戸籍の記載をするために必要なものとして法務省令で定めるもの（以下「届書等」という。）を受理した場合には、当該届書等の画像情報（以下「届書等情報」という。）を作成し、これを電子情報処理組織を使用して、法務大臣に提供するものとされている（法第120条の４第１項）。

　届書等を受理した市区町村長（以下「受理地市区町村長」という。）が届書等情報を作成する対象となる書面について、規則第78条の２第１項第１号において「戸籍の記載をするために提出された『届出、報告、申請、請求若しくは嘱託、証書若しくは航海日誌の謄本又は裁判』に係る書面」と規定されたのは、届書又は申請書であっても、戸籍の記載を要しない外国人のみの事件に係る書面は含まれないことを明確にするため、法第15条の条文と同様の規定振りにしたものと考えられる。

　なお、胎児認知届（法第61条）や本籍が明らかでない者又は本籍がない者に係る届出があった場合における当該届書等については、受理した時点では戸籍に記載されるものではないが、将来的に戸籍の記載をする可能性があることから、届書等情報を作成する対象となる。また、認知された胎児の死産届（法第65条）については、胎児認知届とともに保存することが相当であることから、届書等情報を作成する対象となる。

　規則第78条の２第１項第２号及び第３号の書面（職権訂正書及び職権記載書）は、これに基づき戸籍に記載されることになるため、届書等情報を作成する対象となる書面とされたものと考えられる。また、同項第４号及

び第5号の書面（不受理申出書及び不受理申出取下書）は、戸籍情報連携システムにおいて、戸籍と一体として保存することが相当であることから、届書等情報を作成する対象となる書面とされたものと考えられる[13]。

2　届書等情報の作成（基本通達の記　第3の2）

第七十八条の二
②　戸籍法第百二十条の四第一項の規定による届書等情報の作成は、前項の届書等に記載されている事項をスキャナ（これに準ずる画像読取装置を含む。）により読み取つてできた電磁的記録及び当該届書等に記載されている事項に基づき市町村長の使用に係る電子計算機に入力された文字情報を当該電子計算機に記録する方法により行うものとする。

(1)　届書等に記載されている事項をスキャナにより読み取ってできた電磁的記録（226ページ参照）

　市区町村長は、届書等を受理した場合には、法務省令で定めるところにより、当該届書等の届書等情報を作成し、これを電子情報処理組織を使用して、法務大臣に提供するものとされている（法第120条の4第1項）。

　この届書等情報の作成について、規則第78条の2第2項においては、まず、画像情報を記録することとしている。すなわち、法第120条の4第1項では、届書等情報は届書等の画像情報と定義しているところ、これは、規則第78条の2第1項各号の書面に記載されている事項を戸籍情報システムに接続されたスキャナ（これに準ずる画像読取装置を含む。以下同じ。）により読み取ってできた電磁的記録（PDF形式のファイル）を指しており、これを戸籍情報システムに記録する[14]ことを規定している（当該記録等については、後記3を参照）。

(2)　届書等に記載されている事項に基づき戸籍情報システムに入力された文字情報（226ページ参照）

　規則第78条の2第2項では、(1)の画像情報に加えて、規則第78条の2第1項各号の書面に記載されている事項に基づき受理地の市区町村にお

いて戸籍情報システムに入力された文字情報（テキストファイル）を同
システムに記録する[15]ことを規定している。

　届書等情報の作成について、画像情報に加えて文字情報も記録するこ
ととしたのは、文字情報を画像情報と一体として記録することにより、
当該文字情報を活用して戸籍事務の効率化を図ることを想定したためと
考えられる。

3　画像情報の記録等（基本通達の記　第3の3）

⑴　画像情報の記録（226ページ参照）

　届書等情報のうち、画像情報を戸籍情報システムに記録するに当たっ
ては、決裁が行われた時点の内容が含まれていることを要する。したが
って、決裁後に届書等のスキャンを行うことが望ましいが、決裁が行わ
れた時点の内容が含まれていることが担保されていれば、必ずしも決裁
後にスキャンを行うことを要しないであろう。

　また、届書の用紙の欄外も含め、届書等の原本の全体が含まれるよう
に記録しなければならない。これは、改正法の施行後における戸籍事務
は、原則として届書等情報により処理されることとなる（後記8参照）
ほか、届書等情報は公証の対象となることから（後記9参照）、届書等
に記載されている事項を漏れなく読み取り、画像情報として記録する必
要があるためと考えられる。

　また、届書等に添付書面が含まれる場合には、記録した後の管理上の
便のため、届書の用紙（届出等に係る内容が記載された書面）と添付書
面は区別して記録する。ただし、出生届（添付書面は出生証明書）や死
亡届（添付書面は死亡診断書又は死亡検案書）のように、届書の用紙と
添付書面が一体となっている場合は、両者を区別することなく届書の用
紙として記録して差し支えない（依命通知の記5）。

第五十九条の二　届書の用紙は、市町村長が複写機により複写することに適
　するものでなければならない。

⑵　届書の用紙（226ページ参照）

　届書の用紙に関して、規則においては、附録第11号様式から第14号様式について、日本産業規格Ａ列３番又はＡ列４番であることが規定されているのみであり、大きさ以外に特段の定めはなかったところ、改正省令により、届書の用紙は、市区町村長が複写機により複写することに適するものでなければならないこととされた（規則第59条の２）。「複写機により複写することに適する」とは、届書等情報の作成に当たり、画像情報を戸籍情報システムに記録する必要があることを踏まえ、複写機により複写することに適することのみならず、スキャナによる読み取り[16]に適することも含まれる。

　「複写機により複写することに適する」とは、具体的には、①記載された文字が明瞭に複写されること、及び②等倍で、日本産業規格Ａ列３番又は４番の用紙に出力することができることを要し、これらの条件を満たさない用紙により届出がされた場合は不受理となる。ただし、①については、記載欄に絵柄や透かしがあること、極端に濃い色の背景を用いていることなどにより、記載された文字が明瞭に複写されない場合は、直ちに不受理とすることなく、追完や補記（後記４参照）により対応できるときは、受理して差し支えない（依命通知の記６）。

　なお、②について、法第41条の規定に基づき提出された証書等で日本産業規格Ａ列３番の大きさに収まらない場合であっても、適宜分割して読み取るほかないため、原本の全体が含まれるように留意して記録することになろう。

4　市区町村における届書等への補記（基本通達の記　第３の４）（226ページ参照）

　届出の受理後に、届書等に軽微な不備を発見した場合の取扱いについては、改正前の準則第33条に基づき、いわゆる符せん処理による補正が行われてきた。改正法の施行後における戸籍事務は、原則として届書等情報により処理されることとなるところ（後記８参照）、符せん処理による補正がされた届書等に記載されている事項を漏れなく読み取り、画像情報とし

て記録することは、画像情報の可読性の観点から問題があるだけでなく、非効率であり、事務が繁雑となる。そこで、届書等に明らかな不備を発見した場合において、当該届書等の内容その他市区町村長において確認した情報により、当該市区町村長において戸籍の記載をすることができるときは、届出人に当該不備を追完（法第45条）させることなく、市区町村において補記を行うこととされたものである（準則第33条）。

なお、これと同様の観点から、届書の用紙には、掛紙をしてはならないこととされた。また、届書等に直接補記事項を記載してはならないこととされたところ、これは、届出人による記載と市区町村の担当者による記載の判別ができなくなることを避けるためであると考えられる。他方、届書の欄外において、事務処理のために利用されてきた市区町村の確認欄等については、記載した者の判別が可能であることから、当該部分の可読性に留意しつつ、従前どおり利用することは差し支えないものと考えられる。

届書等への補記に係る取扱いについては、届書等に係る画像情報の記録の前後により異なる。届書等に係る画像情報の記録前は、①補記事項を文字情報として戸籍情報システムに記録する方法、又は②補記事項を補記用紙（依命通知の別紙３）に記載し、届書の用紙と併せて当該書面を画像情報として戸籍情報システムに記録する方法のいずれかの方法により行うものとされた。このとき、①の文字情報を用紙に出力したもの及び②の補記用紙は、届書の用紙の次に編てつする（依命通知の記７(1)）。

届書等に係る画像情報の記録後は、補記事項を文字情報として戸籍情報システムに記録する方法により行うものとされた。このとき、文字情報を用紙に出力したものは、届書の用紙の次に編てつする。また、法第120条の５第１項又は第３項の通知（後記８(1)、(2)参照）を受けた市区町村長が届書等の記載に不備を発見した場合には、受理地市区町村長に対して当該不備の内容を連絡するものとし、受理地市区町村長は、その内容に基づき補記事項を文字情報として戸籍情報システムに記録するものとする（依命通知の記７(2)）[17]。

5　法務大臣への提供等（基本通達の記　第3の5）

第七十八条の二

③　市町村長（第一項第二号から第五号までの書面にあつては、本籍地の市町村長に限る。）は、第一項の届書等を受理した後遅滞なく、前項の規定に基づき作成された届書等情報を電気通信回線を通じて法務大臣の使用に係る電子計算機に送信しなければならない。ただし、電気通信回線の故障その他の事由により電気通信回線を通じた送信ができない場合は、この限りでない。

④　前項本文に規定する場合において、法務大臣は、同項の規定にかかわらず、いつでも届書等情報を電気通信回線を通じてその使用に係る電子計算機に送信させることができる。

(1)　法務大臣への送信（227ページ参照）

　市区町村長は、規則第78条の2第2項により作成した届書等情報を電子情報処理組織を使用して、法務大臣に提供することとされたところ（法第120条の4第1項）、市区町村長は、規則第78条の2第1項各号の届書等を受理した後遅滞なく、規則第78条の2第2項により作成された届書等情報を電気通信回線を通じて法務大臣の使用に係る電子計算機（戸籍情報連携システム）に送信しなければならない（規則第78条の2第3項本文）。

　職権訂正書、職権記載書、不受理申出書及び不受理申出取下書（以下「不受理申出書等」という。）に係る届書等情報については、本籍地の市区町村長が送信しなければならないとされた。不受理申出に係る取扱いについては、令和6年2月26日付け法務省民一第505号民事局長通達による改正後の平成20年4月7日付け法務省民一第1000号民事局長通達（以下「改正1000号通達」という。）の第6に示されているところ、本籍地の市区町村長以外の市区町村長が不受理申出書等を受理した場合は、当該不受理申出書の謄本を作成した上、その原本を本籍地の市区町村長

に送付し、本籍地の市区町村長が当該不受理申出書に係る届書等情報を戸籍情報連携システムに送信することになる（改正1000号通達第6本文なお書及び第6の1(7)ウ）。

　また、規則第78条の2第3項本文の場合において、法務大臣は、いつでも届書等情報をその使用に係る電子計算機に送信させることができることとされた（規則第78条の2第4項）。届書等情報は、戸籍の記載をすべき市区町村長がその内容を参照し事務処理を行うことになる（後記8）ほか、戸籍の記載をした市区町村長においてその内容を公証することになる（後記9）ことから、戸籍の副本や受付帳情報と同様の取扱いにより、届書等を受理した市区町村長が届書等情報を法務大臣へ送信することとされたものと考えられる。

(2)　電気通信回線の故障その他の事由により電気通信回線を通じた送信ができない場合（227ページ参照）

　(1)のとおり、市区町村長は、届書等を受理した後遅滞なく、当該届書に係る届書等情報を電気通信回線を通じて戸籍情報連携システムに送信しなければならないが、電気通信回線の故障その他の事由により電気通信回線を通じた送信ができない場合は、この限りでないこととされた（規則第78条の2第3項ただし書）。「電気通信回線の故障その他の事由」とは、自然災害や各システムの障害の発生に伴う通信障害等により、市区町村長が遅滞なく規則第78条の2第2項により作成した届書等情報を戸籍情報連携システムに送信することができない場合等[18]である。

　受理地の市区町村において通信障害等が発生し、受理地市区町村長が遅滞なく届書等情報を戸籍情報連携システムに送信することができない場合で、他の市区町村長が戸籍の記載をすべき必要があるときは、届書等情報による処理に代わる取扱いとして、届書等の写しを作成し、通信障害等に係る対応である旨及び送付年月日を付記（準則付録第25号ひな形を用いても差し支えない。）した上で、当該届書等の写しを戸籍の記載をすべき市区町村長（以下「記載地市区町村長」という。）に送付する（依命通知の記8(1)）。

77

届書等の写しの送付を受けた記載地市区町村長は、当該届書等の写しに基づいて戸籍に記載するものとする。当該記載は、改正法の施行前の戸籍記載例によるものとし、「送付を受けた日」は届書等の写しの送付を受けた年月日を記載するものとする（依命通知の記8⑵）。

　受理地の市区町村において通信障害等が解消し、届書等情報を送信できるようになった場合には、受理地市区町村長は、遅滞なく、戸籍情報連携システムに通信障害等が生じている間に送信することができなかった届書等情報を送信する。また、記載地市区町村長は、送付を受けた届書等の写しを準則第55条第1項第30号（戸籍に関する雑書類つづり）に編てつの上、保存する（依命通知の記8⑶）*19。

　これらの取扱いは、受理地市区町村長が遅滞なく届書等情報を戸籍情報連携システムに送信することができない場合に限らず、記載地市区町村長が、通信障害等により、法務大臣から法第120条の5第1項又は第3項の通知（後記8⑴、⑵参照）を受けることができない場合においても、同様である（依命通知の記8⑷）。

6　在外公館で受理した届書等の取扱い（基本通達の記　第3の6）（227ページ参照）

> 第七十八条の二
> ⑤　市町村長が、戸籍法第四十二条の規定により書類の送付を受けたときも、前三項と同様とする。

　法第40条又は第41条の規定によって在外公館で受理された書類は、法第42条の規定により外務大臣を経由して本籍地の市区町村長が当該書類の送付を受けることになるところ、この場合においても、在外公館で受理した書類の送付を受けた市区町村長は、届書等情報の作成、画像情報の記録、届書等への補記及び届書等情報の法務大臣への送信等の事務処理について、市区町村長が届書等を受理した場合と同様の事務処理を行うこととされた（規則第78条の2第5項）。

令和元年戸籍法改正に伴う改正戸籍法施行規則及び関係通達等の解説

第七十八条の二

⑥　前三項に定める電気通信回線を通じた送信の方法に関する技術的基準については、法務大臣が定める。

　規則第78条の２第３項から第５項までの規定による届書等情報の電気通信回線を通じた送信の方法に関する技術的基準については、法務大臣が定めることとされているところ（規則第78条の２第６項）、当該基準は、法務省ホームページにおいて示されているとともに、令和６年2000号通達別添２でも明らかにされている。

7　届書等情報の保存（基本通達の記　第３の７）

第七十八条の三　法務大臣は、前条第三項から第五項までの規定によつてその使用に係る届書等情報の送信を受けたときは、これを保存しなければならない。

②　次の各号に掲げる前項の届書等情報の保存期間は、当該各号に定めるとおりとする。

一　前条第一項第一号から第三号までの書面　当該年度の翌年から十年

二　前条第一項第四号の書面　当該年度の翌年から百年（ただし、第五十三条の四第五項の取下げその他の事由により効力を失つた場合は、当該年度の翌年から三年）

三　前条第一項第五号の書面　当該年度の翌年から三年

(1)　法務大臣による保存及び保存期間（227ページ参照）

　法第120条の４第１項の規定により届書等情報の提供を受けた法務大臣は、これを磁気ディスクに記録することとされたところ（法第120条の４第２項）、法務大臣は、規則第78条の２第３項から第５項までの規定により届書等情報の送信を受けたときは、これを保存しなければならないこととされ（規則第78条の３第１項）、届書等情報の保存期間に係

る規定が新設された（規則第78条の３第２項各号）。

規則第78条の２第１項第１号から第３号までの書面に係る届書等情報の保存期間は、戸籍情報連携システムに保存することができる容量等を踏まえ、改正法の施行前における当該書面の保存期間（当該年度の翌年から５年[20]）より長い、法務大臣が保存した年度の翌年から10年と設定されたものと考えられる。

また、規則第78条の２第１項第４号（不受理申出書）に係る届書等情報の保存期間については、改正法の施行前における当該書面の保存期間が永久[21]とされていたものの、戸籍情報連携システムに保存することができる容量等を踏まえ、いわゆる高齢者消除の取扱いを参考に、法務大臣が保存した年度の翌年から100年と設定されたものと考えられる。取下げその他の事由により効力を失った不受理申出書及び規則第78条の２第１項第５号の書面（不受理申出取下書）に係る届書等情報の保存期間については、改正法の施行前における当該書面の保存期間が３年[22]とされていたことを踏まえ、法務大臣が保存した年度の翌年から３年とされたものと考えられる。

胎児認知届に係る届書等情報の保存期間は、当該事件本人に関する出生届（法第49条第１項及び第54条第１項）に係る届書等情報の保存期間と同様の保存期間とし、本籍が明らかでない者又は本籍がない者からの届出に係る届書等情報の保存期間は、当該事件本人に関する本籍分明届（法第26条）に係る届書等情報の保存期間と同様の保存期間とするものとされた。したがって、後記(2)の廃棄手続は、胎児認知届に係る届書等情報は当該事件本人に関する出生届に係る届書等情報の保存期間の満了をもって、本籍が明らかでない者又は本籍がない者からの届出に係る届書等情報は当該事件本人に関する本籍分明届に係る届書等情報の保存期間の満了をもって行われることとなる。

胎児認知届に係る死産届出がされた場合における当該死産届に係る届書等情報の保存期間は、法務大臣が保存した年度の翌年から10年とし、胎児認知届に係る届書等情報の保存期間も同様の保存期間とされた。上

記１のとおり、死産届は法第65条に該当する場合にのみ届書等情報を作成する対象となるところ、当該死産届に係る届書等情報は規則第78条の３第２項第１号の規定に準じてその保存期間が法務大臣が保存した年度の翌年から10年とされたものと考えられる。この場合において、後記(2)の廃棄手続は、胎児認知届に係る届書等情報は当該事件本人に関する死産届に係る届書等情報の保存期間の満了をもって行われることとなる。

第七十八条の三

③　第七十五条の二第四項及び第五項の規定は、第一項に規定する届書等情報について準用する。

---

(2)　廃棄手続（228ページ参照）

　規則第78条の３第２項各号の保存期間を満了した届書等情報の廃棄手続は、戸籍の副本に係る廃棄手続の規定（規則第75条の２第４項及び第５項）を準用することとされた（規則第78条の３第３項）。すなわち、法務大臣は、届書等情報の保存期間を満了したものを廃棄するときは、あらかじめ、その旨の決定をしなければならず、また、法務大臣は、届書等情報を廃棄をしたときは、本籍地の市区町村長にその旨を通知することとなる。

8　届書等情報による事務処理（基本通達の記　第３の８）

第七十八条の四　戸籍法第百二十条の五第一項及び第三項の通知は、同法第百十八条第一項の電子情報処理組織を使用してするものとし、当該通知を受けた市町村長は、前条第一項の届書等情報（当該通知に係るものに限る。）の内容を参照することができる。

②　戸籍法第百二十条の四に規定する場合において、第二十五条から第二十九条まで、第四十八条第二項、第四十九条、第四十九条の二、第五十四条及び第七十九条の規定は、適用しない。

③　第四十一条第一項の規定は、原籍地の市町村長が第七十八条の二第三項

の規定によつて届書等情報を送信した場合に準用する。この場合において、第四十一条第一項中「新本籍地の市町村長にこれを送付し」とあるのは、「第七十八条の二第三項の規定により当該届書等に係る届書等情報を送信し」と読み替えるものとする。

④　第二十条第一項、第二十一条第一項、第三十条及び第四十一条第二項の規定は、市町村長が戸籍法第百二十条の五第一項又は第三項の通知を受けた場合に準用する。この場合において、別表第三の上欄に掲げる規定中同表の中欄に掲げる字句は、それぞれ同表の下欄に掲げる字句に読み替えるものとする。

(1)　届書等情報の提供を受けた旨の通知（228ページ参照）

　２箇所以上の市役所、区役所又は町村役場で戸籍の記載をすべき場合には、法務大臣は、記載地市区町村長（届出又は申請を受理した市区町村長を除く。）に対し、規則第78条の２第３項又は第４項（同条第５項の場合を含む。）により届書等情報の提供を受けた旨を通知することとされた（法第120条の５第１項）。

　また、本籍地外で届出又は申請をする場合（２箇所以上の市役所、区役所又は町村役場で戸籍の記載をすべき場合を除く。）についても、法務大臣は、記載地市区町村長に対し、上記と同様に、届書等情報の提供を受けた旨を通知することとされた（法第120条の５第３項）。

(2)　届書等情報の内容の参照（228ページ参照）

　法第120条の５第１項又は第３項の通知（以下「届書等情報の通知」という。）は、法第118条第１項の電子情報処理組織を使用してするものとし、当該通知を受けた市区町村長は、規則第78条の２第１項各号の書面に係る届書等情報（当該通知に係るものに限る。）の内容を参照することができることとされた（規則第78条の４第１項）。

　したがって、届書等情報の通知を受けた記載地市区町村長は、戸籍情報連携システムを通じて、受理地市区町村長が作成した届書等情報の内容を参照することができることとなる。

令和元年戸籍法改正に伴う改正戸籍法施行規則及び関係通達等の解説

⑶　提出を要する届書又は申請書の通数（228ページ参照）

　２箇所以上の市役所、区役所又は町村役場で戸籍の記載をすべき場合
は、受理地市区町村長から記載地市区町村長に送付するために、市役所、
区役所又は町村役場の数と同数の届書を提出しなければならず、また、
本籍地外で届出をするときは、市役所、区役所又は町村役場の数の他に
１通の届書を提出しなければならないとされているところ（法第36条第
１項及び第２項）、⑵のとおり、記載地市区町村長は、届書等情報の通
知により届書等情報の内容を参照することができることから、法第120
条の５第１項又は第３項の場合における届書の提出は、同条第２項及び
第４項の規定により、法第36条（これらの規定を第117条において準用
する場合を含む。）の規定にかかわらず、原則として、１通で足りるこ
ととなる。

　なお、同一の市区町村で２以上の戸籍に記載すべき事項については、
管轄法務局又は地方法務局の長は、その戸籍の数と同数の届書又は申請
書を提出させるべきことを市区町村長に指示することができるとされて
いるところ（規則第54条）、改正省令により、法第120条の４に規定する
場合においては、当該規定は適用しないこととされた（規則第78条の４
第２項）。

⑷　届書等の送付による事務処理に係る規定の整理（229ページ参照）

　改正法の施行前において届書等の送付により行っていた事務処理につ
いては、改正法の施行後、これに代えて届書等情報の通知による事務処
理となることから、改正省令によって、届書等の送付による事務処理に
係る規定が以下のとおり整理された。

ア　他の市区町村長への届書等の送付

　他の市区町村に本籍転属する場合（規則第25条）、他の市区町村長が
戸籍の記載をすべき必要がある場合（規則第25条の場合を除く。）（規則
第26条）、本籍が明らかになった場合等（規則第27条）及び届書又は申
請書以外の書面への準用（規則第28条）の規定は、適用しないこととさ
れた（規則第78条の４第２項）。

83

なお、電子情報処理組織による届出等がされた場合における届書又は申請書に係る情報の取扱いに関する規定（改正前の規則第79条の９）は、届書等情報に係る規定（規則第78条の２から第78条の５まで）を準用するように改められた（後記令和６年２月26日付け法務省民一第503号民事局長通達（改正オンライン通達）の解説（103ページ）参照）。

イ　届書等情報を送信した場合又は届書等情報の通知を受けた場合への準用

　届書等の受付（規則第20条第１項）、受付帳の処理（規則第21第１項）、戸籍の記載事項（規則第30条）及び本籍地の変更後に届書等を受理した場合の処理（規則第41条）に係る規定は、届書等情報による事務処理を行う場合に準用することとし、字句の読み替えがされた（規則第78条の４第３項及び第４項、別表第３）。

⑸　戸籍の記載（229ページ参照）

　届書等情報の通知を受けた市区町村長は、届書等情報（当該通知に係るものに限る。）の内容を参照することにより、上記２⑵の文字情報を利用するなどして戸籍の記載をすることとなるところ、当該通知を受けた年月日を「通知を受けた日」として戸籍に記載することとなる[22・23]（規則第78条の４第４項による読替え後の第30条第５号、附録第７号及び付録第25号）。

⑹　戸籍の記載が完了した旨の情報の送信（230ページ参照）

　届書等情報の通知を受けた市区町村長は、戸籍の記載を完了した場合には、その旨の情報を戸籍情報連携システムに送信するものとする。当該情報は、受理地市区町村から提供された届書等情報と一体として保存することとなる。

9　届書等情報の閲覧・届書等情報内容証明書（基本通達の記　第３の９）

⑴　概要（230ページ参照）

　受理地市区町村長が作成した届書等情報について、紙の届書等に係る閲覧及び記載事項証明書について定めた法第48条第２項にならい、届書等情報の公開に関する規定が設けられた。すなわち、利害関係人は、特

別の事由がある場合に限り、受理地市区町村長又は記載地市区町村長に対し、届書等情報の内容を法務省令で定める方法により表示したものの閲覧（以下「届書等情報の閲覧」という。）を請求し、又は届書等情報の内容に係る証明書（以下「届書等情報内容証明書」という。）を請求することができるとされた（法第120条の6第1項）。

第七十八条の五　戸籍法第百二十条の六第一項の法務省令で定める方法は、
　日本産業規格A列三番又は四番の用紙に出力する方法とする。

⑵　届書等情報の内容の表示方法等（230ページ参照）

　法第120条の6第1項の法務省令で定める方法は、日本産業規格A列3番又は4番の用紙に出力する方法とされた（規則第78条の5第1項）。

　上記の用紙に出力する対象は、上記2⑴の画像情報のほか、上記2⑵の文字情報のうち届書等への補記事項とされた。届書等情報の閲覧又は届書等情報内容証明書の範囲は、法第48条第2項の規定に基づく閲覧又は記載事項証明書と同様であり、届書等情報の一部の公開も可能である。

　用紙への出力に当たっては、原則として、等倍で行うものとされたところ、届書等の記載内容の判読に支障がない場合には、倍率を変更して出力しても差し支えないこととされた（依命通知の記9）。

　なお、受理地市区町村長に対して規則第48条第2項の規定に基づく閲覧又は記載事項証明書の請求があった場合に、届書等情報を用紙に出力する方法で対応することは認められず、飽くまで届書等の原本を用いて閲覧をさせ、又は記載事項証明書を交付する必要があるものと考えられる。

　通信障害等の発生により、受理地市区町村において届書等情報が参照できない場合において、届書等情報として戸籍情報システムに記録したデータが保存されている場合には、当該データを用いて届書等情報の閲覧又は証明書の交付を行うことは差し支えないものと考えられる。

第七十八条の五

② 届書等情報の内容に関する証明書には、市町村長が、付録第三十号書式
による付記をし、職氏名を記して職印を押さなければならない。

(3) 届書等情報内容証明書の認証文（230ページ参照）

　届書等情報内容証明書には、市区町村長が、規則付録第30号書式によ
る付記をし、職氏名を記して職印を押さなければならないこととされた
（規則第78条の5第2項）。

第十一条　戸籍法第十条第三項（同法第十条の二第六項、第十二条の二、第
　四十八条第三項及び第百二十条の六第二項において準用する場合を含む。）
　の法務省令で定める方法は、次の各号に掲げる方法とする。
　　［一・二　略］
　（※下線部分が改正箇所）

第五十二条の二　戸籍法第四十八条第三項において届出の受理又は不受理の
　証明書の請求、届書その他市町村長が受理した書類の閲覧の請求及び当該
　書類に記載した事項についての証明書の請求並びに同法第百二十条の六第
　二項において届書等情報の内容を表示したものの閲覧の請求及び届書等情
　報の内容に関する証明書の請求（以下この条において「証明書等の請求」
　という。）について準用する同法第十条の三第一項に規定する法務省令で
　定める方法及び事項については第十一条の二第一号から第三号まで及び第
　五号イ並びに第十一条の三本文の規定を、同法第四十八条第三項及び第
　百二十条の六第二項において証明書等の請求について準用する同法第十条
　の三第二項に規定する法務省令で定める方法については第十一条の四の規
　定を、証明書等の請求の際に提出した書面の原本の還付については第十一
　条の五の規定を準用する。
　（※下線部分が改正箇所）

令和元年戸籍法改正に伴う改正戸籍法施行規則及び関係通達等の解説

⑷　請求の方法等（230ページ参照）

　届書等情報の閲覧又は届書等情報内容証明書の請求については、法第10条第3項及び第10条の3の規定を準用することとされた（法第120条の6第2項）。

　したがって、届書等情報内容証明書の送付の請求は、郵便その他の法務省令で定める方法によりすることができる（規則第11条）。また、届書等情報の閲覧又は届書等情報内容証明書の請求の任に当たっている者の確認方法について、規則第11条の2第1号から第3号まで及び第5号イ並びに第11条の3本文の規定が、代理権限又は使者の権限の確認方法について規則第11条の4の規定が、請求の際に提出した書面の原本還付について規則第11条の5の規定がそれぞれ準用される（規則第52条の2）。

⑸　特別の事由（230ページ参照）

　これまで届書等の内容に関する公開の制度は、法第48条第2項に基づく閲覧及び記載事項証明書により行われてきたところ、改正法の施行後に提出された届書等については、従来の制度が併存するものの、市区町村の事務の効率化の観点から、基本的には、法第120条の6第1項に基づく届書等情報の閲覧又は届書等情報内容証明書により処理することが想定される[25]。

　この点、届書等情報の閲覧又は届書等情報内容証明書についても、請求者は利害関係人に限られ、かつ、特別の事由がある場合でなければ請求することはできない。法第120条の6第1項の「特別の事由」の審査に当たっては、改正法施行前の法第48条第2項の「特別の事由」の審査と同様に行う。

10　届書等情報の基となった届書等の保存（基本通達の記　第3の10）

第七十八条の四

②　戸籍法第百二十条の四に規定する場合において、第二十五条から第二十九条まで、第四十八条第二項、第四十九条、第四十九条の二、第五十四条及び第七十九条の規定は、適用しない。

（※再掲）

改正省令附則

第二条 この省令による改正前の戸籍法施行規則第四十八条第二項の規定によって送付された書類の保存については、なお従前の例による。

(1) 規定の整理（231ページ参照）

　市区町村長は、受理した規則第78条の2第1項各号の書面について同条第2項のとおり届書等情報を作成し、同条第3項又は第4項のとおり当該届書等情報を法務大臣に提供することになるところ、この場合において、届書等の保存に係る規定（規則第48条第2項、第49条及び第49条の2）は適用しないこととされ（規則第78条の4第2項）[26]、届書等情報の基となった届書等の保存期間に係る規定（規則第48条第3項及び第53条の4第7項）が改正又は追加された。

　なお、改正省令の附則において、改正前の規則第48条第2項の規定によって送付された書類の保存については、なお従前の例によることとされた（改正省令附則第2条）。

　したがって、改正法の施行前に受理した届書等であって規則第48条第2項の規定により管轄法務局若しくは地方法務局又はその支局に送付されたものは、改正前の規律に従って保存されることとなる。

第四十八条

③ 第一項の書類の保存期間は、当該年度の翌年から五年とする。

　（※下線部分が改正箇所）

第五十三条の四

⑦ 第二項の書面及び第五項の取下げに係る書面の保存期間は、当該年度の翌年から一年とする。

(2) 保存期間（231ページ参照）

ア　届書等

　改正法の施行前においては、届書等のうち本籍人に関するものの保存期間は当該年度の翌年から27年（規則第49条第2項。規則第49条の2第1項により、戸籍又は除かれた戸籍の副本の送付を受けたときは、当該年度の翌年から5年）と、非本籍人に関するものの保存期間は当該年度の翌年から1年とされていたところ、改正省令により、本籍人に関するものと非本籍人に関するものを区別することなく、保存期間は当該年度の翌年から5年とされた（規則第48条第3項）。

　改正法の施行後においては、上記7⑴のとおり、規則第78条の2第1項第1号から第3号までの書面は、届書等情報として法務大臣が保存した年度の翌年から10年保存されるところ、届書等情報の基となった届書等の保存期間は、必要最低限とすべきである。この点、届書等情報の基となった届書等については、刑事裁判の資料として捜査機関からの照会等に対応する場合があること等を踏まえて、5年とされたものと考えられる。

イ　不受理申出書・不受理申出取下書

　改正法の施行前においては、不受理申出書及び不受理申出取下書の保存期間に関して法令上の規定はなく、通達において定められていたところ、改正省令により、当該年度の翌年から1年と設定された（規則第53条の4第7項）。

　改正法の施行後においては、上記7⑴のとおり、不受理申出書は、届書等情報として法務大臣が保存した年度の翌年から100年（取下げその他の事由により効力を失った場合は、当該年度の翌年から3年）、不受理申出取下書は、届書等情報として法務大臣が保存した年度の翌年から3年保存されるところ、届書等情報の基となったこれらの書面の保存期間は、1年で足りるとされたものと考えられる。

　規則第78条の2第3項又は第4項の規定により本籍地の市区町村長が不受理申出書又は不受理申出取下書に係る届書等情報を送信した場合に

おいて、当該届書等情報の基となった書面は、「不受理申出書・不受理申出取下書（届書等情報送信済み）つづり」（準則第55条第1項第13号）につづり込むこととなる。

なお、改正法の施行前に提出された不受理申出書又は不受理申出取下書の取扱いについては、改正1000号通達の第6に示されている。

第七十八条の三

④ 第五十二条の規定にかかわらず、前条第二項の規定により作成された届書等情報の基となつた届書、申請書その他の書類は、適切と認められる方法により保存すれば足りる。

---

(3) 保存方法（231ページ参照）

届書類の保存については、規則第52条の規定において準用する規則第8条において、施錠のある耐火性の書箱又は倉庫に蔵めてその保存を厳重にしなければならないとされているところ、市区町村における運用では、通達等に基づき、鉄筋コンクリート造の耐火性建物であっても、耐火性書庫を使用して届書を保管していた[27]。

改正省令によって、規則第52条の規定にかかわらず、規則第78条の2第2項の規定により作成された届書等情報の基となった届書、申請書その他の書類は、適切と認められる方法により保存すれば足りることとされた（規則第78条の3第4項）。これは、改正法の施行後は、届書等情報及び届書等情報の基となった紙の届書等の両者が原本として扱われることとなることから、紙の届書等のみが原本として扱われていた改正法の施行前と比較して、その滅失等を回避するための措置は、それに要する費用や設置に要するコスト等を考慮すると、必ずしも改正法の施行前に求められていた水準までは必要ないものとされたためと考えられる。届書等情報を作成する対象とならない外国人のみの事件に係る書面については、改正法の施行後においても、規則第52条の規律によることになる。

令和元年戸籍法改正に伴う改正戸籍法施行規則及び関係通達等の解説

「適切と認められる方法」としては、当該届書等について、書類の汚損、紛失及び盗難の防止並びに不正な目的での閲覧及び持ち出しの防止といった観点に留意し、滅失を防ぐための措置を実施することが求められるところ、従前のように耐火性書庫に格納し施錠することは要しない[28]。

第4　戸籍電子証明書等の取扱いについて

1　請求（基本通達の記　第4の1）

> 第七十九条の二　戸籍法第百二十条の三第一項の戸籍電子証明書又は除籍電子証明書（以下「戸籍電子証明書等」という。）の電磁的記録の方式については、法務大臣の定めるところによる。
> ②　戸籍電子証明書等には、市町村長が、付録第三十一号書式による付記をしなければならない。
>
>
> 改正省令附則
> 第三条
> 2　戸籍法第百二十条の三第一項の規定により第十条第一項又は第十条の二第二項の請求をする場合においては、当分の間、戸籍又は除かれた戸籍に記録された事項の全部を証明した電磁的記録に限り、請求することができるものとする。

(1)　概要（232ページ参照）

　法第120条の2第1項の規定によりする本人等請求又は公用請求（法務省令で定める事務を遂行するために必要がある場合における当該請求に限る[29]。）は、戸籍電子証明書（法第119条の規定により磁気ディスクをもって調製された戸籍に記録された事項の全部又は一部を証明した電磁的記録）又は除籍電子証明書（法第119条の規定により磁気ディスクをもって調製された除かれた戸籍に記録された事項の全部又は一部を

91

証明した電磁的記録）についてもすることができることとされた（法第
120条の３第１項）。したがって、本籍地の市区町村長のほか、戸籍証明
書等の広域交付と同様に、本籍地の市区町村長以外の市区町村長に対し
ても、法第120条の３第３項に規定する行政機関等（情報通信技術を活
用した行政の推進等に関する法律（平成14年法律第151号）第３条第２
号に規定する行政機関等その他の法務省令で定める者をいう。）に、戸
籍電子証明書又は除籍電子証明書（以下「戸籍電子証明書等」という。）
を提供することの請求をすることができる[30]。

　戸籍電子証明書等の電磁的記録は、電子的方式、磁気的方式その他人
の知覚によっては認識することができない方式で作られる記録であって、
電子計算機による情報処理の用に供されるものとして法務省令で定める
ものとされたところ、規則第79条の２第１項により、戸籍電子証明書等
の電磁的記録の方式については、法務大臣が定めることとされ、法務省
ホームページにおいて示されているとともに、令和６年2000号通達別添
３でも明らかにされている[31]。

　なお、改正省令の附則において、上記の請求は、当分の間、戸籍又は除か
れた戸籍に記録された事項の全部を証明した電磁的記録に限り、請求す
ることができることとされ、個人事項証明書や一部事項証明書に相当す
る電磁的記録を請求することはできない（改正省令附則第３条第２項）[32]。

(2)　請求の方法（232ページ参照）

　本籍地の市区町村長に対する戸籍電子証明書等の請求の方法は、本籍
地の市区町村長に対する戸籍謄本等の交付請求の方法と同様である。

　また、本籍地の市区町村長以外の市区町村長に対する戸籍電子証明書
等の請求は、戸籍証明書等の広域交付における請求の方法と同様である。

第七十九条の二

③　第七十三条の二第一項の規定は、戸籍法第百二十条の三第一項の規定に
　より同法第十条第一項の請求（本籍地の市町村長以外の市町村長に対して
　するものに限る。）をする場合に、第七十三条の二第二項及び第三項の規

令和元年戸籍法改正に伴う改正戸籍法施行規則及び関係通達等の解説

定は、戸籍法第百二十条の三第一項の規定により同法第十条の二第二項の請求（本籍地の市町村長以外の市町村長に対してするものに限る。）をする場合に準用する。

(3) 本人確認の方法（233ページ参照）

　本籍地の市区町村長に対する戸籍電子証明書等の請求における本人確認の方法は、本籍地の市区町村長に対する戸籍謄本等の交付請求の場合と同様である。

　また、本籍地の市区町村長以外の市区町村長に対する戸籍電子証明書等の請求における本人確認の方法は、戸籍証明書等の広域交付における請求の方法と同様であり、本人等請求については規則第73条の2第1項の規定を、公用請求については同条第2項及び第3項の規定を準用することとしている（規則第79条の2第3項）。

2　戸籍電子証明書提供用識別符号等の発行（基本通達の記　第4の2）

(1) 概要（233ページ参照）

　法第120条の3第1項により、戸籍電子証明書等の本人等請求又は公用請求があったときは、市区町村長は、当該請求をした者に対し、戸籍電子証明書提供用識別符号（当該請求に係る戸籍電子証明書を識別することができるように付される符号）又は除籍電子証明書提供用識別符号（当該請求に係る除籍電子証明書を識別することができるように付される符号）を発行するものとされた（法第120条の3第2項）。

第七十九条の二の二　戸籍法第百二十条の三第二項の戸籍電子証明書提供用識別符号又は除籍電子証明書提供用識別符号（以下「戸籍電子証明書提供用識別符号等」という。）は、アラビア数字の組合せにより、戸籍電子証明書等ごとに定める。

②　戸籍電子証明書提供用識別符号等を発行するには、付録第三十二号様式によらなければならない。

③　戸籍電子証明書提供用識別符号等の有効期間は、発行の日から起算して

93

三箇月とする。

④　第七十三条の四の規定は、戸籍電子証明書提供用識別符号等を発行した場合に準用する。

(2)　戸籍電子証明書提供用識別符号等の方式等（233ページ参照）

　戸籍電子証明書提供用識別符号又は除籍電子証明書提供用識別符号（以下「戸籍電子証明書提供用識別符号等」という。）については、改正省令により、以下のとおり定められた。

　戸籍電子証明書提供用識別符号等は、アラビア数字（16桁）の組合せにより、戸籍電子証明書等ごとに定めるものとされた（規則第79条の2の2第1項)。また、戸籍電子証明書提供用識別符号等を発行するには、規則付録第32号様式によらなければならないこととされた（規則第79条の2の2第2項)。

　戸籍電子証明書提供用識別符号等の有効期間は、発行の日から起算して3か月とされた（規則第79条の2の2第3項)。これは、戸籍電子証明書等が戸籍電子証明書提供用識別符号等を発行した時点の戸籍又は除かれた戸籍の副本により作製されるものであり、行政機関等が参照する時点の最新の情報が提供されるものではないことから、一定期間の有効期間を設ける必要があったためと考えられる。

　行政機関等が、法第120条の3第3項の規定により、戸籍電子証明書等の提供を受けるためには、3か月の有効期間内に戸籍電子証明書提供用識別符号等を示して提供を求める必要があるが、当該期間内であれば、複数の行政機関等が戸籍電子証明書提供用識別符号等を示して戸籍電子証明書等の提供を求めることができることから、有効期間内に複数の行政手続等において同一の戸籍電子証明書提供用識別符号等を繰り返し使用することができる。

　なお、戸籍電子証明書提供用識別符号等を発行した場合における本籍地の市区町村長に対する情報提供は、広域交付における本人等請求又は公用請求により戸籍証明書等を交付した場合の規定（規則第73条の4）

令和元年戸籍法改正に伴う改正戸籍法施行規則及び関係通達等の解説

を準用することとされた（規則第79条の２の２第４項）。したがって、本籍地の市区町村長以外の市区町村長に対する請求により戸籍電子証明書提供用識別符号等を発行した場合[33]は、その発行履歴が戸籍情報連携システムを通じて本籍地の市区町村に提供されることとなる[34]。

3　戸籍電子証明書等の提供（基本通達の記　第４の３）

⑴　概要（234ページ参照）

　市区町村長は、行政機関等から、法務省令で定めるところにより、法第120条の３第２項の規定によって発行された戸籍電子証明書提供用識別符号等を示して戸籍電子証明書等の提供を求められたときは、法務省令で定めるところにより、当該戸籍電子証明書提供用識別符号等に対応する戸籍電子証明書等を提供するものとされた（法第120条の３第３項）。

　したがって、戸籍電子証明書提供用識別符号等の発行を受けた者は、行政手続等の申請を行うに当たり、申請書に当該戸籍電子証明書提供用識別符号等を記入するなどして行政機関等に提示することにより、提示を受けた行政機関等は、当該戸籍電子証明書提供用識別符号等にひも付いた戸籍電子証明書を参照することができることとなる。

第七十九条の二の三　戸籍法第百二十条の三第三項の法務省令で定める者は、別表第四の上欄に掲げる者（法令の規定により同表の下欄に掲げる事務の全部又は一部を行うこととされている者がある場合にあつては、その者を含む。以下「戸籍情報照会者」という。）とし、市町村長は、戸籍情報照会者から同表の下欄に掲げる事務の処理に関し戸籍電子証明書提供用識別符号等を示して戸籍電子証明書等の提供を求められたときは、戸籍電子証明書提供用識別符号等に対応した戸籍電子証明書等を提供するものとする。

⑵　戸籍情報照会者等（234ページ参照）

　市区町村長は、規則別表第４の上欄に掲げる者（法令の規定により同表の下欄に掲げる事務の全部又は一部を行うこととされている者がある場合にあっては、その者を含む[35]。以下「戸籍情報照会者」という。）

から同表の下欄に掲げる事務の処理に関し戸籍電子証明書提供用識別符号等を示して戸籍電子証明書等の提供を求められたときは、戸籍電子証明書提供用識別符号等に対応した戸籍電子証明書等を提供するものとされた（規則第79条の2の3第1項）。

規則別表第4の上欄には戸籍情報照会者として外務省が定められ、同表下欄には旅券法（昭和26年法律第267号）第3条第1項の発給の申請に係る事実についての審査に係る事務が定められたところ、今後、戸籍電子証明書等の提供先となる行政機関等の追加に応じて、同表を改正することとなる*36。

第七十九条の二の三

② 戸籍法第百二十条の三第三項の規定による戸籍電子証明書等の提供の求め及び戸籍電子証明書等の提供は、同法第百十八条第一項の電子情報処理組織と戸籍情報照会者の使用に係る電子計算機とを電気通信回線で接続した電子情報処理組織を使用してするものとする。

---

(3) 戸籍電子証明書等の提供の方法（234ページ参照）

戸籍情報照会者から市区町村長に対する戸籍電子証明書等の提供の求め及び市区町村長から戸籍情報照会者に対する戸籍電子証明書等の提供は、法第118条第1項の電子情報処理組織と戸籍情報照会者の使用に係る電子計算機とを電気通信回線で接続した電子情報処理組織を使用してするものとされた（規則第79条の2の3第2項）。

戸籍情報照会者は、行政手続等の申請人から提示を受けた戸籍電子証明書提供用識別符号等を戸籍情報照会者側の業務システム等に入力することによって、戸籍電子証明書提供用識別符号等が発行された時点の戸籍又は除かれた戸籍の副本から作製された戸籍電子証明書等をダウンロードし、これを参照することができる。

令和元年戸籍法改正に伴う改正戸籍法施行規則及び関係通達等の解説

第七十九条の二の三

③　前項の戸籍電子証明書等の提供の求め及び戸籍電子証明書等の提供の方法に関する技術的基準については、法務大臣が定める。

　規則第79条の2の3第2項の規定による戸籍電子証明書等の提供の求め及び戸籍電子証明書等の提供の方法に関する技術的基準については、法務大臣が定めることとされているところ（規則第79条の2の3第3項）、当該基準は、法務省ホームページにおいて示されているとともに、令和6年2000号通達別添3でも明らかにされている。

第七十九条の二

②　戸籍電子証明書等には、市町村長が、付録第三十一号書式による付記をしなければならない。

　（※再掲）

第七十九条の二の三

④　市町村長は、第一項の規定による戸籍電子証明書等の提供をするときは、法務大臣により電子署名が行われた戸籍電子証明書等と当該電子署名に係る電子証明書を併せて法務大臣の使用に係る電子計算機に備えられたファイルに記録しなければならない。

---

(4)　戸籍電子証明書等の書式等（234ページ参照）

　戸籍電子証明書等には、市区町村長が、規則付録第31号書式による付記をしなければならないこととされ（規則第79条の2第2項）、法務大臣により電子署名が行われた戸籍電子証明書等と当該電子署名に係る電子証明書を併せて法務大臣の使用に係る電子計算機（戸籍情報連携システム）に備えられたファイルに記録しなければならないこととされた[37]（規則第79条の2の3第4項）。戸籍電子証明書等の発行の主体

は市区町村長であるが、戸籍電子証明書等は法務大臣が保有する戸籍又は除かれた戸籍の副本から作製されるため、法務大臣の電子署名が行われることとされたものと考えられる。

4 電子情報処理組織による戸籍電子証明書提供用識別符号等の発行等の請求及び戸籍電子証明書提供用識別符号等の発行（基本通達の記　第4の4）（234ページ参照）

改正省令により、電子情報処理組織による戸籍電子証明書提供用識別符号等の発行等の請求（オンライン請求）に係る規定（規則第79条の2の4第3項、第79条の3及び第79条の8第3項）及び電子情報処理組織による戸籍電子証明書提供用識別符号等の発行（オンライン発行）に係る規定（規則第79条の5第2項及び第3項並びに第79条の6第2項）が整備された（令和6年2月26日付け法務省民一第503号民事局長通達（改正オンライン通達）の解説（103ページ）参照）。

戸籍電子証明書等の活用によって、行政手続において紙の戸籍証明書等の添付を省略することができるようになるところ、戸籍電子証明書提供用識別符号等の発行をオンラインにより請求し、また、オンラインにより発行を受けることができれば、窓口に赴くことなく、行政手続をオンラインで完結することが可能となる。実際の活用の場面としては、オンラインにより発行を受けた戸籍電子証明書提供用識別符号等を申請人において行政手続の申請書に転記する方法が想定される。また、今後、デジタル庁が所管するマイナポータル（行政手続における特定の個人を識別するための番号の利用等に関する法律（平成25年法律第27号）附則第6条第3項に規定する情報提供等記録開示システム）を通じて、行政手続のオンライン申請と同時に戸籍電子証明書提供用識別符号の発行請求を行う場合において、市区町村側の人的な作業を介さずに、戸籍情報連携システムから自動的に特定した符号を発行することが可能となる予定であり、このときには、申請人が符号の転記を行うことなく、当該行政手続を所管する機関（戸籍情報照会者）が、申請情報とともに戸籍電子証明書を参照することが可能となる予定である[38]。

令和元年戸籍法改正に伴う改正戸籍法施行規則及び関係通達等の解説

第5　その他

1　戸籍事務を電子情報処理組織によって取り扱う場合における漢字の字体について（基本通達の記　第5の1）

第六十八条の二　戸籍事務を電子情報処理組織によつて取り扱う場合におい
て、氏又は名に漢字を用いるときは、次の各号に掲げる字体で記録するも
のとする。
一　常用漢字表に掲げる字体（括弧書きが添えられているものについては、
括弧の外のものに限る。）
二　別表第二に掲げる字体
三　その他法務大臣の定める字体

⑴　氏又は名に漢字を用いる場合（235ページ参照）

　戸籍事務を電子情報処理組織によって取り扱う場合において、氏又は
名に漢字を用いるときは、正字又は俗字とされる字体で記録するものと
された（規則第68条の2。戸籍法施行規則の一部を改正する省令（令和
6年法務省令第30号）の施行（令和6年4月18日）後は、第68条の3。
以下同じ。）。具体的には、①常用漢字表に掲げる字体（括弧書きが添え
られているものについては、括弧の外のものに限る。）、②規則別表第2
に掲げる字体及び③その他法務大臣の定める字体（法務省ホームページ
において示されているとともに、令和6年2000号通達別添1でも明らか
にされている。）である。

　戸籍の記載をするには、略字又は符号を用いず、字画を明らかにしな
ければならないとされ（規則第31条本文）、平成2年10月20日付け法務
省民二第5200号民事局長通達をはじめとする累次の通達により、戸籍と
いう公の帳簿においては、国民一般に理解できる表記、書き方をもって
記載すべきであり、漢和辞典等で正しい書き方とされている書き方にす
るという基本的な考え方が維持されている[39]。

99

また、戸籍事務を電子情報処理組織によって取り扱う場合においても、平成6年11月16日付け法務省民二第7000号民事局長通達（以下「7000号通達」という。）により、従前の戸籍を磁気ディスクをもって調製された戸籍（以下「電算化戸籍」という。）に移記する際に正字又は俗字とされる文字で記録することとされていることから、電算化戸籍への改製作業が進むことによって自然と誤字が解消されることが期待されていた。しかし、依然として全ての誤字の解消には至っておらず、7000号通達に反して電算化戸籍においても誤字が散見される状況にある＊40。

　このような状況にあって、改正法の施行を迎えるに当たり、誤字が使用されていることに起因して電算化戸籍に改製することができない戸籍については、広域交付制度やマイナンバー制度に基づく戸籍情報連携の利便性を享受することができないことから、戸籍事務における誤字の解消を積極的に推進する必要が生じた。

　以上の経緯を踏まえ、これまで通達等において示されていた、戸籍に氏又は名を漢字で記録する際は正字又は俗字とされる字体によることとする取扱いが法務省令において示されることとなり、これによって、戸籍事務における誤字の解消に対する国民への理解が促され、誤字の解消が実効性のあるものとなることが期待される＊41。

⑵　氏又は名以外に漢字を用いるときの字体（235ページ参照）

　戸籍事務を電子情報処理組織によって取り扱う場合において、氏又は名以外に漢字を用いるとき（戸籍簿以外の戸籍関連帳簿の記録に漢字を用いるときを含む。）についても、規則第68条の2各号の字体で記録することとされた。これは、⑴のとおり、戸籍という公の帳簿においては、国民一般に理解できる表記、書き方をもって記録すべきところ、実際には、正字又は俗字ではない字体を用いて外国の地名を記録するためや、改製不適合戸籍に係る受付帳情報について改製不適合戸籍として取り扱う原因となった誤字を記録するために外字を作成する事例が多く確認されていることから、このような事例を抑止する趣旨で定められたものと考えられる。

また、現在、デジタル庁において、自治体情報システムにおける文字を標準化する取組が進められており、将来的には、戸籍情報システムにおいて使用する文字についても、デジタル庁が整備する「行政事務標準文字[42]」への移行が実施されることが想定されている[43]ことを鑑みると、戸籍事務においては、行政事務標準文字への移行作業時に支障となるような文字（字体）の使用を現時点から抑制する必要があろう。

　なお、本籍の表示に用いる漢字の字体については、取扱いを改めることの影響が大きいことに加え、今後デジタル庁において整備が行われるアドレス・ベース・レジストリ[44]の動向を踏まえて対応する必要があることから、規則第68条の2各号の字体で記録する対象とはしないこととされたものと考えられる。

2　電子情報処理組織によって取り扱うことが相当でない戸籍又は除かれた戸籍について（基本通達の記　第5の2）（235ページ参照）

> 第六十九条　戸籍法第百十八条第一項ただし書の電子情報処理組織によって取り扱うことが相当でない戸籍又は除かれた戸籍は、<u>電子情報処理組織による取扱いに適合しない戸籍とする。</u>
>
> 　（※下線部分が改正箇所）

　法第118条第1項ただし書において法務省令で定めるものとされている電子情報処理組織によって取り扱うことが相当でない戸籍又は除かれた戸籍については、改正前の規則第69条において、①電子情報処理組織による取扱いに適合しない戸籍（改製不適合戸籍）及び②除籍簿につづられた除かれた戸籍（紙の除籍）とされていたところ、改正省令により、規則第69条に規定する電子情報処理組織によって取り扱うことが相当でない戸籍又は除かれた戸籍は、改製不適合戸籍のみとされた。

　これは、紙の除籍の多くが画像情報（イメージデータ）として磁気ディスクをもって調製し、イメージ除籍として電子情報処理組織によって取り扱われている現状を踏まえ、電子情報処理組織によって取り扱うことが相

当でない戸籍又は除かれた戸籍から除外されたものと考えられる。

　したがって、現在、一部の市区町村において管理されている紙の除籍については、「電子情報処理組織によって取り扱うことが相当でない」ものには含まれないと整理されるところ、紙の除籍は広域交付の対象外となることを考慮すると、速やかにイメージ除籍として管理できるよう再製することが適当であろう。

3　マイナポータルによるオンライン請求における情報提供について（基本通達の記　第5の3）（236ページ参照）

第七十九条の九の二　法務大臣は、行政手続における特定の個人を識別するための番号の利用等に関する法律附則第六条第三項に規定する情報提供等記録開示システムを通じて第七十九条の二の四第一項の交付の請求、同条第二項の届出等又は同条第三項の戸籍電子証明書提供用識別符号等の発行等の請求（以下本条において「請求等」という。）をする者に対して、当該請求等に必要な範囲内において、戸籍又は除かれた戸籍の副本に記録されている情報のうち本籍及び戸籍の筆頭に記載した者の氏名その他の当該請求等に必要な情報（電子情報処理組織により自動的に特定したものに限る。）を提供することができる。

②　前項の規定による情報の提供は、戸籍法第百十八条第一項の電子情報処理組織と請求等をする者の使用に係る電子計算機とを電気通信回線で接続した電子情報処理組織を使用してするものとし、当該情報の提供の方法に関する技術的基準については、法務大臣が定める。

　オンラインによる戸籍の届出については、平成16年から、制度上は実施することが可能となっているものの、現時点で、オンラインによる戸籍の届出を導入した市区町村はない。しかし、今後予定されている氏名の振り仮名の届出においては、マイナポータルを活用したオンラインによる届出を可能とする予定であり、規則第79条の9の2は、これを想定して設けられた規定であると考えられる。

102

本規定においては、法務大臣は、マイナポータルを通じて戸籍謄本等の交付請求、戸籍の届出等又は戸籍電子証明書提供用識別符号等の発行等の請求（以下「請求等」という。）をする者に対して、当該請求等に必要な範囲内において、戸籍又は除かれた戸籍の副本に記録されている情報のうち本籍及び戸籍の筆頭に記載した者の氏名その他の当該請求等に必要な情報（電子情報処理組織により自動的に特定したものに限る。）を提供することができることが定められている。

具体的には、マイナポータルによって請求等をする者がマイナンバーカードを用いてログインすることによって、戸籍又は除かれた戸籍の副本情報[45]のうち、当該請求等をする者の情報とひも付いた情報が自動的に特定され、戸籍謄本等の交付の請求書、届書若しくは申請書又は戸籍電子証明書提供用識別符号等の発行等の請求書の情報（マイナポータルの入力画面）に、当該請求等に必要な情報が転記されることが想定される[46]。

なお、本規定に基づく情報提供は、法第118条第1項の電子情報処理組織と請求等をする者の使用に係る電子計算機とを電気通信回線で接続した電子情報処理組織を使用してすることとされ、当該情報提供の方法に関する技術的基準については、法務大臣が定めることとされているところ（規則第79条の9の2第2項）、当該基準は、法務省ホームページにおいて示されているとともに、令和6年2000号通達別添4でも明らかにされている。

その他の関係通達等の概要

〈令和6年2月26日付け法務省民一第502号民事局長通達〉
「戸籍事務取扱準則制定標準の一部改正について」
【概要】

戸籍事務を適正に処理するため、法務局又は地方法務局の長は、平成16年4月1日付け法務省民一第850号民事局長通達別添で示した戸籍事務取扱準則制定標準（以下「標準準則」という。）を参考として、管内の市区町村における戸籍事務の取扱いに関する準則を制定している。

本通達は、改正法の一部及び改正省令の施行に伴い、標準準則の一部を

改正するものである。

〈令和６年２月26日付け法務省民一第503号民事局長通達（改正オンライン通達）〉

「電子情報処理組織による届出又は申請等の取扱いについて」

【概要】

　電子情報処理組織（オンラインシステム）を使用する方法により行う戸籍事務の取扱いについては、平成16年４月１日付け法務省民一第928号民事局長通達（以下「928号通達」という。）により示されていたところ、本通達は、改正法の一部及び改正省令の施行に伴い、以下の点について取扱いが変更となることから、928号通達を全部改正するものである。

　なお、オンラインシステムを使用する方法により行う戸籍事務の取扱いに係る基本的な考え方は928号通達から大きく変わることはなく[47]、改正省令により、戸籍電子証明書提供用識別符号等の発行等に係る規定が整備されたことを受けて改正されたものであるところ、以下、改正省令により整備された規定を中心に解説する。

○　第１から第３まで（249ページ参照）

　第七十九条の二の四　戸籍若しくは除かれた戸籍の謄本若しくは抄本又は別表第五に掲げる書面（以下「戸籍謄本等」という。）の交付の請求は、戸籍法第百十八条第一項の電子情報処理組織と請求をする者の使用に係る電子計算機とを電気通信回線で接続した電子情報処理組織を使用してすることができる。

　（※下線部分が改正箇所）

　［改正オンライン通達］第１の１(1)

　改正法の施行前においては、オンラインシステムを「市区町村長の使用に係る電子計算機と請求をする者の使用に係る電子計算機とを電気通信回

線で接続した電子情報処理組織」と規定していたところ（改正前の規則第79条の２第１項[48]）、改正省令により、「戸籍法第118条第１項の電子情報処理組織と請求をする者の使用に係る電子計算機とを電気通信回線で接続した電子情報処理組織」と改められた（規則第79条の２の４第１項）。

　これは、改正法の施行前において、「市区町村長の使用に係る電子計算機」、すなわち、市区町村において戸籍事務を処理するためのシステムを請求をする者の使用に係る電子計算機からの接続先として規定していたところ、改正法の施行後は、「法第118条第１項の電子情報処理組織」、すなわち、法務大臣の使用に係る電子計算機（戸籍情報連携システム）と市区町村長の使用に係る電子計算機とを電気通信回線で接続した電子情報処理組織を規定することとして改められたものと考えられる。

　なお、規則第79条の３第１項、第79条の５第１項及び第79条の６第１項についても同様の趣旨で改正されている。

第七十九条の二の四

③　市町村長に対してする戸籍電子証明書等を戸籍法第百二十条の三第三項に規定する行政機関等に提供することの請求（以下「戸籍電子証明書提供用識別符号等の発行等の請求」という。）は、第一項の電子情報処理組織を使用してすることができる。

第七十九条の三　前条第一項の交付の請求、同条第二項の届出等又は同条第三項の戸籍電子証明書提供用識別符号等の発行等の請求をする者は、戸籍法又はこの省令の規定により交付の請求書、届書若しくは申請書又は発行等の請求書に記載すべきこととされている事項に係る情報を戸籍法第百十八条第一項の電子情報処理組織に送信しなければならない。この場合において、戸籍法又はこの省令の規定により交付の請求、届出等又は発行等の請求の際に添付し、又は提出すべきこととされている書面等（以下「添付書面等」という。）があるときは、当該添付書面等に代わるべき情報を併せて送信しなければならない。

> （※下線部分が改正箇所）
>
> ［改正オンライン通達］第1の1⑶、第1の2

　改正省令により、オンラインシステムによる戸籍事務の範囲に、法第120条の3第3項に規定する行政機関等に対する戸籍電子証明書等の提供の請求（戸籍電子証明書提供用識別符号等の発行等の請求）が含まれることとされた（規則第79条の2の4第3項）。

　また、オンラインにより戸籍電子証明書提供用識別符号等の発行等の請求をする者は、発行請求書に記載すべきこととされている事項に係る情報をオンライン請求する者の使用に係る電子計算機から入力し、戸籍情報連携システムに送信しなければならないこととされ、添付書面等があるときは、当該添付書面等に代わるべき情報を併せて送信しなければならないこととされた（規則第79条の3第1項）。

> 第七十九条の五
> ②　戸籍電子証明書提供用識別符号等の発行（以下「符号の発行」という。）は、前項の電子情報処理組織を使用してすることができる。
>
> 第七十九条の五
> ③　情報通信技術を活用した行政の推進等に関する法律（平成十四年法律第百五十一号。以下「情報通信技術活用法」という。）第七条第一項ただし書に規定する主務省令で定める方式は、電子情報処理組織を使用する方法により前二項の書面の交付又は符号の発行を受けることを希望する旨の市町村長の定めるところにより行う届出とする。
> （※下線部分が改正箇所）
> 第七十九条の六
> ②　市町村長は、前条第二項の規定による符号の発行をするときは、第七十九条の二の二第二項に係る情報を前項のファイルに記録しなければな

令和元年戸籍法改正に伴う改正戸籍法施行規則及び関係通達等の解説

らない。

［改正オンライン通達］第1の1(5)、第1の3(2)

　改正省令により、オンラインシステムによる戸籍事務の範囲に、法第120条の3第2項に規定する戸籍電子証明書提供用識別符号等の発行が含まれることとされた（規則第79条の5第2項）。ただし、オンラインにより戸籍電子証明書提供用識別符号等の発行を受けようとする者が、オンラインによって戸籍電子証明書提供用識別符号等の発行を受けることを希望する旨の届出を市区町村長の定めるところにより行った場合に限られる（規則第79条の5第3項）。

　市区町村がオンラインにより戸籍電子証明書提供用識別符号等を発行するに当たっては、規則第79条の2の2第2項に係る情報（規則付録第32号様式に記載すべき事項に係る情報）を戸籍情報連携システムに備えられたファイルに記録しなければならないこととされた（規則第79条の6第2項）。すなわち、ファイルへの記録に際して、当該情報について市区町村長が電子署名及び当該電子署名に係る電子証明書を併せて記録することを要しないこととされたものであるところ、これは、オンラインによる規則別表第7に掲げる書面（戸籍証明書等）の交付については市区町村長が電子署名及び当該電子署名に係る電子証明書を併せて記録することが求められている（規則第79条の6第1項）こととは異なる。

第七十九条の八　第七十九条の二の四第一項の戸籍謄本等の交付の請求は、当該請求をする戸籍又は除かれた戸籍の本籍地でしなければならない。
（※再掲）
③　第七十九条の二の四第三項の戸籍電子証明書提供用識別符号等の発行等の請求は、当該請求をする戸籍又は除かれた戸籍の本籍地でしなければならない。

［改正オンライン通達］第1の2(5)

　オンラインによる戸籍謄本等の交付請求、オンラインによる戸籍電子証明書提供用識別符号等の発行等の請求ともに、当該請求をする戸籍又は除かれた戸籍の本籍地でしなければならないこととされた（オンラインによる戸籍謄本等の交付請求については、基本通達の解説第1の5（61ページ）参照）。

第七十九条の九　第七十八条の二から第七十八条の五までの規定は、第
　　七十九条の二の四第二項の規定による届出等がされた場合に準用する。
②　前項の場合においては、第七十八条の二第二項の規定にかかわらず、電
　　子情報処理組織により届書等情報を作成することができる。

　［改正オンライン通達］第3の2

　規則第79条の2の4第2項の規定に基づきオンラインにより届出等がされた場合における、届書又は申請書に記載すべきこととされている事項に係る情報（以下「届出等情報」という。）の取扱いについては、届書等情報に係る規定（規則第78条の2から第78条の5まで）が準用されることとされたため、基本通達第3の届書等情報の取扱いに準じて事務処理を行うこととなる（規則第79条の9第1項）。
　届出等情報についても、法第120条の4第1項の規定に基づき届書等情報を作成し、これを法務大臣に提供しなければならないところ、この場合において、規則第78条の2第2項の規定に基づき、届出等情報を用紙に出力した上でこれをスキャナ（これに準ずる画像読取装置を含む。）により読み取ってできた画像情報を戸籍情報システムに記録することが可能であるが、事務の効率化を図る観点から、規則第78条の2第2項の規定にかかわらず、市区町村の戸籍情報システムの機能を利用して届出等情報を直接画像情報に変換するなどして届書等情報を作成することも認められる（規

則第79条の9第2項)。

届出等情報は、紙の届書等と同様に受理地の市区町村において保存する必要があるところ、①電磁的記録により保存する方法又は②日本産業規格A列3番又は4番の用紙に出力し、帳簿につづり込む方法のいずれかの方法により保存するものとし、その取扱いは規則第48条又は第50条に準ずるものとされた。

○　第4（257ページ参照）

928号通達の第3の6において、オンラインによる戸籍謄本等の交付請求について不交付の処分をした場合には、請求者に対してその請求書に記載すべきこととされている事項に係る情報（以下「請求情報」という。）を返信しなければならないこととされていたところ、改正オンライン通達においては、請求者に対して不交付とした旨を通知しなければならないことと改められた。

また、オンラインによる届出等について不受理の処分をした場合には、届出人等に対してその届出等情報を返信するとともに、不受理とした旨を文書で通知しなければならないこととされていたところ、改正オンライン通達においては、届出人に対して不受理とした旨を通知しなければならないことと改められた。

請求情報又は届出等情報を返信しなければならない規定が削除されたのは、市区町村におけるオンラインシステムによっては、技術的にこれらを返信することができない場合があることを考慮したものと考えられる。不交付又は不受理とした旨の通知については、当面の間は、書面により行うこととなると考えられる[49]。

○　第5（257ページ参照）

928号通達の第4において、オンラインシステムにおいて使用する文字は、「戸籍統一文字」に定める文字（平成6年11月16日付け法務省民二第7000号民事局長通達第7の2の規定により磁気ディスクに記録された戸籍又は除かれた戸籍において氏又は名の記録に用いることができるとされている文字及びその他通達等により戸籍に使用することができるものとされ

た文字）としていたところ、改正オンライン通達においては、オンライン
システムにおける文字セットが「JIS X 0213：2012」に変更された。これ
は、約６万字ある戸籍統一文字をオンラインシステムに実装することが容
易ではないことや、スマートフォンによるオンライン届出等への対応を見
据えて見直しを行ったものと考えられる。

〈令和６年２月26日付け法務省民一第504号民事局長通達〉
　「戸籍届書の標準様式の一部改正について」
【概要】
　戸籍事務において取り扱う戸籍届書の標準様式については、令和３年８
月27日付け法務省民一第1622号民事局長通達（以下「1622号通達」とい
う。）により示されているところ、本通達は、改正法の一部及び改正省令
の施行に伴い、戸籍情報連携システムの機能を利用した事務処理に対応す
るよう1622号通達の一部を改正するものである。以下、改正内容について
解説する。

○　市区町村処理欄について
　改正法の施行後は、受理地市区町村長が届書等情報を法務大臣に送信し、
法務大臣は、記載地市区町村長に対して届書等情報の通知を行うことによ
って、記載地市区町村長は戸籍の記載等の処理を行うこととなり、改正法
の施行前における紙の届書等（又はその謄本）の送付が不要となったこと
から、改正前の様式の市区町村処理欄のうち、①送付を受けた年月日及び
受附番号欄及び②届書謄本の発送欄が削除された。
　なお、改正法の施行後においては、新たに戸籍情報連携システムの機能
を利用した事務が追加されることを踏まえ、市区町村の実情に応じて処理
欄を利用できるよう、処理欄（任意項目）が追加された。

○　記入の注意について
　改正前の様式には、本籍地ではない市区町村に対して届出をする場合に
は、届書を２通又は３通提出する必要がある旨の記載があったところ、改
正法の施行後においては、届書の提出は１通で足りることとなったことか

110

ら、当該記載は削除された。また、改正前の様式には、本籍地ではない市区町村に対して届出をする場合には、戸籍謄本等の提出を要する旨の記載があったところ、改正法の施行後においては、副本情報を確認することによって事件本人の戸籍を確認することができるときは戸籍謄本の提出は不要であることから、当該記載は削除された。

〈令和６年２月26日付け法務省民一第505号民事局長通達〉
「「戸籍法及び戸籍法施行規則の一部改正に伴う戸籍事務の取扱いについて」の一部改正について」
【概要】
　本通達は、改正法の一部及び改正省令の施行に伴い、平成20年４月７日付け法務省民一第1000号民事局長通達の一部を改正するものである。以下、改正内容について解説する。
○　第１の１
　法第10条第１項における戸籍に記載されている者の配偶者には、戸籍に記載されている者が死亡し、又は失踪宣告を受けた場合における生存配偶者も含まれることが明確化された（基本通達の解説第１の１(1)（54ページ）参照）。
○　第６本文
　不受理申出に係る事件本人の本籍地市区町村において、戸籍情報システムに不受理申出情報（注意喚起情報及び不受理申出書の画像情報）を登録又は更新した場合には、届書等情報を戸籍情報連携システムに送信することが示された。
○　第６の１
　不受理申出書は、不受理申出に係る事件本人の本籍地市区町村においてその原本を保存することとし、事件本人の本籍地以外の市区町村において不受理申出書を受理した場合には、事件本人の本籍地市区町村に対し、その原本を送付することとした。
　また、不受理申出に係る事件本人の本籍地市区町村において、不受理申

出書に基づき、戸籍情報システムに不受理申出情報を登録することとした。

○　第6の2

　不受理申出の有無の確認は、不受理申出情報を参照する方法によるか、従前と同様、電話等により本籍地の市区町村に照会する方法により行うこととした。

○　第6の6

　不受理申出取下書は、不受理申出に係る事件本人の本籍地市区町村においてその原本を保存することとし、事件本人の本籍地以外の市区町村において不受理申出取下書を受理した場合には、事件本人の本籍地市区町村に対し、その原本を送付することとした。

〈令和6年2月26日付け法務省民一第506号民事局民事第一課長依命通知〉

　「「戸籍法及び戸籍法施行規則の一部改正に伴う戸籍事務の取扱いについて」の一部改正について」

【概要】

　本依命通知は、改正法の一部及び改正省令の施行に伴い、平成20年4月7日付け法務省民一第1001号民事局民事第一課長依命通知の一部を改正するものである。

　改正法の施行後における戸籍証明書等の請求書の様式は基本通達の依命通知において定められたことから、本依命通知により、別紙1が削除された（基本通達の解説第1の1(2)の＊4（118ページ）参照）ほか、改正法の施行後に受理した不受理申出書等のつづり込み先や不受理申出書等に係る届書等情報の閲覧又は証明書に関する取扱いが示された。

〈令和6年2月26日付け法務省民一第507号民事局長通達〉

　「在留外国人の死亡通知の取扱い変更について」

【概要】

　在留外国人の死亡通知に関する取扱いについては、昭和58年10月24日付け法務省民二第6115号民事局長通達（以下「6115号通達」という。）によ

り示されているところ、本通達は、改正法の一部及び改正省令の施行に伴い、6115号通達の一部を改正するものである。

　改正法の施行前においては、市区町村に対しては法務局への通知を求め、法務局に対しては外務省への通知を求めていたところ、届書等を管轄法務局等に送付する事務が廃止されたことに伴い、本通達により、6115号通達のうち、届書等を管轄法務局等に送付する際に併せて在留外国人に係る死亡届の写しを送付する旨の規定を削除し、在留外国人に係る死亡届の写しを単独で送付するよう改められた。

　なお、死亡届の写しは、単なる写しであって認証等が付されているものではないことから、管轄法務局等への送付に当たっては、電子メールによりPDFデータ等を送信する方法でも差し支えないものと考えられる。

〈令和６年２月26日付け法務省民一第508号民事局長通達〉
　「地方公共団体の特定の事務の郵便局における取扱いに関する法律の一部改正に伴う戸籍事務の取扱いについて」
【概要】
　郵便局において取り扱わせることのできる戸籍事務に関する取扱いについては、平成14年２月４日付け法務省民二第314号民事局長通達（以下「314号通達」という。）により示されているところ、本通達は、改正法の一部及び改正法附則第７条による改正後の地方公共団体の特定の事務の郵便局における取扱いに関する法律（平成13年法律第120号）の施行に伴い、314号通達で示されている取扱いの一部が変更されることを示すものである。

　本通達により、戸籍電子証明書又は除籍電子証明書の提供の請求（本籍地の市区町村長以外の市区町村長に対してするものを含む。）の受付及び当該請求に係る戸籍電子証明書提供用識別符号又は除籍電子証明書提供用識別符号の提供が郵便局において取り扱わせることができる事務として追加されたほか、郵便局において取り扱わせることができる事務に広域交付による戸籍証明書等の請求も含まれることが明らかにされた。

〈令和６年２月26日付け法務省民一第509号民事局民事第一課長通知〉

「イメージデータを原本とする除籍・改製原戸籍の謄抄本の作成について」

【概要】

イメージ除籍であって、いわゆる掛紙用紙が別葉で出力されるものに係る謄抄本作成に関する取扱いについては、平成15年10月24日付け法務省民一第3178号民事第一課長通知（以下「3178号通知」という。）により示されているところ、本通知は、3178号通知で示されている取扱いの一部が変更されることを示すものである。

本通知により、3178号通知別紙２の記４の付記は要しないこととするよう取扱いが変更されたほか、今後は、掛紙の切り貼り、契印をした上で除籍証明書を作成する必要がある除籍等は可能な限り解消することが相当であることから、3178号通知の取扱いの対象とならないものを把握した場合には、当該除籍等について、3178号通知の取扱いの対象となる形式により再製することとされた（基本通達の解説第１の３(3)（59ページ）参照）。

〈令和６年２月26日付け法務省民一第510号民事局長通達〉

「戸籍記載例等の改正について」

【概要】

戸籍の記載例については、紙の戸籍に係る記載例につき平成２年３月１日付け法務省民二第600号民事局長通達、磁気ディスクをもって調製された戸籍に記録する場合の記載例につき平成６年11月16日付け法務省民二第7000号民事局長通達により示されているところ、本通達は、改正法の一部及び改正省令の施行に伴い、これらの通達において示されている戸籍記載例及び戸籍証明書等記載例を改正するものである。

〈令和６年２月26日付け法務省民一第511号民事局長通達〉

「競争の導入による公共サービスの改革に関する法律の一部改正に伴う戸籍事務の取扱いについて」

令和元年戸籍法改正に伴う改正戸籍法施行規則及び関係通達等の解説

【概要】

　地方公共団体が競争の導入による公共サービスの改革に関する法律（平成18年法律第51号。以下「公共サービス改革法」という。）第34条第1項各号に掲げる業務（以下「特定業務」という。）を公共サービス実施民間事業者と契約を締結するに当たっての留意すべき事項等については、平成18年11月9日付け法務省民一第2562号民事局長通達（以下「2562号通達」という。）により示されているところ、本通達は、改正法の一部及び改正法附則第10条による改正後の公共サービス改革法の施行に伴い、2562号通達で示されている取扱いの一部が変更されることを示すものである。

　本通達により、戸籍電子証明書又は除籍電子証明書の提供の請求（本籍地の市区町村長以外の市区町村長に対してするものを含む。）の受付及び当該請求に係る戸籍電子証明書提供用識別符号又は除籍電子証明書提供用識別符号の提供が特定業務として追加されたほか、特定業務に広域交付による戸籍証明書等の請求も含まれることが明らかにされた。

〈令和6年2月26日付け法務省民一第512号民事局民事第一課長通知〉

　「「戸籍事務を民間事業者に委託することが可能な業務の範囲について」の一部改正について」

【概要】

　戸籍事務において民間事業者に委託することが可能な業務の範囲については、平成25年3月28日付け法務省民一第317号民事第一課長通知（以下「317号通知」という。）により示されているところ[*50]、本通知は、317号通知で示されている事実上の行為又は補助的行為と市区町村長の判断が必要となる業務との区分について改正法の一部及び改正省令の施行に伴う改正を行うものである。

〈令和6年2月26日付け法務省民一第513号民事局長通達〉

　「「電子情報処理組織による戸籍事務の取扱いについて」の一部改正について」

115

【概要】

　本通達は、改正法の一部及び改正省令の施行に伴い、平成6年11月16日付け法務省民二第7000号民事局長通達の一部を改正するものである。

　本通達により、いわゆる広域交付による請求、戸籍電子証明書等の請求、届書等情報の提供など戸籍情報連携システムを利用した戸籍事務の取扱いが明確にされた。

〈令和6年2月26日付け法務省民一第514号民事局長通達〉

「「戸籍事務を処理する電子情報処理組織が備えるべき技術的基準について」の一部改正について」

【概要】

　本通達は、改正法の一部及び改正省令の施行に伴い、平成6年11月16日付け法務省民二第7002号民事局長通達（以下「7002号通達」という。）の一部を改正するものである。

　本通達により、7002号通達別添「基準書」について、戸籍情報システムと戸籍情報連携システム間の通信を前提とした内容に改正されたほか、戸籍情報システムにおける正本情報と戸籍情報連携システムにおける副本情報との件数一致調査を行うための機能及び情報提供用個人識別符号の取得状況の確認を行うための機能が追加された。

〈地方公共団体の手数料の標準に関する政令の一部を改正する政令（令和5年政令第347号）〉

【概要】

　戸籍手数料は、地方自治法（昭和22年法律第67号）第228条第1項の規定に基づき制定された地方公共団体の手数料の標準に関する政令の一部を改正する政令（平成12年政令第16号。以下「標準政令」という。）の表の八の項に掲げる「手数料を徴収する事務」及び「金額」を標準として、市区町村が定める条例によることとされているところ、改正法の一部及び改正省令の施行等に伴い、標準政令の一部が改正された。以下、改正内容に

ついて解説する。

○ 表の八の項の1（戸籍謄本等の交付事務）

戸籍謄本等の交付事務について、広域交付に係る根拠規定（法第120条の2第1項）を追記するとともに、「磁気ディスクをもって調製された戸籍に記録されている事項の全部若しくは一部を証明した書面」が「戸籍証明書」に変更された（法第120条第1項参照）。手数料の金額は、1通につき450円のままで改定はない。

○ 表の八の項の3（戸籍電子証明書提供用識別符号の発行事務）

戸籍電子証明書提供用識別符号の発行事務に係る根拠規定（法第120条の3第2項）及び事務の内容が新たに定められた。手数料の金額は、戸籍電子証明書提供用識別符号1件につき400円とされた。

なお、以下の場合については、手数料を徴収する事務から除くこととされた。

① 情報通信技術を活用した行政の推進等に関する法律第7条第1項の規定により同法第6条第1項に規定する電子情報処理組織を使用する方法（総務省令で定めるものに限る。）により戸籍電子証明書提供用識別符号の発行を行う場合（当該発行に係る戸籍電子証明書の請求が同条第1項の規定により同項に規定する電子情報処理組織を使用する方法により行われた場合に限る。）における当該発行[*51]

② 戸籍電子証明書提供用識別符号の発行に係る戸籍電子証明書の請求を行う者が同時に当該戸籍電子証明書が証明する事項と同一の事項を証明する戸籍の謄本若しくは抄本又は戸籍証明書の請求を行う場合における当該発行[*52]

○ 表の八の項の4（除籍謄本等の交付事務）

戸籍謄本等の交付事務について、表の八の項の1と同様の改正がされた。手数料の金額は、1通につき750円のままで改定はない。

○ 表の八の項の6（除籍電子証明書提供用識別符号の発行事務）

除籍電子証明書提供用識別符号の発行事務について、表の八の項の3と同様に新たに定められた。手数料の金額は、除籍電子証明書提供用識別符

号1件につき700円とされた。

○ 表の八の項の7（受理証明書等の交付事務）

届書等情報内容証明書の交付事務に係る根拠規定（法第120条の6第1項）及び事務の内容が追記された。手数料の金額は、1通につき350円（法務省令で定める様式による上質紙を用いる場合は1通につき1,400円）のままで改定はない。

○ 表の八の項の8（届書等を閲覧に供する事務）

届書等情報の内容を表示したものを閲覧に供する事務に係る根拠規定（法第120条の6第1項）及び事務の内容が追記された。手数料の金額は、1件につき350円のままで改定はない。

＊1　改正法の内容については、本編「戸籍法の一部を改正する法律の解説」参照。

＊2　同法における戸籍法改正の内容については、本編「地域の自主性及び自立性を高めるための改革の推進を図るための関係法律の整備に関する法律における戸籍法改正の解説」参照。

＊3　都市部の市区町村等一部の市区町村に請求が集中し、戸籍証明書等の交付に係る事務負担が過度に増大しかねないことへの懸念があった上、第三者請求については、一定の要件を満たす必要があり、本人等請求に比べて判断が難しいものであって審査が煩雑になること、第三者請求によらなくても、本人等がそれぞれ広域交付により取得した戸籍証明書等を持ち寄って遺産分割協議等を行うこともできること、一度の手続により広範な戸籍証明書等を取得することが可能となることから、戸籍に関する情報の保護を図る必要性がより高まること等を考慮したものであると考えられる。

＊4　依命通知の別紙2に広域交付以外（本籍地の市区町村長に対する請求）における戸籍証明書等の交付請求書の様式が定められたところ、令和6年2月26日付け法務省民一第506号民事第一課長依命通知により平成20年4月7日付け法務省民一第1001号民事第一課長依命通知の別紙1（戸籍証明書等の請求書）は削られた。

＊5　広域交付における公用請求は、当該公用請求から交付までの手続が同一市区町村内で完結する場合に限り認められている趣旨から、代理権限の付与は、公用請求の任に当たる権限を有する職員に対して行われることが想定されていると考えられるため、公用請求の主体となる市区町村以外の国又は地方公共団体の職員が代理人となることはできないものと考えられる。

＊6　規則第11条の2第1号に掲げる書類のみでは当該請求の任に当たっている者の所属機関を確認することができない場合には、これに加えて所属機関の職員証等の提示を求め、これらの組合せにより確認することになろう。

＊7　広域交付において発行される戸籍証明書等は、戸籍又は除かれた戸籍の副本に記

118

録されている情報を利用して作成されるところ、当分の間、全部事項証明書のみを交付することとした理由は、戸籍情報連携システムにより当該情報を本籍地以外の市区町村に連携し、これを用いて戸籍証明書等の発行処理を行うためには、画像情報（PDF形式のファイル）を利用する必要があり、当該情報は本籍地において発行される戸籍証明書等のように編集処理を行うことができないためであると考えられる。したがって、広域交付において個人事項証明書等の交付を実現するためには、テキストデータによるデータ連携が可能となるようにデータの整備及び戸籍情報システムを含めた各システムの整備を行う必要があると考えられる。

＊8　本稿で解説した広域交付において発行される戸籍証明書等の認証文については、次表に整理している。

(参考) 広域交付において発行される戸籍証明書等の認証文

戸籍の種別		認証文	備考
電算化後の戸籍又は除籍	戸籍	これは、本籍地の戸籍に記録されている事項の全部を証明した書面である。 （戸籍法第１２０条の２第１項）	
	除籍	これは、本籍地の除籍に記録されている事項の全部を証明した書面である。 （戸籍法第１２０条の２第１項）	
イメージ除籍 （3178号通知の取扱いの対象となるものを含む。）	除籍	これは、本籍地の除籍に記録されている事項の全部を証明した書面である。 （戸籍法第百二十条の二第一項）	縦書きの場合
	改製原戸籍	これは、本籍地の改製原戸籍に記録されている事項の全部を証明した書面である。 （戸籍法第百二十条の二第一項）	縦書きの場合

＊9　本籍地の市区町村に提供されている戸籍証明書等の発行履歴については、本籍地市区町村において開示対象となり得る情報となる。

＊10　法務大臣は、行政手続における特定の個人を識別するための番号の利用等に関する法律（平成25年法律第27号）第19条第8号又は第9号の規定による提供の用に供する戸籍関係情報（情報連携の対象となるべき個人単位の戸籍に関する情報として同法第9条第3項に規定される情報）を作成するため、第119条の規定により磁気ディスクをもつて調製された戸籍又は除かれた戸籍の副本に記録されている情報を利用することができる（法第121条の3）が、再製原戸籍の副本は、その性質上（法第11条の2第1項において、法務大臣は、戸籍の再製について必要な処分を指示することとされているが、再製によって記載に錯誤又は遺漏がある戸籍となるときは、この限りでないと規定されている。）、戸籍関係情報を作成するための基礎とする必要性は低いと考えられる。

＊11　戸籍又は除かれた戸籍の副本の電気通信回線を通じた送信の方法に関する技術的基準は、平成25年法務省告示第35号（戸籍又は除かれた戸籍の副本の電気通信回線を通じた送信の方法に関する技術的基準を定める件）により示されていたところ、当該告示は、令和6年法務省告示第38号により廃止されている。

＊12　受付帳情報は、死亡又は失踪した者及び当該死亡又は失踪した者に係る相続人を特定するために必要な情報として、戸籍又は除かれた戸籍の副本情報や届書等情報とともに国税庁に提供される（相続税法（昭和25年法律第73号）第58条第1項、相続税法施行規則（昭和25年大蔵省令第17号）第29条の2第1項及び第2項）。

＊13　不受理申出書に係る届書等情報（不受理申出情報）は、不受理申出に係る注意喚
　　　起情報及び不受理申出書の画像情報をいう（令和6年2月26日付け法務省民一第
　　　505号民事局長通達による改正後の平成20年4月7日付け法務省民一第1000号民事
　　　局長通達第6本文なお書）。
　　　　なお、改製不適合戸籍に係る不受理申出書は、届書等情報を作成する対象となる
　　　書面に含まれない。
＊14、＊15　戸籍情報システムに記録された⑴及び⑵の情報は、戸籍情報連携システム
　　　に送信され、保存された後は、戸籍情報システムにおいて保存しておく必要はない
　　　が、通信障害等により、戸籍情報連携システムへの届書等情報の送信が完了しない
　　　場合等を考慮し、2か月程度保存することは差し支えないものと考えられる。
＊16　届書等情報を作成する戸籍情報システムに接続されたスキャナでは、グレースケ
　　　ールで解像度が300dpiの画像情報を作成する必要がある。
＊17　改正法の施行後、届書等情報と補記事項を文字情報として戸籍情報システムに記
　　　録し、当該情報を法務大臣に提供した場合に、届書等情報の提供と補記事項の提供
　　　にタイムラグが発生する問題が発生したことを踏まえ、当面の間、届書等に係る画
　　　像情報の記録前は、②の方法により記録する方法を実施することとしているところ、
　　　令和6年度中には、上記問題が解消し、①の方法により記録することが可能となる
　　　予定である。
＊18　災害や障害の発生のほか、届書等情報として戸籍情報システムに記録したデータ
　　　の不備等により、届書等情報の送信が正常に終了しない場合も含まれる。
＊19　届書等の写しの送付は、飽くまでも通信障害等の発生時における便宜的な取扱い
　　　であるところ、通信障害等の解消後は、通常の届出事件と同様に、受理地市区町村
　　　において届書等の原本を保管することとなることから、届書等の写しは法第48条第
　　　2項の規定に基づく閲覧又は記載事項証明書の請求の対象とはならないものと考え
　　　られる。
＊20　現在は全ての市区町村において電算化が完了しており、戸籍又は除かれた戸籍に
　　　記録をした後遅滞なく、当該戸籍の副本を法務大臣に送信することとされているこ
　　　と（規則第75条第1項及び第2項）から、改正法の施行前においては、全ての市区
　　　町村において届書等の保存期間は当該年度の翌年から5年となっていた（規則第79
　　　条による第49条の2の準用）。
＊21　改正法の施行前の戸籍事務取扱準則制定標準第55条第1項第11号
＊22　取下げその他の事由により効力を失った不受理申出書の保存期間は改正法の施行
　　　前の平成20年4月7日付け法務省民一第1000号民事局長通達第6の1（11）、不受
　　　理申出取下書の保存期間は改正法の施行前の戸籍事務取扱準則制定標準第55条第1
　　　項第12号によることとされていた。
＊23　「通知を受けた日」は市区町村長が届書等情報の通知を受信した日であるところ、
　　　具体的には、市区町村の戸籍情報システムが、市区町村に設置された戸籍事務内連
　　　携サーバーから届書等情報の取込み処理を実施した日を「通知を受けた日」として
　　　記録すべきものと考えられる。
＊24　実務上、在外公館で受理され、本籍地の市区町村長に送付された届書等につき、

120

令和元年戸籍法改正に伴う改正戸籍法施行規則及び関係通達等の解説

他に戸籍の記載をすべき市区町村があるときは、本籍地の市区町村長において届書等情報を作成の上、電子情報処理組織を利用して法務大臣に提供し、法務大臣から、他の戸籍の記載をすべき市区町村長に対し、当該届書等情報を提供することとしているが、この取扱いは、届書等情報の通知とは異なり、法務大臣が提供を受けた届書等情報を便宜的に本籍地市区町村以外の市区町村長に提供しているに過ぎない。
市区町村長は、事実上提供を受けた届書等情報により戸籍の記載を行うこととなるところ、当該提供を受けた年月日を「送付を受けた日」として記載することとなる。

＊25　法第48条第2項と法第120条の6第1項による請求のいずれであっても請求の目的を達成できる場合には、請求人に対し、法第120条の6第1項による請求を促すことが相当と考えられるが、請求人から法第48条第2項による請求があった場合に、法第120条の6第1項による請求が可能であることのみをもって同請求を拒否するのは相当ではないと考えられる。

＊26　規則第49条の2の準用規定である第79条についても、法第120条の4に規定する場合において、適用しないこととされている。

＊27　昭和36年6月8日付け民事甲第1340号民事局長回答、昭和37年11月21日付け民二第495号民事局第二課長依命通知

＊28　市区町村が、民間の外部倉庫において届書等を保存することとしても差し支えないが、この場合においても、基本通達第3の10(3)の観点に留意した上で、個人情報の漏えい及び不正利用が生じないように配慮する必要がある。

＊29　公用請求の場合には、一度に多数の戸籍電子証明書等の請求が行われることによってシステムへの負荷等が過大となるおそれがあることを踏まえ、戸籍電子証明書等を請求することができる事務を限定し、法務省令で定めることとされた。現時点では、市区町村において戸籍電子証明書等を請求することができる事務はないが、今後、戸籍電子証明書等を公用請求することができる事務が生じた場合には、規則に当該事務を定める規定が設けられることになる。

＊30　改正法の施行と同日付けで、情報通信技術を活用した行政の推進等に関する法律第11条及び同施行令（平成15年政令第27号）第5条も改正された。これにより、行政手続に関する法令の規定において戸籍謄本等、除籍謄本等又は戸籍証明書若しくは除籍証明書を添付することが規定されているものについては、当該法令の規定にかかわらず、行政機関等が、戸籍電子証明書提供用識別符号等の提供を受け、戸籍電子証明書等により確認すべき事項に係る情報を参照することができる場合には、当該書面を添付することを要しないこととされた。
　　なお、改正法の施行時点では、戸籍電子証明書提供用識別符号等の提供を受け、戸籍電子証明書等を参照することができる行政機関等がないことから、戸籍電子証明書等を活用する場面はない（第4の3参照）。

＊31　規則第79条の2の3第3項に規定する戸籍電子証明書等の提供の求め及び戸籍電子証明書等の提供の方法等に関して法務大臣が定める技術的基準とともに示されている（第4の3参照）。

＊32　戸籍電子証明書等は、戸籍又は除かれた戸籍の副本に記録されている画像情報（PDF形式のファイル）を利用する必要があるところ、広域交付において発行され

る戸籍証明書等と同様、本籍地において発行される戸籍証明書等のように編集処理を行うことができないことから、当分の間、戸籍又は除かれた戸籍の全部事項のみ請求することができることとされたものと考えられる。

＊33　マイナポータルを通じて自動的に特定した戸籍電子証明書提供用識別符号を発行した場合（第4の4参照）も同様である。

＊34　本籍地の市区町村に提供されている戸籍電子証明書提供用識別符号等の発行履歴については、本籍地市区町村において開示対象となり得る情報となる。

＊35　戸籍情報の照会について、法令の規定により、事務を所管する大臣の権限が都道府県知事に委任されている場合等が考えられる。

＊36　旅券法第3条第1項の発給の申請（旅券の発給申請）における戸籍電子証明書の活用は、令和7年3月に運用が開始される予定である（＊37参照）。また、令和6年度中に、外務省設置法（平成11年法律第94号）第4条第1項第11号に基づく身分関係事項等に関する証明に係る事務及び警察庁における道路交通法（昭和35年法律第105号）第94条第1項に基づく免許証の記載事項の変更に係る事務が別表第4に追加される予定である。

＊37　戸籍電子証明書提供用識別符号等が発行される際に、その時点の戸籍又は除かれた戸籍の副本から戸籍電子証明書等が作製され、戸籍情報連携システムに保存される。戸籍情報照会者から戸籍電子証明書等の提供の求めがあったときには、戸籍情報連携システムに保存された戸籍電子証明書等が戸籍情報照会者側のシステムのサーバーに保存される。

＊38　オンラインによる旅券の発給申請については、令和7年3月から、旅券の発給申請と戸籍電子証明書提供用識別符号の発行請求をマイナポータルにより同時に行うことによって、申請を受けた外務省（審査機関）は、申請情報とともに戸籍電子証明書を参照し、当該申請に係る事実についての審査が行われる予定である。

＊39　平成6年6月20日参議院法務委員会において濱崎恭生法務省民事局長（当時）が以下の答弁をしている。
「法務省といたしましては、戸籍というのが公の帳簿であり、国民に一定の限度で見ていただくというものでございますので、その字についてはできるだけ国民一般に理解できる表記、書き方をもって記載すべきである。人の氏名についても同じような方向を目指すべきだという考え方のもとに、従前は基本的には漢和辞典等で正しい書き方とされている書き方にするという基本的な考え方を持っておったわけでございます。」

＊40　令和3年度から令和5年度にかけて、戸籍事務内連携及び番号利用法に基づく情報照会者に対する戸籍関係情報の提供等に向けた戸籍情報の整備作業を行う必要上、市区町村から戸籍の副本の再送信を受けたことにより、電算化戸籍における文字の使用状況を確認することが可能となった。電算化戸籍に誤字が記録されている原因は、以下が考えられる。
　　①　電子情報処理組織による戸籍事務を開始した当時、誤字であることを見過ごして電算化したもの
　　②　電子情報処理組織による戸籍事務を開始した後、誤字を記載する内容を含む

令和元年戸籍法改正に伴う改正戸籍法施行規則及び関係通達等の解説

　　家庭裁判所の許可を得た上で、名の変更届出等が行われたもの
　③　戸籍情報システムを用いて戸籍の記録をする際、当該システムの文字入力パ
　　レットに存在することのみをもって、誤字でないことの確認を行うことなく記
　　録したもの
　④　転籍後の本籍地において、従前の戸籍が電算化戸籍であることのみをもって、
　　誤字でないことの確認を行うことなく記録したもの
　⑤　上記以外の単なる文字の入力（選択）誤り
　③から⑤までについては、慎重な事務処理が行われていれば回避できた可能性が
あるものと考えられるところ、これらをいかに防止するかが今後の課題といえる。

＊41　令和6年5月10日付け法務省民一第1083号民事局長通達「「氏又は名の記載に用
　　いる文字の取扱いに関する「誤字俗字・正字一覧表」について」の一部改正につい
　　て」は、令和元年度から令和5年度までの間、有識者を中心として開催された「戸
　　籍統一文字に関するワーキンググループ」の成果として、戸籍に使用できる文字の
　　再整理を行った結果に基づいて発出されたものであるところ、本取組においても、
　　戸籍に氏又は名を漢字で記録する際は正字又は俗字とされる字体によるという考え
　　方は維持されている。

＊42　地方公共団体情報システムの標準化に関する法律（令和3年法律第40号）に基づ
　　き定められた地方公共団体情報システムデータ要件・連携要件標準仕様書において、
　　戸籍情報システムを含む地方公共団体情報システムにおいて共通で使用することと
　　された文字セットであり、デジタル庁において整備作業が進められている。行政事
　　務標準文字は、文字情報基盤（行政事務で用いられる人名漢字等を収集し独立行政
　　法人情報処理推進機構が整備した文字セット（オンライン通達によって廃止された
　　平成16年4月1日付け法務省民一第928号民事局長通達別冊2の「戸籍統一文字」
　　を含む。））約6万文字に、令和3年10月時点で電算化戸籍において使用されている
　　ことが新たに確認された約9,000文字を加え、所用の整理を行った上で公開される
　　予定である（行政事務標準文字の1.0版とされるものは、令和6年3月29日付けで
　　都道府県及び市区町村に向けて限定的に公開されている。）。行政事務標準文字の公
　　開後は、地方公共団体情報システム間の情報連携に支障が生じないよう、文字の追
　　加が容易に行えなくなることが想定される。

＊43　戸籍情報システムについては、行政事務標準文字への移行が容易ではないことか
　　ら、経過措置として、行政事務標準文字との関連付けを行った上で現行の文字セッ
　　トを保持することが許容されている。当該経過措置期間の終了時期については、今
　　後、デジタル庁との調整により定められていく予定であり、行政事務標準文字への
　　移行後は、行政事務標準文字以外の文字は原則使用できないこととなる。
　　なお、行政事務標準文字であっても、戸籍事務において誤字と扱われる文字につ
　　いては、戸籍の記録に使用することはできないとされている。

＊44　デジタル庁が整備を進めている「誰でも無料で利活用可能な住所・所在地関係デ
　　ータベース」であり、各行政機関が保有する住所や地番などを一元的に管理し、町
　　字の表記の揺れ等を解消した上で広く公開することにより、システム間の住所等の
　　データ連携を円滑にしようとする取組である。

＊45　現在の戸籍情報連携システムの機能上、マイナポータルを通じて提供することが

123

可能な情報は、戸籍の副本に記録された情報に限られる。

*46　マイナポータルを活用したオンラインによる氏名の振り仮名の届出については、マイナポータルの入力画面に、本籍、筆頭者氏名、事件本人の氏名及び生年月日等が自動的に表示されることが想定されている。

*47　928号通達の解説は、「電子情報処理組織による戸籍の記録事項証明書等の交付請求及び戸籍の届出等の取扱いに係る関係省令・通達の解説」（戸籍第771号1ページ以下）参照。

*48　令和元年法務省令第52号による改正前の規則においては、「行政手続等における情報通信の技術の利用に関する法律第3条第1項に規定する電子情報処理組織」と規定されていたところ、行政手続等における情報通信の技術の利用に関する法律（平成14年法律第151号。現行の情報通信技術を活用した行政の推進等に関する法律）の改正に伴い、それまで同法に電子情報処理組織の定義規定が置かれていたのが改正後は「主務省令で定める電子情報処理組織」とされたことを受けて、規則第79条の2に定義規定を置くこととなったものと考えられる。

*49　オンラインにより処分の通知を行う場合の規定については、市区町村におけるオンラインシステムの実装状況を踏まえ、今後、規則の改正を検討することとなろう。

*50　地方公共団体は、特定業務を官民競争入札又は民間競争入札の対象とすることができるところ、同号に掲げる業務でなくとも、「公共サービス改革基本方針」（平成19年12月24日付け閣議決定）の改定を受けて発出された平成20年1月17日付け内閣府通知「市町村の出張所・連絡所等における窓口業務に関する官民競争入札又は民間競争入札等により民間事業者に委託することが可能な業務の範囲等について」の別紙に掲げられている事実行為又は補助行為については、市区町村職員が業務実施官署に常駐し、不測の事態等に際しては当該職員自らが臨機適切な対応を行うことができる体制が確保されていれば、業務請負契約を締結しても、戸籍法上問題は生じないとして、317号通知により、戸籍事務において民間事業者に委託することが可能な業務の範囲が示されている。

*51　電子情報処理組織を使用する方法については、地方公共団体の手数料の標準に関する政令に規定する総務省令で定める金額等を定める省令（平成12年自治省令第5号）第1条の2において、マイナポータルを使用する方法が規定され、戸籍（除籍）電子証明書提供用識別符号の発行は電子情報処理組織により自動的に特定したものをマイナポータルを通じて発行する方法に限ることとされた。これは、マイナポータルを通じて行政手続のオンライン申請と同時に戸籍電子証明書提供用識別符号の発行請求を行う場合において、市区町村側の人的な作業を介さずに、戸籍情報連携システムから自動的に特定した符号を発行することが可能となる予定である（基本通達の解説第4の4（98ページ）参照）ことを踏まえたものと考えられる。

*52　戸籍電子証明書提供用識別符号等の発行を受けたのみでは戸籍（除籍）の内容を確認することができないが、紙の戸籍証明書等の交付と戸籍電子証明書提供用識別符号等の発行を同時に請求することによって、紙の戸籍証明書等により戸籍（除籍）の内容を確認した上で戸籍電子証明書提供用識別符号等を行政手続に利用することが可能である。このような請求に対しては、戸籍証明書等の交付に係る手数料のみ徴収することが相当であり、利用者の利便性が向上するものと考えられる。

戸籍情報連携システムの構築と運用について

第1 はじめに

令和元年5月31日に戸籍法の一部を改正する法律（令和元年法律第17号）が公布されてから約5年の歳月を経て、同法附則第1条第5号に規定する施行日（以下「第5号施行日」という。）である令和6年3月1日から、いわゆる戸籍情報連携システムを利用した新たな戸籍事務の取扱いが始まった。

これは、新たに法務大臣が設置、管理する戸籍情報連携システムに、全国約1900の市区町村において現に戸籍事務を取り扱うシステムとして稼動している戸籍情報システムをネットワーク接続し、これまで管轄市区町村が取り扱ってきた戸籍事務の枠組みを超えて、広域交付など、戸籍情報連携システムを使って初めてできるサービスを、全国の戸籍事務を取り扱う市区町村窓口で一律に提供する壮大な試みであり、ＤＸ（デジタルトランスフォーメーション）が進められている現代の象徴的、画期的な施策であるといえるだろう。

スタート直後は、何度かシステム障害*1に見舞われたところ、令和6年8月には、特別児童扶養手当など、マイナンバーを取り扱う事務においてマイナンバーを提供することで、戸籍証明書を提出することに代えることができる、いわゆるネットワーク連携も開始し、現在は安定稼動を続けている。

戸籍情報連携システムの安定稼動は、戸籍事務を取り扱う市区町村の担当者や法務省、法務局の担当者のほか、各システムのベンダー、工程管理支援事業者、文字情報整備事業者など、複数の関係者の協力の賜物である。

運用開始時点において、こうして複数の関係者が寄与した戸籍情報連携システムの構築の経緯、稼動に向けた様々な準備や運用の状況を整理し、将来の展望を語ることは、戸籍史的にも意義があることであると思われるため、ここに紹介することとしたい。

第2 戸籍情報連携システム構築に向けた検討

1 システム検討の背景

平成25年5月24日に成立した行政手続における特定の個人を識別するための番号の利用等に関する法律（平成25年法律第27号。以下「番号利用法」という。）附則第6条第1項において、施行後3年を目途として、施行当初のマイナンバーの利用範囲である社会保障、税、災害の3分野以外の分野にも利用を拡大するかどうかを検討することとされた。

その後、平成26年6月には『「日本再興戦略」改訂2014』において戸籍事務をマイナンバーの利用範囲とする指針が示され、平成26年10月以降、法務省内に、制度面を検討する「戸籍制度に関する研究会」とシステム面を検討する「戸籍システム検討ワーキンググループ」の2つの有識者会議が設けられ、具体的な仕組みについて検討を行うこととなった。

2 戸籍システム検討ワーキンググループでの検討

戸籍事務へのマイナンバー制度導入のためのシステムの在り方については、法務省において専門事業者に委託して、①戸籍情報の利用実態等に係る調査、②戸籍事務の処理方法等に係る調査、③戸籍情報システムの実態に係る調査、④戸籍情報の態様等に係る調査、⑤戸籍記録文字に係る調査が行われた。

戸籍システム検討ワーキンググループでは、こうした調査結果も踏まえ、実務的・技術的観点から、設計すべきシステム等の詳細が検討された。

検討の本旨であるマイナンバーによる情報連携を行うためには、情報提供ネットワークシステムを利用し、行政機関等に対し、いわゆる広義のマイナンバーである情報提供用個人識別符号[2]をキーにして、個人ごとに整備された戸籍に関する情報を提供する、いわゆるネットワーク連携を行

う必要があるところ、戸籍に関する情報を提供する側においては、これに対応できるシステムを用意する必要がある。

　このシステムについては、①市区町村で管理、利用している既存の戸籍情報システムを維持したまま、当該システムの戸籍の正本の情報を用いて情報提供ネットワークを利用する方法（形態A案）、②既存の戸籍情報システムを集約し、国（法務省）で一元化したシステムを構築し、このシステムの戸籍の正本の情報を用いて情報提供ネットワークを利用する方法（形態C案）のほか、これらの中間形態として、③戸籍情報システム及び当該システムの戸籍の正本の情報を維持したまま、法務省で管理している戸籍副本データ管理システムの仕組みを利用したシステムを構築し、戸籍の副本の情報を用いて情報提供ネットワークを利用する方法（形態B案）の３案について、いずれの案が妥当であるか検討が行われた。

　具体的には形態C案については、新たな国の一元化システムが運用開始するまでの移行期間が長期化しかねないこと、全体的にコストが高くなることが想定されること等から、採用は難しいとされた。また、情報連携の実現の観点から、形態A案によれば、個人ごとに統合できる情報が各市区町村で管理されている範囲のものにとどまり、複数の市区町村にまたがった親子関係等の親族関係について情報連携が困難である一方、形態B案によれば、個人ごとに統合された戸籍に関する情報を提供することが可能であること等から、形態B案を採用することが妥当とされた。

　結果として、①既存の市区町村の戸籍情報システムや戸籍の正本の制度は維持すること、②国において、形態B案を前提に、戸籍副本データ管理システムの仕組みを利用した「戸籍情報連携システム（仮称）」を構築することが妥当と結論付けられた。

　また、ネットワーク連携に当たっては、①情報提供ネットワークシステムに提供する戸籍情報について、複数の戸籍に記録されている個人の身分事項を統合する必要があるところ、統合する範囲は、費用対効果の観点から、当面は、市区町村において既に電算化されている戸籍及び除籍の情報（画像データを除く。）とすること、②各市区町村で異なるデザイン、文字

コードで管理されている文字情報を同定し、文字コードの統一化を図る文字整備事業を行うこと、③情報提供ネットワークシステムにおいては、氏名、住所、生年月日及び性別のいわゆる基本４情報を流通させない仕様となっていることに鑑み、行政機関等に提供する戸籍に関する情報として、統合された個人の戸籍の記録に対応する親子関係や婚姻関係などの親族的身分関係情報を作成することとされた。

　さらに、ネットワーク連携のほか、戸籍事務の効率化、合理化の観点から、市区町村・管轄法務局で戸籍情報や届書情報を参照し活用するなど、戸籍事務内においても活用できる仕組みを整備すること、具体的には、①受理地市区町村において審査に必要な戸籍情報を参照できるようにすること、②届書情報について、受理地市区町村において処分決定（受理）後に電子化し、国が管理する戸籍情報連携システムに送信し、受理地市区町村で入力した届書情報を、本籍地市区町村の戸籍記載に活用することができるようにすること等が妥当とされた。

　加えて、戸籍情報が高度な個人情報であることに鑑み、戸籍情報へのアクセス許可の認証を厳格なものとする等、情報セキュリティ対策を整えるとともに、情報技術の進展にも留意しつつ、必要かつ合理的な範囲で可用性、完全性及び機密性を確保することとされた。

第3　戸籍情報連携システム構築に向けた作業（図1「戸籍情報連携システム構築に向けた主な作業スケジュール」参照）

1　戸籍事務のコンピュータ化

　戸籍事務のコンピュータ化は、平成６年の戸籍法及び住民基本台帳法の一部を改正する法律（平成６年法律第67号）によって、法制上、平成６年12月１日から可能となったが、実施は市区町村の判断に任せられていたため、導入が一律に進められたわけではなかった。一方、マイナンバー制度の下でのネットワーク連携のためには、全国の市区町村が一律に戸籍事務をコンピュータ化している必要があった。このため、当時コンピュータ化が未了であった市町村[3]に個別にコンピュータ化の検討を依頼するなど、

地道な努力を重ね、令和2年9月28日の東京都御蔵島村のコンピュータ化開始をもって、全国民の戸籍情報をデジタル化し、ネットワークで活用できる環境が整った。

2 文字情報の整備作業

　各市区町村において戸籍事務をコンピュータ化したとはいえ、戸籍情報システムを提供する各ベンダーのシステムごとに文字のコードやデザインが異なり、同一の文字を直ちに連携できる状態ではなかった。特に、市区町村においては、細かなデザインの違いをとらえ、外字を作成するケースが多く、また紙の戸籍に手書きで記載された、いわゆる誤字についても外字を作成するなど、混乱が見られた。

　ネットワーク連携により戸籍情報を連携するには、一組の夫婦と氏を同じくするその子という、核家族単位で構成されている戸籍の情報（戸籍法第6条）を、個人ごとの情報に組み換える必要があるところ、転籍などによって、複数の市区町村に戸籍、除籍が点在している場合には、同一人の情報をシステムで共通的に取り扱えるよう、文字情報を整備する必要があった。このため、戸籍事務で取り扱われている文字の文字コードや字形の統一化を図るため、市区町村、文字情報整備事業者（富士ゼロックスシステムサービス（当時））、国語学者の協力を得て、全国の文字情報を収集するとともに、収集した文字の同定作業を行うこととなった。

　この文字の収集については、社会保障・税番号制度システム整備費補助金（国の費用負担10/10）が交付されることとなった（令和元年度実施）。

3 不正常な戸籍の訂正作業

　全国の市区町村で取り扱われる戸籍、除籍の中には、除籍されないまま別の市区町村で新たな戸籍が編製されるなどして、同一人につき複数の戸籍が存在するもの（いわゆる複本籍）や誤った届出や処理によって戸籍の内容が適切でないものが散在していたところ、ネットワーク連携により戸籍情報を連携するには、個人の戸籍に関する情報をまとめた上で情報提供用個人識別符号を付す必要があることから、これら不正常な戸籍の情報を正し、個人ごとの戸籍情報を整除する必要があった。このため、戸籍に誤

りを発見した場合には、関係者に戸籍訂正を促すなど、複本籍の解消作業や戸籍訂正の作業が行われた（「同一人につき複数の戸籍が編製されている場合の戸籍の訂正について」令和元年11月25日付け法務省民一第903号法務省民事局長通達等）。

　また、全国の市区町村から送信された戸籍の副本情報については、文字登録の不備等により戸籍の正本の情報と一致しないものがあったため、不一致解消に向けた整備が進められた。

4　戸籍関係情報の調製

(1)　戸籍関係情報の作成

　ネットワーク連携をするためには、戸籍の情報を、個人ごとの情報に調製するほか、いわゆる基本４情報を利用しないで親子関係や夫婦関係を記号化することが求められたため、全国の戸籍の副本情報を利用して、戸籍関係情報を作成する必要があった。このため、令和３年度から令和４年10月にかけて全国の市区町村から戸籍の副本データの全件送信が行われ、その副本情報を利用して戸籍関係情報が作成された。

　なお、戸籍関係情報のデータ項目は、次の４項目に分類されている。

照会できるデータ項目		関係を特定する記号	照会項目（概要）
親子関係情報※1※2	子との関係	親子関係記号	親子関係の開始（終了）日、親子関係の開始（終了）事由区分、認知日等
	親との関係	親子関係記号	親子関係の開始（終了）日、親子関係の開始（終了）事由区分、認知日、親の死亡日、親権開始（終了）日、親権開始（終了）事由区分等
婚姻関係情報	配偶者との関係	婚姻関係記号	婚姻関係の開始（終了）日、婚姻関係の開始（終了）事由区分等
未成年後見関係情報	未成年被後見人との関係	未成年後見関係記号	未成年後見関係の開始（終了）日、開始（終了）事由区分等
	未成年後見人との関係	未成年後見関係記号	未成年後見関係の開始（終了）日、開始（終了）事由区分等
本人情報※3	基本情報	－	戸籍の異動日、異動事由区分、本籍コード、出生地等
	国籍の有無	－	国籍の取得（喪失）日、取得（喪失）事由区分等
	死亡の事実	－	死亡日、死亡事由区分等

※１ 電算化戸籍から作られる情報に限る。
※２ 令和６年１月１日時点で20歳以下の子とその親の関係については、電算化前の情報であっても親子関係を提供する。
※３ 本人を特定できる情報（氏名等）は提供されない。

(2)　戸籍関係情報と情報提供用個人識別符号との紐付け

　情報提供用個人識別符号を取得し、戸籍関係情報と紐付けることについては、内閣官房番号制度推進室（当時）等との調整により、市区町村

が戸籍の附票に住民票コードを紐付けた上で、この戸籍の附票を通じて
行うこととなり、総務省、J-LIS（地方公共団体情報システム機構）が
構築する附票連携システムの設計、開発を待って作業をすることとなっ
た。具体的には、情報提供用個人識別符号の取得の準備が整った本籍地
市区町村には、法務大臣から、特定の個人に係る戸籍の基本5情報（氏
名、生年月日、続柄、筆頭者及び本籍）及び取得番号が通知され（番号
利用法第21条の2第2項等）、本籍地市区町村は、この基本5情報と戸
籍の附票に記載されている住民票コードを基に、住基ネットの基本4情
報を取得し、取得番号とともにJ-LISに、情報提供用個人識別符号の取
得を依頼し、その結果として、法務大臣は、情報提供ネットワークシス
テムから取得番号に対応した情報提供用個人識別符号の提供を受け、当
該特定の個人に係る戸籍関係情報に紐付けすることとなった。

5　システム整備

(1)　法務省の戸籍情報連携システムの構築

　戸籍情報連携システムの構築から運用にかけて、改正法律の公布から
5年を要する壮大な作業が見込まれたため、法務省のデジタル統括アド
バイザーや工程管理支援事業者（三菱総合研究所）の支援を受け、シス
テム整備を行うこととなった。

　戸籍情報連携システムの構築に当たり、平成30年度から要件定義の検
討が進められ、令和元年度からは設計作業に、令和2年度からは開発作
業に入ることとなった。

　また、戸籍情報のバックアップのため、本籍地市区町村から法務省に
送られている戸籍の副本データは、戸籍副本データ管理システムの市区
町村専用装置を通じて夜間に送信される仕組みとなっていたが、ネット
ワーク連携や戸籍の副本を参照する戸籍事務内連携を行うためには、戸
籍副本データの随時送信が必要となるため、市区町村専用装置に代わり、
新たに戸籍事務内連携サーバー（戸籍情報の連携のために、市区町村が
管理する戸籍情報システムと法務大臣が管理する戸籍情報連携システム
との間に設置している連携用のサーバー）を設置することとなった。

131

(2)　市区町村のシステムのプログラム改修等

　市区町村が扱う戸籍情報システムについては、仕様の統一を図る必要があったことから、戸籍情報システム標準仕様書研究会（通称「コンピ研」。事務局、システムベンダー5社及び市区町村職員等で構成）が開催され、事務フローを意識した細部にわたる検討が行われた。その中では、例えば、セキュリティ対策として、二要素認証対応[*4]を行うこととされるなど、必要な改修内容は、戸籍情報システム標準仕様書に盛り込まれることとなった。

　ネットワーク連携において、情報提供用個人識別符号をキーに戸籍関係情報を提供するため、市区町村では、①戸籍関係情報を作成するに当たり、法務省に戸籍の副本の情報を送信する作業（副本情報の全件送信に係る作業）、②戸籍関係情報として取り込む情報提供用個人識別符号を取得するための作業、③戸籍情報システム開発等の整備作業が必要となり、それぞれ、社会保障・税番号制度システム整備費補助金（国の費用負担10/10）が交付されることとなった（①、②は令和3年度から、③は令和4年度から実施）。

(3)　戸籍情報連携システムの運用・管理拠点の整備

　令和3年度には戸籍情報連携システムの運用管理センターの整備に関する入札が行われ、同年度から、法務省センターの事業を実施することとなった。

6　第5号施行日に向けた市区町村説明会等の事前準備

　戸籍情報連携システムの安定稼動を図るため、令和元年9月から毎年、数回、市区町村向けの説明会が実施され、施行に向けた留意点等について情報共有が行われた。

　また、新システム下での戸籍事務を試行的に運用することで、戸籍情報システムの動作確認を行うとともに、戸籍情報連携システムを利用した新しい事務の習熟度を図るため、令和5年1月から、順次、試行運転が行われた。具体的には、大規模（人口30万人以上）、中規模（人口5万人以上30万人未満）、小規模（人口5万人未満）に分け、副本参照や届書等情報

の連携などについて段階的に試行運転が行われた。

　さらに、令和6年1月を目途に、市区町村において、戸籍の正本と副本が一致しているか、戸籍情報システムベンダーに確認等の作業を依頼し、不一致を解消するとともに、広域交付時に、①検索対象となる戸籍を見つけやすくするため、副本の見出し情報を整備したり、②本来発行すべきでない戸籍証明書の発行を抑止するため、電算化された戸籍、除籍については、「ＤＶ等支援措置による注意喚起区分」の設定を、イメージ除籍についてはこれに相当する「発行抑止区分」[*5]の設定を、更にイメージ除籍について留意が必要である旨を示す情報となる「発行確認区分」[*6]の設定を行ったりする作業が進められた。

　記載に誤りがあるなどして電算化することが相当でない改製不適合戸籍については、戸籍関係情報を提供できず、問合せがされることが見込まれることから、保管状況に係る管理簿を整備し、関係者間で共有するとともに、誤りが解消され改製できる要件が整っているものについては解消作業を実施することとなった。

第4　戸籍情報連携システムの稼動、運用

1　戸籍情報連携システムによる届書等連携と広域交付の実現

　戸籍事務は、大きく、⑴届出に基づき戸籍に記載する登録事務と⑵戸籍に記載された内容を公証する公証事務に分かれる。例えば、婚姻等により身分関係に変動を発生させようとする場合、戸籍の届出がされ、①本籍地以外の市区町村で受け付けられた届書は、本籍地に送られてから、②本籍地で受け付けた場合にはそのまま、本籍地においてその届書に基づき、戸籍の記載がされ（登録事務）、求めがあれば、戸籍に新しく記載された内容について戸籍証明書を発行することとなる（公証事務）。

　戸籍情報連携システムの稼動により、登録事務における受理地市区町村から本籍地市区町村への届書の郵送による送付は、スキャンして届書等情報を送信することに代わり、公証事務については、広域交付の実施によって、本籍地市区町村以外の市区町村でも戸籍証明書を交付することができ

ることとなった。

ここで、戸籍に係る登録事務と公証事務の全てを、市区町村の戸籍情報システムと法務大臣が管理する戸籍情報連携システムとの情報の送受信を介して行うこととなったということは、戸籍情報システム、戸籍情報連携システム、その間の通信環境のいずれかに問題が生ずると、全体の運用が停滞することに結びつきかねない。

特に、戸籍情報連携システムの仕組みは、全国1892市区町村が既存の戸籍情報システムを使って、戸籍情報連携システムを利用するもので、統一的な仕様の下での連携を可能とするインターフェースを作って、それを遵守することがこれまで以上に求められるほか、戸籍情報連携システムを利用した全体の運用を停滞させることがないよう、システムサービスの提供者には、各種システムやシステム間を結ぶ通信環境において不具合を生じさせないことや不具合を生じさせた場合には速やかに原因を調査し、これを遅滞なく解消させることが求められることとなった。

2　いわゆる暫定運用

(1)　暫定運用の概要

戸籍情報連携システムは、それまでの届書等の郵送処理に代えて情報をデータでやりとりするとともに、戸籍事務担当者が他の市区町村が管理する戸籍の副本情報及び付随する情報（不受理申出に関する情報、ＤＶ被害者等が支援措置を受けている者であるかどうかを識別する情報等。以下「要確認情報」という。）を参照することで、本籍地の戸籍事務担当者への電話による確認を省略することを可能とするものであるところ、システム稼動当初は、暫定的に本籍地市区町村に対し電話照会等を行い、最新の戸籍の正本の情報を確認する、いわゆる暫定運用を行うこととなった（なお、届書等の情報が送信できない場合に届書等の郵送処理をする扱いをすることも広義の暫定運用である。）。

これは、第5号施行日を迎えるに当たり、①一部の市区町村において、戸籍証明書の発行や届書の審査の際に確認が必要となる要確認情報の登録作業や戸籍の正本と副本との同一性確認作業等の必要な作業が完了し

戸籍情報連携システムの構築と運用について

ていない状況にあったこと、②市区町村の利用する戸籍情報システムの不具合や法務省のシステム（戸籍情報連携システム、戸籍事務内連携サーバー）の不具合により、必要な情報を正常に登録できない場合があったことにより、一部の戸籍の副本の情報を確認した際に、情報の確認が不十分になることが想定されたことによるものである。

(2)　具体的な運用について（図2「異動予約情報等の設定、確認等のフロー（イメージ）」参照）

ア　要確認情報の設定と確認

　本籍地の戸籍の状況について、本籍地以外の市区町村、具体的には、①登録事務として届書等を受理する市区町村、②公証事務として広域交付を実施する市区町村で確認できるようにしておく必要があることから、当該戸籍に外部から確認できる付随情報として要確認情報の設定をすることとしている。要確認情報には、①異動予約情報（届書等の受領等により戸籍の変動が予定されていることを示す情報）、②異動処理情報（届書等の受領等により戸籍の変動を行っていることを示す情報）、③不受理申出情報（認知、婚姻、離婚、縁組又は離縁の届出があった場合に不受理として扱うことを要望する一方当事者による申出があることを示す情報）、④注意喚起区分の情報（電算化戸籍についてＤＶ等支援措置対象者であることを示す情報）、⑤発行抑止区分の情報（電算化されていないイメージ除籍等についてＤＶ等支援措置対象者であることを示す情報）、⑥発行確認区分の情報（電算化されていないイメージ除籍等について再製・改製過誤があるものや戸籍訂正により回復した回復前のものなど、発行の際に内容を確認した方が望ましいものであることを示す情報）がある。これらのうち、①異動予約情報、②異動処理情報は、登録事務及び公証事務に共通して確認する必要がある情報、③不受理申出情報は、届書等の処理といった登録事務において確認する必要がある情報、④注意喚起区分の情報、⑤発行抑止区分の情報、⑥発行確認区分の情報は、広域交付の処理といった公証事務において確認する必要がある情報である。

135

届書等の処理をする場合の①「異動予約」は、届書等を受領した市区町村からの要求によって法務省センター側で設定され、当該異動予約を利用して届書等情報が入力されると、法務省センター側で②「異動処理中」に遷移する。なお、市区町村において「異動処理中」の戸籍に対する届書等を受領したときは、「異動処理中」が設定される原因となった事件を確認して、当該届書等に係る処理を進めるか否かを判断することとなる。

　また、③不受理申出情報についての異動予約は、不受理申出書を受領した市区町村が設定し、不受理申出書をスキャンした情報については、本籍地の市区町村が届書等情報としてセンターに送信することになる。

　さらに、④注意喚起区分の情報、⑤発行抑止区分の情報、⑥発行確認区分の情報の設定は、広域交付の処理といった公証事務に必要となる情報として本籍地の市区町村が行う。

イ　要確認情報の解除

　届書等の処理をする場合や障害発生時等には、①「異動予約」情報や戸籍記載のための②「異動処理」情報は、法務省センター側で設定、解除されるが、その他の異動予約等、市区町村が設定したものについては、原則として、これを設定した当該市区町村が解除することとなる。

ウ　要確認情報の設定の見直し

　戸籍の副本情報、届書等情報などの戸籍情報連携システムに送信されるデータの多くは、いわゆる「ファイル連携」による機能を使って処理されているところ、この場合、一定間隔のジョブをサイクル処理しており、情報を送受信し、情報が取り込まれるまで一定の時間を要することとなる。一方、副本参照や異動予約の処理は、ファイル自体を転送しない、いわゆる「WEB API」によって数秒単位で処理されているところ、注意喚起が必要な情報については、情報のやりとりを瞬時にするため、令和6年7月16日以降、WEB APIの機能を使った「異動予約」の設定を活用する運用の見直しが行われた。具体的には、不受理申出情報については、不受理申出書を受領した市区町村が異動予約を設定するととも

に、胎児認知届書を受領した場合には、胎児認知届出がされていることを明確に認識できるようにするため、届書を受領した市区町村において異動予約を設定することとなった。

(3) 暫定運用の解除

暫定運用の解除については、①市区町村側の作業として、要確認情報の登録作業や戸籍の正本と副本との同一性確認作業等の必要な作業が完了すること、②各種システムベンダー側の作業として、不具合を解消させ、本籍地市区町村と本籍地市区町村以外の市区町村の情報が遅延なく連携できるようになることの2つを満たす必要がある。

令和6年9月2日の時点で、暫定運用が完全に解除されている市区町村は914、広域交付について解除されている市区町村は919となっており、全部・一部解除対象市区町村は、1892中1790（約95％）となっている。法務省では、本籍地市区町村への電話照会の件数を可及的に減少させ、早期に全市区町村が暫定運用を全部解除できるよう、関係者と調整が行われている。

(4) 届書等情報の送付処理遅延対応

市区町村が管理する戸籍情報システムと法務省が管理する戸籍情報連携システムとの間のシステム上の不具合により、一部の届書に関するデータの送受信が正常に行われず、一部の市区町村で死亡届等の一部の届出の処理に時間を要するという事象も散見されている。

発生原因としては、主に①市区町村が管理する戸籍情報システムの不具合を起因とする届書等情報のデータの送信方法やデータ形式の誤りによって、届書等情報の送受信の際にエラーが発生するものと、②法務省が管理する戸籍事務内連携サーバーの不具合によって、届書等情報の送信の際にエラーが発生するものの2つがある。こうした不具合には、解消に時間を要するものがあるため、それまでの措置として、届書等情報の送受信に関する状況を市区町村及び法務省センター側で毎日確認し、届書等情報が滞留していることを確認した場合には直ちに対応可能なものについては再度送信又は受信する処理を行い、対応に時間を要するも

のについては、受理地市区町村から本籍地市区町村に紙の届書の写しを送付（郵送）した上で、紙の届書の写しにより処理する暫定運用を行っている。

3　広域交付に係るシステムの不具合の発生と対応等

⑴　令和6年3月1日稼動当初に発生した不具合

　令和6年3月1日から広域交付が開始されることとなったが、戸籍情報連携システムのサーバーの負荷が過大となり、証明書の交付がしづらい状況が発生した。これは、副本情報を検索する際に使用する索引情報（見出し情報）について、当初の設計において生年月日を必須のものとする一方、多様性のある漢字氏名を検索キーとして有効に機能させるための索引情報に指定しなかったところ、戸籍証明書について、祖父母などの直系尊属を対象とするものについて生年月日を不詳のまま漢字氏名のみで請求する事例などがあり、漢字氏名が検索キーとして機能しないため検索対象が十分絞り切れずシステム処理が滞留したことによるものであった。これについては、漢字氏名を検索キーとして使用した場合に高速検索が可能となるよう、索引情報を追加し、並び替えるプログラム改修を行うことで不具合が解消された。

⑵　令和6年5月21日から同28日に発生した不具合

　令和6年5月には、市区町村の戸籍情報システムと戸籍情報連携システムとを接続している通信機器において上限を超える通信情報が記録されたことにより、一時、広域交付に時間を要する状況が発生した。これは、上限値を超えた後に戸籍情報連携システムに対して行われた通信について、戸籍情報連携システムの機能を利用することができなくなったことによるものであった。これについては、通信件数の上限値を適正な数値に増加させるとともに通信情報の保持時間を短縮することで解消された。

⑶　令和6年7月8日に発生した不具合

　令和6年7月にも、戸籍情報連携システムの法務省センター側の設定作業のミスにより、一時、広域交付が行えない状況が発生した。これは、

7月7日に実施した戸籍情報連携システムの性能改善のための設定変更において、設定ミスがあったことによるものであった。これについては、正しい設定に修正することで不具合が解消された。

(4) 再発防止に向けて

法務省では、再発防止に向けて、各ベンダーや法務省センターの担当者と協議し、システム利用者の特性を考慮したテストパターンを網羅することやシステム変更作業時における作業工程、体制の改善などの対策を講じることとしている。

第5 戸籍情報連携システムの今後の展望

1 戸籍情報連携システムの利用拡大等

令和6年度末には、オンラインによる旅券の発給申請手続や運転免許証の本籍に係る記載事項の変更手続において、システム上連携し、ワンストップで戸籍電子証明書提供用識別符号の発行手続[*7]も行い、旅券の発給や運転免許証の変更手続の事務担当者が戸籍電子証明書を確認することで、戸籍証明書の添付を省略する取扱いが予定されており、その後も、順次、こうした取扱いが拡大していくことが想定される。

また、各種申請等手続において申請等を行う一般国民がメリットを受ける添付書面省略の場面だけでなく、令和5年のいわゆる地方分権一括法（令和5年法律第58号）第6条による戸籍法改正により実施可能となった、市区町村の機関による公用請求の場面での利用、つまり、いわゆる庁内公用請求による広域交付の利用も増加していくことも想定される。

戸籍情報連携システムを利用する事務手続が増加していくとすると、関係機器の増強や通信環境の見直しも必要になり、同システムの運用経費等が増加することが見込まれる。そのため、戸籍情報連携システムを継続的に安定稼動させるためには、同システムが提供する戸籍電子証明書の提供や広域交付といった、これまで単一市区町村が戸籍情報システムによって提供してきた一般的サービスを超える特別のサービスの提供を受ける利用者から、手数料や負担金を徴収することの検討も必要であろう。つまり、

戸籍証明書は、受益者負担の下、これを必要とする者が必要な手数料を支払って取得する取扱いであるところ、各種申請をオンラインで行う場合に行われる、戸籍電子証明書提供用識別符号の発行についても（市区町村の担当者の作業がないため、市区町村のレベルで手数がかかっていないとしても）、戸籍情報連携システムを稼動させている点で、相応の経費はかかっており、その負担は、現行、国（法務省）の負担となっている。しかし、更に公用請求の場面で広域交付や戸籍電子証明書の活用が行われる場合には、戸籍情報連携システムの安定稼働を図るため、その運用経費について、受益者負担の思想の下、利用者に応分の負担を負ってもらうことが公平かつ現実的であり、今後は、戸籍情報連携システムの利用の拡大とともに、こうした経費面での見直しの検討が図られるものと考えられる。

2 情報連携のための文字についての共通理解

平成30年から文字情報整備作業を行い、システム的に戸籍事務で取り扱う文字や文字コードが整備されたところ、こうした成果を踏まえ、各種事務においても戸籍情報の連携によるデジタル化を進めていくためには、今後は、市区町村窓口等でいたずらに外字を作らないことが求められる。戸籍法施行規則第68条の3において、戸籍事務を電子情報処理組織によって取り扱う場合の字体に制限が設けられたのは、今日的に戸籍情報の連携を進めることが必要と考えられたためである。

第5号施行日以降も誤字を理由に改製不適合戸籍となっているものについては、情報連携の利便性を享受できるよう、機会をとらえて在籍者に丁寧な説明を行うなどして、その解消に努めることが求められる。

＊1　システム障害が発生した場合には、市区町村、法務局等の戸籍事務担当者が利用するポータルサイト（戸籍情報連携サポートポータル）で至急、情報を共有するとともに、利用者向けに、法務省ホームページやX（旧ツイッター）において必要な情報を提供する運用となっている。

＊2　番号利用法第9条第3項において、法務大臣による特定個人情報の取扱いは特例的に規定されており、戸籍事務に関してマイナンバーの取扱いのない法務大臣にあっては、その保有する特定個人情報を検索し、及び管理するために情報提供用個人識別符号を利用することができるとされている。

＊3　平成30年4月時点で、東京都御蔵島村、新潟県加茂市、京都府相楽郡笠置町、北海道夕張市の4市町村において戸籍事務のコンピュータ化が未了であった。

＊4　指紋など本人自身の特性で認証する生体認証を必須要件とし、それに加えて本人が知るID、パスワード等の知識認証又はICカードなど本人が所有するもので認証する所有物認証等、異なる2つ以上の認証を条件とする。

＊5　電算化された戸籍や除籍が個人状態のファイルを管理できるのと異なり、イメージ除籍については、個人ごとの情報として管理していないため、注意喚起区分と同様にDV支援措置対象者であることを示す情報を設定する場合でも、イメージ除籍全体に個別に情報を設定する必要がある。

＊6　イメージ除籍に付される発行確認区分の情報の設定も、発行抑止区分と同様、イメージ除籍全体に個別に情報を設定する必要がある。

＊7　行政機関等に対し、戸籍電子証明書の提供をすることの請求については、郵送で行うことは認められていないが（戸籍法第120条の3第4項）、戸籍法第120条の2第1項の規定よりする第10条第1項の請求は、解釈上、本籍地市区町村に対してすることを排除しておらず、オンラインにより本籍地市区町村に対し、当該本籍地市区町村が管理する戸籍電子証明書の提供を求めることは可能と考えられるため、同じくオンラインにより本籍地市区町村に対して戸籍電子証明書と結びついた戸籍電子証明書提供用識別符号の発行を求めることも可能であると考えられる。

図1 戸籍情報連携システム構築に向けた主な作業スケジュール

凡例

区分	作業名	平成30年度 （2018）	令和元年度 （2019）
①法制度	戸籍法改正・政省令改正	（法制審議会）法案提出 成立	
②文字情報 の整備	文字情報収集（補助金事業）	各市区町村の文字情報を法務省に提供 補助金交付	一部自治体
	文字同定作業		
③不正常な 戸籍の訂正	複本籍解消作業		
④戸籍関係 情報の調製	戸籍関係情報の作成	※ このほか、市区町村では、情報提供用 個人識別符号との紐付けのため、総務省 事業として、戸籍の附票システム（本籍 地）及び住民基本台帳システム（住所地） の改修を実施	
	マイナンバー（情報提供用個人 識別符号）との紐付け		
⑤システム 整備	市区町村のシステムのプログラ ム改修等（補助金事業）		設計 （第1期）
	法務省の戸籍情報連携システム の構築	要件定義	設計・
	戸籍情報連携システムの運用・ 管理拠点の整備		

戸籍情報連携システムの構築と運用について

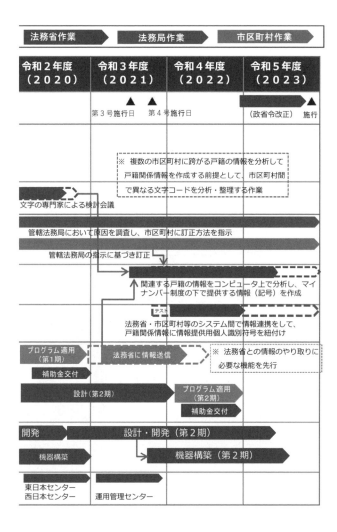

図2 異動予約情報等の設定、確認等のフロー（イメージ）

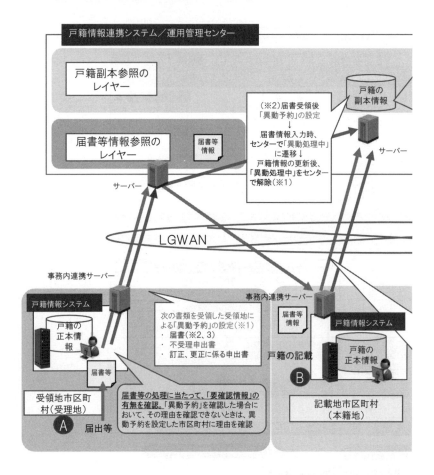

戸籍情報連携システムの構築と運用について

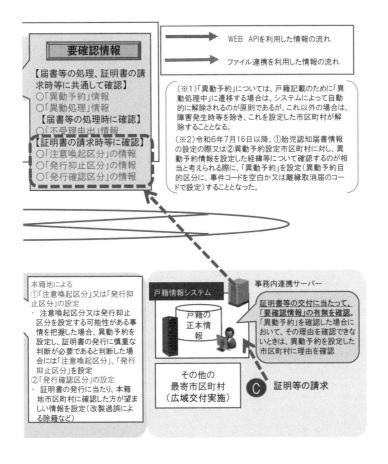

法令等編

- 戸籍法の一部を改正する法律（令和元年法律第17号）新旧対照条文（抄）……………………………………………………………………………*149*
- 戸籍法施行規則等の一部を改正する省令（令和元年6月20日法務省令第4号）…………………………………………………………………*159*
- 戸籍法施行規則の一部を改正する省令（令和2年4月3日法務省令第32号）…………………………………………………………………*183*
- 戸籍法施行規則の一部を改正する省令（令和6年2月26日法務省令第5号）……………………………………………………………………*192*
- 戸籍法施行規則の一部を改正する省令（令和6年4月18日法務省令第30号）……………………………………………………………………*211*
- 法務省の所管する法令の規定に基づく情報通信技術を活用した行政の推進等に関する規則の一部を改正する省令（抄）（令和6年5月24日法務省令第35号）……………………………………………………*213*
- 戸籍法施行規則の一部を改正する省令（令和6年8月26日法務省令第44号）……………………………………………………………………*214*
- 地方公共団体の手数料の標準に関する政令の一部を改正する政令（抄）（令和6年12月6日法務省令第347号）………………………………*216*
- 戸籍法及び戸籍法施行規則の一部改正に伴う戸籍事務の取扱いについて（令和6年2月26日民一第500号通達）………………………*220*
- 戸籍法及び戸籍法施行規則の一部改正に伴う戸籍事務の取扱いについて（令和6年2月26日民一第501号依命通知）………………*237*
- 戸籍事務取扱準則制定標準の一部改正について（令和6年2月26日民一第502号通達）…………………………………………………*241*
- 電子情報処理組織による届出又は申請等の取扱いについて（令和6年2月26日民一第503号通達）……………………………………*249*
- 戸籍届書の標準様式の一部改正について（令和6年2月26日民一第504号通達）………………………………………………………………*259*
- 「戸籍法及び戸籍法施行規則の一部改正に伴う戸籍事務の取扱いについて」の一部改正について（令和6年2月26日民一第505号通

達）‥‥‥‥‥‥‥‥‥‥‥‥‥‥‥‥‥‥‥‥‥‥‥‥‥‥‥‥‥‥‥‥‥ *260*

- 「戸籍法及び戸籍法施行規則の一部改正に伴う戸籍事務の取扱い
について」の一部改正について（令和 6 年 2 月26日民一第506号依
命通知）‥‥‥‥‥‥‥‥‥‥‥‥‥‥‥‥‥‥‥‥‥‥‥‥‥‥‥‥‥ *270*
- 在留外国人の死亡通知の取扱い変更について（令和 6 年 2 月26日
民一第507号通達）‥‥‥‥‥‥‥‥‥‥‥‥‥‥‥‥‥‥‥‥‥‥‥‥ *272*
- 地方公共団体の特定の事務の郵便局における取扱いに関する法律
の一部改正に伴う戸籍事務の取扱いについて（令和 6 年 2 月26日
民一第508号通達）‥‥‥‥‥‥‥‥‥‥‥‥‥‥‥‥‥‥‥‥‥‥‥ *273*
- イメージデータを原本とする除籍・改製原戸籍の謄抄本の作成に
ついて（令和 6 年 2 月26日民一第509号依命通知）‥‥‥‥‥‥‥‥ *274*
- 戸籍記載例等の改正について（令和 6 年 2 月26日民一第510号通
達）‥‥‥‥‥‥‥‥‥‥‥‥‥‥‥‥‥‥‥‥‥‥‥‥‥‥‥‥‥‥‥ *275*
- 競争の導入による公共サービスの改革に関する法律の一部改正に
伴う戸籍事務の取扱いについて（令和 6 年 2 月26日民一第511号
通達）‥‥‥‥‥‥‥‥‥‥‥‥‥‥‥‥‥‥‥‥‥‥‥‥‥‥‥‥‥ *295*
- 「戸籍事務を民間事業者に委託することが可能な業務の範囲につ
いて」の一部改正について（令和 6 年 2 月26日民一第512号通達）‥‥ *296*
- 「電子情報処理組織による戸籍事務の取扱いについて」の一部改
正について（令和 6 年 2 月26日民一第513号通達）‥‥‥‥‥‥‥‥‥ *297*
- 「戸籍事務を処理する電子情報処理組織が備えるべき技術的基準
について」の一部改正について（令和 6 年 2 月26日民一第514号通
達）‥‥‥‥‥‥‥‥‥‥‥‥‥‥‥‥‥‥‥‥‥‥‥‥‥‥‥‥‥‥‥ *304*
- 「電子情報処理組織による届出又は申請等の取扱いについて」の
一部改正について（令和 6 年 8 月26日民一第1797号通達）‥‥‥‥‥ *307*
- 戸籍法施行規則における法務大臣の定めについて（令和 6 年 8 月
30日民一第2000号通達）‥‥‥‥‥‥‥‥‥‥‥‥‥‥‥‥‥‥‥‥‥ *313*
- 社会保障・税番号制度システム整備費補助金（戸籍事務へのマイ
ナンバー制度導入に係るものに限る。）交付要綱‥‥‥‥‥‥‥‥‥ *343*
- 社会保障・税番号制度システム整備費補助金（戸籍事務へのマイ
ナンバー制度導入に係るものに限る。）実施要領‥‥‥‥‥‥‥‥‥ *350*

令和元年改正戸籍法新旧対照表

> # 戸籍法の一部を改正する法律（令和元年法律第17号）新旧対照条文（抄）

〇戸籍法（昭和22年法律第224号）

（傍線部分は改正部分）

改　　正　　案	現　　　行
目次 　第1章～第5章　［略］ 　第6章　電子情報処理組織による戸籍事務の取扱いに関する特例等（第118条—第121条の3） 　第7章　不服申立て（第122条—第125条） 　第8章　雑則（第126条—第131条） 　第9章　罰則（第132条—第140条） 　附則 第1条　戸籍に関する事務は、この法律に別段の定めがあるものを除き、市町村長がこれを管掌する。 ②　前項の規定により市町村長が処理することとされている事務は、地方自治法（昭和22年法律第67号）第2条第9項第1号に規定する第1号法定受託事務とする。 第3条　［略］ ②　市役所又は町村役場の所在地を管轄する法務局又は地方法務局の長（以下「管轄法務局長等」という。）は、戸籍事務の処理に関し必要があると認めるときは、市町村長に対し、報告を求め、又は助言若しくは勧告をすることができる。この場合において、戸籍事務の処理の適正を確保するため特に必要があると認めるときは、指示をすることができる。 ③　管轄法務局長等は、市町村長から戸籍事務の取扱いに関する照会を受けたときその他前項の規定による助言若しくは勧告又は指示をするために必要があると認めるときは、届出人、届出事件の本人そ	目次 　第1章～第5章　［同左］ 　第6章　電子情報処理組織による戸籍事務の取扱いに関する特例（第118条—第120条） 　第7章　不服申立て（第121条—第125条） 　第8章　雑則（第126条—第131条） 　第9章　罰則（第132条—第138条） 　附則 第1条　戸籍に関する事務は、市町村長がこれを管掌する。 ②　前項の事務は、地方自治法（昭和22年法律第67号）第2条第9項第1号に規定する第1号法定受託事務とする。 第3条　「同左」 ②　市役所又は町村役場の所在地を管轄する法務局又は地方法務局の長は、戸籍事務の処理に関し必要があると認めるときは、市町村長に対し、報告を求め、又は助言若しくは勧告をすることができる。この場合において、戸籍事務の処理の適正を確保するため特に必要があると認めるときは、指示をすることができる。 （新設）

149

の他の関係者に対し、質問をし、又は必要な書類の提出を求めることができる。

④　［略］

第24条　戸籍の記載が法律上許されないものであること又はその記載に錯誤若しくは遺漏があることを発見した場合には、市町村長は、遅滞なく届出人又は届出事件の本人にその旨を通知しなければならない。ただし、戸籍の記載、届書の記載その他の書類から市町村長において訂正の内容及び事由が明らかであると認めるときは、この限りでない。

②　前項ただし書の場合においては、市町村長は、管轄法務局長等の許可を得て、戸籍の訂正をすることができる。

③　前項の規定にかかわらず、戸籍の訂正の内容が軽微なものであつて、かつ、戸籍に記載されている者の身分関係についての記載に影響を及ぼさないものについては、同項の許可を要しない。

④　［略］

第27条の3　市町村長は、次の各号のいずれかに該当すると認めるときは、届出人、届出事件の本人その他の関係者に対し、質問をし、又は必要な書類の提出を求めることができる。

一　届出の受理に際し、この法律の規定により届出人が明らかにすべき事項が明らかにされていないとき。

二　その他戸籍の記載のために必要があるとき。

第44条　［略］

②　［略］

③　前二項の催告をすることができないとき、又は催告をしても届出がないときは、市町村長は、管轄法務局長等の許可を得て、戸籍の記載をすることができる。

④　第24条第4項の規定は、裁判所その他の官庁、検察官又は吏員がその職務上届出を怠つた者があることを知つた場合にこれを準用する。

---

③　［同左］

第24条　戸籍の記載が法律上許されないものであること又はその記載に錯誤若しくは遺漏があることを発見した場合には、市町村長は、遅滞なく届出人又は届出事件の本人にその旨を通知しなければならない。但し、その錯誤又は遺漏が市町村長の過誤によるものであるときは、この限りでない。

②　前項の通知をすることができないとき、又は通知をしても戸籍訂正の申請をする者がないときは、市町村長は、管轄法務局又は地方法務局の長の許可を得て、戸籍の訂正をすることができる。前項ただし書の場合も、同様である。

（新設）

③　［同左］

（新設）

第44条　［同左］

②　［同左］

（新設）

③　第24条第2項の規定は、前二項の催告をすることができない場合及び催告をしても届出をしない場合に、同条第3項の規定は、裁判所その他の官庁、検察官又は吏員がその職務上届出を怠つた者があることを知つた場合にこれを準用する。

第87条　次の者は、その順序に従つて、死亡の届出をしなければならない。ただし、順序にかかわらず届出をすることができる。 第一　同居の親族 第二　その他の同居者 第三　家主、地主又は家屋若しくは土地の管理人 ②　死亡の届出は、同居の親族以外の親族、後見人、保佐人、補助人、任意後見人及び任意後見受任者も、これをすることができる。 第101条　分籍の届出は、分籍地でこれをすることができる。 第104条の3　市町村長は、戸籍事務の処理に際し、国籍法第14条第1項の規定により国籍の選択をすべき者が同項に定める期限内にその選択をしていないと思料するときは、その者の氏名、本籍その他法務省令で定める事項を管轄法務局長等に通知しなければならない。 第114条　届出によつて効力を生ずべき行為（第60条、第61条、第66条、第68条、第70条から第72条まで、第74条及び第76条の規定によりする届出に係る行為を除く。）について戸籍の記載をした後に、その行為が無効であることを発見したときは、届出人又は届出事件の本人は、家庭裁判所の許可を得て、戸籍の訂正を申請することができる。 　第6章　電子情報処理組織による戸籍事務の取扱いに関する特例等 第118条　法務大臣の指定する市町村長は、法務省令で定めるところにより戸籍事務を電子情報処理組織（法務大臣の使用に係る電子計算機（磁気ディスク（これに準ずる方法により一定の事項を確実に記録することができる物を含む。以下同じ。）及び入出力装置を含む。以下同じ。）と市町村長の使用に係る電子計算機とを電気通信回線で接続した電子情報処理組織をいう。以下同じ。）によつて取り扱うものとする。ただし、電子情報	第87条　左の者は、その順序に従つて、死亡の届出をしなければならない。但し、順序にかかわらず届出をすることができる。 第一　同居の親族 第二　その他の同居者 第三　家主、地主又は家屋若しくは土地の管理人 ②　死亡の届出は、同居の親族以外の親族、後見人、保佐人、補助人及び任意後見人も、これをすることができる。 第101条　前条第2項の場合には、分籍の届出は、分籍地でこれをすることができる。 第104条の3　市町村長は、戸籍事務の処理に際し、国籍法第14条第1項の規定により国籍の選択をすべき者が同項に定める期限内にその選択をしていないと思料するときは、その者の氏名、本籍その他法務省令で定める事項を管轄法務局又は地方法務局の長に通知しなければならない。 第114条　届出によつて効力を生ずべき行為について戸籍の記載をした後に、その行為が無効であることを発見したときは、届出人又は届出事件の本人は、家庭裁判所の許可を得て、戸籍の訂正を申請することができる。 　第6章　電子情報処理組織による戸籍事務の取扱いに関する特例 第118条　法務大臣の指定する市町村長は、法務省令の定めるところにより戸籍事務の全部又は一部を電子情報処理組織によつて取り扱うことができる。

処理組織によつて取り扱うことが相当で
ない戸籍又は除かれた戸籍として法務省
令で定めるものに係る戸籍事務について
は、この限りでない。

② 前項の規定による指定は、市町村長の
申出に基づき、告示してしなければなら
ない。

第119条 前条第1項の場合においては、
戸籍は、磁気ディスクに記録し、これを
もつて調製する。

② ［略］
第119条の2 前条の規定により磁気ディ
スクをもつて調製された戸籍又は除かれ
た戸籍の副本は、第8条第2項の規定に
かかわらず、法務大臣が保存する。

第120条 第119条の規定により戸籍又は除
かれた戸籍が磁気ディスクをもつて調製
されているときは、第10条第1項又は第
10条の2第1項から第5項まで（これら
の規定を第12条の2において準用する場
合を含む。）の請求は、戸籍謄本等又は
除籍謄本等に代えて、磁気ディスクをも
つて調製された戸籍に記録されている事
項の全部若しくは一部を証明した書面
（以下「戸籍証明書」という。）又は磁気
ディスクをもつて調製された除かれた戸
籍に記録されている事項の全部若しくは
一部を証明した書面（以下「除籍証明
書」という。）についてすることができ
る。

② 戸籍証明書又は除籍証明書は、第100
条第2項及び第108条第2項の規定並び
に旅券法（昭和26年法律第267号）その
他の法令の規定の適用については、戸籍
又は除かれた戸籍の謄本又は抄本とみな
す。

第120条の2 第119条の規定により戸籍又
は除かれた戸籍が磁気ディスクをもつて
調製されているときは、第10条第1項
（第12条の2において準用する場合を含
む。次項及び次条（第3項を除く。）に
おいて同じ。）の請求は、いずれの指定

② 前項の指定は、市町村長の申出に基づ
き、告示してしなければならない。

第119条 前条第1項の場合においては、
戸籍は、磁気ディスク（これに準ずる方
法により一定の事項を確実に記録するこ
とができる物を含む。以下同じ。）に記
録し、これをもつて調製する。

② ［同左］
（新設）

第120条 前条の規定により戸籍又は除か
れた戸籍が磁気ディスクをもつて調製さ
れているときは、第10条第1項又は第10
条の2第1項から第5項まで（これらの
規定を第12条の2において準用する場合
を含む。）の請求は、戸籍謄本等又は除
籍謄本等に代えて、磁気ディスクをもつ
て調製された戸籍又は除かれた戸籍に記
録されている事項の全部又は一部を証明
した書面についてすることができる。

② 前項の磁気ディスクをもつて調製され
た戸籍又は除かれた戸籍に記録されてい
る事項の全部又は一部を証明した書面は、
第100条第2項及び第108条第2項の規定
並びに旅券法（昭和26年法律第267号）
その他の法令の規定の適用については、
戸籍又は除かれた戸籍の謄本又は抄本と
みなす。

（新設）

市町村長（第118条第1項の規定による指定を受けている市町村長をいう。以下同じ。）に対してもすることができる。	
②　前項の規定によりする第10条第1項の請求（本籍地の市町村長以外の指定市町村長に対してするものに限る。）については、同条第3項及び第10条の3第2項の規定は適用せず、同条第1項中「現に請求の任に当たつている者」とあり、及び「当該請求の任に当たつている者」とあるのは、「当該請求をする者」とする。	（新設）
第120条の3　前条第1項の規定によりする第10条第1項の請求は、戸籍電子証明書（第119条の規定により磁気ディスクをもつて調製された戸籍に記録された事項の全部又は一部を証明した電磁的記録（電子的方式、磁気的方式その他人の知覚によつては認識することができない方式で作られる記録であつて、電子計算機による情報処理の用に供されるものとして法務省令で定めるものをいう。以下同じ。）をいう。以下同じ。）又は除籍電子証明書（第119条の規定により磁気ディスクをもつて調製された除かれた戸籍に記録された事項の全部又は一部を証明した電磁的記録をいう。以下同じ。）についてもすることができる。	（新設）
②　前項の規定によりする第10条第1項の請求があつたときは、指定市町村長は、当該請求をした者に対し、戸籍電子証明書提供用識別符号（当該請求に係る戸籍電子証明書を識別することができるように付される符号であつて、法務省令で定めるものをいう。以下同じ。）又は除籍電子証明書提供用識別符号（当該請求に係る除籍電子証明書を識別することができるように付される符号であつて、法務省令で定めるものをいう。以下同じ。）を発行するものとする。	（新設）
③　指定市町村長は、行政機関等（情報通信技術を活用した行政の推進等に関する法律（平成14年法律第151号）第3条第2号に規定する行政機関等その他の法務省令で定める者をいう。）から、法務省令で定めるところにより、前項の規定により発行された戸籍電子証明書提供用識	（新設）

別符号又は除籍電子証明書提供用識別符号を示して戸籍電子証明書又は除籍電子証明書の提供を求められたときは、法務省令で定めるところにより、当該戸籍電子証明書提供用識別符号に対応する戸籍電子証明書又は当該除籍電子証明書提供用識別符号に対応する除籍電子証明書を提供するものとする。

④　第1項の規定によりする第10条第1項の請求については、同項中「交付」とあるのは、「第120条の3第3項の規定により同項に規定する行政機関等に提供すること」とし、同項の請求（本籍地の市町村長以外の指定市町村長に対してするものに限る。）については、同条第3項及び第10条の3第2項の規定は適用せず、同条第1項中「現に請求の任に当たつている者」とあり、及び「当該請求の任に当たつている者」とあるのは、「当該請求をする者」とする。　　　　　（新設）

第120条の4　指定市町村長は、この法律の規定により提出すべきものとされている届書若しくは申請書又はその他の書類で戸籍の記載をするために必要なものとして法務省令で定めるもの（以下この項において「届書等」という。）を受理した場合には、法務省令で定めるところにより、当該届書等の画像情報（以下「届書等情報」という。）を作成し、これを電子情報処理組織を使用して、法務大臣に提供するものとする。　　　　（新設）

②　前項の規定により届書等情報の提供を受けた法務大臣は、これを磁気ディスクに記録するものとする。　（新設）

第120条の5　二箇所以上の市役所又は町村役場で戸籍の記載をすべき場合において、届出又は申請を受理した市町村長が指定市町村長であり、かつ、当該届出又は申請により戸籍の記載をすべき市町村長（当該届出又は申請を受理した市町村長を除く。）のうち指定市町村長であるもの（以下この項において「戸籍記載指定市町村長」という。）があるときは、法務大臣は、戸籍記載指定市町村長に対し、前条第1項の提供を受けた旨を通知するものとする。　　　　　（新設）

② 前項の場合においては、第36条第１項及び第２項（これらの規定を第117条において準用する場合を含む。）の規定にかかわらず、提出すべき届書又は申請書の数は、戸籍の記載をすべき市町村長の数から当該市町村長のうち指定市町村長であるものの数を減じた数に一を加えた数とする。 （新設）

③ 本籍地外で届出又は申請をする場合（二箇所以上の市役所又は町村役場で戸籍の記載をすべき場合を除く。）であつて、届出又は申請を受理した市町村長及び当該届出又は申請により戸籍の記載をすべき市町村長がいずれも指定市町村長であるときは、法務大臣は、当該戸籍の記載をすべき指定市町村長に対し、前条第１項の提供を受けた旨を通知するものとする。 （新設）

④ 前項の場合においては、第36条第２項（第117条において準用する場合を含む。）の規定は、適用しない。 （新設）

第120条の６ 利害関係人は、特別の事由がある場合に限り、届出若しくは申請を受理した指定市町村長又は当該届出若しくは申請によつて戸籍の記載をした指定市町村長に対し、当該届出又は申請に係る届書等情報の内容を法務省令で定める方法により表示したものの閲覧を請求し、又は届書等情報の内容について証明書を請求することができる。 （新設）

② 第10条第３項及び第10条の３の規定は、前項の場合に準用する。 （新設）

第120条の７ 第100条第２項の規定は、第119条の規定により届出事件の本人の戸籍が磁気ディスクをもつて調製されている場合において、届出地及び分籍地の市町村長がいずれも指定市町村長であるときは、適用しない。 （新設）

第120条の８ 第108条第２項の規定は、第119条の規定により届出事件の本人の戸籍が磁気ディスクをもつて調製されている場合において、届出地及び転籍地の市町村長がいずれも指定市町村長であるときは、適用しない。 （新設）

第121条 法務大臣及び指定市町村長は、電子情報処理組織の構築及び維持管理並 （新設）

びに運用に係る事務に関する秘密について、その漏えいの防止その他の適切な管理のために、電子情報処理組織の安全性及び信頼性を確保することその他の必要な措置を講じなければならない。	
第121条の2　電子情報処理組織の構築及び維持管理並びに運用に係る事務に従事する者又は従事していた者は、その業務に関して知り得た当該事務に関する秘密を漏らし、又は盗用してはならない。	（新設）
第121条の3　法務大臣は、行政手続における特定の個人を識別するための番号の利用等に関する法律（平成25年法律第27号）第19条第7号又は第8号の規定による提供の用に供する戸籍関係情報（同法第9条第3項に規定する戸籍関係情報をいう。）を作成するため、第119条の規定により磁気ディスクをもつて調製された戸籍又は除かれた戸籍の副本に記録されている情報を利用することができる。	（新設）
第7章　［略］	第7章　［同左］
第122条　［同右］	第121条　［略］
（削る）	第122条　削除
第124条　第10条第1項又は第10条の2第1項から第5項まで（これらの規定を第12条の2において準用する場合を含む。）、第48条第2項、第120条第1項、第120条の2第1項、第120条の3第1項及び第120条の6第1項の規定によりする請求について市町村長が行う処分又はその不作為に不服がある者は、管轄法務局長等に審査請求をすることができる。	第124条　第10条第1項又は第10条の2第1項から第5項までの請求（これらの規定を第12条の2において準用する場合を含む。）、第48条第2項の規定による請求及び第120条第1項の請求について市町村長が行う処分又はその不作為に不服がある者は、市役所又は町村役場の所在地を管轄する法務局又は地方法務局の長に審査請求をすることができる。
第128条　戸籍及び除かれた戸籍の副本、第48条第2項に規定する書類並びに届書等情報については、行政機関の保有する情報の公開に関する法律（平成11年法律第42号）の規定は、適用しない。	第128条　戸籍及び除かれた戸籍の副本並びに第48条第2項に規定する書類については、行政機関の保有する情報の公開に関する法律（平成11年法律第42号）の規定は、適用しない。
第129条　戸籍及び除かれた戸籍の副本、第48条第2項に規定する書類並びに届書等情報に記録されている保有個人情報（行政機関の保有する個人情報の保護に関する法律（平成15年法律第58号）第2条第5項に規定する保有個人情報をいう。）については、同法第4章の規定は、適用しない。	第129条　戸籍及び除かれた戸籍の副本並びに第48条第2項に規定する書類に記録されている保有個人情報（行政機関の保有する個人情報の保護に関する法律（平成15年法律第58号）第2条第5項に規定する保有個人情報をいう。）については、同法第4章の規定は、適用しない。
第130条　情報通信技術を活用した行政の	第130条　情報通信技術を活用した行政の

156

推進等に関する法律第6条第1項の規定により同項に規定する電子情報処理組織を使用してする届出の届出地及び同項の規定により同項に規定する電子情報処理組織を使用してする申請の申請地については、第4章及び第5章の規定にかかわらず、法務省令で定めるところによる。

② ［略］
　　　　第9章　［略］
第132条　第121条の2の規定に違反して秘密を漏らし、又は盗用した者は、2年以下の懲役又は100万円以下の罰金に処する。

第133条　戸籍に関する事務に従事する市町村の職員若しくは職員であつた者又は市町村長の委託（二以上の段階にわたる委託を含む。）を受けて行う戸籍に関する事務の処理に従事している者若しくは従事していた者が、その事務に関して知り得た事項を自己若しくは第三者の不正な利益を図る目的で提供し、又は盗用したときは、1年以下の懲役又は50万円以下の罰金に処する。

第134条　［略］
第135条　偽りその他不正の手段により、第10条第1項若しくは第10条の2第1項から第5項までの規定による戸籍謄本等の交付、第12条の2の規定による除籍謄本等の交付若しくは第120条第1項の規定による戸籍証明書若しくは除籍証明書の交付を受けた者、第120条の3第2項の規定による戸籍電子証明書提供用識別符号若しくは除籍電子証明書提供用識別符号の発行を受けた者又は同条第3項の規定による戸籍電子証明書若しくは除籍電子証明書の提供を受けた者は、30万円以下の罰金に処する。

第136条　偽りその他不正の手段により、第48条第2項（第117条において準用する場合を含む。以下この条において同じ。）の規定による閲覧をし、若しくは同項の規定による証明書の交付を受けた者又は第120条の6第1項の規定による閲覧をし、若しくは同条の規定による証明書の交付を受けた者は、10万円以下の

推進等に関する法律（平成14年法律第151号）第6条第1項の規定により同項に規定する電子情報処理組織を使用してする届出の届出地及び同項の規定により同項に規定する電子情報処理組織を使用してする申請の申請地については、第4章及び第5章の規定にかかわらず、法務省令で定めるところによる。

② ［同左］
　　　　第9章　［同左］
（新設）

（新設）

第132条　［同左］
第133条　偽りその他不正の手段により、第10条若しくは第10条の2に規定する戸籍謄本等、第12条の2に規定する除籍謄本等又は第120条第1項に規定する書面の交付を受けた者は、30万円以下の罰金に処する。

第134条　偽りその他不正の手段により、第48条第2項（第117条において準用する場合を含む。）の規定による閲覧をし、又は同項の規定による証明書の交付を受けた者は、10万円以下の過料に処する。

過料に処する。

第137条・第138条　〔略〕

第139条　次の場合には、市町村長を10万円以下の過料に処する。

一・二　〔略〕

三　正当な理由がなくて、届書その他受理した書類の閲覧を拒んだとき、又は第120条の6第1項の規定による請求を拒んだとき。

四　正当な理由がなくて、戸籍謄本等、除籍謄本等、第48条第1項若しくは第2項（これらの規定を第117条において準用する場合を含む。）の証明書、戸籍証明書若しくは除籍証明書を交付しないとき、戸籍電子証明書提供用識別符号若しくは除籍電子証明書提供用識別符号の発行をしないとき、又は戸籍電子証明書若しくは除籍電子証明書を提供しないとき。

五　その他戸籍事件について職務を怠つたとき。

第140条　〔略〕

第135条・第136条　〔同左〕

第137条　次の場合には、市町村長を10万円以下の過料に処する。

一・二　〔同左〕

三　正当な理由がなくて届書その他受理した書類の閲覧を拒んだとき。

四　正当な理由がなくて戸籍謄本等、除籍謄本等、第48条第1項若しくは第2項（これらの規定を第117条において準用する場合を含む。）の証明書又は第120条第1項の書面を交付しないとき。

五　〔同左〕

第138条　〔同左〕

戸籍法施行規則等の一部を改正する省令

戸籍法施行規則等の一部を改正する省令

（令和元年６月20日法務省令第４号）

　戸籍法（昭和22年法律第224号）第118条第１項及び第131条並びに戸籍法及び住民基本台帳法の一部を改正する法律（平成６年法律第67号）附則第４項の規定に基づき、戸籍法施行規則等の一部を改正する省令を次のように定める。

　（戸籍法施行規則の一部改正）
第１条　戸籍法施行規則(昭和22年司法省令第94号)の一部を次のように改正する。
　　次の表により、改正前欄に掲げる規定の傍線を付した部分をこれに順次対応する改正後欄に掲げる規定の傍線を付した部分のように改め、改正前欄及び改正後欄に対応して掲げるその標記部分に二重傍線を付した規定（以下「対象規定」という。）は、その標記部分が同一のものは当該対象規定を改正後欄に掲げるもののように改め、その標記部分が異なるものは改正前欄に掲げる対象規定を改正後欄に掲げる対象規定として移動し、改正前欄に掲げる対象規定で改正後欄にこれに対応するものを掲げていないものは、これを削る。

改　　正　　後	改　　正　　前
第５条　除籍簿は、年ごとにこれを別冊とし、丁数を記入し、その表紙に「令和何年除籍簿」と記載しなければならない。	第５条　除籍簿は、年ごとにこれを別冊とし、丁数を記入し、その表紙に「平成何年除籍簿」と記載しなければならない。
２　　［略］	２　　［同左］
３　市町村長は、相当と認めるときは、数年度の除籍簿を一括してつづることができる。この場合には、更に表紙をつけ、「自令和何年至令和何年除籍簿」と記載しなければならない。	３　市町村長は、相当と認めるときは、数年度の除籍簿を一括してつづることができる。この場合には、更に表紙をつけ、「自平成何年至平成何年除籍簿」と記載しなければならない。
４　　［略］	４　　［同左］
［条を削る。］	第63条　市町村長は、届出又は申請の受理に際し、戸籍の記載又は調査のため必要があるときは、戸籍の謄本又は抄本その他の書類の提出を求めることができる。
第63条　　［略］	第63条の２　　［同左］
第69条　戸籍法第118条第１項ただし書の電子情報処理組織によつて取り扱うことが相当でない戸籍又は除かれた戸籍は、次の各号に掲げるものとする。	第69条　戸籍法第118条第１項の市町村長は、次項に規定する場合を除き、戸籍事務の全部を電子情報処理組織によつて取り扱わなければならない。

159

一 電子情報処理組織による取扱いに適合しない戸籍
二 除籍簿につづられた除かれた戸籍

第73条 戸籍法第120条第1項の戸籍証明書又は除籍証明書（以下「戸籍証明書等」という。）には、次の各号の区分に応じ、それぞれ当該各号に掲げる事項を記載する。

［一～六 略］

2 戸籍証明書等は、付録第22号様式によつて作らなければならない。

3 戸籍証明書等には、市町村長が、その記載に接続して付録第23号書式による付記をし、職氏名を記して職印を押さなければならない。

4 第12条第3項の規定は、戸籍証明書等に準用する。

5 戸籍証明書等に年月日を記載するには、アラビア数字を用いることができる。

6 戸籍証明書等の記載は、付録第24号のひな形に定める相当欄にしなければならない。この場合において、事項欄の記載は、付録第25号記載例に従つてしなければならない。

7 戸籍の全部若しくは一部又はその記録を消除した場合において、戸籍証明書等にその旨を記載するには、付録第26号様式によらなければならない。

8 戸籍の訂正をした場合において、戸籍証明書等にその旨を記載するには、付録第27号様式によらなければならない。

9 戸籍証明書等に第78条の記録を記載するには、付録第28号様式によらなければならない。

第75条 戸籍又は除かれた戸籍が磁気ディスクをもつて調製されているときは、市町村長は、戸籍又は除かれた戸籍に記録をした後遅滞なく、当該戸籍の副本（電磁的記録に限る。以下この条、次条及び第79条において同じ。）を電気通信回線を通じて法務大臣の使用に係る電子計算機に送信しなければならない。

2 前項に規定する場合において、法務大

---

2 前項の市町村長は、相当と認めるときは、市町村の一部の区域を定めてその区域内に本籍を有する者についての戸籍事務を電子情報処理組織によつて取り扱うことができる。

第73条 戸籍法第120条第1項の書面には、次の各号の区分に応じ、それぞれ当該各号に掲げる事項を記載する。

［一～六 同左］

2 前項の書面は、付録第22号様式によつて作らなければならない。

3 第1項の書面には、市町村長が、その記載に接続して付録第23号書式による付記をし、職氏名を記して職印を押さなければならない。

4 第12条第3項の規定は、第1項の書面に準用する。

5 第1項の書面に年月日を記載するには、アラビア数字を用いることができる。

6 第1項の書面の記載は、付録第24号のひな形に定める相当欄にしなければならない。この場合において、事項欄の記載は、付録第25号記載例に従つてしなければならない。

7 戸籍の全部若しくは一部又はその記録を消除した場合において、第1項の書面にその旨を記載するには、付録第26号様式によらなければならない。

8 戸籍の訂正をした場合において、第1項の書面にその旨を記載するには、付録第27号様式によらなければならない。

9 第1項の書面に第78条の記録を記載するには、付録第28号様式によらなければならない。

第75条 戸籍又は除かれた戸籍が磁気ディスクをもつて調製されているときは、市町村長は、戸籍又は除かれた戸籍に記録をした後遅滞なく、当該戸籍の副本（電磁的記録に限る。以下この条、次条及び第79条において同じ。）を電気通信回線を通じて管轄法務局若しくは地方法務局又はその支局の使用に係る電子計算機に送信しなければならない。

2 前項に規定する場合において、管轄法

戸籍法施行規則等の一部を改正する省令

臣は、同項の規定にかかわらず、いつでも戸籍又は除かれた戸籍の副本を電気通信回線を通じてその使用に係る電子計算機に送信させることができる。	務局若しくは地方法務局又はその支局は、同項の規定にかかわらず、いつでも戸籍又は除かれた戸籍の副本を電気通信回線を通じてその使用に係る電子計算機に送信させることができる。
［3・4　略］	［3・4　同左］
第75条の2　法務大臣は、前条第1項又は第2項の規定によつてその使用に係る電子計算機に戸籍又は除かれた戸籍の副本の送信を受けたときは、これを保存しなければならない。この場合において、法務大臣は、前に送信を受けた戸籍又は除かれた戸籍の副本を消去することができる。	第75条の2　管轄法務局若しくは地方法務局又はその支局は、前条第1項又は第2項の規定によつてその使用に係る電子計算機に戸籍又は除かれた戸籍の副本の送信を受けたときは、これを保存しなければならない。この場合において、管轄法務局若しくは地方法務局又はその支局は、前に送信を受けた戸籍又は除かれた戸籍の副本を消去することができる。
2　［略］	2　［同左］
第79条　第49条の2の規定は、法務大臣が第75条第1項又は第2項の規定によつてその使用に係る電子計算機に戸籍又は除かれた戸籍の副本の送信を受けた場合に準用する。この場合において、第49条の2第1項中「にかかわらず」とあるのは「にかかわらず、管轄法務局若しくは地方法務局又はその支局は」と読み替える。	第79条　第49条の2の規定は、管轄法務局若しくは地方法務局又はその支局が第75条第1項又は第2項の規定によつてその使用に係る電子計算機に戸籍又は除かれた戸籍の副本の送信を受けた場合に準用する。
第81条　市町村の区域の変更によつて、管轄法務局若しくは地方法務局又はその支局の所管に変更を生じたときは、旧所管区域内の本籍人の戸籍及び除かれた戸籍の副本（電磁的記録を除く。）並びにこれに関する書類は、新所管法務局若しくは地方法務局又はその支局にこれを引き継がなければならない。	第81条　市町村の区域の変更によつて、管轄法務局若しくは地方法務局又はその支局の所管に変更を生じたときは、旧所管区域内の本籍人の戸籍及び除かれた戸籍の副本並びにこれに関する書類は、新所管法務局若しくは地方法務局又はその支局にこれを引き継がなければならない。
別表第三（79条の2第1項関係） 　［一～三　略］ 　　四　戸籍法第120条第1項の戸籍証明書又は除籍証明書	別表第三（79条の2第1項関係） 　［一～三　同左］ 　　四　戸籍法第120条第1項の磁気ディスクをもって調整された戸籍又は除かれた戸籍に記録されている事項の全部又は一部を証明した書面
別表第五（79条の5関係） 　一　［略］ 　二　戸籍法第120条第1項の戸籍証明書又は除籍証明書	別表第五（79条の5関係） 　一　［同左］ 　二　戸籍法第120条第1項の磁気ディスクをもって調整された戸籍又は除かれた戸籍に記録されている事項の全部又は一部を証明した書面

備考　表中の［　］の記載及び対象規定の二重傍線を付した標記部分を除く全体に付した傍線は注記である。

附録第５号様式中「平成」を「令和」に改める。

附録第６号を次のように改める。

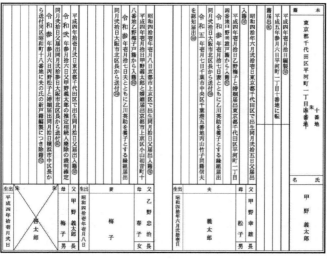

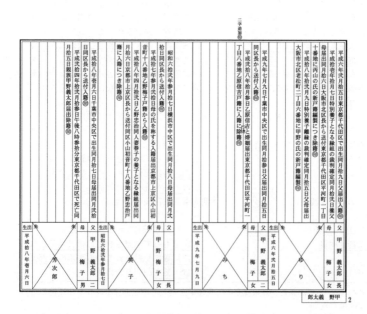

戸籍法施行規則等の一部を改正する省令

出
平成弐拾四年五月壱日東京都千代田区で出生同月六日父届出入籍㊞
令和参年壱月拾七日甲野義太郎同人妻梅子の養子となる縁組届
（代諾者親権者父母）
同区小山初音町二十番地乙川孝助戸籍から入籍㊞　京都市上京

父　乙川　孝助
母　乙川　冬子
養父　甲野　義太郎
養母　甲野　梅子
英助
男　二

出
平成九年七月九日千葉市中央区で出生同月拾参日母届出同月拾五日
区長から送付同月五日夫乙原愼吉と協議離婚届出同月七日母届出入籍㊞
令和参年八月弐拾日分籍届出東京都中央区日本橋室町一丁目一番
地に新戸籍編製につき除籍㊞

父　甲野　義太郎
母　梅子
女　二
生出　平成九年七月九日

令和四年六月壱日東京都千代田区で出生同月参日母届出同月拾
日同区長から送付入籍㊞
令和五年壱月七日甲野義太郎認知届出同月拾参日父届出京都府中
央区千葉港五番地丙山竹子戸籍から入籍㊞
令和五年昔月拾五日父の氏を称する入籍親権者母届出㊞

父　甲野　義太郎
母　丙山　竹子
信夫
男　長
生出　令和四年六月壱日

平成拾四年四月参日名古屋市中区で出生同月七日母届出入籍㊞
令和五年壱月弐拾弐日民法八百十七条の二による裁判確定同月拾
五日父母届出名古屋市中区三の丸四丁目三番甲野啓二郎戸籍から入籍
令和五年壱月弐拾日親権者を父と定める旨父母届出㊞

父　甲野　義太郎
母　梅子
啓二郎
男　三
生出　平成参拾年四月参日

甲野　義太郎

附録第７号番号１から215まで中「平成」を「令和」に改める。

附録第７号番号216から218までを次のように改める。

番号	事件の種別	届出地	記載する戸籍	記載する欄	記載例
216	性別の取扱いの変更の裁判確定による嘱託		性別の取扱いの変更の裁判を受けた者の新戸籍	戸籍事項欄	令和弐拾四年八月弐拾参日編製㊞
217				変更の裁判を受けた者の身分事項欄	令和弐拾四年八月弐拾日平成拾五年法律第百十一号三条による裁判確定同月弐拾日嘱託東京都千代田区平河町一丁目四番地甲野義太郎戸籍から入籍父母との続柄の記載更正㊞
218			性別の取扱いの変更の裁判を受けた者の従前の戸籍	変更の裁判を受けた者の身分事項欄	令和弐拾四年八月弐拾日平成拾五年法律第百十一号三条による裁判確定同月弐拾日嘱託東京都千代田区平河町一丁目四番地に新戸籍編製につき除籍㊞

附録第8号様式を次のように改める。

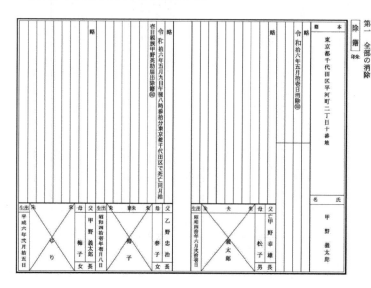

附録第15号書式、同第17号書式及び同第18号書式中「平成」を「令和」に改める。

付録第19号書式を次のように改める。

付録第十九号書式（第六十四条関係）

第一　催告書

何々につき届出（申請）をすべきところ、まだその手続がありませんから、何月何日までに右届出（申請）をするよう、戸籍法第四十四条第一項（第四十四条第一項及び第百十七条）により催告します。

なお、右期間内にその手続をしないときは、同法第百三十八条により過料に処せられることがありますから、念のため注意します。

令和何年何月何日

何市町村長氏名　[印職]

本籍（所在）

氏名　　殿

第二　追完催告書

令和何年何月何日付の届出（申請）は、何々の不備があるため、戸籍の記載をすることができませんから、何月何日までに追完をするよう、戸籍法第四十五条（第四十五条及び第百十七条）により催告します。

なお、右期間内に追完の手続をしないときは、同法第百三十七条により過料に処せられることがありますから、念のため注意します。

令和何年何月何日

何市町村長氏名　[印職]

本籍（所在）

氏名　　殿

第三　催告書（第二回以降）

何年何月何日付けで何月何日までに何何届（申請又は追完）をするよう催告しましたが、まだその手続がありませんから、何月何日までに右届出（申請又は追完）をするよう、戸籍法第四十四条第二項（第四十四条第二項及び第百十七条又は第四十五条）により更に催告します。

なお、右期間内にその手続をしないときは、同法第百三十八条により過料に処せられることがありますから、念のため注意します。

令和何年何月何日

何市町村長氏名　[印職]

本籍（所在）

氏名　　殿

附録第20号書式及び同第21号書式並びに付録第23号書式中「平成」を「令和」に改める。

付録第24号を次のように改める。

付録第二十四号 第七十三条第一項の書面の記載のひな形（第七十三条第六項関係）

	(6の1)	全部事項証明
本　　籍	東京都千代田区平河町一丁目１０番地	
氏　　名	甲野　義太郎	
戸籍事項 　戸籍編製 　転　籍	【編製日】平成４年１月１０日 【転籍日】平成５年３月６日 【従前の記録】 　【本籍】東京都千代田区平河町一丁目４番地	
戸籍に記録されている者	【名】義太郎 【生年月日】昭和４０年６月２１日　　【配偶者区分】夫 【父】甲野幸雄 【母】甲野松子 【続柄】長男	
身分事項 　出　　生 　婚　　姻 　養子縁組 　認　　知	【出生日】昭和４０年６月２１日 【出生地】東京都千代田区 【届出日】昭和４０年６月２５日 【届出人】父 【婚姻日】平成４年１月１０日 【配偶者氏名】乙野梅子 【従前戸籍】東京都千代田区平河町一丁目４番地　甲野幸雄 【縁組日】令和３年１月１７日 【共同縁組者】妻 【養子氏名】乙川英助 【送付を受けた日】令和３年１月２０日 【受理者】大阪市北区長 【認知日】令和５年１月７日 【認知した子の氏名】丙山信夫 【認知した子の戸籍】千葉市中央区千葉港５番地　丙山竹子	
戸籍に記録されている者	【名】梅子 【生年月日】昭和４１年１月８日　　【配偶者区分】妻 【父】乙野忠治 【母】乙野春子 【続柄】長女	
身分事項 　出　　生	【出生日】昭和４１年１月８日	

発行番号０００００１　　　　　　　　　　　　　　　　　以下次頁

戸籍法施行規則等の一部を改正する省令

（6の2）　全部事項証明

	【出生地】京都市上京区 【届出日】昭和41年1月10日 【届出人】父
婚　姻	【婚姻日】平成4年1月10日 【配偶者氏名】甲野義太郎 【従前戸籍】京都市上京区小山初音町18番地　乙野梅子
養子縁組	【縁組日】令和3年1月17日 【共同縁組者】夫 【養子氏名】乙川英助 【送付を受けた日】令和3年1月20日 【受理者】大阪市北区長

戸籍に記録されている者	【名】啓太郎
	【生年月日】平成4年11月2日 【父】甲野義太郎 【母】甲野梅子 【続柄】長男
除　　籍	

身分事項 　出　　生	【出生日】平成4年11月2日 【出生地】東京都千代田区 【届出日】平成4年11月10日 【届出人】父
推定相続人廃除	【推定相続人廃除の裁判確定日】令和2年3月16日 【被相続人】父　甲野義太郎 【届出日】令和2年3月20日 【届出人】父 【送付を受けた日】令和2年3月23日 【受理者】大阪市北区長
婚　姻	【婚姻日】令和3年3月6日 【配偶者氏名】丙野松子 【送付を受けた日】令和3年3月10日 【受理者】横浜市中区長 【新本籍】横浜市中区昭和町18番地 【称する氏】夫の氏

戸籍に記録されている者	【名】ゆり
	【生年月日】平成6年2月15日 【父】甲野義太郎 【母】甲野梅子 【続柄】長女
除　　籍	

発行番号000001　　　　　　　　　　　　　　　　　　　　以下次頁

	（6の3）　全部事項証明

身分事項	
出　　生	【出生日】平成6年2月15日 【出生地】東京都千代田区 【届出日】平成6年2月19日 【届出人】父
特別養子縁組	【特別養子縁組の裁判確定日】平成11年10月7日 【届出日】平成11年10月12日 【届出人】養父母 【送付を受けた日】平成11年10月16日 【受理者】大阪市北区長 【新本籍】東京都千代田区平河町一丁目10番地 【縁組後の氏】丙山
特別養子離縁	【特別養子離縁の裁判確定日】平成18年12月9日 【届出日】平成18年12月15日 【届出人】父母 【新本籍】大阪市北区老松町二丁目6番地 【離縁後の氏】甲野

戸籍に記録されている者	
  　除　　　籍	【名】みち 【生年月日】平成9年7月9日 【父】甲野義太郎 【母】甲野梅子 【続柄】二女

身分事項	
出　　生	【出生日】平成9年7月9日 【出生地】千葉市中央区 【届出日】平成9年7月13日 【届出人】父 【送付を受けた日】平成9年7月15日 【受理者】千葉市中央区長
婚　　姻	【婚姻日】平成28年10月3日 【配偶者氏名】乙原信吉 【入籍戸籍】東京都千代田区平河町一丁目8番地　乙原信吉

戸籍に記録されている者	
  　除　　　籍	【名】英子 【生年月日】昭和62年3月17日 【父】 【母】甲野梅子 【続柄】長女

身分事項	

発行番号000001　　　　　　　　　　　　　　　　　　　　　　　以下次頁

戸籍法施行規則等の一部を改正する省令

（6の4）　全 部 事 項 証 明

出　　生	【出生日】昭和62年3月17日 【出生地】横浜市中区 【届出日】昭和62年3月18日 【届出人】母 【送付を受けた日】昭和62年3月20日 【受理者】横浜市中区長
入　　籍	【届出日】平成17年3月20日 【入籍事由】母の氏を称する入籍 【従前戸籍】京都市上京区小山初音町18番地　乙野梅子
養子縁組	【縁組日】平成18年4月12日 【養父氏名】乙野忠治 【養母氏名】乙野春子 【送付を受けた日】平成18年4月16日 【受理者】京都市上京区長 【入籍戸籍】京都市上京区小山初音町18番地　乙野忠治

戸籍に記録されている者	【名】芳次郎
除　　籍	【生年月日】平成18年1月6日 【父】甲野義太郎 【母】甲野梅子 【続柄】二男

身分事項	
出　　生	【出生日】平成18年1月6日 【出生地】千葉市中央区 【届出日】平成18年1月17日 【届出人】母 【送付を受けた日】平成18年1月20日 【受理者】千葉市中央区長
死　　亡	【死亡日】平成24年12月13日 【死亡時分】午後8時30分 【死亡地】東京都千代田区 【届出日】平成24年12月15日 【届出人】親族　甲野義太郎

戸籍に記録されている者	【名】英助
	【生年月日】平成24年5月1日 【父】乙川孝助 【母】乙川冬子 【続柄】二男 【養父】甲野義太郎 【養母】甲野梅子

発行番号000001　　　　　　　　　　　　　　　　以下次頁

		（6の5）	全部事項証明

	【続柄】養子
身分事項 出　生	【出生日】平成24年5月1日 【出生地】東京都千代田区 【届出日】平成24年5月6日 【届出人】父
養子縁組	【縁組日】令和3年1月17日 【養父氏名】甲野義太郎 【養母氏名】甲野梅子 【代諾者】親権者父母 【送付を受けた日】令和3年1月20日 【受理者】大阪市北区長 【従前戸籍】京都市上京区小山初音町20番地　乙川孝助
戸籍に記録されている者 　除　　籍	【名】みち 【生年月日】平成9年7月9日 【父】甲野義太郎 【母】甲野梅子 【続柄】二女
身分事項 出　生	【出生日】平成9年7月9日 【出生地】千葉市中央区 【届出日】平成9年7月13日 【届出人】父 【送付を受けた日】平成9年7月15日 【受理者】千葉市中央区長
離　婚	【離婚日】令和3年7月5日 【配偶者氏名】乙原信吉 【送付を受けた日】令和3年7月7日 【受理者】横浜市中区長 【従前戸籍】横浜市中区本町一丁目8番地　乙原信吉
分　籍	【分籍日】令和3年8月2日 【新本籍】東京都中央区日本橋室町一丁目1番地
戸籍に記録されている者	【名】信夫 【生年月日】令和4年6月1日 【父】甲野義太郎 【母】丙山竹子 【続柄】長男

発行番号000001

以下次頁

戸籍法施行規則等の一部を改正する省令

	（6の6）	全 部 事 項 証 明

身分事項	
出　　生	【出生日】令和4年6月1日 【出生地】東京都千代田区 【届出日】令和4年6月3日 【届出人】母 【送付を受けた日】令和4年6月10日 【受理者】東京都千代田区長
認　　知	【認知日】令和5年1月7日 【認知者氏名】甲野義太郎 【送付を受けた日】令和5年1月10日 【受理者】東京都千代田区長
入　　籍	【届出日】令和5年1月15日 【入籍事由】父の氏を称する入籍 【届出人】親権者母 【従前戸籍】千葉市中央区千葉港5番地　丙山竹子
親　　権	【親権者を定めた日】令和5年1月20日 【親権者】父 【届出人】父母

戸籍に記録されている者	
	【名】啓二郎 【生年月日】平成30年4月3日 【父】甲野義太郎 【母】甲野梅子 【続柄】三男

身分事項	
出　　生	【出生日】平成30年4月3日 【出生地】名古屋市中区 【届出日】平成30年4月7日 【届出人】母
民法817条の2	【民法817条の2による裁判確定日】令和5年2月12日 【届出日】令和5年2月15日 【届出人】父母 【従前戸籍】名古屋市中区三の丸四丁目3番　甲野啓二郎
	以下余白

発行番号000001
これは，戸籍に記録されている事項の全部を証明した書面である。
令和何年何月何日

何市町村長氏名　職印

付録第25号番号１から215まで中「平成」を「令和」に改める。

付録第25号番号216から218までを次のように改める。

番号		コンピュータシステムによる証明書記載例
216	戸籍編製	【編製日】令和２４年８月２３日
217	平成１５年法律第１１１号３条	【平成１５年法律第１１１号３条による裁判確定日】令和２４年８月２０日 【記録嘱託日】令和２４年８月２３日 【従前戸籍】東京都千代田区平河町一丁目４番地　甲野義太郎 【従前の記録】 　【父母との続柄】長男
218	平成１５年法律第１１１号３条	【平成１５年法律第１１１号３条による裁判確定日】令和２４年８月２０日 【記録嘱託日】令和２４年８月２３日 【新本籍】東京都千代田区平河町一丁目４番地

戸籍法施行規則等の一部を改正する省令

付録第26号様式を次のように改める。

除　　籍	（2の1）　全部事項証明
本　　籍	東京都千代田区平河町二丁目１０番地
氏　　名	甲野　義太郎
戸籍事項 　略 戸籍消除	略 【消除日】令和16年5月11日
戸籍に記録されている者 除　　籍	【名】義太郎 【生年月日】昭和４０年６月２１日 【父】甲野幸雄 【母】甲野松子 【続柄】長男
身分事項 　略	略
戸籍に記録されている者 除　　籍	【名】梅子 【生年月日】昭和４１年１月８日 【父】乙野忠治 【母】乙野春子 【続柄】長女
身分事項 　略	略
死　　亡	【死亡日】令和16年5月9日 【死亡時分】午後8時30分 【死亡地】東京都千代田区 【届出日】令和16年5月11日 【届出人】親族　甲野英助
戸籍に記録されている者	【名】ゆり 【生年月日】平成６年２月１５日

発行番号０００００２　　　　　　　　　　　　　　　　　以下次頁

付録第二十六号様式　戸籍の消除（第七十三条第七項関係）

第一　全部の消除

| | （2の2） | 全部事項証明 |

除　　籍	【父】甲野義太郎 【母】甲野梅子 【続柄】長女
身分事項 略	略
	以下余白

発行番号０００００２

　　これは，除籍に記録されている事項の全部を証明した書面である。

　　　　令和　何年何月何日

　　　　　　　　　　　　　　　　　　　何市町村長氏名　｜職印｜

174

戸籍法施行規則等の一部を改正する省令

（2の1） | 全 部 事 項 証 明

本　　　籍	東京都千代田区平河町二丁目１０番地
氏　　　名	甲野　義太郎

戸籍事項 　　略	略

戸籍に記録されている者 除　　籍	【名】義太郎 【生年月日】昭和４０年６月２１日 【父】甲野幸雄 【母】甲野松子 【続柄】長男
身分事項 　　略	略
死　　亡	【死亡日】平成２６年５月３日 【死亡時分】午前５時 【死亡地】東京都千代田区 【届出日】平成２６年５月５日 【届出人】同居者　丙原正作

戸籍に記録されている者 除　　籍	【名】梅子 【生年月日】昭和４１年１月８日 【父】乙野忠治 【母】乙野春子 【続柄】長女
身分事項 　　略	略
配偶者の死亡 復　　氏	【配偶者の死亡日】平成２６年５月３日 【婚姻前の氏に復した日】平成２７年５月８日 【送付を受けた日】平成２７年５月１２日 【受理者】京都市上京区長

発行番号０００００３　　　　　　　　　　　　　　　　　　　　　　以下次頁

第二　一部の消除

(2の2) 全部事項証明

	【入籍戸籍】京都市上京区小山初音町１８番地　乙野忠治
戸籍に記録されている者	【名】ゆり 【生年月日】平成６年２月１５日 【父】甲野義太郎 【母】甲野梅子 【続柄】長女
身分事項 　　略	略
親　　権	【親権喪失の審判取消しの裁判確定日】平成２５年９月３日 【親権喪失取消者】父 【届出日】平成２５年９月９日 【届出人】親族　乙原清吉 【従前の記録】 　【親権喪失の審判確定日】平成２４年６月１日 　【親権喪失者】父 　【記録嘱託日】平成２４年６月４日
	以下余白

発行番号０００００３
　　これは，戸籍に記録されている事項の全部を証明した書面である。
　　　　　　令和 何年何月何日

何市町村長氏名　職印

戸籍法施行規則等の一部を改正する省令

付録第27号様式を次のように改める。

除　　籍	（2の1）	全部事項証明
本　　籍	東京都千代田区平河町一丁目3番地	
氏　　名	甲原　義太郎	

戸籍事項 　　略 　戸籍消除	略 【消除日】平成10年12月8日
戸籍に記録されている者 　　消　　除	【名】義太郎 【生年月日】昭和40年6月21日　　【配偶者区分】夫 【父】甲野幸雄 【母】甲野松子 【続柄】長男
身分事項 　　略	略
消　　除	【消除日】平成10年12月8日 【消除事項】縁組事項 【消除事由】養父甲原忠太郎養母杉子との養子縁組無効の裁判確定 【裁判確定日】平成10年12月4日 【申請日】平成10年12月8日 【申請人】養父　甲原忠太郎 【申請人】養母　甲原杉子 【従前の記録】 　【縁組日】平成10年5月11日 　【養父氏名】甲原忠太郎 　【養母氏名】甲原杉子 　【従前戸籍】東京都千代田区平河町二丁目10番地　甲野義太郎
戸籍に記録されている者 　　消　　除	【名】梅子 【生年月日】昭和41年1月8日　　【配偶者区分】妻 【父】乙野忠治 【母】乙野春子 【続柄】長女
身分事項 　　略	略

発行番号000004　　　　　　　　　　　　　　　　　　　　以下次頁

付録第二十七号様式　戸籍の訂正（第七十三条第八項関係）

第一　全部の訂正

消　　除	【消除日】平成１０年１２月８日 【消除事項】縁組事項 【消除事由】養父甲原忠太郎養母杉子との養子縁組無効の裁判確定 【裁判確定日】平成１０年１２月４日 【申請日】平成１０年１２月８日 【申請人】養父　甲原忠太郎 【申請人】養母　甲原杉子 【従前の記録】 　　【縁組日】平成１０年５月１１日 　　【養父氏名】甲原忠太郎 　　【養母氏名】甲原杉子 　　【従前戸籍】東京都千代田区平河町二丁目１０番地　甲野義太郎
	以下余白

発行番号０００００４
　　これは，除籍に記録されている事項の全部を証明した書面である。
　　　令和何年何月何日

何市町村長氏名　職　印

戸籍法施行規則等の一部を改正する省令

（2の1）　全部事項証明

第二　一部の訂正

本　　　籍	東京都中央区日本橋室町一丁目１番地
氏　　　名	若佐　鉄吉

戸籍事項 　　略 　　氏の変更	略 【氏変更日】平成９年１０月１７日 【氏変更の事由】戸籍法１０７条１項の届出 【従前の記録】 　　【氏】我謝
戸籍に記録されている者	【名】鉄吉 【生年月日】昭和４０年６月２１日 【父】我謝幸雄 【母】我謝松子 【続柄】長男
身分事項 　　略	略
消　　除	【消除日】平成９年９月１０日 【消除事項】婚姻事項 【消除の事由】妻丙原桃子との婚姻無効の裁判確定 【裁判確定日】平成９年９月４日 【申請日】平成９年９月１０日 【申請人】妻 【従前の記録】 　　【婚姻日】平成９年３月８日 　　【配偶者氏名】丙原桃子
名の変更	【名の変更日】平成１０年１１月４日 【従前の記録】 　　【名】鋏吉
戸籍に記録されている者	【名】啓太郎 【生年月日】平成４年１１月２日 【父】我謝鋏吉 【母】我謝梅子 【続柄】長男

発行番号０００００５　　　　　　　　　　　　　　　　以下次頁

| | (2の2) | 全部事項証明 |

身分事項 略	略
訂　　正	【訂正日】平成5年2月26日 【訂正事項】名 【訂正事由】戸籍訂正許可の裁判確定 【裁判確定日】平成5年2月20日 【申請日】平成5年2月26日 【申請人】父 【従前の記録】 　　【名】敬太
戸籍に記録されている者 消　　除	【名】桃子 【生年月日】昭和47年4月9日 【父】丙原信吉 【母】丙原夏子 【続柄】三女
身分事項 略	略
消　　除	【消除日】平成9年9月10日 【消除事項】婚姻事項 【消除事由】夫我謝鋏吉との婚姻無効の裁判確定 【裁判確定日】平成9年9月4日 【申請日】平成9年9月10日 【従前の記録】 　　【婚姻日】平成9年3月8日 　　【配偶者氏名】我謝鋏吉 　　【従前戸籍】東京都千代田区神保町二丁目10番地　丙原信吉
	以下余白

発行番号000005
　　これは，戸籍に記録されている事項の全部を証明した書面である。
　　　　令和何年何月何日

何市町村長氏名　職印

戸籍法施行規則等の一部を改正する省令

付録第28号様式を次のように改める。

	（1の1） 全部事項証明

本　　　籍	東京都千代田区平河町一丁目１０番地
氏　　　名	甲野　廣造

戸籍事項 　略　　正 　更　　正	略 【更正日】平成２０年６月２９日 【更正事項】本籍 【更正事由】地番号の変更 【従前の記録】 　　【本籍】東京都千代田区平河町一丁目４番地
戸籍に記録されている者	【名】廣造 【生年月日】大正１０年６月２１日 【父】甲野義太郎 【母】乙野梅子 【続柄】長男
身分事項 　略	略
	以下余白

発行番号０００００６
　　これは，戸籍に記録されている事項の全部を証明した書面である。
　　令和 何年何月何日

何市町村長氏名　職　印

付録第二十八号様式　本籍の更正（第七十三条第九項関係）

付録第29号書式から同第31号書式まで及び同第33号書式中「平成」を「令和」に改める。

（戸籍法施行規則の一部を改正する省令の一部改正）

第2条　戸籍法施行規則の一部を改正する省令（平成6年法務省令第51号）の一部を次のように改正する。

　　次の表により、改正前欄に掲げる規定の傍線を付した部分をこれに順次対応する改正後欄に掲げる規定の傍線を付した部分のように改め、改正前欄及び改正後欄に対応して掲げるその標記部分に二重傍線を付した規定は、当該規定を改正後欄に掲げるもののように改める。

改　正　後	改　正　前
附　則 第2条　戸籍法第118条第1項の市町村長は、電子情報処理組織によって取り扱うべき事務に係る戸籍を戸籍法第119条第1項の戸籍に改製しなければならない。	附　則 第2条　戸籍法第118条第1項の市町村長は、電子情報処理組織によって取り扱うべき事務に係る戸籍を戸籍法第119条第1項の戸籍に改製しなければならない。ただし、電子情報処理組織による取扱いに適合しないものは、この限りでない。
［2・3　略］	［2・3　同左］
4　市町村長は、第1項の規定により戸籍を改製したときは、当該改製に係る全ての戸籍の副本（電磁的記録に限る。次項において同じ。）を電気通信回線を通じて法務大臣の使用に係る電子計算機に送信しなければならない。	4　市町村長は、第1項の規定により戸籍を改製したときは、当該改製に係る全ての戸籍の副本（電磁的記録に限る。次項において同じ。）を電気通信回線を通じて管轄法務局若しくは地方法務局又はその支局の使用に係る電子計算機に送信しなければならない。
5　戸籍法施行規則等の一部を改正する省令（令和元年法務省令第4号）による改正後の戸籍法施行規則第75条の2第1項前段の規定は、法務大臣が前項の規定によってその使用に係る電子計算機に戸籍の副本の送信を受けた場合に準用する。	5　戸籍法施行規則の一部を改正する省令（平成25年法務省令第1号）による改正後の戸籍法施行規則第75条の2第1項前段の規定は、管轄法務局若しくは地方法務局又はその支局が前項の規定によってその使用に係る電子計算機に戸籍の副本の送信を受けた場合に準用する。
6　［略］	6　［同左］
備考　表中の［　］の記載及び対象規定の二重傍線を付した標記部分を除く全体に付した傍線は注記である。	

　　　附　則

　この省令は、戸籍法の一部を改正する法律（令和元年法律第17号）の施行の日（令和元年6月20日）から施行する。

戸籍法施行規則の一部を改正する省令（令和２年４月３日法務省令第32号）

戸籍法施行規則の一部を改正する省令

（令和２年４月３日法務省令第32号）

　戸籍法（昭和22年法律第224号）第131条に基づき、戸籍法施行規則の一部を改正する省令を次のように定める。

　戸籍法施行規則（昭和22年司法省令第94号）の一部を次のように改正する。

　次の表により、改正前欄に掲げる規定の傍線（下線を含む。以下同じ。）を付した部分をこれに対応する改正後欄に掲げる規定の傍線を付した部分のように改め、改正後欄に掲げるその標記部分に二重傍線を付した規定を加える。

改　　　正　　　後	改　　　正　　　前
第20条　　［略］ ②　市町村長が、戸籍法第24条第２項又は第44条第３項（第45条において準用する場合を含む。）の規定によって、管轄法務局又は地方法務局の長の許可を得て、戸籍の訂正又は記載をするときは、前項に掲げる事項は、許可書にこれを記載しなければならない。 ③　市町村長が、戸籍法第24条第３項の規定によつて、市町村長限りの職権で戸籍の訂正をするときは、第１項に掲げる事項は、訂正書にこれを記載しなければならない。 第47条の２　市町村長は、戸籍法第24条第２項又は第３項の規定によつて、戸籍の訂正をした場合には、速やかに届出人又は届出事件の本人に連絡を行わなければならない。	第20条　　［同左］ ②　市町村長が、戸籍法第24条第２項（第44条第３項及び第45条において準用する場合を含む。）の規定によつて、管轄法務局又は地方法務局の長の許可を得て、戸籍の訂正又は記載をするときは、前項に掲げる事項は、許可書にこれを記載しなければならない。 ［項を加える。］ ［条を加える。］

183

附録第6号

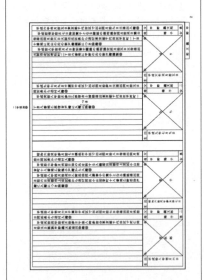

附録第6号

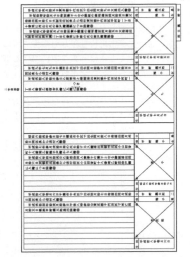

戸籍法施行規則の一部を改正する省令（令和2年4月3日法務省令第32号）

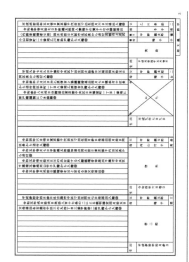

附録第8号様式

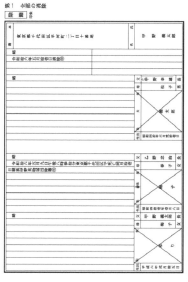

附録第8号様式

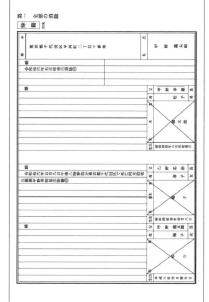

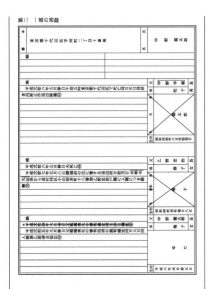

附録第9号様式

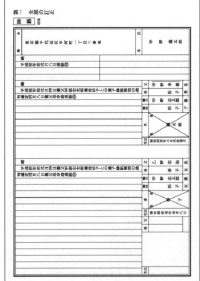

附録第9号様式

戸籍法施行規則の一部を改正する省令（令和2年4月3日法務省令第32号）

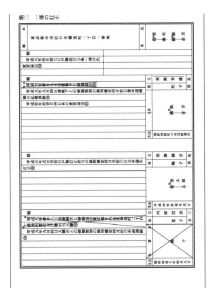

附録第14号様式

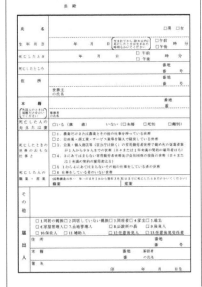

附録第14号様式

187

付録第24号

（6の1）　全部事項証明

本　籍	東京都千代田区平河町一丁目10番地
氏　名	甲野　義太郎

戸籍事項	
戸籍編製	【編製日】平成4年1月10日
転　籍	【転籍日】平成5年3月6日
	【従前の記録】
	【本籍】東京都千代田区平河町一丁目4番地

戸籍に記録されている者	
	【名】義太郎
	【生年月日】昭和40年6月21日　【配偶者区分】夫
	【父】甲野幸雄
	【母】甲野松子
	【続柄】長男

身分事項	
出　生	【出生日】昭和40年6月21日
	【出生地】東京都千代田区
	【届出日】昭和40年6月25日
	【届出人】父
婚　姻	【婚姻日】平成4年1月10日
	【配偶者氏名】乙野梅子
養子縁組	【従前戸籍】東京都千代田区平河町一丁目4番地　甲野幸雄
	【縁組日】令和3年1月17日
	【共同縁組者】妻
	【養子氏名】乙川英助
	【送付を受けた日】令和3年1月20日
	【受理者】大阪市北区長
認　知	【認知日】令和5年1月7日
	【認知した子の氏名】丙山信夫
	【認知した子の戸籍】千葉市中央区千葉港5番地　丙山竹子

戸籍に記録されている者	
	【名】梅子
	【生年月日】昭和41年1月8日　【配偶者区分】妻
	【父】乙野忠治
	【母】乙野春子
	【続柄】長女

身分事項	
出　生	【出生日】昭和41年1月8日

発行番号000001　　　　　　　　　　　　　　　　　　以下次頁

（6の2）　全部事項証明

婚　姻	【出生地】京都市北区
	【届出日】昭和41年1月10日
	【届出人】父
	【婚姻日】平成4年1月10日
	【配偶者氏名】甲野義太郎
養子縁組	【従前戸籍】京都市北区小山初音町18番地　乙野梅子
	【縁組日】令和3年1月17日
	【共同縁組者】夫
	【養子氏名】乙川英助
	【送付を受けた日】令和3年1月20日
	【受理者】大阪市北区長

戸籍に記録されている者	
	【名】啓太郎
	【生年月日】平成4年11月2日
除　籍	【父】甲野義太郎
	【母】甲野梅子
	【続柄】長男

身分事項	
出　生	【出生日】平成4年11月2日
	【出生地】東京都千代田区
	【届出日】平成4年11月10日
	【届出人】父
推定相続人廃除	【推定相続人廃除の裁判確定日】令和2年3月16日
	【被相続人】父　甲野義太郎
	【届出日】令和2年3月20日
	【届出人】父
	【送付を受けた日】令和2年3月23日
	【受理者】大阪市北区長
婚　姻	【婚姻日】令和3年3月6日
	【配偶者氏名】丙野松子
	【送付を受けた日】令和3年3月10日
	【受理者】横浜市中区長
	【新本籍】横浜市中区昭和町18番地
	【称する氏】夫の氏

戸籍に記録されている者	
	【名】ゆり
	【生年月日】平成6年2月15日
除　籍	【父】甲野義太郎
	【母】甲野梅子
	【続柄】長女

発行番号000001　　　　　　　　　　　　　　　　　　以下次頁

付録第24号

（6の1）　全部事項証明

本　籍	東京都千代田区平河町一丁目10番地
氏　名	甲野　義太郎

戸籍事項	
戸籍編製	【編製日】平成4年1月10日
転　籍	【転籍日】平成5年3月6日
	【従前の記録】
	【本籍】東京都千代田区平河町一丁目4番地

戸籍に記録されている者	
	【名】義太郎
	【生年月日】昭和40年6月21日　【配偶者区分】夫
	【父】甲野幸雄
	【母】甲野松子
	【続柄】長男

身分事項	
出　生	【出生日】昭和40年6月21日
	【出生地】東京都千代田区
	【届出日】昭和40年6月25日
	【届出人】父
婚　姻	【婚姻日】平成4年1月10日
	【配偶者氏名】乙野梅子
養子縁組	【従前戸籍】東京都千代田区平河町一丁目4番地　甲野幸雄
	【縁組日】令和3年1月17日
	【共同縁組者】妻
	【養子氏名】乙川英助
	【送付を受けた日】令和3年1月20日
	【受理者】大阪市北区長
認　知	【認知日】令和5年1月7日
	【認知した子の氏名】丙山信夫
	【認知した子の戸籍】千葉市中央区千葉港5番地　丙山竹子

戸籍に記録されている者	
	【名】梅子
	【生年月日】昭和41年1月8日　【配偶者区分】妻
	【父】乙野忠治
	【母】乙野春子
	【続柄】長女

身分事項	
出　生	【出生日】昭和41年1月8日

発行番号000001　　　　　　　　　　　　　　　　　　以下次頁

（6の2）　全部事項証明

婚　姻	【出生地】京都市上京区
	【届出日】昭和41年1月10日
	【届出人】父
	【婚姻日】平成4年1月10日
	【配偶者氏名】甲野義太郎
養子縁組	【従前戸籍】京都市上京区小山初音町18番地　乙野梅子
	【縁組日】令和3年1月17日
	【共同縁組者】夫
	【養子氏名】乙川英助
	【送付を受けた日】令和3年1月20日
	【受理者】大阪市北区長

戸籍に記録されている者	
	【名】啓太郎
	【生年月日】平成4年11月2日
除　籍	【父】甲野義太郎
	【母】甲野梅子
	【続柄】長男

身分事項	
出　生	【出生日】平成4年11月2日
	【出生地】東京都千代田区
	【届出日】平成4年11月10日
	【届出人】父
推定相続人廃除	【推定相続人廃除の裁判確定日】令和2年3月16日
	【被相続人】父　甲野義太郎
	【届出日】令和2年3月20日
	【届出人】父
	【送付を受けた日】令和2年3月23日
	【受理者】大阪市北区長
婚　姻	【婚姻日】令和3年3月6日
	【配偶者氏名】丙野松子
	【送付を受けた日】令和3年3月10日
	【受理者】横浜市中区長
	【新本籍】横浜市中区昭和町18番地
	【称する氏】夫の氏

戸籍に記録されている者	
	【名】ゆり
	【生年月日】平成6年2月15日
除　籍	【父】甲野義太郎
	【母】甲野梅子
	【続柄】長女

発行番号000001　　　　　　　　　　　　　　　　　　以下次頁

戸籍法施行規則の一部を改正する省令（令和２年４月３日法務省令第32号）

(6の3) 全部事項証明

身分事項	
出　生	【出生日】平成６年２月１５日 【出生地】東京都千代田区 【届出日】平成６年２月１９日 【届出人】父
特別養子縁組	【特別養子縁組の裁判確定日】平成１１年１０月７日 【届出日】平成１１年１０月１２日 【届出人】養父母 【送付を受けた日】平成１１年１０月１６日 【受理者】大阪市北区長 【新本籍】東京都千代田区平河町一丁目１０番地 【縁組後の氏】西山
特別養子離縁	【特別養子離縁の裁判確定日】平成１８年１２月９日 【届出日】平成１８年１２月１５日 【届出人】父母 【新本籍】大阪市北区西天満二丁目６番地 【離縁後の氏】甲野

戸籍に記録されている者	
	【名】みち
除　籍	【生年月日】平成９年７月９日 【父】甲野義太郎 【母】甲野梅子 【続柄】二女

身分事項	
出　生	【出生日】平成９年７月９日 【出生地】千葉市中央区 【届出日】平成９年７月１３日 【届出人】父 【送付を受けた日】平成９年７月１５日 【受理者】千葉市中央区長
婚　姻	【婚姻日】平成２８年１０月３日 【配偶者氏名】乙原信吉 【入籍戸籍】東京都千代田区平河町一丁目８番地　乙原信吉

戸籍に記録されている者	
	【名】英子
除　籍	【生年月日】昭和６２年３月１７日 【父】 【母】甲野梅子 【続柄】長女

身分事項	

発行番号０００００１　　　　　　　　　　　　　　　　以下次頁

(6の3) 全部事項証明

身分事項	
出　生	【出生日】平成６年２月１５日 【出生地】東京都千代田区 【届出日】平成６年２月１９日 【届出人】父
特別養子縁組	【特別養子縁組の裁判確定日】平成１１年１０月７日 【届出日】平成１１年１０月１２日 【届出人】養父母 【送付を受けた日】平成１１年１０月１６日 【受理者】大阪市北区長 【新本籍】東京都千代田区平河町一丁目１０番地 【縁組後の氏】西山
特別養子離縁	【特別養子離縁の裁判確定日】平成１８年１２月９日 【届出日】平成１８年１２月１５日 【届出人】父母 【新本籍】大阪市北区老松町二丁目６番地 【離縁後の氏】甲野

戸籍に記録されている者	
	【名】みち
除　籍	【生年月日】平成９年７月９日 【父】甲野義太郎 【母】甲野梅子 【続柄】二女

身分事項	
出　生	【出生日】平成９年７月９日 【出生地】千葉市中央区 【届出日】平成９年７月１３日 【届出人】父 【送付を受けた日】平成９年７月１５日 【受理者】千葉市中央区長
婚　姻	【婚姻日】平成２８年１０月３日 【配偶者氏名】乙原信吉 【入籍戸籍】東京都千代田区平河町一丁目８番地　乙原信吉

戸籍に記録されている者	
	【名】英子
除　籍	【生年月日】昭和６２年３月１７日 【父】 【母】甲野梅子 【続柄】長女

身分事項	

発行番号０００００１　　　　　　　　　　　　　　　　以下次頁

(6の4) 全部事項証明

出　生	【出生日】昭和６２年３月１７日 【出生地】横浜市中区 【届出日】昭和６２年３月１８日 【届出人】母 【送付を受けた日】昭和６２年３月２０日 【受理者】横浜市中区長
入　籍	【届出日】平成１７年３月２０日 【入籍事由】母の氏を称する入籍 【従前戸籍】京都市北区小山初音町１８番地　乙野梅子
養子縁組	【縁組届出日】平成４年４月１２日 【養父氏名】乙野忠治 【養母氏名】乙野春子 【送付を受けた日】平成１８年４月１６日 【受理者】京都市北区長 【入籍戸籍】京都市北区小山初音町１８番地　乙野忠治

戸籍に記録されている者	
	【名】芳次郎
除　籍	【生年月日】平成１８年１月６日 【父】甲野義太郎 【母】甲野梅子 【続柄】二男

身分事項	
出　生	【出生日】平成１８年１月６日 【出生地】千葉市中央区 【届出日】平成１８年１月１７日 【届出人】母 【送付を受けた日】平成１８年１月２０日 【受理者】千葉市中央区長
死　亡	【死亡日】平成２４年１２月１３日 【死亡時分】午後８時３０分 【死亡地】東京都千代田区 【届出人】親族　甲野義太郎

戸籍に記録されている者	
	【名】英助
	【生年月日】平成２４年５月１日 【父】乙川孝助 【母】乙川冬子 【続柄】二男 【養父】甲野義太郎 【養母】甲野梅子

発行番号０００００１　　　　　　　　　　　　　　　　以下次頁

(6の4) 全部事項証明

出　生	【出生日】昭和６２年３月１７日 【出生地】横浜市中区 【届出日】昭和６２年３月１８日 【届出人】母 【送付を受けた日】昭和６２年３月２０日 【受理者】横浜市中区長
入　籍	【届出日】平成１７年３月２０日 【入籍事由】母の氏を称する入籍 【従前戸籍】京都市上京区小山初音町１８番地　乙野梅子
養子縁組	【縁組届出日】平成４年４月１２日 【養父氏名】乙野忠治 【養母氏名】乙野春子 【送付を受けた日】平成１８年４月１６日 【受理者】京都市上京区長 【入籍戸籍】京都市上京区小山初音町１８番地　乙野忠治

戸籍に記録されている者	
	【名】芳次郎
除　籍	【生年月日】平成１８年１月６日 【父】甲野義太郎 【母】甲野梅子 【続柄】二男

身分事項	
出　生	【出生日】平成１８年１月６日 【出生地】千葉市中央区 【届出日】平成１８年１月１７日 【届出人】母 【送付を受けた日】平成１８年１月２０日 【受理者】千葉市中央区長
死　亡	【死亡日】平成２４年１２月１３日 【死亡時分】午後８時３０分 【死亡地】東京都千代田区 【届出人】親族　甲野義太郎

戸籍に記録されている者	
	【名】英助
	【生年月日】平成２４年５月１日 【父】乙川孝助 【母】乙川冬子 【続柄】二男 【養父】甲野義太郎 【養母】甲野梅子

発行番号０００００１　　　　　　　　　　　　　　　　以下次頁

190

戸籍法施行規則の一部を改正する省令（令和2年4月3日法務省令第32号）

　附録第7号番号1から218まで中「埼玉県浦和市」を「さいたま市浦和区」に、「京都市上京区」を「京都市北区」に、「大阪市北区老松町」を「大阪市北区西天満」に、「千代田区永田町四丁目」を「千代田区永田町二丁目」に、「西暦千九百六拾六年壱月壱日生」を「西暦千九百九拾六年壱月壱日生」に、「西暦千九百七拾壱年壱月壱日生」を「西暦弐千壱年壱月壱日生」に改める。

　付録第25号番号1から218まで中「埼玉県浦和市」を「さいたま市浦和区」に、「京都市上京区」を「京都市北区」に、「大阪市北区老松町」を「大阪市北区西天満」に、「千代田区永田町四丁目」を「千代田区永田町二丁目」に、「西暦1996年1月1日」を「西暦1996年1月1日」に、「西暦1971年1月1日」を「西暦2001年1月1日」に改める。

　　　　附　　則

（施行期日）

第1条　この省令は、戸籍法の一部を改正する法律（令和元年法律第17号）附則第1条第2号に掲げる規定の施行の日（令和2年5月1日）から施行する。

　（届書の用紙に関する経過措置）

第2条　この省令の施行の際現に存するこの省令による改正前の様式による届書の用紙は、この省令の施行後においても当分の間使用することができる。

戸籍法施行規則の一部を改正する省令

（令和6年2月26日法務省令第5号）

　戸籍法の一部を改正する法律（令和元年法律第17号）の施行に伴い、及び戸籍法（昭和22年法律第224号）第131条の規定に基づき、戸籍法施行規則の一部を改正する省令を次のように定める。

　戸籍法施行規則（昭和22年司法省令第94号）の一部を次のように改正する。

　次の表により、改正前欄に掲げる規定の傍線を付し又は破線で囲んだ部分をこれに順次対応する改正後欄に掲げる規定の傍線を付し又は破線で囲んだ部分のように改め、改正前欄及び改正後欄に対応して掲げるその標記部分に二重傍線を付した規定（以下「対象規定」という。）は、その標記部分が同一のものは当該対象規定を改正後欄に掲げるもののように改め、その標記部分が異なるものは改正前欄に掲げる対象規定を改正後欄に掲げる対象規定として移動し、改正前欄に掲げる対象規定で改正後欄にこれに対応するものを掲げていないものは、これを削り、改正後欄に掲げる対象規定で改正前欄にこれに対応するものを掲げていないものは、これを加える。

改　正　後	改　正　前
目次 　　［第1章～第4章　略］ 　　第4章の2　戸籍電子証明書等 　　第4章の3　電子情報処理組織による 　　　　　　　届出又は申請等の特例 　　第5章　　［略］ 　附則 第11条　戸籍法第10条第3項（同法第10条 　の2第6項、第12条の2、第48条第3項 　及び第120条の6第2項において準用す 　る場合を含む。）の法務省令で定める方 　法は、次の各号に掲げる方法とする。 　　［一・二　略］ 第21条　市町村長は、附録第5号様式によ 　つて毎年受附帳を調製し、これにその年 　度内に受理又は送付を受けた事件につ 　いて受附の順序に従い、次の事項を記載 　しなければならない。ただし、第3号、	目次 　　［第1章～第4章　同左］ 　　第4章の2　電子情報処理組織による 　　　　　　　届出又は申請等の特例 　　第5章　　［同左］ 　附則 第11条　戸籍法第10条第3項（同法第10条 　の2第6項、第12条の2及び第48条第3 　項において準用する場合を含む。）の法 　務省令で定める方法は、次の各号に掲げ 　る方法とする。 　　［一・二　同左］ 第21条　市町村長は、附録第5号様式によ 　つて毎年受附帳を調製し、これにその年 　度内に受理又は送付を受けた事件につ 　いて受附の順序に従い、次の事項を記載 　しなければならない。但し、第3号、第

戸籍法施行規則の一部を改正する省令（令和6年2月26日法務省令第5号）

第6号及び第7号の事項は、受理した事件についてのみ記載すれば足りる。	6号及び第7号の事項は、受理した事件についてのみ記載すれば足りる。
［一～七　略］	［一～七　同左］
八　第79条の2の4第2項の規定による届出等であるときは、その旨	八　第79条の2第2項の規定による届出等であるときは、その旨
［②・③　略］	［②・③　同左］
第48条　［略］	第48条　［同左］
②　［略］	②　［同左］
③　第1項の書類の保存期間は、当該年度の翌年から5年とする。	③　第1項の書類で非本籍人に関するものの保存期間は、当該年度の翌年から1年とする。
第52条の2　戸籍法第48条第3項において届出の受理又は不受理の証明書の請求、届書その他市町村長が受理した書類の閲覧の請求及び当該書類に記載した事項についての証明書の請求並びに同法第120条の6第2項において届書等情報の内容を表示したものの閲覧の請求及び届書等情報の内容に関する証明書の請求（以下この条において「証明書等の請求」という。）について準用する同法第10条の3第1項に規定する法務省令で定める方法及び事項については第11条の2第1号から第3号まで及び第5号イ並びに第11条の3本文の規定を、同法第48条第3項及び第120条の6第2項において証明書等の請求について準用する同法第10条の3第2項に規定する法務省令で定める方法については第11条の4の規定を、証明書等の請求の際に提出した書面の原本の還付については第11条の5の規定を準用する。	第52条の2　戸籍法第48条第3項において届出の受理又は不受理の証明書の請求並びに届書その他市町村長が受理した書類の閲覧の請求及び当該書類に記載した事項についての証明書の請求（以下この条において「証明書等の請求」という。）について準用する同法第10条の3第1項に規定する法務省令で定める方法及び事項については第11条の2第1号から第3号まで及び第5号イ並びに第11条の3本文の規定を、同法第48条第3項において証明書等の請求について準用する同法第10条の3第2項に規定する法務省令で定める方法については第11条の4の規定を、証明書等の請求の際に提出した書面の原本の還付については第11条の5の規定を準用する。
第53条の4　［略］	第53条の4　［同左］
［②～⑥　略］	［②～⑥　同左］
⑦　第2項の書面及び第5項の取下げに係る書面の保存期間は、当該年度の翌年から1年とする。	［項を加える。］
第59条の2　届書の用紙は、市町村長が複写機により複写することに適するものでなければならない。	［条を加える。］
第68条　戸籍事務を電子情報処理組織によつて取り扱う場合には、市町村長（戸籍法第118条第1項の規定による指定を受けている市町村長をいう。以下本章、次章及び第4章の3において同じ。）は、磁気ディスク（これに準ずる方法により	第68条　戸籍事務を電子情報処理組織によつて取り扱う場合には、市町村長は、磁気ディスク（これに準ずる方法により一定の事項を確実に記録することができる物を含む。以下同じ。）をもつて調製された戸籍及び除かれた戸籍の滅失及びき

193

一定の事項を確実に記録することができる物を含む。以下同じ。）をもつて調製された戸籍及び除かれた戸籍の滅失及びき損並びにこれらに記録されている事項の漏えいを防止するために必要な措置を講じなければならない。

第68条の2　戸籍事務を電子情報処理組織によつて取り扱う場合において、氏又は名に漢字を用いるときは、次の各号に掲げる字体で記録するものとする。
　一　常用漢字表に掲げる字体（括弧書きが添えられているものについては、括弧の外のものに限る。）
　二　別表第二に掲げる字体
　三　その他法務大臣の定める字体

第69条　戸籍法第118条第1項ただし書の電子情報処理組織によつて取り扱うことが相当でない戸籍又は除かれた戸籍は、電子情報処理組織による取扱いに適合しない戸籍とする。
［号を削る。］

［号を削る。］
第73条の2　戸籍法第120条の2第1項の規定により同法第10条第1項の請求（本籍地の市町村長以外の市町村長に対してするものに限る。）をする場合において、請求をする者は、市町村長に対し、第11条の2第1号の方法により、当該請求をする者の氏名及び住所又は生年月日を明らかにしなければならない。
②　戸籍法第120条の2第1項の規定により同法第10条の2第2項の請求（本籍地の市町村長以外の市町村長に対してするものに限る。）をする場合において、現に請求の任に当たつている者は、市町村長に対し、第11条の2第1号の方法により、当該請求の任に当たつている者の氏名及び所属機関、住所又は生年月日を明らかにしなければならない。
③　前項の請求をする場合において、戸籍法第10条第3項の規定に基づき戸籍証明書等の送付の請求をするときは、第11条の2第5号ロの方法によることができる。
第73条の3　前条第1項又は第2項の請求により交付する戸籍証明書等には、市町

損並びにこれらに記録されている事項の漏えいを防止するために必要な措置を講じなければならない。

［条を加える。］

第69条　戸籍法第118条第1項ただし書の電子情報処理組織によつて取り扱うことが相当でない戸籍又は除かれた戸籍は、次の各号に掲げるものとする。

　二　電子情報処理組織による取扱いに適合しない戸籍
　二　除籍簿につづられた除かれた戸籍
［条を加える。］

［条を加える。］

戸籍法施行規則の一部を改正する省令（令和６年２月26日法務省令第５号）

村長が、その記載に接続して付録第29号
書式による付記をし、職氏名を記して職
印を押さなければならない。

第73条の４　市町村長が第73条の２第１項
又は第２項の請求により戸籍証明書等を
交付した場合は、本籍地の市町村長に対
してその旨の情報を提供するものとする。

［条を加える。］

第74条　［略］

第74条　［同左］

②　第73条第３項から第９項までの規定は
前項の戸籍又は除かれた戸籍に関する証
明書に、第14条第１項ただし書及び第２
項の規定は前項の場合に準用する。

②　前条第３項から第９項までの規定は前
項の戸籍又は除かれた戸籍に関する証明
書に、第14条第１項ただし書及び第２項
の規定は前項の場合に準用する。

第75条　戸籍又は除かれた戸籍が磁気ディ
スクをもつて調製されているときは、市
町村長は、戸籍又は除かれた戸籍に記録
をした後遅滞なく、当該戸籍の副本（電
磁的記録に限る。以下この条から第75条
の３まで、第79条及び第79条の９の２に
おいて同じ。）を電気通信回線を通じて
法務大臣の使用に係る電子計算機に送信
しなければならない。

第75条　戸籍又は除かれた戸籍が磁気ディ
スクをもつて調製されているときは、市
町村長は、戸籍又は除かれた戸籍に記録
をした後遅滞なく、当該戸籍の副本（電
磁的記録に限る。以下この条、次条及び
第79条において同じ。）を電気通信回線
を通じて法務大臣の使用に係る電子計算
機に送信しなければならない。

［②・③　略］

［②・③　同左］
［項を加える。］

④　前三項の規定は、戸籍法第11条、第11
条の２第１項及び第２項（第12条第２項
において準用する場合を含む。）の規定
により再製された戸籍又は除かれた戸籍
の原戸籍（以下「再製原戸籍」という。）
の副本について準用する。

⑤　［略］

④　［同左］

第75条の２　法務大臣は、前条第１項又は
第２項（第４項において準用する場合を
含む。）の規定によつてその使用に係る
電子計算機に戸籍若しくは除かれた戸籍
又は再製原戸籍の副本の送信を受けたと
きは、これを保存しなければならない。
この場合において、法務大臣は、前に送
信を受けた戸籍又は除かれた戸籍の副本
を消去することができる。

第75条の２　法務大臣は、前条第１項又は
第２項の規定によつてその使用に係る電
子計算機に戸籍又は除かれた戸籍の副本
の送信を受けたときは、これを保存しな
ければならない。この場合において、法
務大臣は、前に送信を受けた戸籍又は除
かれた戸籍の副本を消去することができ
る。

②　［略］

②　［同左］
［項を加える。］

③　次の各号に掲げる再製原戸籍の副本の
保存期間は、当該各号に定めるとおりと
する。
一　戸籍法第11条（第12条第２項におい
て準用する場合を含む。）の規定によ
る再製原戸籍の副本　当該年度の翌年
から１年

二　戸籍法第11条の２第１項（第12条第
　　２項において準用する場合を含む。）
　　の規定による再製原戸籍の副本　当該
　　年度の翌年から150年
三　戸籍法第11条の２第２項（第12条第
　　２項において準用する場合を含む。）
　　の規定による再製原戸籍の副本　当該
　　年度の翌年から１年
④　法務大臣は、除かれた戸籍の副本又は　　　［項を加える。］
　再製原戸籍の副本で、前二項に規定する
　保存期間を満了したものを廃棄するとき
　は、あらかじめ、その旨の決定をしなけ
　ればならない。
⑤　法務大臣は、前項の廃棄をしたときは、　　［項を加える。］
　本籍地の市町村長にその旨を通知するも
　のとする。
第75条の３　市町村長は、戸籍事務の処理　　　［条を加える。］
　に必要な範囲内において、戸籍若しくは
　除かれた戸籍又は再製原戸籍の副本に記
　録されている情報を参照することができ
　る。
②　法務大臣は、戸籍法第40条又は第41条
　第１項の規定により大使、公使又は領事
　に届出又は提出された書類の確認に必要
　な範囲内において、外務大臣に対し、戸
　籍又は除かれた戸籍の副本に記録されて
　いる情報を提供することができる。
③　法務大臣は、戸籍法第102条、第102条
　の２、第104条の２又は第105条の規定に
　基づく戸籍の記載が適正に行われること
　を確保するために必要な範囲内において、
　次の各号に掲げる者に対し、当該各号に
　定める事務に関し戸籍又は除かれた戸籍
　の副本に記録されている情報を提供する
　ことができる。
一　法務省職員　国籍法（昭和25年法律
　　第147号）第３条第１項、第17条第１
　　項若しくは第２項の規定による国籍取
　　得の届出、帰化の許可申請、選択の宣
　　言又は国籍離脱の届出に関する事務
二　外務省職員　国籍法第３条第１項若
　　しくは第17条第２項の規定による国籍
　　取得の届出、選択の宣言又は国籍離脱
　　の届出に関する事務
④　第２項及び前項第２号の規定による情
　報の提供は、戸籍法第118条第１項の電

戸籍法施行規則の一部を改正する省令（令和6年2月26日法務省令第5号）

子情報処理組織と外務大臣の使用に係る電子計算機とを電気通信回線で接続した電子情報処理組織を使用してするものとし、当該情報の提供の方法に関する技術的基準については、法務大臣が定める。	
第76条　［略］	第76条　［同左］
②　［略］	②　［同左］
③　受付帳が磁気ディスクをもつて調製されているときは、市町村長は、受付帳に記録した後遅滞なく、当該受付帳に記録された事項（以下「受付帳情報」という。）を電気通信回線を通じて法務大臣の使用に係る電子計算機に送信しなければならない。	［項を加える。］
④　前項に規定する場合において、法務大臣は、同項の規定にかかわらず、いつでも受付帳情報を電気通信回線を通じてその使用に係る電子計算機に送信させることができる。	［項を加える。］
⑤　前二項に定める電気通信回線を通じた送信の方法に関する技術的基準については、法務大臣が定める。	［項を加える。］
第76条の2　法務大臣は、前条第3項又は第4項の規定によつてその使用に係る電子計算機に受付帳情報の送信を受けたときは、これを保存しなければならない。	［条を加える。］
②　受付帳情報の保存期間は、当該年度の翌年から10年とする。	
③　第75条の2第4項及び第5項の規定は、受付帳情報について準用する。	
第78条の2　戸籍法第120条の4第1項の届書等は、次の各号に掲げるものとする。	［条を加える。］
一　戸籍の記載をするために提出された届出、報告、申請、請求若しくは嘱託、証書若しくは航海日誌の謄本又は裁判に係る書面（戸籍法又はこの省令の規定により添付し、又は提出すべきこととされている書面を含む。）	
二　戸籍法第24条第2項の規定による戸籍の訂正に係る書面	
三　戸籍法第44条第3項の規定による戸籍の記載に係る書面	
四　第53条の4第2項の書面	
五　第53条の4第5項の取下げに係る書面	
②　戸籍法第120条の4第1項の規定によ	

197

る届書等情報の作成は、前項の届書等に
記載されている事項をスキャナ（これに
準ずる画像読取装置を含む。）により読
み取つてできた電磁的記録及び当該届書
等に記載されている事項に基づき市町村
長の使用に係る電子計算機に入力された
文字情報を当該電子計算機に記録する方
法により行うものとする。

③　市町村長（第1項第2号から第5号ま
での書面にあつては、本籍地の市町村長
に限る。）は、第1項の届書等を受理し
た後遅滞なく、前項の規定に基づき作成
された届書等情報を電気通信回線を通じ
て法務大臣の使用に係る電子計算機に送
信しなければならない。ただし、電気通
信回線の故障その他の事由により電気通
信回線を通じた送信ができない場合は、
この限りでない。

④　前項本文に規定する場合において、法
務大臣は、同項の規定にかかわらず、い
つでも届書等情報を電気通信回線を通じ
てその使用に係る電子計算機に送信させ
ることができる。

⑤　市町村長が、戸籍法第42条の規定によ
り書類の送付を受けたときも、前三項と
同様とする。

⑥　前三項に定める電気通信回線を通じた
送信の方法に関する技術的基準について
は、法務大臣が定める。

第78条の3　法務大臣は、前条第3項から　　　　［条を加える。］
第5項までの規定によつてその使用に係
る届書等情報の送信を受けたときは、こ
れを保存しなければならない。

②　次の各号に掲げる前項の届書等情報の
保存期間は、当該各号に定めるとおりと
する。

一　前条第1項第1号から第3号までの
書面　当該年度の翌年から10年

二　前条第1項第4号の書面　当該年度
の翌年から100年（ただし、第53条の
4第5項の取下げその他の事由により
効力を失つた場合は、当該年度の翌年
から3年）

三　前条第1項第5号の書面　当該年度
の翌年から3年

③　第75条の2第4項及び第5項の規定は、

198

第1項に規定する届書等情報について準
用する。

④　第52条の規定にかかわらず、前条第2
項の規定により作成された届書等情報の
基となつた届書、申請書その他の書類は、
適切と認められる方法により保存すれば
足りる。

第78条の4　戸籍法第120条の5第1項及　　　［条を加える。］
び第3項の通知は、同法第118条第1項
の電子情報処理組織を使用してするもの
とし、当該通知を受けた市町村長は、前
条第1項の届書等情報（当該通知に係る
ものに限る。）の内容を参照することが
できる。

②　戸籍法第120条の4に規定する場合に
おいて、第25条から第29条まで、第48条
第2項、第49条、第49条の2、第54条及
び第79条の規定は、適用しない。

③　第41条第1項の規定は、原籍地の市町
村長が第78条の2第3項の規定によつて
届書等情報を送信した場合に準用する。
この場合において、第41条第1項中「新
本籍地の市町村長にこれを送付し」とあ
るのは、「第78条の2第3項の規定によ
り当該届書等に係る届書等情報を送信
し」と読み替えるものとする。

④　第20条第1項、第21条第1項、第30条
及び第41条第2項の規定は、市町村長が
戸籍法第120条の5第1項又は第3項の
通知を受けた場合に準用する。この場合
において、別表第三の上欄に掲げる規定
中同表の中欄に掲げる字句は、それぞれ
同表の下欄に掲げる字句に読み替えるも
のとする。

第78条の5　戸籍法第120条の6第1項の　　　［条を加える。］
法務省令で定める方法は、日本産業規格
A列三番又は四番の用紙に出力する方法
とする。

②　届書等情報の内容に関する証明書には、
市町村長が、付録第30号書式による付記
をし、職氏名を記して職印を押さなけれ
ばならない。

　　　第4章の2　戸籍電子証明書等　　　［章を加える。］
第79条の2　戸籍法第120条の3第1項の
戸籍電子証明書又は除籍電子証明書（以
下「戸籍電子証明書等」という。）の電

磁的記録の方式については、法務大臣の定めるところによる。

② 戸籍電子証明書等には、市町村長が、付録第31号書式による付記をしなければならない。

③ 第73条の2第1項の規定は、戸籍法第120条の3第1項の規定により同法第10条第1項の請求（本籍地の市町村長以外の市町村長に対してするものに限る。）をする場合に、第73条の2第2項及び第3項の規定は、戸籍法第120条の3第1項の規定により同法第10条の2第2項の請求（本籍地の市町村長以外の市町村長に対してするものに限る。）をする場合に準用する。

第79条の2の2　戸籍法第120条の3第2項の戸籍電子証明書提供用識別符号又は除籍電子証明書提供用識別符号（以下「戸籍電子証明書提供用識別符号等」という。）は、アラビア数字の組合せにより、戸籍電子証明書等ごとに定める。

② 戸籍電子証明書提供用識別符号等を発行するには、付録第32号様式によらなければならない。

③ 戸籍電子証明書提供用識別符号等の有効期間は、発行の日から起算して3箇月とする。

④ 第73条の4の規定は、戸籍電子証明書提供用識別符号等を発行した場合に準用する。

第79条の2の3　戸籍法第120条の3第3項の法務省令で定める者は、別表第四の上欄に掲げる者（法令の規定により同表の下欄に掲げる事務の全部又は一部を行うこととされている者がある場合にあつては、その者を含む。以下「戸籍情報照会者」という。）とし、市町村長は、戸籍情報照会者から同表の下欄に掲げる事務の処理に関し戸籍電子証明書提供用識別符号等を示して戸籍電子証明書等の提供を求められたときは、戸籍電子証明書提供用識別符号等に対応した戸籍電子証明書等を提供するものとする。

② 戸籍法第120条の3第3項の規定による戸籍電子証明書等の提供の求め及び戸籍電子証明書等の提供は、同法第118条

200

第1項の電子情報処理組織と戸籍情報照会者の使用に係る電子計算機とを電気通信回線で接続した電子情報処理組織を使用してするものとする。
③　前項の戸籍電子証明書等の提供の求め及び戸籍電子証明書等の提供の方法に関する技術的基準については、法務大臣が定める。
④　市町村長は、第1項の規定による戸籍電子証明書等の提供をするときは、法務大臣により電子署名が行われた戸籍電子証明書等と当該電子署名に係る電子証明書を併せて法務大臣の使用に係る電子計算機に備えられたファイルに記録しなければならない。
　　第4章の3　［略］
第79条の2の4　戸籍若しくは除かれた戸籍の謄本若しくは抄本又は別表第五に掲げる書面（以下「戸籍謄本等」という。）の交付の請求は、戸籍法第118条第1項の電子情報処理組織と請求をする者の使用に係る電子計算機とを電気通信回線で接続した電子情報処理組織を使用してすることができる。
②　市町村長に対してする別表第六に掲げる届出又は申請（以下「届出等」という。）は、前項の電子情報処理組織を使用してすることができる。
③　市町村長に対してする戸籍電子証明書等を戸籍法第120条の3第3項に規定する行政機関等に提供することの請求（以下「戸籍電子証明書提供用識別符号等の発行等の請求」という。）は、第1項の電子情報処理組織を使用してすることができる。
第79条の3　前条第1項の交付の請求、同条第2項の届出等又は同条第3項の戸籍電子証明書提供用識別符号等の発行等の請求をする者は、戸籍法又はこの省令の規定により交付の請求書、届書若しくは申請書又は発行等の請求書に記載すべきこととされている事項に係る情報を戸籍法第118条第1項の電子情報処理組織に送信しなければならない。この場合において、戸籍法又はこの省令の規定により

　　第4章の2　［同左］
第79条の2　戸籍若しくは除かれた戸籍の謄本若しくは抄本又は別表第三に掲げる書面の交付の請求は、市町村長の使用に係る電子計算機と請求をする者の使用に係る電子計算機とを電気通信回線で接続した電子情報処理組織を使用してすることができる。
②　戸籍法第118条第1項の市町村長に対してする別表第四に掲げる届出又は申請（以下「届出等」という。）は、前項の電子情報処理組織を使用してすることができる。
［項を加える。］
第79条の3　前条第1項の交付の請求又は同条第2項の届出等をする者は、戸籍法又はこの省令の規定により交付の請求書又は届書若しくは申請書に記載すべきこととされている事項に係る情報を市町村長の使用に係る電子計算機に送信しなければならない。この場合において、戸籍法又はこの省令の規定により交付の請求又は届出等の際に添付し、又は提出すべきこととされている書面等（以下「添付

交付の請求、届出等又は発行等の請求の際に添付し、又は提出すべきこととされている書面等（以下「添付書面等」という。）があるときは、当該添付書面等に代わるべき情報を併せて送信しなければならない。

［②～④　略］

第79条の4　削除

第79条の5　別表第七に掲げる書面の交付は、戸籍法第118条第1項の電子情報処理組織と交付を受ける者の使用に係る電子計算機とを電気通信回線で接続した電子情報処理組織を使用してすることができる。

② 戸籍電子証明書提供用識別符号等の発行（以下「符号の発行」という。）は、前項の電子情報処理組織を使用してすることができる。

③ 情報通信技術を活用した行政の推進等に関する法律（平成14年法律第151号。以下「情報通信技術活用法」という。）第7条第1項ただし書に規定する主務省令で定める方式は、電子情報処理組織を使用する方法により前二項の書面の交付又は符号の発行を受けることを希望する旨の市町村長の定めるところにより行う届出とする。

第79条の6　市町村長は、前条第1項の規定による書面の交付をするときは、第66条第1項又は第73条第1項各号の証明書に記載すべきこととされている事項に係る情報（第73条第1項各号の証明書については、付録第33号書式に係る情報を含む。）を、これについて電子署名を行い、当該電子署名に係る電子証明書を併せて戸籍法第118条第1項の電子情報処理組織に備えられたファイルに記録しなければならない。

② 市町村長は、前条第2項の規定による符号の発行をするときは、第79条の2の2第2項に係る情報を前項のファイルに記録しなければならない。

第79条の8　　[①]　第79条の2の4第1項

書面等」という。）があるときは、当該添付書面等に代わるべき情報を併せて送信しなければならない。

［②～④　同左］

第79条の4　戸籍法第48条第2項の規定による前条第1項の情報の閲覧は、日本産業規格A列三番の用紙に出力したものを閲覧する方法により行う。

第79条の5　別表第五に掲げる書面の交付は、市町村長の使用に係る電子計算機と交付を受ける者の使用に係る電子計算機とを電気通信回線で接続した電子情報処理組織を使用してすることができる。

［項を加える。］

② 情報通信技術を活用した行政の推進等に関する法律（平成14年法律第151号。以下「情報通信技術活用法」という。）第7条第1項ただし書に規定する主務省令で定める方式は、電子情報処理組織を使用する方法により前項の書面の交付を受けることを希望する旨の市町村長の定めるところにより行う届出とする。

第79条の6　市町村長は、前条の規定による書面の交付をするときは、第66条第1項又は第73条第1項各号の証明書に記載すべきこととされている事項に係る情報（第73条第1項各号の証明書については、付録第29号書式に係る情報を含む。）を、これについて電子署名を行い、当該電子署名に係る電子証明書を併せて市町村の使用に係る電子計算機に備えられたファイルに記録しなければならない。

［項を加える。］

第79条の8　　［項を加える。］

の戸籍謄本等の交付の請求は、当該請求をする戸籍又は除かれた戸籍の本籍地でしなければならない。

② 第79条の2の4第2項の届出等は、届出事件の本人の本籍地でしなければならない。ただし、戸籍法第61条及び第65条に規定する届出は母の本籍地で、同法第102条の2、第110条及び第111条に規定する届出は新本籍地で、外国人に関する届出は届出人の所在地でしなければならない。

③ 第79条の2の4第3項の戸籍電子証明書提供用識別符号等の発行等の請求は、当該請求をする戸籍又は除かれた戸籍の本籍地でしなければならない。

第79条の9 第78条の2から第78条の5までの規定は、第79条の2の4第2項の規定による届出等がされた場合に準用する。

② 前項の場合においては、第78条の2第2項の規定にかかわらず、電子情報処理組織により届書等情報を作成することができる。

第79条の9の2 法務大臣は、行政手続における特定の個人を識別するための番号の利用等に関する法律附則第6条第3項に規定する情報提供等記録開示システムを通じて第79条の2の4第1項の交付の請求、同条第2項の届出等又は同条第3項の戸籍電子証明書提供用識別符号等の発行等の請求（以下本条において「請求等」という。）をする者に対して、当該請求等に必要な範囲内において、戸籍又は除かれた戸籍の副本に記録されている情報のうち本籍及び戸籍の筆頭に記載した者の氏名その他の当該請求等に必要な情報（電子情報処理組織により自動的に特定したものに限る。）を提供することができる。

② 前項の規定による情報の提供は、戸籍法第118条第1項の電子情報処理組織と請求等をする者の使用に係る電子計算機

［①］ 第79条の2第2項の届出等は、届出事件の本人の本籍地でしなければならない。ただし、戸籍法第61条及び第65条に規定する届出は母の本籍地で、同法第102条の2、第110条及び第111条に規定する届出は新本籍地で、外国人に関する届出は届出人の所在地でしなければならない。

［項を加える。］

第79条の9 第79条の2第2項の規定による届出等がされた場合には、第25条又は第26条の規定による他の市町村長への届書又は申請書の送付は、当該届書又は申請書に係る情報を電子情報処理組織を使用して送信する方法により行う。ただし、当該情報を出力することにより作成した書面を送付することを妨げない。

② 前項ただし書の書面を送付するときは、その記載に接続して付録第30号書式による付記をし、職氏名を記して職印を押さなければならない。

［条を加える。］

とを電気通信回線で接続した電子情報処理組織を使用してするものとし、当該情報の提供の方法に関する技術的基準については、法務大臣が定める。

第79条の12　戸籍法第126条の規定による戸籍等に記載した事項に係る情報の提供は、戸籍若しくは除かれた戸籍の謄本若しくは抄本又は戸籍等に記載した事項についての証明書を交付することによって行うものとする。この場合において、戸籍等に記載した事項についての証明書は、付録第34号書式によつて作らなければならない。

〔②・③　略〕

④　前項の場合において、第2項の書面は、付録第22号様式（第三及び第六を除く。）又は付録第35号様式によつて作らなければならない。

⑤　第3項の場合において、第2項の書面には、市町村長が、その記載に接続して付録第23号書式（第三及び第六を除く。）又は付録第36号書式による付記をし、職氏名を記して職印を押さなければならない。

別表第二（第60条、第68条の2関係）
　一　〔略〕
　二　〔略〕
　　注　括弧内の漢字は、戸籍法施行規則第60条第1号に規定する漢字又は第68条の2第1号に規定する字体であり、当該括弧外の漢字又は字体とのつながりを示すため、参考までに掲げたものである。

別表第三（第78条の4第4項関係）

第20条第1項	その送付を受けたときは、その書類	戸籍法第120条の5第1項又は第3項の通知を受けたときは、当該通知に係る届書等情報
第21条第1項本文及び同項第5号	送付を	戸籍法第120条の5第1項又は第3項の通知を

第79条の12　戸籍法第126条の規定による戸籍等に記載した事項に係る情報の提供は、戸籍若しくは除かれた戸籍の謄本若しくは抄本又は戸籍等に記載した事項についての証明書を交付することによって行うものとする。この場合において、戸籍等に記載した事項についての証明書は、付録第31号書式によつて作らなければならない。

〔②・③　同左〕

④　前項の場合において、第2項の書面は、付録第22号様式（第三及び第六を除く。）又は付録第32号様式によつて作らなければならない。

⑤　第3項の場合において、第2項の書面には、市町村長が、その記載に接続して付録第23号書式（第三及び第六を除く。）又は付録第33号書式による付記をし、職氏名を記して職印を押さなければならない。

別表第二　漢字の表（第60条関係）
　一　〔同左〕
　二　〔同左〕
　　注　括弧内の漢字は、戸籍法施行規則第60条第1号に規定する漢字であり、当該括弧外の漢字とのつながりを示すため、参考までに掲げたものである。

〔別表を加える。〕

戸籍法施行規則の一部を改正する省令（令和6年2月26日法務省令第5号）

第30条第5号	他の市町村長又は官庁からその受理した届書、申請書その他の書類の送付を	戸籍法第120条の5第1項又は第3項の通知を
第41条第2項	前項の書類の送付を受けたときは、これ	戸籍法第120条の5第3項の通知を受けたときは、当該届書等情報

別表第四（第79条の2の3第1項関係）　　　　　　　［別表を加える。］

一	外務省	旅券法（昭和26年法律第267号）第3条第1項の発給の申請に係る事実についての審査

別表第五（第79条の2の4第1項関係）　　　別表第三（第79条の2第1項関係）
　［略］　　　　　　　　　　　　　　　　　　［同左］

別表第六（第79条の2の4第2項関係）　　　別表第四（第79条の2第2項関係）
　［略］　　　　　　　　　　　　　　　　　　［同左］

別表第七（第79条の5第1項関係）　　　　　別表第五（第79条の5関係）
　［略］　　　　　　　　　　　　　　　　　　［同左］

　　　附録目録　　　　　　　　　　　　　　　　　附録目録
［第1号～第28号　略］　　　　　　　　　［第1号～第28号　同左］

第29号　第73条の3の書面の付記の書式　　第29号　第79条の6括弧書きの情報の書式
　第一　戸籍の全部事項証明書　　　　　　　第一　戸籍の全部事項証明書
第30号　届書等情報内容証明書の付記の　　　第二　戸籍の個人事項証明書
　　　書式　　　　　　　　　　　　　　　　第三　戸籍の一部事項証明書
第31号　戸籍電子証明書等の付記の書式　　　第四　除かれた戸籍の全部事項証明書
第32号　戸籍電子証明書提供用識別符号　　　第五　除かれた戸籍の個人事項証明書
　　　等の様式　　　　　　　　　　　　　　第六　除かれた戸籍の一部事項証明書
　第一　戸籍電子証明書提供用識別符号　　第30号　第79条の9第1項ただし書の書
　第二　除籍電子証明書提供用識別符号　　　　　面に付記する書式
第33号　第79条の6第1項括弧書きの情
　　　報の書式
　第一　戸籍の全部事項証明書
　第二　戸籍の個人事項証明書
　第三　戸籍の一部事項証明書
　第四　除かれた戸籍の全部事項証明書
　第五　除かれた戸籍の個人事項証明書
　第六　除かれた戸籍の一部事項証明書
第34号　第79条の12第1項の書面の書式
第35号　第79条の12第4項の書面の書式
　第一　戸籍の一部を証明した書面
　第二　除かれた戸籍の一部を証明した

書面
第36号　第79条の12第5項の書面の付記
　　の書式
　第一　戸籍の一部を証明した書面
　第二　除かれた戸籍の一部を証明した
　　書面

備考　表中の［　］の記載及び対象規定の二重傍線を付した標記部分を除く全体に付した
　　傍線は注記である。

戸籍法施行規則の一部を改正する省令（令和6年2月26日法務省令第5号）

　付録第30号書式を削り、付録第31号書式から付録第33号書式までを3号ずつ繰
り下げ、付録第29号書式を付録第33号書式とし、付録第28号書式の次に次の4付
録を加える。

付録第二十九号書式（第七十三条の三関係）

第一　戸籍の全部事項証明書

これは、本籍地の戸籍に記録されている事項の全部を証明した書面である。
（戸籍法第120条の2第1項）
　　　令和何年何月何日

　　　　　　　　　　　　　　　　　　何市町村長氏名　　　職印

第二　除かれた戸籍の全部事項証明書

これは、本籍地の除籍に記録されている事項の全部を証明した書面である。
（戸籍法第120条の2第1項）
　　　令和何年何月何日

　　　　　　　　　　　　　　　　　　何市町村長氏名　　　職印

207

これは、届書等情報の内容を証明した書面である。
（戸籍法第120条の6第1項）
　　　　令和何年何月何日

　　　　　　　　　　　何市町村長氏名　　　職印

これは、戸籍電子証明書又は除籍電子証明書である。
（戸籍法第120条の3）
　　　　令和何年何月何日

付録第三十号書式（第七十八条の五第二項関係）

付録第三十一号書式（第七十九条の二第二項関係）

戸籍法施行規則の一部を改正する省令（令和6年2月26日法務省令第5号）

付録第三十二号様式（第七十九条の二の二第二項関係）

第一　戸籍電子証明書提供用識別符号

本籍

筆頭者

戸籍電子証明書提供用識別符号
　　　1111-1111-1111-1111

　これは、戸籍電子証明書提供用識別符号である。
　（戸籍法第120条の3第2項）
　　　令和何年何月何日

　　　　　　　　　　　何市町村長氏名　　職印

第二　除籍電子証明書提供用識別符号

本籍

筆頭者

除籍電子証明書提供用識別符号
　　　1111-1111-1111-1111

　これは、除籍電子証明書提供用識別符号である。
　（戸籍法第120条の3第2項）
　　　令和何年何月何日

　　　　　　　　　　　何市町村長氏名　　職印

附録第7号番号2中「市長から送付」を「市長から通知」に改める。

附録第7号番号6中「市長から送付」を「市長から通知」に改める。

附録第7号番号8、11、12、14、16、17、21、27、33から37まで、39、41、45、47、51、62、65、68から72まで、76、79から81まで、84、88、90から92まで、94、102、104、106、118、119、140、147、150、154、157、165、167、170、183、188、189、191、192、194、195、198、205及び207中「区長から送付」を「区長から通知」に改める。

付録第24号中「【認知日】令和5年1月7日」を「【認知日】令和7年1月7日」に、「【送付を受けた日】令和5年1月10日」を「【通知を受けた日】令和7年1月10日」に、「【届出日】令和5年1月15日」を「【届出日】令和7年1月15日」に、「【親権者を定めた日】令和5年1月20日」を「【親権者を定めた日】令和7年1月20日」に、「【民法817条の2による裁判確定日】令和5年2月12日」を「【民法817条の2による裁判確定日】令和7年2月12日」に、「【届出日】令和5年2月15日」を「【届出日】令和7年2月15日」に改める。

付録第25号2、6、8、11、12、14、16、17、21、27、33から37まで、39、41、45、47、51、62、65、68から72まで、76、79から81まで、84、88、90から92まで、94、102、104、106、118、119、140、147、150、154、157、165、167、170、183、188、189、191、192、194、195、198、205及び207中「【送付を受けた日】」を「【通知を受けた日】」に改める。

　　　附　　則

（施行期日）

第1条　この省令は、戸籍法の一部を改正する法律（令和元年法律第17号）附則第1条第5号に掲げる規定の施行の日（令和6年3月1日）から施行する。

（届書等の保存に関する経過措置）

第2条　この省令による改正前の戸籍法施行規則第48条第2項の規定によって送付された書類の保存については、なお従前の例による。

（請求することができる書面等に関する経過措置）

第3条　戸籍法第120条の2第1項の規定により第10条第1項又は第10条の2第2項の請求（本籍地の市町村長以外の指定市町村長に対してするものに限る。）をする場合においては、当分の間、戸籍又は除かれた戸籍に記録されている事項の全部を証明した書面に限り、請求することができるものとする。

2　戸籍法第120条の3第1項の規定により第10条第1項又は第10条の2第2項の請求をする場合においては、当分の間、戸籍又は除かれた戸籍に記録された事項の全部を証明した電磁的記録に限り、請求することができるものとする。

210

戸籍法施行規則の一部を改正する省令（令和6年4月18日法務省令第30号）

戸籍法施行規則の一部を改正する省令

（令和6年4月18日法務省令第30号）

　戸籍法（昭和22年法律第224号）第131条の規定に基づき、戸籍法施行規則の一部を改正する省令を次のように定める。

　戸籍法施行規則(昭和22年司法省令第94号)の一部を次のように改正する。

　次の表により、改正前欄に掲げる規定の傍線を付した部分をこれに順次対応する改正後欄に掲げる規定の傍線を付した部分のように改め、改正前欄及び改正後欄に対応して掲げるその標記部分に二重傍線を付した規定（以下「対象規定」という。）は、その標記部分が異なるものは改正前欄に掲げる対象規定を改正後欄に掲げる対象規定として移動し、改正後欄に掲げる対象規定で改正前欄にこれに対応するものを掲げていないものは、これを加える。

改　　正　　後	改　　正　　前
<u>第68条</u>　市町村長（戸籍法第118条第1項の規定による指定を受けている市町村長をいう。以下本章、次章及び第4章の3において同じ。）が、法令の規定により磁気ディスク（これに準ずる方法により一定の事項を確実に記録することができる物を含む。以下同じ。）をもつて帳簿を調製する場合には、クラウド・コンピューティング・サービス関連技術（官民データ活用推進基本法（平成28年法律第103号）第2条第4項に規定するクラウド・コンピューティング・サービス関連技術をいう。）その他の情報通信技術の進展の状況を踏まえた適切な方法によるものとする。	［条を加える。］
<u>第68条の2</u>　戸籍事務を電子情報処理組織によつて取り扱う場合には、市町村長は、磁気ディスクをもつて調製された戸籍及び除かれた戸籍の滅失及びき損並びにこれらに記録されている事項の漏えいを防止するために必要な措置を講じなければならない。	<u>第68条</u>　戸籍事務を電子情報処理組織によつて取り扱う場合には、市町村長（戸籍法第118条第1項の規定による指定を受けている市町村長をいう。以下本章、次章及び第4章の3において同じ。）は、磁気ディスク（これに準ずる方法により一定の事項を確実に記録することができる物を含む。以下同じ。）をもつて調製された戸籍及び除かれた戸籍の滅失及び

211

	き損並びにこれらに記録されている事項の漏えいを防止するために必要な措置を講じなければならない。
第68条の3　［略］	第68条の2　［同左］
第70条　［略］	第70条　［同左］
②　前項の申出は、使用する電子情報処理組織が戸籍事務を適正かつ確実に取り扱うことができるものであること及び第68条の2（第72条第3項において準用する場合を含む。）に規定する措置の内容を明らかにしてしなければならない。	②　前項の申出は、使用する電子情報処理組織が戸籍事務を適正かつ確実に取り扱うことができるものであること及び第68条（第72条第3項において準用する場合を含む。）に規定する措置の内容を明らかにしてしなければならない。
第72条　［略］	第72条　［同左］
②　［略］	②　［同左］
③　第7条、第8条及び第68条の2の規定は、第1項の記録について準用する。	③　第7条、第8条及び第68条の規定は、第1項の記録について準用する。
別表第二（第60条、第68条の3関係）	別表第二（第60条、第68条の2関係）
一　［略］	一　［同左］
二　［略］	二　［同左］
注　括弧内の漢字は、戸籍法施行規則第60条第1号に規定する漢字又は第68条の3第1号に規定する字体であり、当該括弧外の漢字又は字体とのつながりを示すため、参考までに掲げたものである。	注　括弧内の漢字は、戸籍法施行規則第60条第1号に規定する漢字又は第68条の2第1号に規定する字体であり、当該括弧外の漢字又は字体とのつながりを示すため、参考までに掲げたものである。

備考　表中の［　］の記載及び対象規定の二重傍線を付した標記部分を除く全体に付した傍線は注記である。

　　　附　則

この省令は、公布の日から施行する。

法務省の所管する法令の規定に基づく情報通信技術を活用した行政の推進等に関する規則の一部を改正する省令（抄）

（令和6年5月24日法務省令第35号）

　　　附　　則

（施行期日）

第1条　この省令は、令和6年6月1日から施行する。

（戸籍法施行規則の一部改正）

第2条　戸籍法施行規則（昭和22年司法省令第94号）の一部を次のように改正する。

　　第79条の9の2の次に次の一条を加える。

　第79条の9の3　戸籍事務には、法務省の所管する法令の規定に基づく情報通信技術を活用した行政の推進等に関する規則（平成15年法務省令第11号）は適用しない。

戸籍法施行規則の一部を改正する省令

（令和6年8月26日法務省令第44号）

　戸籍法（昭和22年法律第224号）第131条の規定に基づき、戸籍法施行規則の一部を改正する省令を次のように定める。

　戸籍法施行規則（昭和22年司法省令第94号）の一部を次のように改正する。

　次の表により、改正前欄に掲げる規定の傍線を付した部分をこれに順次対応する改正後欄に掲げる規定の傍線を付した部分のように改める。

改　　正　　後	改　　正　　前
第79条の3　　［略］ ②　　［略］ ③　第1項後段に規定する添付書面等に代わるべき情報は、作成者（認証を要するものについては、作成者及び認証者。以下この項において同じ。）による電子署名が行われたものでなければならない。ただし、当該情報に係る添付書面等において、作成者の署名又は押印を要しないものについては、この限りでない。 ④　　［略］	第79条の3　　［同左］ ②　　［同左］ ③　第1項後段に規定する添付書面等に代わるべき情報は、作成者（認証を要するものについては、作成者及び認証者）による電子署名が行われたものでなければならない。 ④　　［同左］
備考　表中の［　　］の記載は注記である。	

　　　附　則

（施行期日）

第1条　この省令は、令和6年8月30日から施行する。

（電子情報処理組織を使用する方法により行う請求等に係る経過措置）

第2条　この省令による改正後の戸籍法施行規則（以下この条及び次条において「新戸籍法施行規則」という。）第79条の2の4第1項の請求は、当分の間、同項の規定にかかわらず、市町村長の使用に係る電子計算機と請求をする者の使用に係る電子計算機とを電気通信回線で接続した電子情報処理組織を使用してすることができる。この場合における新戸籍法施行規則第79条の3の規定の適用については、同条第1項中「戸籍法第118条第1項の電子情報処理組織」とあるのは、「市町村長の使用に係る電子計算機」とする。

2　前項の規定は、新戸籍法施行規則第79条の2の4第2項の届出等及び同条第

戸籍法施行規則の一部を改正する省令（令和6年8月26日法務省令第44号）

3項の戸籍電子証明書提供用識別符号等の発行等の請求について準用する。

3　第1項前段の規定は、新戸籍法施行規則第79条の5第1項の交付及び同条第2項の発行について準用する。この場合における新戸籍法施行規則第79条の6の規定の適用については、同条第1項中「戸籍法第118条第1項の電子情報処理組織」とあるのは、「市町村長の使用に係る電子計算機」とする。

（電子情報処理組織を使用する方法により行う出生の届出の特例）

第3条　行政手続における特定の個人を識別するための番号の利用等に関する法律（平成25年法律第27号）附則第6条第3項に規定する情報提供等記録開示システムを通じて新戸籍法施行規則第79条の2の4第2項の規定による戸籍法第49条第1項及び第54条第1項の出生の届出をする場合には、新戸籍法施行規則第79条の3第1項の規定にかかわらず、法務大臣の定めるところにより作成した情報をもって、同項の添付書面等に代わるべき情報とすることができる。この場合において、市町村長は、新戸籍法施行規則第21条第1項第8号に掲げる事項の記載を要しない。

215

地方公共団体の手数料の標準に関する
政令の一部を改正する政令（抄）

（令和5年12月6日政令第347号）

地方公共団体の手数料の標準に関する政令の一部を改正する政令をここに公布する。

内閣は、地方自治法（昭和22年法律第67号）第228条第1項の規定に基づき、この政令を制定する。

地方公共団体の手数料の標準に関する政令（平成12年政令第16号）の一部を次のように改正する。

本則の表八の項を次のように改める。

八　戸籍法（昭和22年法律第224号）第10条第1項及び第10条の2第1項から第5項まで（これらの規定を同法第12条の2において準用する場合を含む。）、第48条第1項及び第2項（これらの規定を同法第117条において準用する場合を含む。）、第120条第1項、第120条の2第1項、第120条の3第1項及び第2項、第120条の6第1項並びに第126条の規定に基づく戸籍に関する事務	1　戸籍法第10条第1項、第10条の2第1項から第5項まで若しくは第126条の規定に基づく戸籍の謄本若しくは抄本の交付又は同法第120条第1項、第120条の2第1項若しくは第126条の規定に基づく戸籍証明書の交付	1通につき450円
	2　戸籍法第10条第1項、第10条の2第1項から第5項まで又は第126条の規定に基づく戸籍に記載した事項に関する証明書の交付	証明事項1件につき350円
	3　戸籍法第120条の3第2項の規定に基づく戸籍電子証明書提供用識別符号の発行（情報通信技術を活用した行政の推進等に関する法律（平成14年法律第151号）第7条第1項の規定により同法第6条第1項に規定する電子情報処理組織を使用する方法（総務省令で定めるものに限る。以下この項	戸籍電子証明書提供用識別符号1件につき400円

地方公共団体の手数料の標準に関する政令の一部を改正する政令

において同じ。）により戸籍電子証明書提供用識別符号の発行を行う場合（当該発行に係る戸籍電子証明書の請求が同条第1項の規定により同項に規定する電子情報処理組織を使用する方法により行われた場合に限る。）における当該発行及び戸籍電子証明書提供用識別符号の発行に係る戸籍電子証明書の請求を行う者が同時に当該戸籍電子証明書が証明する事項と同一の事項を証明する戸籍の謄本若しくは抄本又は戸籍証明書の請求を行う場合における当該発行を除く。）	
4　戸籍法第12条の2において準用する同法第10条第1項若しくは第10条の2第1項から第5項までの規定若しくは同法第126条の規定に基づく除かれた戸籍の謄本若しくは抄本の交付又は同法第120条第1項、第120条の2第1項若しくは第126条の規定に基づく除籍証明書の交付	1通につき750円
5　戸籍法第12条の2において準用する同法第10条第1項若しくは第10条の2第1項から第5項までの規定又は同法第126条の規定に基づく除かれた戸籍に記載した事項に関する証明書の交付	証明事項1件につき450円
6　戸籍法第120条の3第2項の規定に基づく除籍電子証明書提供用識別符号の発行（情報通信技術を活用した行政の推進等に関する法律第7条第1項の規定によ	除籍電子証明書提供用識別符号1件につき700円

217

り同法第6条第1項に規定する電子情報処理組織を使用する方法により除籍電子証明書提供用識別符号の発行を行う場合（当該発行に係る除籍電子証明書の請求が同項の規定により同項に規定する電子情報処理組織を使用する方法により行われた場合に限る。）における当該発行及び除籍電子証明書提供用識別符号の発行に係る除籍電子証明書の請求を行う者が同時に当該除籍電子証明書が証明する事項と同一の事項を証明する除かれた戸籍の謄本若しくは抄本又は除籍証明書の請求を行う場合における当該発行を除く。）	
7　戸籍法第48条第1項（同法第117条において準用する場合を含む。）の規定に基づく届出若しくは申請の受理の証明書の交付、同法第48条第2項（同法第117条において準用する場合を含む。）若しくは第126条の規定に基づく届書その他市町村長の受理した書類に記載した事項の証明書の交付又は同法第120条の6第1項の規定に基づく届書等情報の内容の証明書の交付	1通につき350円（婚姻、離婚、養子縁組、養子離縁又は認知の届出の受理について、請求により法務省令で定める様式による上質紙を用いる場合にあっては、1通につき1400円）
8　戸籍法第48条第2項（同法第117条において準用する場合を含む。）の規定に基づく届書その他市町村長の受理した書類を閲覧に供する事務又は同法第120条の6第1項の規定に基づく届書等情報の内容を表示したものを閲覧に供する事務	書類又は届書等情報の内容を表示したもの1件につき350円

地方公共団体の手数料の標準に関する政令の一部を改正する政令

（中略）

　　　附　　則

　この政令は、令和6年4月1日から施行する。ただし、本則の表八の項の改正
規定は戸籍法の一部を改正する法律（令和元年法律第17号）附則第1条第5号に
掲げる規定の施行の日（令和6年3月1日）から、同表二十一の項及び二十三の
項の改正規定は同年5月1日から施行する。

> ## 戸籍法及び戸籍法施行規則の一部改正に伴う戸籍事務の取扱いについて
>
> （令和6年2月26日付け法務省民一第500号法務局長、
> 地方法務局長宛て法務省民事局長通達）

　（通達） 戸籍法の一部を改正する法律（令和元年法律第17号。以下「改正法」という。）が令和元年5月31日に、地域の自主性及び自立性を高めるための改革の推進を図るための関係法律の整備に関する法律（令和5年法律第58号）が令和5年6月16日に公布され、改正後の戸籍法（昭和22年法律第224号）の一部が本年3月1日から施行されるとともに、戸籍法施行規則の一部を改正する省令（令和6年法務省令第5号。以下「改正省令」という。）が本日公布され、本年3月1日に施行されることとなりました。また、本日付けで法務省民一第502号当職通達「戸籍事務取扱準則制定標準の一部改正について」（以下「改正準則」という。）、法務省民一第503号当職通達「電子情報処理組織による届出又は申請等の取扱いについて」（以下「改正オンライン通達」という。）及び法務省民一第505号当職通達「「戸籍法及び戸籍法施行規則の一部改正に伴う戸籍事務の取扱いについて」の一部改正について」（以下「改正1000号通達」という。）を発出したところです。これらの改正に伴う戸籍事務については、下記のとおり取り扱うこととしますので、これを了知の上、貴管下支局長及び管内市町村長に周知方取り計らい願います。

　なお、本通達中、「法」とあるのは改正法による改正後の戸籍法を、「規則」とあるのは改正省令による改正後の戸籍法施行規則（昭和22年司法省令第94号）を、「準則」とあるのは改正準則による改正後の戸籍事務取扱準則制定標準（平成16年4月1日付け法務省民一第850号当職通達別添）をいいます。

　おって、本通達に反する当職通達又は回答は、本通達によって変更し、又は廃止するので、念のため申し添えます。

記

第1　本籍地の市町村長以外の市町村長に対してする戸籍証明書等の交付請求について

　1　本人等請求

　　(1)　概要

　　　法第119条の規定により戸籍又は除かれた戸籍が磁気ディスクをもって

関連通達等

調製されているときは、法第10条第1項（第12条の2において準用する場合を含む。）の請求（以下「本人等請求」という。）は、市町村長（法第118条第1項の規定による指定を受けている市町村長をいう。以下同じ。）のうちいずれかの者に対してもすることができることとされた（法第120条の2第1項第1号）。したがって、本人等請求の場合には、本籍地の市町村長以外の市町村長に対する戸籍証明書又は除籍証明書（以下「戸籍証明書等」という。）の請求（以下「広域交付」という。）をすることができる。

(2) 請求の方法

広域交付における本人等請求については、法第10条第3項の規定に基づき郵送等により戸籍証明書等の送付を請求をすることは認められないこととされた。また、法第10条の3第2項の規定に基づき代理人によって請求をすることも認められないこととされた（法第120条の2第2項による第10条第3項及び第10条の3第2項の適用除外）。したがって、広域交付における本人等請求については、本人等が市町村の窓口に出頭して請求する方法のみ認められる。

(3) 本人確認の方法

広域交付における本人等請求をする者は、市町村長に対し、規則第11条の2第1号の方法により、当該請求をする者の氏名及び住所又は生年月日を明らかにしなければならないこととされた（規則第73条の2第1項）。したがって、広域交付における本人等請求をする者が提示しなければならない書類は、規則第11条の2第1号に掲げる書類（写真付きの身分証明書）のうち、いずれか一以上の書類に限られる。

2 公用請求

(1) 概要

法第119条の規定により戸籍又は除かれた戸籍が磁気ディスクをもって調製されているときは、法第10条の2第2項（第12条の2において準用する場合を含む。）の請求（以下「公用請求」という。）は、市町村の機関がするものに限り、当該市町村の長に対してもすることができることとされた（法第120条の2第1項第2号）。したがって、広域交付における公用請求は、当該公用請求から交付までの手続が同一市町村内で完結する場合に限り、当該市町村の長に対してすることができる。

(2) 請求の方法

広域交付における公用請求については、窓口に出頭して請求する方法の

221

ほか、法第10条第3項の規定に基づき送付の請求をすること及び法第10条の3第2項の規定に基づき代理人によって請求をすることも認められる。

(3) 本人確認の方法

広域交付における公用請求について現に請求の任に当たっている者（請求をする者又は代理人）は、市町村長に対し、規則第11条の2第1号の方法により、当該請求の任に当たっている者の氏名及び所属機関、住所又は生年月日を明らかにしなければならないこととされた（規則第73条の2第2項）。したがって、広域交付における公用請求について現に請求の任に当たっている者が窓口に出頭して請求する場合に提示しなければならない書類は、規則第11条の2第1号に掲げる書類（写真付きの身分証明書）のうち、いずれか一以上の書類に限られる。

また、広域交付における公用請求について戸籍証明書等の送付の請求をする場合は、規則第11条の2第5号ロの方法によることができることとされた（規則第73条の2第3項）。

3 戸籍証明書等の種類及び認証文

(1) 戸籍証明書等の種類

法第120条の2第1項では、請求することができる戸籍証明書等の種類を限定していないが、改正省令の附則において、広域交付における本人等請求又は公用請求は、当分の間、戸籍又は除かれた戸籍に記録されている事項の全部を証明した書面に限り、請求することができることとされた（改正省令附則第3条第1項）。

(2) 戸籍証明書等の認証文

広域交付における本人等請求又は公用請求により交付する戸籍証明書等には、市町村長が、その記載に接続して規則付録第29号書式による付記をし、職氏名を記して職印を押さなければならないこととされた（規則第73条の3）。

4 本籍地の市町村長に対する情報提供

市町村長が広域交付における本人等請求又は公用請求により戸籍証明書等を交付した場合は、当該市町村長は、本籍地の市町村長に対してその旨の情報を提供することとされた（規則第73条の4）。当該情報の提供は、戸籍情報連携システムを通じて行われる。

5 電子情報処理組織による戸籍証明書等の交付請求

広域交付については、1又は2の場合に限り認められるところ、改正省令により、電子情報処理組織による戸籍証明書等の交付請求は、当該請求をす

関連通達等

る戸籍又は除かれた戸籍の本籍地でしなければならないこととされた（規則
第79条の8第1項）。

　なお、電子情報処理組織による戸籍証明書等の交付請求については、本通
達のほか、改正オンライン通達による。

第2　戸籍の副本等の取扱いについて
　1　再製原戸籍の副本
　　⑴　法務大臣への送信
　　　　規則第75条第1項から第3項までの規定は、法第11条、第11条の2第1
　　　項及び第2項（第12条第2項において準用する場合を含む。）の規定によ
　　　り再製された戸籍又は除かれた戸籍の原戸籍（以下「再製原戸籍」とい
　　　う。）の副本について準用することとされた（規則第75条第4項）。したが
　　　って、再製原戸籍が磁気ディスクをもって調製されているときは、市町村
　　　長は、再製原戸籍の副本（電磁的記録に限る。以下同じ。）を電気通信回
　　　線を通じて法務大臣の使用に係る電子計算機（戸籍情報連携システム）に
　　　送信しなければならず、この場合において、法務大臣は、いつでも再製原
　　　戸籍の副本をその使用に係る電子計算機に送信させることができる。また、
　　　この場合において、規則第15条の規定は適用されない。
　　　　なお、再製原戸籍は、戸籍ではなく、その性格は一般の行政文書であり、
　　　戸籍法上の公開の対象とはならないことから（平成14年12月18日付け民一
　　　第3000号当職通達第7の2⑴）、広域交付の対象とはならない。
　　⑵　法務大臣による保存及び保存期間
　　　　法務大臣は、⑴により再製原戸籍の副本の送信を受けたときは、これを
　　　保存しなければならないこととされた（規則第75条の2第1項）。
　　　　また、法第11条（第12条第2項において準用する場合を含む。）の規定
　　　による再製原戸籍の副本の保存期間は法務大臣が保存した年度の翌年から
　　　1年、法第11条の2第1項（第12条第2項において準用する場合を含む。）
　　　の規定による再製原戸籍の副本の保存期間は法務大臣が保存した年度の翌
　　　年から150年、法第11条の2第2項（第12条第2項において準用する場合
　　　を含む。）の規定による再製原戸籍の副本の保存期間は法務大臣が保存し
　　　た年度の翌年から1年とされた（規則第75条の2第3項各号）。
　2　戸籍の副本の廃棄手続
　　　法務大臣は、除かれた戸籍の副本又は再製原戸籍の副本で、保存期間を満
　　了したものを廃棄するときは、あらかじめ、その旨の決定をしなければなら

223

ないこととされた（規則第75条の２第４項）。

　また、法務大臣は、除かれた戸籍の副本又は再製原戸籍の副本の廃棄をしたときは、本籍地の市町村長にその旨を通知することとされた（規則第75条の２第５項）。

3　戸籍の副本情報の参照等

　⑴　市町村長による参照

　　市町村長は、戸籍事務の処理に必要な範囲内において、戸籍若しくは除かれた戸籍又は再製原戸籍の副本に記録されている情報（以下「副本情報」という。）を参照することができることとされた（規則第75条の３第１項）。

　⑵　届出等における戸籍証明書等の添付省略

　　市町村長は、⑴により副本情報を参照することができることから、法第119条の規定により届出事件の本人の戸籍が磁気ディスクをもって調製されている場合には、分籍届及び転籍届について戸籍の謄本を届書に添付することを求めている規定（法第100条第２項及び第108条第２項）は適用しないこととされた（法第120条の７及び第120条の８）。

　　なお、上記の場合のほか、改正法の施行前において法第10条の４又は法第27条の３の規定に基づき戸籍の謄本等の提出を求めている場合にも、改正法の施行後は、当該書面の提出を求めることを要しない。

4　戸籍の副本情報の提供

　⑴　外務大臣への提供

　　法務大臣は、法第40条又は第41条第１項の規定により大使、公使又は領事に届出又は提出された書類の確認に必要な範囲内において、外務大臣に対し、副本情報（再製原戸籍の副本に係る情報を除く。）を提供することができることとされた（規則第75条の３第２項）。

　⑵　法務省職員又は外務省職員への提供

　　法務大臣は、国籍取得届（法第102条）、帰化届（法第102条の２）、国籍選択届（法第104条の２）又は国籍喪失の報告（法第105条）の規定に基づく戸籍の記載が適正に行われることを確保するために必要な範囲内において、法務省職員又は外務省職員に対し、副本情報（再製原戸籍の副本に係る情報を除く。）を提供することができることとされた（規則第75条の３第３項）。

5　受付帳情報

　⑴　法務大臣への送信

関連通達等

受付帳が磁気ディスクをもって調製されているときは、市町村長は、受付帳に記録した後遅滞なく、当該受付帳に記録された事項（以下「受付帳情報」という。）を法務大臣の使用に係る電子計算機（戸籍情報連携システム）に送信しなければならないとされた（規則第76条第3項）。

また、上記の場合において、法務大臣は、上記の規定にかかわらず、いつでも受付帳情報をその使用に係る電子計算機に送信させることができることとされた（規則第76条第4項）。

(2) 法務大臣による保存及び保存期間

法務大臣は、(1)により受付帳情報の送信を受けたときは、これを保存しなければならないこととされた（規則第76条の2第1項）。

また、受付帳情報の保存期間は、法務大臣が保存した年度の翌年から10年とされた（規則第76条の2第2項）。

(3) 廃棄手続

(2)の保存期間を満了した受付帳情報の廃棄手続は、戸籍の副本に係る廃棄手続の規定を準用することとされた（規則第76条の2第3項）。

第3　届書等情報の取扱いについて

1　届書等情報を作成する対象となる書面

市町村長は、法の規定により提出すべきものとされている届書若しくは申請書又はその他の書類で戸籍の記載をするために必要なものとして法務省令で定めるもの（以下「届書等」という。）を受理した場合には、当該届書等の画像情報（以下「届書等情報」という。）を作成し、これを電子情報処理組織を使用して、法務大臣に提供することとされ、以下の書面が届書等情報を作成する対象となる書面とされた（法第120条の4第1項、規則第78条の2第1項）。

(1) 戸籍の記載をするために提出された届出、報告、申請、請求若しくは嘱託、証書若しくは航海日誌の謄本又は裁判に係る書面（法又は規則により添付し、又は提出すべきこととされている書面を含む。）

上記書面は、戸籍の記載をするために提出された書面（法第15条参照）及び添付書面をいい、戸籍の記載を要しない外国人のみの事件に係る書面は含まれない。

なお、胎児認知届（法第61条）や本籍が明らかでない者又は本籍がない者に係る届出があった場合における当該届書等については、将来的に戸籍の記載をする可能性があることから、届書等情報を作成する対象となる。

225

また、認知された胎児の死産届（法第65条）については、胎児認知届とともに保存することが相当であることから、届書等情報を作成する対象となる。

(2) 法第24条第2項の規定による戸籍の訂正に係る書面（以下「職権訂正書」という。）

(3) 法第44条第3項の規定による戸籍の記載に係る書面（以下「職権記載書」という。）

(4) 規則第53条の4第2項の書面（以下「不受理申出書」という。）

(5) 規則第53条の4第5項の取下げに係る書面（以下「不受理申出取下書」という。）

2 届書等情報の作成

法第120条の4第1項の規定による届書等情報の作成は、以下(1)及び(2)の情報を市町村長の使用に係る電子計算機（以下「戸籍情報システム」という。）に記録する方法により行うこととされた（規則第78条の2第2項）。

(1) 届書等に記載されている事項をスキャナにより読み取ってできた電磁的記録

1の届書等に記載されている事項をスキャナ（これに準ずる画像読取装置を含む。以下同じ。）により読み取ってできた画像情報である。

(2) 届書等に記載されている事項に基づき戸籍情報システムに入力された文字情報

1の届書等に記載されている事項に基づき受理地の市町村において戸籍情報システムに入力された文字情報である。

3 画像情報の記録等

(1) 画像情報の記録

2(1)の画像情報は、決裁が行われた時点の内容が含まれていることを要する。また、届書の用紙の欄外も含め、届書等の原本の全体が含まれるように記録しなければならない。

(2) 届書の用紙

改正省令により、届書の用紙は、市町村長が複写機により複写することに適するものでなければならないこととされた（規則第59条の2）。「複写機により複写することに適する」とは、複写機により複写することに適することのみならず、スキャナによる読み取りに適することも含まれる。

4 市町村における届書等への補記

届出の受理後に、届書等に明らかな不備を発見した場合において、当該届

関連通達等

書等の内容その他市町村長において確認した情報により、当該市町村長において戸籍の記載をすることができるときは、届出人に当該不備を追完させることなく、市町村において補記を行うものとする（準則第33条）。

5　法務大臣への提供等

(1)　法務大臣への送信

　　2により作成した届書等情報については、電子情報処理組織を使用して法務大臣に提供することとされたところ（法第120条の4第1項）、市町村長は、1の届書等を受理した後遅滞なく、2により作成された届書等情報を電気通信回線を通じて法務大臣の使用に係る電子計算機（戸籍情報連携システム）に送信しなければならない（規則第78条の2第3項本文）。

　　なお、職権訂正書、職権記載書、不受理申出書及び不受理申出取下書（以下「不受理申出書等」という。）に係る届書等情報については、本籍地の市町村長が送信しなければならない。

　　また、この場合において、法務大臣は、いつでも届書等情報をその使用に係る電子計算機に送信させることができることとされた（規則第78条の2第4項）。

(2)　電気通信回線の故障その他の事由により電気通信回線を通じた送信ができない場合

　　(1)において、電気通信回線の故障その他の事由により電気通信回線を通じた送信ができない場合は、この限りでないこととされた（規則第78条の2第3項ただし書）。これは、通信障害等により、市町村長が遅滞なく2により作成した届書等情報を戸籍情報連携システムに送信することができない場合等であるところ、通信障害等が生じている間に送信することができなかった届書等情報については、当該通信障害等が解消した後遅滞なく送信すれば足りる。

6　在外公館で受理した届書等の取扱い

　市町村長が、法第42条の規定により書類の送付を受けたときも、市町村長が届書等を受理した場合と同様の取扱いとされた（規則第78条の2第5項）。したがって、在外公館で受理した書類の送付を受けた市町村長は、2から5までと同様の事務処理を行うこととなる。

7　届書等情報の保存

(1)　法務大臣による保存及び保存期間

　　当該届書等情報の提供を受けた法務大臣は、これを磁気ディスクに記録することとされたところ（法第120条の4第2項）、法務大臣は、送信を受

227

けた届書等情報を保存しなければならないこととされた（規則第78条の3第1項）。

　また、1(1)から(3)までの書面に係る届書等情報の保存期間は法務大臣が保存した年度の翌年から10年、1(4)の書面に係る届書等情報の保存期間は法務大臣が保存した年度の翌年から100年（ただし、不受理申出が取下げその他の事由により効力を失った場合は、その年度の翌年から3年）、1(5)の書面に係る届書等情報の保存期間は法務大臣が保存した年度の翌年から3年とされた（規則第78条の3第2項各号）。

　なお、胎児認知届に係る届書等情報の保存期間は、当該事件本人に関する出生届（法第49条第1項及び第54条第1項）に係る届書等情報の保存期間と同様の保存期間とし、本籍が明らかでない者又は本籍がない者からの届出に係る届書等情報の保存期間は、当該事件本人に関する本籍分明届（法第26条）に係る届書等情報の保存期間と同様の保存期間とするものとする。

　胎児認知届に係る死産届出がされた場合における当該死産届に係る届書等情報の保存期間は、法務大臣が保存した年度の翌年から10年とし、胎児認知届に係る届書等情報の保存期間も同様の保存期間とする。

(2)　廃棄手続

　(1)の保存期間を満了した届書等情報の廃棄手続は、戸籍の副本に係る廃棄手続の規定を準用することとされた（規則第78条の3第3項）。

8　届書等情報による事務処理

(1)　届書等情報の提供を受けた旨の通知

　①2箇所以上の市役所又は町村役場で戸籍の記載をすべき場合又は②本籍地外で届出又は申請をする場合（①の場合を除く。）において、法務大臣は、戸籍の記載をすべき市町村長（①の場合は当該届出又は申請を受理した市町村長を除く。）に対し、5（6の場合を含む。）により届書等情報の提供を受けた旨を通知することとされた（法第120条の5第1項及び第3項）。

(2)　届書等情報の内容の参照

　(1)の通知は、法第118条第1項の電子情報処理組織を使用してするものとし、当該通知を受けた市町村長は、1の届書等情報（当該通知に係るものに限る。）の内容を参照することができることとされた（規則第78条の4第1項）。

(3)　提出を要する届書又は申請書の通数

関連通達等

(2)のとおり、市町村長は、法第120条の５第１項及び第３項の通知に係る届書等情報の内容を参照することができるところ、法第120条の５第１項の場合においては、法第36条第１項及び第２項（これらの規定を第117条において準用する場合を含む。）の規定にかかわらず、提出すべき届書又は申請書の数は、戸籍の記載をすべき市町村長の数から当該市町村長のうち指定市町村長であるものの数を減じた数に一を加えた数とすることとされ（法第120条の５第２項）、法第120条の５第３項の場合においては、法第36条第２項（第117条において準用する場合を含む。）の規定は適用しないこととされた（法第120条の５第４項）。

この点、現在、全ての市町村長が法第118条第１項の指定を受けていることから、原則として、法第36条の規定にかかわらず、１通提出すれば足りる。

なお、改正省令により、法第120条の４に規定する場合においては、同一の市町村で２以上の戸籍に記載する場合の規定（規則第54条）は適用しないこととされた（規則第78条の４第２項）。

(4) 届書等の送付による事務処理に係る規定の整理

改正法の施行前における届書等の送付による事務処理については、改正法の施行により(1)の通知による事務処理となることから、改正省令によって、届書等の送付による事務処理に係る規定が以下のとおり整理された（規則第78条の４第２項から第４項まで）。

ア　他の市町村長への届書等の送付（規則第25条から第29条まで）に係る規定は、適用しないこととされた。

なお、電子情報処理組織による届出等がされた場合における届書又は申請書に係る情報の取扱いに関する規定（改正前の規則第79条の９）は、届書等情報に係る規定（規則第78条の２から第78条の５まで）を準用するように改められた。

イ　届書等の受付（規則第20条第１項）、受付帳の処理（規則第21条第１項）、戸籍の記載事項（規則第30条）及び本籍地の変更後に届書等を受理した場合の処理（規則第41条）に係る規定は、届書等情報による事務処理を行う場合に準用することとされた。

(5) 戸籍の記載

(1)の通知を受けた市町村長は、届書等情報（当該通知に係るものに限る。）の内容を参照することにより、戸籍の記載をすることとなるところ、当該通知を受けた年月日を「通知を受けた日」として戸籍に記載すること

229

となる（規則第78条の４第４項による読替え後の第30条第５号、附録第7号及び付録第25号）。

(6) 戸籍の記載が完了した旨の情報の送信

(1)の通知を受けた市町村長は、戸籍の記載を完了した場合には、その旨の情報を戸籍情報連携システムに送信するものとする。

9　届書等情報の閲覧・届書等情報内容証明書

(1)　概要

利害関係人は、特別の事由がある場合に限り、届出若しくは申請を受理した市町村長又は当該届出若しくは申請によって戸籍の記載をした市町村長に対し、当該届出又は申請に係る届書等情報の内容を法務省令で定める方法により表示したものの閲覧（以下「届書等情報の閲覧」という。）を請求し、又は届書等情報の内容に係る証明書（以下「届書等情報内容証明書」という。）を請求することができるとされた（法第120条の６第１項）。

(2)　届書等情報の内容の表示方法等

法第120条の６第１項の法務省令で定める方法は、日本産業規格Ａ列３番又は４番の用紙に出力する方法とされた（規則第78条の５第１項）。

上記の用紙に出力する対象は、２(1)の画像情報のほか、２(2)の文字情報のうち届書等への補記事項とする。

(3)　届書等情報内容証明書の認証文

届書等情報内容証明書には、市町村長が、規則付録第30号書式による付記をし、職氏名を記して職印を押さなければならないこととされた（規則第78条の５第２項）。

(4)　請求の方法等

届書等情報の閲覧又は届書等情報内容証明書の請求については、法第10条第３項及び第10条の３の規定を準用することとされた（法第120条の６第２項）。したがって、郵送等により届書等情報内容証明書の送付の請求をすることができる（規則第11条）ほか、請求の任に当たっている者の確認方法について規則第11条の２第１号から第３号まで及び第５号イ並びに第11条の３本文の規定が、代理権限又は使者の権限の確認方法について規則第11条の４の規定が、請求の際に提出した書面の原本還付について規則第11条の５の規定がそれぞれ準用される（規則第52条の２）。

(5)　特別の事由

改正法の施行後に提出された届書等に係る閲覧又はその書類に記載された事項に係る証明書の請求は、本規定に基づき届書等情報の閲覧又は届書

等情報内容証明書により処理することが想定されるところ、法第120条の6第1項の「特別の事由」の審査に当たっては、改正法施行前の法第48条第2項の「特別の事由」の審査と同様に行う。

10　届書等情報の基となった届書等の保存
（1）規定の整理
　　市町村長は、受理した1の届書等について2のとおり届書等情報を作成し、5のとおり当該届書等情報を法務大臣に提供することになるところ、この場合において、届書等の保存に係る規定（規則第48条第2項、第49条及び第49条の2）は適用しないこととされ（規則第78条の4第2項）、届書等情報の基となった届書等の保存期間に係る規定（規則第48条第3項及び第53条の4第7項）が改正又は追加された。

　　なお、改正省令の附則において、改正前の規則第48条第2項の規定によって送付された書類の保存については、なお従前の例によることとされた（改正省令附則第2条）。

（2）保存期間
　ア　届書等
　　改正前においては、届書等のうち本籍人に関するものの保存期間は当該年度の翌年から27年（規則第49条第2項。規則第49条の2第1項により、戸籍又は除かれた戸籍の副本の送付を受けたときは、当該年度の翌年から5年）と、非本籍人に関するものの保存期間は当該年度の翌年から1年とされていたところ、改正省令により、本籍人に関するものと非本籍人に関するものを区別することなく、保存期間は当該年度の翌年から5年とされた（規則第48条第3項）。

　イ　不受理申出書・不受理申出取下書
　　不受理申出書及び不受理申出取下書の保存期間は、当該年度の翌年から1年とされた（規則第53条の4第7項）。

　　したがって、5により本籍地の市町村長が不受理申出書又は不受理申出取下書に係る届書等情報を送信した場合において、当該届書等情報の基となった書面の保存期間は当該年度の翌年から1年となるところ、これらの書面は、「不受理申出書・不受理申出取下書（届書等情報送信済み）つづり」（準則第55条第1項第13号）につづり込むこととなる。

　　なお、改正法の施行前に提出された不受理申出書又は不受理申出取下書の取扱いについては、改正1000号通達による。

（3）保存方法

届書類の保存については、規則第52条の規定に基づき、施錠のある耐火性の書箱又は倉庫に蔵めてその保存を厳重にしなければならないとされているところ、改正省令によって、同条の規定にかかわらず、規則第78条の２第２項の規定により作成された届書等情報の基となった届書、申請書その他の書類は、適切と認められる方法により保存すれば足りることとされた（規則第78条の３第４項）。「適切と認められる方法」としては、当該届書等について、紛失等による滅失を防ぐための措置を実施することが求められる。

第４　戸籍電子証明書等の取扱いについて
　１　請求
　　(1)　概要
　　　法第120条の２第１項の規定によりする本人等請求又は公用請求（法務省令で定める事務を遂行するために必要がある場合における当該請求に限る。）は、戸籍電子証明書（法第119条の規定により磁気ディスクをもって調製された戸籍に記録された事項の全部又は一部を証明した電磁的記録）又は除籍電子証明書（法第119条の規定により磁気ディスクをもって調製された除かれた戸籍に記録された事項の全部又は一部を証明した電磁的記録）についてもすることができることとされた（法第120条の３第１項）。したがって、本籍地の市町村長のほか、広域交付と同様に、本籍地の市町村長以外の市町村長に対しても、法第120条の３第３項に規定する行政機関等（情報通信技術を活用した行政の推進等に関する法律（平成14年法律第151号）第３条第２号に規定する行政機関等その他の法務省令で定める者をいう。）に、戸籍電子証明書又は除籍電子証明書（以下「戸籍電子証明書等」という。）を提供することの請求をすることができる。
　　　なお、改正省令の附則において、上記の請求は、当分の間、戸籍又は除かれた戸籍に記録された事項の全部を証明した電磁的記録に限り、請求することができることとされた（改正省令附則第３条第２項）。
　　(2)　請求の方法
　　　ア　本籍地の市町村長に対する請求
　　　　本籍地の市町村長に対して戸籍謄本等の交付請求をする場合と同様である。
　　　イ　本籍地の市町村長以外の市町村長に対する請求
　　　　本人等請求については第１の１(2)と、公用請求については第１の２(2)

関連通達等

と同様である。

(3) 本人確認の方法

ア　本籍地の市町村長に対する請求

本籍地の市町村長に対して戸籍謄本等の交付請求をする場合と同様である。

イ　本籍地の市町村長以外の市町村長に対する請求

本人等請求については第1の1(3)と、公用請求については第1の2(3)と同様である（規則第79条の2第3項による第73条の2の準用）。

2　戸籍電子証明書提供用識別符号等の発行

(1) 概要

1の請求があったときは、市町村長は、当該請求をした者に対し、戸籍電子証明書提供用識別符号（当該請求に係る戸籍電子証明書を識別することができるように付される符号）又は除籍電子証明書提供用識別符号（当該請求に係る除籍電子証明書を識別することができるように付される符号）を発行するものとされた（法第120条の3第2項）。

(2) 戸籍電子証明書提供用識別符号等の方式等

戸籍電子証明書提供用識別符号又は除籍電子証明書提供用識別符号（以下「戸籍電子証明書提供用識別符号等」という。）については、改正省令により、以下のとおり定められた（規則第79条の2の2）。

ア　方式

戸籍電子証明書提供用識別符号等は、アラビア数字の組合せにより、戸籍電子証明書等ごとに定めるものとされたところ、具体的には、アラビア数字16桁の組合せにより作成される。

イ　様式

戸籍電子証明書提供用識別符号等を発行するには、規則付録第32号様式によらなければならないこととされた。

ウ　有効期間

戸籍電子証明書提供用識別符号等の有効期間は、発行の日から起算して3か月とされた。したがって、行政機関等が、法第120条の3第3項の規定により、戸籍電子証明書等の提供を受けるためには、当該期間内に戸籍電子証明書提供用識別符号等を示して提供を求める必要がある。

なお、当該期間内であれば、複数の行政機関等が戸籍電子証明書提供用識別符号等を示して戸籍電子証明書等の提供を求めることができる。

エ　本籍地の市町村長に対する情報提供

233

戸籍電子証明書提供用識別符号等を発行した場合における本籍地の市
　町村長に対する情報提供は、広域交付における本人等請求又は公用請求
　により戸籍証明書等を交付した場合の規定（規則第73条の４）を準用す
　ることとされた。
３　戸籍電子証明書等の提供
　⑴　概要
　　　市町村長は、行政機関等から、法務省令で定めるところにより、２によ
　　り発行された戸籍電子証明書提供用識別符号等を示して戸籍電子証明書等
　　の提供を求められたときは、法務省令で定めるところにより、当該戸籍電
　　子証明書提供用識別符号等に対応する戸籍電子証明書等を提供するものと
　　された（法第120条の３第３項）。
　⑵　戸籍情報照会者等
　　　市町村長は、規則別表第４の上欄に掲げる者（法令の規定により同表の
　　下欄に掲げる事務の全部又は一部を行うこととされている者がある場合に
　　あっては、その者を含む。以下「戸籍情報照会者」という。）から同表の
　　下欄に掲げる事務の処理に関し戸籍電子証明書提供用識別符号等を示して
　　戸籍電子証明書等の提供を求められたときは、戸籍電子証明書提供用識別
　　符号等に対応した戸籍電子証明書等を提供するものとされた（規則第79条
　　の２の３第１項）。
　⑶　戸籍電子証明書等の提供の方法
　　　戸籍電子証明書等の提供の求め及び戸籍電子証明書等の提供は、法第
　　118条第１項の電子情報処理組織と戸籍情報照会者の使用に係る電子計算
　　機とを電気通信回線で接続した電子情報処理組織を使用してするものとさ
　　れた（規則第79条の２の３第２項）。
　⑷　戸籍電子証明書等の書式等
　　　戸籍電子証明書等には、市町村長が、規則付録31号書式による付記をし
　　なければならないこととされ（規則第79条の２第２項）、法務大臣により
　　電子署名が行われた戸籍電子証明書と当該電子署名に係る電子証明書を
　　併せて法務大臣の使用に係る電子計算機（戸籍情報連携システム）に備え
　　られたファイルに記録しなければならないこととされた（規則第79条の２
　　の３第４項）。
４　電子情報処理組織による戸籍電子証明書提供用識別符号等の発行等の請求
　及び戸籍電子証明書提供用識別符号等の発行
　　改正省令により、電子情報処理組織による戸籍電子証明書提供用識別符号

関連通達等

等の発行等の請求に係る規定（規則第79条の2の4第3項、第79条の3及び第79条の8第3項）及び電子情報処理組織による戸籍電子証明書提供用識別符号等の発行に係る規定（規則第79条の5第2項及び第3項並びに第79条の6第2項）が整備された。

なお、電子情報処理組織による戸籍電子証明書提供用識別符号等の発行等の請求及び戸籍電子証明書提供用識別符号等の発行については、本通達のほか、改正オンライン通達による。

第5　その他
1　戸籍事務を電子情報処理組織によって取り扱う場合における漢字の字体について
　(1)　氏又は名に漢字を用いる場合
　　　戸籍事務を電子情報処理組織によって取り扱う場合において、氏又は名に漢字を用いるときは、以下の字体で記録するものとされた（規則第68条の2）。
　　　なお、戸籍に氏又は名を漢字で記録する際は、正字又は俗字とされる字体によることとする現行の取扱いを変更するものではない。ウについては、法務省ホームページにおいて示される。
　　ア　常用漢字表に掲げる字体（括弧書きが添えられているものについては、括弧の外のものに限る。）
　　イ　規則別表第2に掲げる字体
　　ウ　その他法務大臣の定める字体
　(2)　氏又は名以外に漢字を用いる場合
　　　戸籍事務を電子情報処理組織によって取り扱う場合において、氏又は名以外に漢字を用いるとき（戸籍簿以外の戸籍関連帳簿の記録に漢字を用いるときを含む。）についても、(1)の字体で記録するものとする。ただし、本籍の表示に漢字を用いるときは、この限りでない。
2　電子情報処理組織によって取り扱うことが相当でない戸籍又は除かれた戸籍について
　　改正前の規則第69条においては、電子情報処理組織によって取り扱うことが相当でない戸籍又は除かれた戸籍は、電子情報処理組織による取扱いに適合しない戸籍及び除籍簿につづられた除かれた戸籍とされていたところ、改正省令により、本規定は、電子情報処理組織によって取り扱うことが相当でない戸籍又は除かれた戸籍は、電子情報処理組織による取扱いに適合しない

戸籍と改められた。したがって、除籍簿につづられた除かれた戸籍について
も、電子情報処理組織によって取り扱うことが相当である。

3　マイナポータルによるオンライン請求における情報提供について

　法務大臣は、行政手続における特定の個人を識別するための番号の利用等
に関する法律（平成25年法律第27号）附則第6条第3項に規定する情報提供
等記録開示システム（以下「マイナポータル」という。）を通じて戸籍謄本
等の交付請求、戸籍の届出等又は戸籍電子証明書提供用識別符号等の発行等
の請求（以下「請求等」という。）をする者に対して、当該請求等に必要な
範囲内において、戸籍又は除かれた戸籍の副本に記録されている情報のうち
本籍及び戸籍の筆頭に記載した者の氏名その他の当該請求等に必要な情報
（電子情報処理組織により自動的に特定したものに限る。）を提供すること
ができることとされた（規則第79条の9の2第1項）。

　具体的には、マイナポータルによって請求等をする者がログインすること
によって、戸籍又は除かれた戸籍の副本情報のうち、当該請求等をする者の
情報とひも付いた情報が自動的に特定され、戸籍謄本等の交付の請求書、届
書若しくは申請書又は戸籍電子証明書提供用識別符号等の発行等の請求書に、
当該請求等に必要な情報が転記されることが想定される。

　なお、この情報提供は、法第118条第1項の電子情報処理組織と請求等を
する者の使用に係る電子計算機とを電気通信回線で接続した電子情報処理組
織を使用してすることとされた（規則第79条の9の2第2項）。

関連通達等

> ### 戸籍法及び戸籍法施行規則の一部改正に伴う戸籍事務の取扱いについて
>
> /令和6年2月26日付け法務省民一第501号法務局民\
> 事行政部長、地方法務局長宛て法務省民事局民事第\
> 一課長依命通知/

（**依命通知**）本日付け法務省民一第500号（以下「本通達」という。）をもって民事局長から通達された標記の件については、下記のとおりとしますので、これを了知の上、貴管下支局長及び管内市町村長に周知方取り計らい願います。

記

1　戸籍証明書等の交付請求書の様式（本通達第1の1）

　　広域交付における本人等請求に係る戸籍証明書等の交付請求書の様式は、別紙1を標準様式とするものとする。

　　また、広域交付以外における戸籍証明書等の交付請求書の様式は、別紙2を標準様式とするものとする。

2　広域交付における公用請求の範囲（本通達第1の2）

　　以下の請求についても、当該請求から交付までの手続が同一市町村内で完結する場合として、広域交付における公用請求の対象となる。

(1)　地方自治法（昭和22年法律第67号）第252条の19第1項の指定都市（以下「政令指定都市」という。）の機関がする同市内の区長に対する請求

(2)　政令指定都市の区の機関がする同一市内の他の区長に対する請求

3　広域交付により交付する除籍証明書（本通達第1の3）

(1)　認証文

　　　規則付録第29号書式では、横書きの認証文が定められているところ、交付する除籍証明書が画像情報として磁気ディスクをもって調製されている除かれた戸籍（以下「イメージ除籍」という。）に係るものである場合は、縦書きの認証文により付記をして差し支えない。

(2)　掛紙用紙が別葉で出力されるものに係る除籍証明書の作成

　　　イメージ除籍であって、いわゆる掛紙用紙が別葉で出力されるものに係る謄抄本作成に関する取扱いについては、平成15年10月24日付け法務省民一第3178号当職通知「磁気ディスク等を原本とする除籍・改製原戸籍の謄抄本作成についての掛紙の取扱いについて」（以下「3178号通知」という。）及び本

日付け法務省民一第509号当職通知「イメージデータを原本とする除籍・改製原戸籍の謄抄本の作成について」（以下「509号通知」という。）によるところ、広域交付により3178号通知の取扱いの対象となるイメージ除籍に係る除籍証明書を交付する場合は、規則付録第29号書式による付記をすれば足りる。

　なお、広域交付において、本籍地以外の市町村長に対して509号通知の記2のイメージ除籍に係る除籍証明書の交付請求がされた場合には、当該除籍証明書を交付した上で、本籍地の市町村長にその旨を連絡するものとする。

4　市町村長による副本情報の参照（本通達第2の3(1)）

　「戸籍事務の処理に必要な範囲内」とは、具体的には、以下の目的が挙げられるところ、これらに該当しない目的で副本情報を参照することは認められない。

(1)　戸籍証明書等の交付業務

(2)　戸籍の届出業務

(3)　戸籍の訂正等業務

(4)　戸籍の相談業務

(5)　その他戸籍事務の遂行に必要な参照

5　画像情報の記録（本通達第3の3(1)）

　届書等に添付書面が含まれる場合には、届書の用紙（届出等に係る内容が記載された書面）と添付書面は区別して記録する。ただし、届書の用紙と添付書面が一体となっている場合は、両者を区別することなく届書の用紙として記録して差し支えない。

6　届書の用紙（本通達第3の3(2)）

　「複写機により複写することに適する」とは、具体的には、以下の条件を満たすことを要する。

　なお、この条件を満たさない用紙により届出がされた場合は不受理となる。

(1)　記載された文字が明瞭に複写されること

　記載欄に絵柄や透かしがあること、極端に濃い色の背景を用いていることなどにより、記載された文字が明瞭に複写されない場合は、直ちに不受理とすることなく、追完や補記（下記7(1)参照）により対応できるときは、受理して差し支えない。

(2)　等倍で、日本産業規格A列3番又は4番の用紙に出力することができること

7　市町村における届書等への補記（本通達第3の4）

関連通達等

市町村における届書等への補記については、以下のとおり取り扱うこととする。

なお、届書の用紙には、掛紙をしてはならない。また、届書等に直接補記事項を記載してはならない。

(1) 届書等に係る画像情報の記録前

以下のいずれかの方法により行うものとする。

なお、アの文字情報を用紙に出力したもの及びイの別紙3は、届書の用紙の次に編てつする。

ア　補記事項を文字情報として戸籍情報システムに記録する。

イ　補記事項を別紙3に記載し、届書の用紙と併せて当該書面を画像情報として戸籍情報システムに記録する。

(2) 届書等に係る画像情報の記録後

補記事項を文字情報として戸籍情報システムに記録する。

なお、文字情報を用紙に出力したものは、届書の用紙の次に編てつする。

また、法第120条の5第1項又は第3項の通知を受けた市町村長が届書等の記載に不備を発見した場合には、届書等を受理した市町村長（以下「受理地市町村長」）に対して当該不備の内容を連絡するものとし、受理地の市町村長は、その内容に基づき補記事項を文字情報として戸籍情報システムに記録するものとする。

8　通信障害等の発生時における取扱い（本通達第3の5(2)）

(1) 届書等の写しの送付

受理地の市町村において通信障害等が発生し、受理地市町村長が遅滞なく届書等情報を戸籍情報連携システムに送信することができない場合で、他の市町村長が戸籍の記載をすべき必要がある場合には、届書等の写しを作成し、通信障害等に係る対応である旨及び送付年月日を付記した上で、当該届書等の写しを戸籍の記載をすべき市町村長（以下「記載地市町村長」という。）に送付するものとする。

(2) 戸籍の記載

(1)により届書等の写しの送付を受けた記載地市町村長は、当該届書等の写しに基づいて戸籍に記載するものとする。当該記載は、改正法の施行前の戸籍記載例によるものとし、「送付を受けた日」は届書等の写しの送付を受けた年月日を記載するものとする。

(3) 戸籍記載後の処理

受理地の市町村において通信障害等が解消し、届書等情報を送信できるよ

239

うになった場合には、受理地市町村長は、遅滞なく、戸籍情報連携システムに届書等情報を送信するものとする。

記載地市町村長は、送付を受けた届書等の写しを戸籍事務取扱準則制定標準（平成16年４月１日付け法務省民一第850号民事局長通達別添）第55条第１項第30号（戸籍に関する雑書類つづり）に編てつの上、保存するものとする。

(4) 記載地市町村長が通知を受けることができない場合

上記(1)から(3)までの取扱いは、記載地市町村長が、通信障害等により、法務大臣から法第120条の５第１項又は第３項の通知を受けることができない場合においても、同様とする。

9 届書等情報の内容を表示する方法（本通達第３の９(2)）

原則として、等倍で用紙に出力するものとする。ただし、届書等の記載内容の判読に支障がない場合には、倍率を変更して出力しても差し支えない。

（編注 別紙１、別紙２、別紙３は省略）

関連通達等

戸籍事務取扱準則制定標準の一部改正について

（令和6年2月26日付け法務省民一第502号法務局長、
地方法務局長宛て法務省民事局長通達）

（通達）戸籍法の一部を改正する法律（令和元年法律第17号）の一部及び戸籍法施行規則の一部を改正する省令（令和6年法務省令第5号）が本年3月1日から施行されること等に伴い、下記のとおり戸籍事務取扱準則制定標準（平成16年4月1日付け法務省民一第850号当職通達別添）の一部を改正します。

記

1　次の表により、改正前欄に掲げる規定の傍線（下線を含む。以下同じ。）を付し又は破線で囲んだ部分をこれに順次対応する改正後欄に掲げる規定の傍線を付し又は破線で囲んだ部分のように改め、改正前欄及び改正後欄に対応して掲げるその標記部分に二重傍線を付した規定（以下「対象規定」という。）は、その標記部分が異なるものは改正前欄に掲げる対象規定を改正後欄に掲げる対象規定として移動し、改正前欄に掲げる対象規定で改正後欄にこれに対応するものを掲げていないものは、これを削り、改正後欄に掲げる対象規定で改正前欄にこれに対応するものを掲げていないものは、これを加える。

2　付録第1号書式、付録第2号書式、付録第4号書式、付録第7号書式、付録第10号書式及び付録第13号書式から第17号書式まで中「職印」を削り、「,」を「、」に改める。

3　付録第20号書式中「,」を「、」に改める。

241

改　　正　　後	改　　正　　前
（区域変更による書類の引継報告）	（区域変更による書類の引継報告）
第7条　区域変更による書類の<u>引継ぎがあるときは、あらかじめその旨を報告</u>しなければならない。	第7条　区域変更による書類の<u>引継ぎが完了した場合において、規則第80条第2項の規定によってその報告をするときは、付録第8号書式</u>による。
<u>2　前項の報告をするときは、付録第8号書式による。前項の引継ぎが完了した場合において、規則第80条第2項の規定によってその報告をするときも、同書式による。</u>	［項を加える。］
（行政区画・土地の名称の変更報告）	（行政区画・土地の名称の変更報告）
第8条　行政区画又は土地の<u>名称</u>を<u>変更するときは、あ</u>らかじめその旨を報告しなければならない。	第8条　行政区画又は土地の<u>名称</u>が<u>変更したときは、その</u>旨を報告しなければならない。
2　［略］	2　［同左］
（事務改善等の報告）	（事務改善等の報告）
第12条　事務改善等により戸籍事務に関する組織機構又は処理方法を<u>改めるときは、あらかじめその旨を報</u>告しなければならない。	第12条　事務改善等により戸籍事務に関する組織機構又は処理方法を<u>改めたときは、その旨を報告</u>しなければならない。
2　［略］	2　［同左］
（市町村長の処分に対する不服申立て等の報告）	（市町村長の処分に対する不服申立て等の報告）
第20条　法第122条及び第124条に規定する不服の申立てがされたとき、法第139条に規定する過料に関する事件が開始されたとき、又は戸籍事件に関する<u>処分の取消しの訴え若しくは損害賠償の請求の訴え等</u>が提起されたときは、その概要を報告しなければならない。	第20条　法第122条及び第124条に規定する不服の申立てがされたとき、法第139条に規定する過料に関する事件が開始されたとき、又は戸籍事件に関する<u>損害賠償の請求の訴え</u>が提起されたときは、その概要を報告しなければならない。
2　［略］	2　［同左］
（文書の発収方法）	（文書の発収方法）
第28条　［略］	第28条　［同左］
2　文書を収受したときは、その文書に<u>付録第22号ひな形のとおり記載し、又は同号ひな形による印判を押印し</u>、その各欄に所要の記載をするとともに、戸籍発収簿に所要の事項を記載しなければならない。	2　文書を収受したときは、その文書に<u>付録第22号ひな形の印判を押し</u>、その各欄に所要の記載をするとともに、戸籍発収簿に所要の事項を記載しなければならない。
3　［略］	3　［同左］
（届書類の受付等の処理）	（届書類の<u>受付及び処理印の規格・押印箇所</u>）
第29条　届書類を受理し、又はその送付を受けたときは、必要に応じ、その届書類の初葉右側上部その他の適当な箇所に、<u>付録第23号ひな形のとおり記載し、又は同号ひな形による印判を押印しなければならない</u>。	第29条　届書類を受理し、又はその送付を受けたときは、必要に応じ、その届書類の初葉右側上部その他の適当な箇所に、<u>付録第23号ひな形の受付印及び処理印を押さ</u>なければならない。
2　規則第20条第1項の規定によって受付の番号及び年月日を記載するときは、前項の<u>ひな形</u>の所定の欄に	2　規則第20条第1項の規定によって受付の番号及び年月日を記載するときは、前項の<u>受付印</u>の所定の欄に

関連通達等

記載する。

3　戸籍の記載その他の処理をしたときは、その都度、第一項のひな形の所定の欄に取扱者を明記しなければならない。

（届書類の補記）

第３３条　届出の受理後に、届書類に明らかな不備を発見した場合において、当該届書類の内容その他市町村長において確認した情報により、当該市町村長において戸籍の記載をすることができるときは、届出人に当該不備を追完させることなく、市町村において補記を行うものとする。

（本籍地変更後に届書類を受理した原籍地の処理）

第３４条　規則第４１条第１項の規定によって原籍地の市町村長が届書類を新本籍地の市町村長に送付するときは、付録第２４号書式例の符せんを付し、又は同書式例の印判を余白に押すとともに、受付帳の備考欄にその旨を記載しなければならない。

（届書類の他の市町村長への送付方法）

第３５条　規則第２５条から第２９条までの規定によって他の市町村長に届書類を送付するときは、必要に応じ、その届書類の初葉右側上部その他の適当な箇所に付録第２５号ひな形の印判を押さなければならない。

2　〔略〕

（届書類の整理及び管轄局への送付方法）

第３６条　規則第４８条第１項の規定によって届書類をつづるときは、丁数を記入し、付録第２６号様式の表紙及び目録を付けなければならない。ただし、同項ただし書の場合には、目録に代えて受付帳の写しを付けることができる。

2　〔略〕

（戸籍の記載不要届書類の保存方法）

第３７条　規則第５０条第１項の規定によって戸籍の記載を要しない届書類を保存するときは、届出によって効力を生ずるものとその他のものとを各別にし、付録第２７号様式の表紙及び目録を付けてつづらなければならない。

2　本籍が明らかでない者又は本籍がない者に関する届書類は、付録第２８号様式の表紙及び目録を付けてつづり、法第２６条の本籍分明の届出又は法第９２条第２項の本籍分明の報告若しくは同条第３項の死亡の届出があるまで保存しなければならない。

3　法第２６条の本籍分明の届出又は法第９２条第２項

記載する。

3　戸籍の記載その他の処理をしたときは、その都度、第一項の処理印の所定の欄に取扱者の認印を押さなければならない。

（届書類の補正）

第３３条　届書類を受理した後に軽微な不備を発見した場合において、法第４５条の規定にかかわらず、戸籍の記載をすることができるときは、その届書類に付録第２４号書式例の符せんを付し、又は同書式例の印判を余白に押す。

（本籍地変更後に届書類を受理した原籍地の処理）

第３４条　規則第４１条第１項の規定によって原籍地の市町村長が届書類を新本籍地の市町村長に送付するときは、付録第２５号書式例の符せんを付し、又は同書式例の印判を余白に押すとともに、受付帳の備考欄にその旨を記載しなければならない。

（届書類の他の市町村長への送付方法）

第３５条　規則第２５条から第２９条までの規定によって他の市町村長に届書類を送付するときは、必要に応じ、その届書類の初葉右側上部その他の適当な箇所に付録第２６号ひな形の印判を押さなければならない。

2　〔同左〕

（届書類の整理及び管轄局への送付方法）

第３６条　規則第４８条第１項の規定によって届書類をつづるときは、丁数を記入し、付録第２７号様式の表紙及び目録を付けなければならない。ただし、同項ただし書の場合には、目録に代えて受付帳の写しを付けることができる。

2　〔同左〕

（戸籍の記載不要届書類の保存方法）

第３７条　規則第５０条第１項の規定によって戸籍の記載を要しない届書類を保存するときは、届出によって効力を生ずるものとその他のものとを各別にし、付録第２８号様式の表紙及び目録を付けてつづらなければならない。

2　本籍が明らかでない者又は本籍がない者に関する届書類は、付録第２９号様式の表紙及び目録を付けてつづり、法第２６条の本籍分明の届出又は法第９２条第２項の本籍分明の報告若しくは同条第３項の死亡の届出があるまで保存しなければならない。

〔項を加える。〕

の本籍分明の報告若しくは同条第３項の死亡の届出があった場合には、規則第４８条第１項又は第５０条第１項の規定により本籍が明らかでない者又は本籍がない者に関する届書類を保存しなければならない。	
（胎児認知届書の処理）	（胎児認知届書の処理）
第３８条　胎児認知届書は、付録第２９号様式の表紙及び目録を付けてつづり、出生の届出又は法第６５条の認知された胎児の死産の届出があるまで保存しなければならない。	第３８条　胎児認知届書は、付録第３０号様式の表紙及び目録を付けてつづり、出生の届出又は法第６５条の認知された胎児の死産の届出があるまで保存しなければならない。
２　胎児認知の届出を受理した後、出生の届出又は法第６５条の認知された胎児の死産の届出があった場合には、規則第４８条第１項又は第５０条第１項の規定により胎児認知届書を保存しなければならない。	２　胎児認知の届出を受理した後、出生の届出又は法第６５条の認知された胎児の死産の届出がある前に、母の本籍地が他の市町村に転属した場合には、従前の本籍地の市町村長は、胎児認知届書の謄本を作成し、その届書を新本籍地の市町村長に送付しなければならない。この場合において、胎児認知届書の謄本は、非本籍人に関するものとして保存しなければならない。
（市町村長限りの戸籍訂正書）	（市町村長限りの戸籍訂正書）
第３９条　市町村長限りの職権で戸籍の訂正をするときは、付録第３０号書式の訂正書を作成しなければならない。	第３９条　市町村長限りの職権で戸籍の訂正をするときは、付録第３１号書式の訂正書を作成しなければならない。
（棄児発見調書）	（棄児発見調書）
第４０条　［略］	第４０条　［同左］
２　法第５７条第２項の規定によって棄児発見調書を作成するときは、付録第３１号書式による。	２　法第５７条第２項の規定によって棄児発見調書を作成するときは、付録第３２号書式による。
（簡易裁判所への失期通知）	（簡易裁判所への失期通知）
第４１条　規則第６５条の規定によって届出期間を経過してされた届出の通知を簡易裁判所にするときは、付録第３２号様式による。	第４１条　規則第６５条の規定によって届出期間を経過してされた届出の通知を簡易裁判所にするときは、付録第３３号様式による。
２　［略］	
（国籍選択に関する通知）	（国籍選択に関する通知）
第４２条　法第１０４条の３の規定によって国籍選択に関する通知をするときは、付録第３３号様式による。	第４２条　法第１０４条の３の規定によって国籍選択に関する通知をするときは、付録第３４号様式による。
（代理資格の記載）	（代理資格の記載）
第４５条　市町村長の職務を代理する者が規則第３２条第２項の規定によって戸籍の事項欄の文末に代理資格を記載するときは、付録第３４号記載例による。	第４５条　市町村長の職務を代理する者が規則第３２条第２項の規定によって戸籍の事項欄の文末に代理資格を記載するときは、付録第３５号記載例による。
（除籍印）	（除籍印）
第４６条　規則附録第８号及び第９号の様式中の除籍印を調製するときは、付録第３５号ひな形による。	第４６条　規則附録第８号及び第９号の様式中の除籍印を調製するときは、付録第３６号ひな形による。
（副本の送付方法）	（副本の送付方法）
第４８条　規則第１５条の規定によって戸籍又は除かれた戸籍の副本を管轄法務局若しくは地方法務局又はそ	第４８条　規則第１５条の規定によって戸籍又は除かれた戸籍の副本を管轄法務局若しくは地方法務局又はそ

関連通達等

左カラム

の支局に送付するときは、付録第３６号又は第３７号の様式の目録を副本の種類ごとに２通作成し、その１通を当該副本に添付しなければならない。

2　前項の送付は、各月分をその翌月の２０日までに行う。

［３・４　略］

（交付請求等の不交付決定）

第５０条の２　法第１２４条に規定する請求について不交付決定を行ったときは、不交付決定書つづりに交付請求書、不交付決定書の写し及び法第１０条の３第２項（法第４８条第３項及び第１２０条の６第２項で準用する場合を含む。）の規定に基づき提供された規則第１１条の４に規定する書面をつづらなければならない。

（複写機によらない謄抄本の作成方法）

第５２条　複写機によらないで戸籍又は除かれた戸籍の謄本又は抄本を作成するときは、事項欄の余白及びその他の空欄に付録第３８号ひな形の印判を押さなければならない。

（帳簿書類の点検・引継・移管申出方法）

第５３条　［略］

［２・３　略］

4　前項の引継書を作成するときは、付録第３９号書式による。

［５・６　略］

7　第５項の移管申出書は、付録第４０号書式による。

（帳簿書類の廃棄手続）

第５４条　保存期間を経過した除籍簿、届書類、受付帳又は第５５条の帳簿若しくは書類を廃棄するときは、帳簿書類廃棄決定書を作成しなければならない。

2　前項の帳簿書類廃棄決定書を作成するときは、付録第４１号書式による。

（帳簿・書類つづりの調製・保存）

第５５条　［略］

［(1)～(4)　略］

(5)　戸籍証明書等交付簿　　３年

(6)　戸籍電子証明書提供用識別符号等発行簿　　３年

(7)　届書等情報内容証明書等交付簿　　３年

右カラム

の支局に送付するときは、付録第３７号又は第３８号の様式の目録を副本の種類ごとに２通作成し、その１通を当該副本に添付しなければならない。

2　前項の送付は、各月分をその翌月の２０日までに行う。ただし、除かれた戸籍の副本をマイクロフィルムにより作成するときの送付は、１年分を一括して行うことができる。

［３・４　同左］

（交付請求等の不交付決定）

第５０条の２　法第１２４条に規定する請求について不交付決定を行ったときは、不交付決定書つづりに交付請求書、不交付決定書の写し及び法第１０条の３第２項（法第４８条第３項で準用する場合を含む。）の規定に基づき提供された規則第１１条の４に規定する書面をつづらなければならない。

（複写機によらない謄抄本の作成方法）

第５２条　複写機によらないで戸籍又は除かれた戸籍の謄本又は抄本を作成するときは、事項欄の余白及びその他の空欄に付録第３９号ひな形の印判を押さなければならない。

（帳簿書類の点検・引継・移管申出方法）

第５３条　［同左］

［２・３　同左］

4　前項の引継書を作成するときは、付録第４０号書式による。

［５・６　同左］

7　第５項の移管申出書は、付録第４１号書式による。

（帳簿書類の廃棄手続）

第５４条　保存期間を経過した除籍簿、非本籍人に関する届書類、受付帳、規則第５０条の戸籍の記載を要しない事項に関する届書類又は第５５条の帳簿若しくは書類を廃棄するときは、帳簿書類廃棄決定書を作成しなければならない。

2　前項の帳簿書類廃棄決定書を作成するときは、付録第４２号書式による。

（帳簿・書類つづりの調製・保存）

第５５条　［同左］

［(1)～(4)　同左］

(5)　戸籍等閲覧簿　　１年

(6)　戸籍謄本・抄本交付簿　　３年

(7)　戸籍証明書交付簿　　３年

［(8)～(12)　略］	［(8)～(12)　同左］
(13)　不受理申出書・不受理申出取下書（届書等情報送信済み）つづり　１年	［号を加える。］
(14)～(31)　［略］	(13)～(30)　［同左］
２　［略］	２　［同左］
（帳簿・書類つづりの様式）	（帳簿・書類つづりの様式）
第５６条　前条第１項第１号から第７号までの帳簿を調製するときは、付録第４２号から第４６号までの様式による。ただし、同項第５号から第７号までの帳簿は、申請書をつづって帳簿とすることができる。	第５６条　前条第１項第１号から第７号までの帳簿を調製するときは、付録第４３号から第４７号までの様式による。ただし、同項第５号から第７号までの帳簿は、申請書をつづって帳簿とすることができる。
２　［略］	２　［同左］
３　前条第１項第８号、第９号、第１１号から第１３号まで、第１５号から第３０号までの書類つづりには、付録第４７号様式の表紙及び目録を付けなければならない。	３　前条第１項第８号、第９号、第１１号、第１２号、第１４号から第２９号までの書類つづりには、丁数を記入し、付録第４８号様式の表紙及び目録を付けなければならない。
４　［略］	４　［同左］
（区域変更による引継報告の特例）	（区域変更による引継報告の特例）
第５８条　規則第８０条第１項の規定によって引き継ぐべき戸籍又は除かれた戸籍が磁気ディスク（これに準ずる方法により一定の事項を確実に記録することができる物を含む。以下同じ。）をもって調製されている場合において、第７条の報告をするときは、付録第４８号書式による。	第５８条　規則第８０条第１項の規定によって引き継ぐべき戸籍又は除かれた戸籍が磁気ディスク（これに準ずる方法により一定の事項を確実に記録することができる物を含む。以下同じ。）をもって調製されている場合において、第７条の報告をするときは、付録第４９号書式による。
（戸籍事務改善等の報告の特例）	（戸籍事務改善等の報告の特例）
第５９条　戸籍事務を電子情報処理組織によって取り扱う場合において、事務改善等により戸籍情報システム設計・開発事業者、コンピュータの機種及び構成の主要部分又はプログラムを変更しようとするときは、あらかじめその旨を報告しなければならない。規則第６８条（規則第７２条第３項において準用する場合を含む。）の規定によって講じた措置を変更しようとするときも、同様とする。	第５９条　戸籍事務を電子情報処理組織によって取り扱う場合において、事務改善等によりコンピュータの機種及び構成の主要部分又はプログラムを変更しようとするときは、その旨を報告しなければならない。規則第６８条（規則第７２条第３項において準用する場合を含む。）の規定によって講じた措置を変更しようとするときも、同様とする。
２　前項の報告をするときは、付録第４９号書式による。	２　前項の報告をするときは、付録第５０号書式による。
（戸籍情報システムの障害等報告）	［条を加える。］
第５９条の２　戸籍情報システム又は戸籍事務内連携サーバーに障害等が発生したときは、適宜の方法により、速やかにその状況を報告しなければならない。	
２　戸籍情報システム又は戸籍事務内連携サーバーが障害等から復旧したときは、速やかにその旨を報告しなければならない。	
（戸籍簿・除籍簿の滅失又は滅失のおそれがある場合	（戸籍簿・除籍簿の滅失又は滅失のおそれがある場合

関連通達等

の報告の特例)	の報告の特例)
第60条　戸籍事務を電子情報処理組織によって取り扱う場合において、第15条の報告をするときは、<u>付録第50号又は第51号</u>の書式による。	第60条　戸籍事務を電子情報処理組織によって取り扱う場合において、第15条の報告をするときは、<u>付録第51号又は第52号</u>の書式による。
（戸籍簿・除籍簿の回復報告）	（戸籍簿・除籍簿の回復報告）
第61条　〔略〕	第61条　〔同左〕
2　前項の報告をするときは、<u>付録第52号書式</u>による。	2　前項の報告をするときは、<u>付録第53号書式</u>による。
<u>（届書等情報の送信等ができない場合の特例）</u>	
<u>第62条　戸籍事務を電子情報処理組織によって取り扱う場合において、受理地の市町村長が、通信障害等により、遅滞なく届書等情報を戸籍情報連携システムに送信することができない場合で、他の市町村長が戸籍の記載をすべき必要がある場合には、届書類の写しを作成し、当該届書類の写しの欄外に付録第25号ひな形のとおり記載し、又は同号ひな形による印判を押印した上で、当該市町村長に送付するものとする。戸籍の記載をすべき市町村長が、通信障害等により、法第120条の5第1項又は第3項の通知を受けることができない場合においても、同様とする。</u>	第62条　削除
<u>（事件数の報告の特例）</u>	
<u>第63条　戸籍事務を電子情報処理組織によって取り扱う場合において、第21条の報告をするときは、戸籍情報連携システムに事件数を送信しなければならない。</u>	〔条を加える。〕
（訂正除籍副本の送付の不要）	（訂正除籍副本の送付の不要）
<u>第64条</u>　〔略〕	<u>第63条</u>　〔同左〕
（電子情報処理組織の点検等）	（電子情報処理組織の点検等）
<u>第65条</u>　戸籍事務を電子情報処理組織によって取り扱う場合には、<u>随時</u>、電子情報処理組織の異状の有無を点検しなければならない。	<u>第64条</u>　戸籍事務を電子情報処理組織によって取り扱う場合には、<u>定期的に又は随時</u>、電子情報処理組織の異状の有無を点検しなければならない。
〔2・3　略〕	〔2・3　同左〕
4　規則第80条第1項の規定によって引き継ぐべき戸籍又は除かれた戸籍が磁気ディスクをもって調製されている場合において、引継書を作成するときは、<u>付録第53号書式</u>による。	4　規則第80条第1項の規定によって引き継ぐべき戸籍又は除かれた戸籍が磁気ディスクをもって調製されている場合において、引継書を作成するときは、<u>付録第54号書式</u>による。
（戸籍発収簿等の調製）	（戸籍発収簿等の調製）
<u>第66条</u>　〔略〕	<u>第65条</u>　〔同左〕
<u>2　戸籍事務を電子情報処理組織によって取り扱う場合には、第55条の帳簿及び書類つづりは、磁気ディスクをもって調製することができる。</u>	〔項を加える。〕
（電子情報処理組織点検簿）	（電子情報処理組織点検簿）

247

第６７条　［略］	第６６条　［同左］
２　前項の電子情報処理組織点検簿を調製するときは、付録第５４号様式による。	２　前項の電子情報処理組織点検簿を調製するときは、付録第５５号様式による。
３　［略］	３　［同左］
（取扱いの開始報告）	（取扱いの開始報告）
第６８条　戸籍に関する届出又は申請等を法第１１８条第１項の電子情報処理組織と請求をする者の使用に係る電子計算機とを電気通信回線で接続した電子情報処理組織を使用してすることができることとするときは、あらかじめその旨を報告しなければならない。報告内容を変更しようとするときも、同様とする。	第６７条　戸籍に関する届出又は申請等を市町村長の使用に係る電子計算機と請求をする者の使用に係る電子計算機とを電気通信回線で接続した電子情報処理組織を使用してすることができることとするときは、あらかじめその旨を報告しなければならない。報告内容を変更しようとするときも、同様とする。
２　前項の報告をするときは、付録第５５号書式による。	２　前項の報告をするときは、付録第５６号書式による。
（電子証明書に関するフィンガープリントの報告）	（電子証明書に関するフィンガープリントの報告）
第６９条　戸籍に関する届出又は申請等を前条第１項の電子情報処理組織を使用してすることができる場合であって、市町村長又はその代理者が電子署名を使用するときにおいて、当該者が就職したときは、第３条に規定する報告に併せて、当該者の使用に係る電子署名についての電子証明書に関するフィンガープリント（ハッシュ関数（SHA-256）により算出した値）を報告しなければならない。	第６８条　戸籍に関する届出又は申請等を前条第１項の電子情報処理組織を使用してすることができる場合においては、市町村長又はその代理者が就職したときは、第３条に規定する報告に併せて、その市町村長の使用に係る電子署名についての電子証明書に関するフィンガープリント（ハッシュ関数（SHA-1）により算出した値）を報告しなければならない。
２　［略］	２　［同左］
	（職印・認印の押印の特例）
［条を削る。］	第６９条　戸籍に関する届出又は申請等が第６７条第１項の電子情報処理組織を使用してされた場合には、届書類への市町村長の職印の押印は、電子署名を行う方法によらなければならない。
	２　前項の場合には、第２９条第３項の規定による取扱者の認印の押印は、市町村長が定める取扱者を識別する記号・番号等を記録する方法によらなければならない。
（届出又は申請等の不受理通知）	（届出又は申請等の不受理通知）
第７０条　戸籍に関する届出又は申請等が第６８条第１項の電子情報処理組織を使用してされた場合においては、当該届出又は申請等について不受理の処分をしたときは、届出人等に対し、不受理とした旨の通知書を規則第１１条に規定する郵便その他の方法により送付しなければならない。	第７０条　戸籍に関する届出又は申請等が第６７条第１項の電子情報処理組織を使用してされた場合においては、当該届出又は申請等について不受理の処分をしたときは、届出人等に対し、その届出又は申請等に係る情報を返信するとともに、不受理とした旨の通知書を規則第１１条に規定する郵便その他の方法により送付しなければならない。
２　前項の通知書は、付録第５６号書式による。	２　前項の通知書は、付録第５７号書式による。
（届書類の管轄局への送付方法の特例）	（届書類の管轄局への送付方法の特例）
第７１条　削除	第７１条　戸籍に関する届出又は申請等が第６７条第１項の電子情報処理組織を使用してされた場合には、規則第４８条第２項の規定による届書類の送付は、その届出又は申請等に係る情報を記録した媒体（JIS TR XO025:2000、追記型コンパクトディスク（CD-R）システム）正副２枚を、追記機能を停止した上で、送付する方法によらなければならない。
備考　表中の〔　〕の記載は注記である。	

（編注　付録書式と様式は省略）

関連通達等

電子情報処理組織による届出又は申請等の取扱いについて

（令和6年2月26日付け法務省民一第503号法務局長、
地方法務局長宛て法務省民事局長通達）

（**通達**）戸籍法の一部を改正する法律（令和元年法律第17号）の一部及び戸籍法施行規則の一部を改正する省令（令和6年法務省令第5号）が本年3月1日に施行されることとなりました。

　これらの改正に伴い、情報通信技術を活用した行政の推進等に関する法律（平成14年法律第151号。以下「情報通信技術活用法」という。）及び戸籍法施行規則（昭和22年司法省令第94号。以下「規則」という。）の規定により電子情報処理組織（以下「オンラインシステム」という。）を使用する方法により行う戸籍事務は、法令に定めるもののほか、本通達によることとしますので、これを了知の上、貴管下支局長及び管内市区町村長に周知方取り計らい願います。

　なお、本通達中「法」とあるのは戸籍法（昭和22年法律第224号）をいいます。

　おって、平成16年4月1日付け法務省民一第928号当職通達は、この通達により廃止します。

記

第1　オンラインシステムによる戸籍事務の取扱い

　1　オンラインシステムによる戸籍事務の範囲

　　⑴　オンラインシステムによる戸籍謄本等の交付請求

　　　戸籍若しくは除かれた戸籍の謄本若しくは抄本又は次に掲げる書面（以下「戸籍謄本等」という。）の交付の請求は、オンラインシステム（法第118条第1項の電子情報処理組織と請求をする者の使用に係る電子計算機とを電気通信回線で接続した電子情報処理組織）を使用してすることができる（情報通信技術活用法第6条第1項、規則第79条の2の4第1項、別表第五。以下オンラインシステムの使用による戸籍謄本等の交付請求を「オンライン交付請求」という。）。

　　　ア　法第10条第1項の戸籍に記載した事項に関する証明書

　　　イ　法第12条の2第1項の除かれた戸籍に記載した事項に関する証明書

　　　ウ　法第48条第1項の届出の受理又は不受理の証明書

　　　エ　法第120条第1項の戸籍証明書又は除籍証明書

249

(2) オンラインシステムによる戸籍の届出等

　次に掲げる届出又は申請（以下「届出等」という。）は、オンラインシステムを使用してすることができる（情報通信技術活用法第6条第1項、規則第79条の2の4第2項、別表第六。以下オンラインシステムの使用による戸籍の届出又は申請を「オンライン届出等」という。）。

　ア　法第49条第1項及び第54条第1項の規定による出生の届出

　イ　法第60条、第61条、第63条及び第64条の規定による認知の届出

　ウ　法第65条の規定による死産の届出

　エ　法第66条、第68条及び第68条の2の規定による縁組の届出

　オ　法第69条の規定による縁組の取消しの届出

　カ　法第69条の2及び第73条の2の規定による縁氏を称する届出

　キ　法第70条、第71条、第72条及び第73条第1項の規定による離縁の届出

　ク　法第73条第1項の規定による離縁の取消しの届出

　ケ　法第74条の規定による婚姻の届出

　コ　法第75条第1項の規定による婚姻の取消しの届出

　サ　法第75条の2及び第77条の2の規定による婚氏を称する届出

　シ　法第76条及び第77条第1項の規定による離婚の届出

　ス　法第77条第1項の規定による離婚の取消しの届出

　セ　法第78条、第79条及び第80条の規定による親権又は管理権に関する届出

　ソ　法第81条第1項、第82条、第84条及び第85条の規定による未成年者の後見に関する届出

　タ　法第86条第1項及び第92条第3項の規定による死亡の届出

　チ　法第94条の規定による失踪宣告又は失踪宣告の取消しの届出

　ツ　法第95条及び第99条の規定による復氏の届出

　テ　法第96条の規定による姻族関係終了の届出

　ト　法第97条の規定による推定相続人の廃除又は推定相続人の廃除の取消しの届出

　ナ　法第98条の規定による入籍の届出

　ニ　法第100条第1項の規定による分籍の届出

　ヌ　法第102条第1項の規定による国籍取得の届出

　ネ　法第102条の2の規定による帰化の届出

　ノ　法第103条第1項の規定による国籍喪失の届出

　ハ　法第104条第1項の規定による国籍留保の届出

ヒ　法第104条の2第1項の規定による国籍選択の届出

　　フ　法第106条第1項の規定による外国国籍喪失の届出

　　ヘ　法第107条の規定による氏の変更の届出

　　ホ　法第107条の2の規定による名の変更の届出

　　マ　法第108条第1項の規定による転籍の届出

　　ミ　法第110条第1項及び第111条の規定による就籍の届出

　　ム　法第113条、第114条及び第116条第1項の規定による戸籍訂正の申請

⑶　オンラインシステムによる戸籍電子証明書提供用識別符号等の発行等の
　　請求

　　　法第120条の3第3項に規定する行政機関等に対する戸籍電子証明書等
　　の提供の請求は、オンラインシステムを使用してすることができる（情報
　　通信技術活用法第6条第1項、規則第79条の2の4第3項。以下オンライ
　　ンシステムの使用による戸籍電子証明書等の行政機関等への提供の請求を
　　「オンライン発行請求」という。）。

⑷　オンラインシステムによる戸籍証明書等の交付

　　　次に掲げる書面に係る証明書情報（証明書を電子情報としたものをいう。
　　以下同じ。）の交付（以下「戸籍証明書等の交付」という。）は、オンラ
　　インシステムを使用してすることができる（以下オンラインシステムの使用
　　による戸籍証明書等の交付を「オンライン交付」という。）。ただし、オン
　　ライン交付を受けようとする者が、オンライン交付によって証明書情報の
　　交付を受けることを希望する旨の届出を市区町村長の定めるところにより
　　行った場合に限る（情報通信技術活用法第7条第1項、規則第79条の5第
　　1項及び第3項、別表第七）。

　　ア　法第48条第1項の届出の受理又は不受理の証明書

　　イ　法第120条第1項の戸籍証明書又は除籍証明書

⑸　オンラインシステムによる戸籍電子証明書提供用識別符号等の発行

　　　戸籍電子証明書提供用識別符号等の発行は、オンラインシステムを使用
　　してすることができる（以下オンラインシステムの使用による戸籍電子証
　　明書提供用識別符号等の発行を「オンライン発行」という。）。ただし、オ
　　ンライン発行を受けようとする者が、オンライン発行によって戸籍電子証
　　明書提供用識別符号等の発行を受けることを希望する旨の届出を市区町村
　　長の定めるところにより行った場合に限る（情報通信技術活用法第7条第
　　1項、規則第79条の5第2項及び第3項）。

2　オンライン交付請求等の方法等

251

(1) 請求・届出等情報の送信

　　オンライン交付請求、オンライン届出等又はオンライン発行請求（以下「オンライン交付請求等」という。）をする者は、法又は規則において交付請求書、届書若しくは申請書又は発行請求書に記載すべきこととされている事項に係る情報（以下「請求・届出等情報」という。）をオンライン交付請求等をする者の使用に係る電子計算機から入力し、法第118条第１項の電子情報処理組織に送信しなければならない（規則第79条の３第１項前段）。

(2) 添付書面情報の送信

　　(1)の請求・届出等情報を送信する場合において、法又は規則において交付請求、届出等又は発行請求の際に添付し、又は提出すべきとされている書面等（以下「添付書面等」という。）があるときは、当該添付書面等に代わるべき情報（以下「添付書面情報」という。）を併せて送信しなければならない（規則第79条の３第１項後段）。したがって、添付書面等を別途送付する方法又は市区町村の窓口に提出する方法は認められない。

(3) 電子署名及び電子証明書

　ア　請求・届出等情報への電子署名

　　請求・届出等情報には、オンライン交付請求等をする者が電子署名（電子署名及び認証業務に関する法律（平成12年法律第102号）第２条第１項に規定する電子署名をいう。以下同じ。）を行わなければならない（規則第79条の３第２項前段）。証人を必要とする事件の届出については、当該証人も、電子署名を行わなければならない（規則第79条の３第２項後段）。したがって、電子署名を行うべき者が複数ある場合には、それぞれ個別に電子署名を行わなければならない。

　イ　添付書面情報への電子署名

　　添付書面情報は、作成者（認証を要するものについては、作成者及び認証者）による電子署名が行われたものでなければならない（規則第79条の３第３項）。添付書面情報は、電子的な情報であり、真に作成者が作成したものであることを確認するためには、作成者による電子署名が行われたものであることが必要であることから、添付書面情報がこの要件を満たさない場合には、オンライン交付請求等をすることはできない。

　ウ　電子証明書

　　オンライン交付請求等をする者は、ア及びイの電子署名を行った者を確認するために必要な事項を証する次に掲げる電子証明書のいずれかを

関連通達等

当該電子署名が行われた情報と併せて送信しなければならない（規則第79条の3第4項）。

　　(ｱ)　電子署名等に係る地方公共団体情報システム機構の認証業務に関する法律（平成14年法律第153号）第3条第1項の規定に基づき作成されたもの

　　(ｲ)　商業登記法（昭和38年法律第125号）第12条の2第1項及び第3項（これらの規定を他の法律の規定において準用する場合を含む。）の規定に基づき作成されたもの

　　(ｳ)　その他市区町村長の使用に係る電子計算機から当該電子署名を行った者を確認することができるものであって、ア及びイに掲げるものに準ずるものとして市区町村長が定めるもの

(4)　署名に代わる措置

　　オンライン交付請求等をする場合においては、届書又は申請書にすることとされている署名は、電子署名をもってこれに代えることができる（情報通信技術活用法第6条第4項、規則第79条の7）。

(5)　請求地・届出地等

　ア　オンライン交付請求

　　　オンライン交付請求は、当該請求をする戸籍又は除かれた戸籍の本籍地でしなければならない（規則第79条の8第1項）。

　イ　オンライン届出等

　　　オンライン届出等は、届出事件本人の本籍地でしなければならない。ただし、次に掲げる届出については、それぞれに定める地でしなければならない（法第130条第1項、規則第79条の8第2項）。

　　(ｱ)　法第61条及び第65条に規定する届出　母の本籍地

　　(ｲ)　法第102条の2、第110条及び第111条に規定する届出　新本籍地

　　(ｳ)　外国人に関する届出　届出人の所在地

　ウ　オンライン発行請求

　　　オンライン発行請求は、当該請求をする戸籍又は除かれた戸籍の本籍地でしなければならない（規則第79条の8第3項）。

(6)　届出等の到達

　ア　オンライン届出等は、当該届書若しくは申請書に記載すべきこととされている事項に係る情報（以下「届出等情報」という。）が法第118条第1項の電子情報処理組織に備えられたファイルに記録された時に市区町村長に到達したものとみなされる（情報通信技術活用法第6条第3項）。

253

イ　届出人等が生存中にしたオンライン届出等は、その死亡後であっても、市区町村長は、これを受理しなければならない（法第130条第2項、第47条）。この場合においては、届出人等の死亡の時に届出等があったものとみなされる。

(7)　電子署名を行うべき者が複数ある場合の届出等の方法

電子署名を行うべき者が複数ある場合には、その全てが電子署名をするまでの間、当該届出等情報をオンラインシステムにおいて保管することができる。この場合において、当該保管に係る間は、当該届出等情報は、市区町村長に到達したものとはみなされない。

なお、届出人等は、全ての電子署名がされた後に届出等情報を法第118条第1項の電子情報処理組織に備えられたファイルに記録しなければならず、当該届出等情報は、その記録された時に市区町村長に到達したものとみなされる。

3　交付の方法等

(1)　オンライン交付の方法等

ア　ファイルへの記録

市区町村長は、オンライン交付をするときは、法第48条第1項の届出の受理又は不受理の証明書（1の(4)のア）については規則第66条第1項の証明書に記載すべきこととされている事項に係る情報を、法第120条第1項の戸籍証明書又は除籍証明書（1の(4)のイ）については規則第73条第1項各号の証明書に記載すべきこととされている事項及び規則付録第33号書式に係る情報を法第118条第1項の電子情報処理組織に備えられたファイルに記録しなければならない（規則第79条の6第1項）。

イ　電子署名及び電子証明書

アのファイルへの記録に際しては、当該情報について市区町村長が電子署名（職責を明らかにするもの）を行い、当該電子署名に係る電子証明書を併せて記録しなければならない（規則第79条の6第1項）。

ウ　職印に代わる措置

アの証明書又は書面にすることとされている職員の押印は、電子署名をもってこれに代えることができる（情報通信技術活用法第7条第4項、規則第79条の7）。

エ　オンライン交付請求をした戸籍証明書等の取得方法

オンライン交付請求をした者は、その者の使用に係る電子計算機から、アにより法第118条第1項の電子情報処理組織に記録された証明書情報

関連通達等

を取得するものとする。

(2) オンライン発行の方法等

ア ファイルへの記録

市区町村長は、オンライン発行をするときは、規則第79条の2の2第2項に係る情報を法第118条第1項の電子情報処理組織に備えられたファイルに記録しなければならない（規則第79条の6第2項）。したがって、ファイルへの記録に際して、当該情報について市区町村長が電子署名及び当該電子署名に係る電子証明書を併せて記録することを要しない。

イ オンライン発行請求をした符号の取得方法

オンライン発行請求をした者は、その者の使用に係る電子計算機から、アにより法第118条第1項の電子情報処理組織に記録された符号を取得するものとする。

(3) 書面による交付の方法

市区町村長は、オンライン交付請求又はオンライン発行請求をした者から、(1)ア又は(2)アの情報について、オンライン交付又はオンライン発行ではなく、書面による交付又は発行を求められたときは、当該情報を記載した書面を郵送する方法又は市区町村の窓口で手渡しする方法で交付又は発行するものとする。

なお、法第10条第1項の戸籍の謄本及び抄本並びに戸籍に記載した事項に関する証明書並びに法第12条の2第1項の除かれた戸籍の謄本及び抄本並びに除かれた戸籍に記載した事項に関する証明書については、オンライン交付請求（1の(1)参照）がされた場合であっても、オンライン交付はできない（1の(4)参照）ので、その交付は、郵送する方法又は市区町村の窓口で手渡しする方法で行うこととなる。

第2 オンラインシステムの使用

1 オンラインシステムの使用における遵守事項

(1) 標準仕様への準拠

オンラインシステムは、別冊「戸籍手続オンラインシステム構築のための標準仕様書」に定める標準仕様に準拠したものでなければならない。

(2) 個人情報保護

オンラインシステムを構築するに当たって、市区町村長は、個人情報の保護に関する法律（平成15年法律第57号）第5条及び第11条の趣旨に従い、オンラインシステムにおける戸籍情報の適正な取扱いが確保されるよう個人情報保護条例の制定又は見直し及び電子情報処理組織に関する管理規則

255

等の制定又は改正等必要な措置を講じなければならない。

2　オンラインシステムの使用開始手続

(1)　使用開始報告

　　市区町村長は、オンラインシステムを使用して戸籍事務を取り扱うこととするときは、管轄法務局若しくは地方法務局又はその支局（以下「法務局等」という。）の長にその旨を報告しなければならない。当該報告内容を変更しようとするときも、同様とする。

　　なお、第1の1(1)、(3)及び(4)の戸籍事務だけを先行して取り扱うこととしても差し支えない。

(2)　使用開始報告の添付書面

　　市区町村長は、前項の報告をするときは、次に掲げる資料を添付しなければならない。

ア　個人情報保護条例の写し

イ　電子情報処理組織に関する管理規則の写し

ウ　オンラインシステムによって取り扱う手続の一覧

エ　オンラインシステムの機器構成図

オ　市区町村長の使用に係る電子署名についての電子証明書に関するフィンガープリント（ハッシュ関数（SHA-256）により算出した値）（市区町村長又はその代理者が電子署名を使用する場合に限る。）

(3)　法務局等の長からの報告

　　法務局等の長は、(1)の報告を受けたときは、その旨を当職に報告しなければならない。

第3　オンライン届出等の処理

1　受付帳の記録

　　オンライン届出等があったときは、受付帳にその旨を記録しなければならない（規則第21条第1項第8号）。

2　届出等情報の取扱い

(1)　届書等情報に係る規定の準用

　　規則第79条の2の4第2項の規定により届出等がされた場合における届出等情報の取扱いは、届書等情報に係る規定（規則第78条の2から第78条の5まで）が準用される（規則第79条の9第1項）。

(2)　届書等情報の作成

　　届出等情報についても、法第120条の4第1項の規定に基づき当該届出等情報に係る届書等情報を作成し、これを法務大臣に提供しなければなら

ないところ、この場合においては、規則第78条の２第２項の規定にかかわらず、電子情報処理組織により届書等情報を作成することができる（規則第79条の９第２項）。したがって、送信された届出等情報については、スキャナ（これに準ずる画像読取装置を含む。）により読み取ってできた画像情報を記録する方法のほか、市区町村の戸籍情報システムにより画像情報に変換するなどして届書等情報を作成することも認められる。

(3) 届出等情報の保存

届出等情報は、以下のいずれかの方法により保存するものとし、その取扱いは規則第48条又は第50条に準ずるものとする。

ア　電磁的記録により保存する方法

イ　日本産業規格Ａ列３番又は４番の用紙に出力し、帳簿につづり込む方法

3　届書等に関する規定の適用

届出等情報については、特段の定めのない限り、書面によりされた届書に関する規定を適用する。

第4　不交付等とした場合の取扱い

1　オンライン交付請求を不交付とした場合

オンライン交付請求について不交付の処分をしたときは、請求者に対し、不交付とした旨を通知しなければならない。

2　オンライン届出等を不受理とした場合

オンライン届出等について不受理の処分をしたときは、届出人等に対し、不受理とした旨を通知しなければならない。

3　オンライン発行請求を不発行とした場合

オンライン発行請求について不発行の処分をしたときは、請求者に対し、不発行とした旨を通知しなければならない。

第5　オンラインシステムにおける文字の取扱い

1　オンラインシステムにおける文字セットはJIS X 0213：2012とし、文字コードはJIS X 0221：2020とする。

2　オンラインシステムにおいて入力された文字の取扱い

オンラインシステムにおいて入力された文字が戸籍に記載された文字と異なる場合における取扱いは、次のとおりとする。

(1) 届書又は申請書に入力された文字の字形が戸籍に記載された文字の字形と異なる場合であっても、他の情報により対象の戸籍及び事件本人を特定することができる場合は、届書又は申請書に入力された当該文字を訂正す

ることを要しない。

(2)　平成22年11月30日付け法務省民一第2903号当職通達により一部改正された平成2年10月20日付け法務省民二第5200号当職通達第1の2(3)ただし書及び第2の6の規定は適用しない。

関連通達等

戸籍届書の標準様式の一部改正について

> （令和6年2月26日付け法務省民一第504号法務局長、
> 地方法務局長宛て法務省民事局長通達）

（通達） 戸籍法の一部を改正する法律（令和元年法律第17号）が令和元年5月31日に、地域の自主性及び自立性を高めるための改革の推進を図るための関係法律の整備に関する法律（令和5年法律第58号）が令和5年6月16日に公布され、改正後の戸籍法（昭和22年法律第224号）の一部が本年3月1日から施行されるとともに、戸籍法施行規則の一部を改正する省令（令和6年法務省令第5号）が本日公布され、本年3月1日に施行されることに伴い、令和3年8月27日付け法務省民一第1622号当職通達に定める戸籍届書の標準様式を別紙1から33までのとおり改めますので、これを了知の上、貴管下支局長及び管内市区町村長に周知方取り計らい願います。

　なお、本通達は本年3月1日から施行しますが、従前の様式による各届書の用紙がある場合には、当分の間、本通達実施後もこれを用いることができることとしますので、念のため申し添えます。

（編注　別紙1から33は省略）

> ## 「戸籍法及び戸籍法施行規則の一部改正に伴う戸籍事務の取扱いについて」の一部改正について
>
> $\left(\begin{array}{l}\text{令和6年2月26日付け法務省民一第505号法務局長、}\\ \text{地方法務局長宛て法務省民事局長通達}\end{array}\right)$

（通達）戸籍法の一部を改正する法律（令和元年法律第17号）の一部及び戸籍法施行規則の一部を改正する省令（令和6年法務省令第5号）が本年3月1日に施行されることに伴い、平成20年4月7日付け法務省民一第1000号当職通達の一部を下記のとおり改正しますので、これを了知の上、貴管下支局長及び管内市区町村長に周知方取り計らい願います。

記

次の表により、改正前欄に掲げる規定の傍線を付した部分をこれに順次対応する改正後欄に掲げる規定の傍線を付した部分のように改め、改正前欄及び改正後欄に対応して掲げるその標記部分に二重傍線を付した規定（以下「対象規定」という。）は、改正前欄に掲げる対象規定で改正後欄にこれに対応するものを掲げていないものは、これを削り、改正後欄に掲げる対象規定で改正前欄にこれに対応するものを掲げていないものは、これを加える。

改　　正　　後	改　　正　　前
第1　戸籍謄本等の交付の請求 　1　法第10条第1項の請求（本人等請求） 　　戸籍に記載されている者又はその配偶者、直系尊属若しくは直系卑属（以下「本人等」という。）がその戸籍の謄本若しくは抄本又は戸籍に記載した事項に関する証明書（以下「戸籍謄本等」という。）の交付の請求（以下「本人等請求」という。）をする場合には、請求の理由を明らかにする必要はないが、市区町村長は、当該請求が不当な目的によることが明らかなときは、これを拒むことができることとされた（法第10条第1項、第2項）。 　　<u>「配偶者」には、戸籍に記載されている者が死亡し、又は失踪宣告を受けた場合における生存配偶者も含まれる。</u> 　　「不当な目的」に該当する場合とは、嫡出でない子であることや離婚歴等他人に知られたくないと思われる事項をみだりに探索し又はこれを公表するなどプライバシーの侵害につながるもの、その他戸籍の公開制度の趣旨を逸脱して戸籍謄本等を不当に利用する場合をいう。 第6　不受理申出（法第27条の2第3項から第5項まで） 　　［略］ 　　不受理申出については、次のとおり取り扱うものとする。 　　<u>なお、不受理申出情報（不受理申出に係る注意喚起情報及び不受理申出書の画像情報をいう。以下同じ。）を戸籍情報システムに登録し、又は更新したときは、届書等情報を戸籍情報連携システムに送信するものとする。</u> 　1　不受理申出の方法及び内容等 　　［(1)～(6)　略］ 　　(7)　市区町村長は、不受理申出を受理したときは、次のとおり取り扱うものとする。 　　　ア　［略］ 　　　イ　不受理申出をした者の本籍地の市区町村長が当該不受理申出を受理したときは、不受理申出	第1　戸籍謄本等の交付の請求 　1　法第10条第1項の請求（本人等請求） 　　戸籍に記載されている者又はその配偶者、直系尊属若しくは直系卑属（以下「本人等」という。）がその戸籍の謄本若しくは抄本又は戸籍に記載した事項に関する証明書（以下「戸籍謄本等」という。）の交付の請求（以下「本人等請求」という。）をする場合には、請求の理由を明らかにする必要はないが、市区町村長は、当該請求が不当な目的によることが明らかなときは、これを拒むことができることとされた（法第10条第1項、第2項）。 　　「不当な目的」に該当する場合とは、嫡出でない子であることや離婚歴等他人に知られたくないと思われる事項をみだりに探索し又はこれを公表するなどプライバシーの侵害につながるもの、その他戸籍の公開制度の趣旨を逸脱して戸籍謄本等を不当に利用する場合をいう。 第6　不受理申出（法第27条の2第3項から第5項まで） 　　［同左］ 　　不受理申出については、次のとおり取り扱うものとする。 　1　不受理申出の方法及び内容等 　　［(1)～(6)　同左］ 　　(7)　市区町村長は、不受理申出を受理したときは、次のとおり取り扱うものとする。 　　　ア　［同左］ 　　　イ　不受理申出をした者の本籍地の市区町村長が当該不受理申出を受理したときは、不受理申出

をした者の戸籍に(8)の措置等を講じた上、当該不受理申出書の原本を保存する。

ウ　［略］

エ　１５歳未満の者を養子とする縁組における養子となる者の法定代理人又は養子が１５歳未満である場合の離縁における養子の法定代理人となるべき者からの不受理申出につき、当該法定代理人又は法定代理人となるべき者の本籍地の市区町村長が当該不受理申出を受理したときは、遅滞なく、当該不受理申出書の謄本を作成した上、その原本を当該養子となる者又は養子の本籍地の市区町村長に送付し、その謄本を保存する。

オ　エの不受理申出につき、養子となる者又は養子の本籍地の市区町村長が当該不受理申出を受理したときは、遅滞なく、当該養子となる者又は養子の戸籍に(8)の措置等を講じた上、当該不受理申出書の原本を保存する。

カ　エの不受理申出につき、エ及びオの市区町村長以外の市区町村長が当該不受理申出を受理したときは、遅滞なく、当該不受理申出書の謄本を作成した上、当該不受理申出書の原本を養子となる者又は養子の本籍地の市区町村長に送付し、その謄本を保存する。

キ　［略］

(8)　本籍地の市区町村長が戸籍に講ずる措置等

ア　不受理申出（(7)エの不受理申出を除き、(7)キの不受理申出を含む。）をした者の本籍地の市区町村長は、自ら不受理申出を受理したとき、又は不受理申出を受理した非本籍地の市区町村長から当該不受理申出書の原本の送付を受けたときは、不受理申出がされたことを的確に把握するため、当該不受理申出をした者の戸籍に不受理申出情報を登録するものとする。ただし、当該戸籍が電子情報処理組織によって取り扱

をした者の戸籍に(8)の措置を講じた上、当該不受理申出書の原本を保存する。

ウ　［同左］

エ　１５歳未満の者を養子とする縁組における養子となる者の法定代理人又は養子が１５歳未満である場合の離縁における養子の法定代理人となるべき者からの不受理申出につき、当該法定代理人又は法定代理人となるべき者の本籍地の市区町村長が当該不受理申出を受理したときは、遅滞なく、当該不受理申出書の謄本を作成した上、その謄本を当該養子となる者又は養子の本籍地の市区町村長に送付し、その原本を保存する。

オ　エの不受理申出につき、養子となる者又は養子の本籍地の市区町村長が当該不受理申出を受理したときは、遅滞なく、当該養子となる者又は養子の戸籍に(8)の措置を講じ、当該不受理申出書の謄本を作成した上、その原本を当該養子となる者の法定代理人又は当該養子の法定代理人となるべき者の本籍地の市区町村長に送付し、その謄本を保存する。

カ　エの不受理申出につき、エ及びオの市区町村長以外の市区町村長が当該不受理申出を受理したときは、遅滞なく、当該不受理申出書の謄本を２通作成した上、その原本を養子となる者の法定代理人又は養子の法定代理人となるべき者の本籍地の市区町村長に、その謄本の１通を当該養子となる者又は養子の本籍地の市区町村長に送付し、残りの謄本を保存する。

キ　［同左］

(8)　本籍地の市区町村長が戸籍に講ずる措置

ア　不受理申出（(7)エの不受理申出を除き、(7)キの不受理申出を含む。）をした者の本籍地の市区町村長は、自ら不受理申出を受理したとき、又は不受理申出を受理した非本籍地の市区町村長から当該不受理申出書の原本の送付を受けたときは、不受理申出がされたことを的確に把握するため、当該不受理申出をした者の戸籍の直前に着色用紙をとじ込む等の方法を講ずるものとする。ただし、当該戸籍が磁気ディスクを

関連通達等

うことが相当でない戸籍であるときは、当該戸籍の直前に着色用紙をとじ込む等の方法を講ずるものとする。

イ (7)エの不受理申出における当該養子となる者又は養子の本籍地の市区町村長は、自ら不受理申出を受理したとき、又は不受理申出を受理した他の市区町村長から当該不受理申出書の原本の送付を受けたときは、不受理申出がされたことを的確に把握するため、当該養子となる者又は養子の戸籍に不受理申出情報を登録するものとする。ただし、当該戸籍が電子情報処理組織によって取り扱うことが相当でない戸籍であるときは、当該戸籍の直前に着色用紙をとじ込む等の方法を講ずるものとする。

ウ 令和6年3月1日時点においてア及びイの本籍地の市区町村において保存する不受理申出書があるときは、不受理申出をした者（イの場合は養子となる者又は養子）の戸籍（電子情報処理組織によって取り扱うことが相当でない戸籍を除く。）に不受理申出情報（当該不受理申出に係る注意喚起情報に限る。）を登録するものとする。
この場合において、不受理申出書の画像情報を登録することは差し支えない。

(9) 不受理申出後に当該不受理申出をした者の本籍等の変更があった場合
ア 不受理申出をした者（(7)エの不受理申出をした者を除く。本項において同じ。）について本籍の変更があった場合には、新本籍地の市区町村長は、原籍地の戸籍に登録された不受理申出情報（届書等情報として戸籍情報連携システムに送信されたもの。以下イにおいて同じ。）に基づき、当該不受理申出をした者の戸籍に不受理申出情報を登録するものとする。この場合において、原籍地の戸籍に当該不受理申出書の画像情報が登録されていないときは、原籍地の市区町村長は、遅滞なく、当該不受理申出書の画像情報を登録するものとする。

もって調製されているときは、当該戸籍のコンピュータの画面上に不受理申出がされていることが明らかとなる方法を講ずるものとする。

イ (7)エの不受理申出（(7)キの不受理申出を除く。）における当該養子となる者又は養子の本籍地の市区町村長は、自ら不受理申出を受理したとき、又は不受理申出を受理した他の市区町村長から当該不受理申出書の謄本の送付を受けたときは、不受理申出がされたことを的確に把握するため、当該養子となる者又は養子の戸籍の直前に着色用紙をとじ込む等の方法を講ずるものとする。ただし、当該戸籍が磁気ディスクをもって調製されているときは、当該戸籍のコンピュータの画面上に不受理申出がされていることが明らかとなる方法を講ずるものとする。
［ウを加える。］

(9) 不受理申出後に当該不受理申出をした者の本籍等の変更があった場合
ア 不受理申出をした者について本籍の変更があった場合には、原籍地の市区町村長は、保存中の当該不受理申出書の謄本を作成した上、その原本を新本籍地の市区町村長に送付し、その謄本を保存するものとする。
新本籍地の市区町村長は、原籍地の市区町村長から当該不受理申出書の原本の送付を受けたときは、当該不受理申出をした者（(7)エの不受理申出をした者を除き、(7)キの不受理申出をした者を含む。）の戸籍に(8)の措置を講じた上、その原本を保存するものとする。この場合においては、当該不受理申出は、新本籍地の市区町

原籍地の戸籍が電子情報処理組織によって取り扱うことが相当でない戸籍であるときは、原籍地の市区町村長は、保存中の当該不受理申出書の謄本を作成した上、その原本を新本籍地の市区町村長に送付し、その謄本を保存するものとする。新本籍地の市区町村長は、原籍地の市区町村長から当該不受理申出書の原本の送付を受けたときは、当該不受理申出をした者の戸籍に不受理申出情報を登録するものとする。ただし、当該戸籍が電子情報処理組織によって取り扱うことが相当でない戸籍であるときは、当該戸籍の直前に着色用紙をとじ込む等の方法を講ずるものとする。

　この場合においては、当該不受理申出は、新本籍地の市区町村長に対してされたものとして取り扱う。

イ　(7)エの不受理申出における養子となる者又は養子について本籍の変更があった場合には、新本籍地の市区町村長は、原籍地の戸籍に登録された不受理申出情報に基づき、当該不受理申出をした者の戸籍に不受理申出情報を登録するものとする。この場合において、原籍地の戸籍に当該不受理申出書の画像情報が登録されていないときは、原籍地の市区町村長は、遅滞なく、当該不受理申出書の画像情報を登録するものとする。

　原籍地の戸籍が電子情報処理組織によって取り扱うことが相当でない戸籍であるときは、原籍地の市区町村長は、保存中の当該不受理申出書の謄本を作成した上、その原本を新本籍地の市区町村長に送付し、その謄本を保存するものとする。新本籍地の市区町村長は、原籍地の市区町村長から当該不受理申出書の原本の送付を受けたときは、当該不受理申出をした者の戸籍に不受理申出情報を登録するものとする。ただし、当該戸籍が電子情報処理組織によって取り扱うことが相当でない戸籍であるときは、当該戸籍の直前に着色用紙をとじ込む等の方法を講ずるものとする。

　この場合においては、当該不受理申出は、新

村長に対してされたものとして取り扱う。

イ　(7)エの不受理申出（(7)キの不受理申出を除く。ウにおいて同じ。）における養子となる者又は養子について本籍の変更があった場合には、原籍地の市区町村長は、保存中の当該不受理申出書の謄本（以下イ及びびウ並びに(11)において「当該申出書（謄本）」という。）の謄本を作成した上、当該申出書（謄本）を新本籍地の市区町村長に送付し、その謄本を保存するものとする。

　本籍地の市区町村長は、原籍地の市区町村長から当該申出書（謄本）の送付を受けたときは、当該養子となる者又は養子の戸籍に(8)の措置を講じた上、当該申出書（謄本）を保存するものとする。

本籍地の市区町村長に対してされたものとして取り扱う。

ウ　不受理申出をした者（(7)エの不受理申出においては、養子となる者又は養子。本項について同じ。）について氏名及び本籍の変更があった場合には、当該不受理申出をした者の本籍地の市区町村長は、不受理申出書の原本に、別紙7の3の様式を参考にして、当該変更事項等を記載した別紙を添付し、当該不受理申出をした者の戸籍の不受理申出情報を更新するものとする。当該戸籍が電子情報処理組織によって取り扱うことが相当でない戸籍であるときは、別紙7の3の様式を参考にして、当該変更事項等を記載した別紙を作成し、不受理申出書と併せて保存するものとする。

(10)市区町村長は、不受理申出書の原本を他の市区町村長に送付するときは、当該不受理申出書が送付先の市区町村長に到達したかどうかを確認する取扱いを実施するよう努めるものとする。

(11)不受理申出書の保存期間

次に掲げる不受理申出書の保存期間は、それぞれにおいて定めるとおりとする。

ア　令和6年2月29日までに市区町村長が受理した不受理申出書の保存期間

(ｱ) (8)ウにおいて、不受理申出情報（注意喚起情報に限る。）を登録した後、当該不受理申出書の画像情報を登録した場合における不受理申出書　当該届書等情報を戸籍情報連携システムに送信した年度の翌年から1年

(ｲ) 不受理申出をした者（(7)キの不受理申出をした者を含む。）の本籍地の市区町村長が保存する不受理申出書　取下げ（後記6）等により不受理申出が効力を喪失した年度の翌年から3年

(ｳ) (7)エの不受理申出（(7)キの不受理申出を除く。）における養子となる者又は養子の本籍地の市区町村長が保存する不受理申出書の謄本　取下げ（後記6）等により不受理申出が効力を喪失した年度の翌年から3年

ウ　不受理申出をした者について氏名及び本籍の変更があった場合には、当該不受理申出書の原本を保存する市区町村長は、その原本に、別紙7の3の様式を参考にして、当該変更事項を記載した別紙を添付するものとする。(7)エの不受理申出における養子となる者又は養子について氏名及び本籍の変更があった場合において当該申出書（謄本）を保管する市区町村長が採るべき措置も、同様とする。

(10)市区町村長は、不受理申出書の原本又は謄本を他の市区町村長に送付するときは、当該不受理申出書が送付先の市区町村長に到達したかどうかを確認する取扱いを実施するよう努めるものとする。

(11)不受理申出書の保存期間

次に掲げる不受理申出書の保存期間は、それぞれにおいて定めるとおりとする。

ア　不受理申出をした者（(7)キの不受理申出をした者を含む。）の本籍地の市区町村長が保存する不受理申出書　取下げ（後記6）等により不受理申出が効力を喪失した年度の翌年から3年

（エ）(9)ア又はイの場合における新本籍地の市区
町村長が保存する不受理申出書又は当該申出
書の謄本　取下げ（後記６）等により不受理
申出が効力を喪失した年度の翌年から３年
（オ）(7)から(エ)までの市区町村長以外の市区町
村長が保存する不受理申出書の謄本　謄本を
作成した年度の翌年から１年
イ　令和６年３月１日以降に市区町村長が受理し
た不受理申出書の保存期間
（7）　不受理申出書の原本
不受理申出がされた年度の翌年から１年（
ただし、不受理申出をした者（（7）エの不受
理申出（（7）キの不受理申出を除く。）にお
いては、養子となる者又は養子。）の戸籍
が電子情報処理組織によって取り扱うこと
が相当でない戸籍であるときは、取下げ（
後記６）等により不受理申出が効力を喪失
した年度の翌年から３年）
（イ）不受理申出書の謄本
謄本を作成した年度の翌年から１年
［ウを削る。］

［エを削る。］

2　不受理申出の有無の確認
(1) 市区町村長は、縁組等の届出があった場合には
、窓口に出頭した者が当該届出についての届出事
件の本人の全員であることを確認することができ
たときを除き、当該届出について不受理申出がさ
れているか否かの確認を行うものとする。この場
合において、非本籍地の市区町村長に当該届出が
あったときは、当該非本籍地の市区町村長は、当
該届出を受け付けた後遅滞なく、次のいずれかに
よる方法により、当該届出について不受理申出が
されているか否かを確認するものとする。
ア　不受理申出情報の参照
イ　本籍地の市区町村に対する照会

イ　(7)エの不受理申出（（7）キの不受理申出を除
く。）における養子となる者又は養子の本籍地
の市区町村長が保存する当該申出書（謄本）
取下げ（後記６）等により不受理申出が効力を
喪失した年度の翌年から３年

ウ　(9)ア又はイの場合における新本籍地の市区町
村長が保存する不受理申出書又は当該申出書（
謄本）　取下げ（後記６）等により不受理申出
が効力を喪失した年度の翌年から３年
エ　アからウまでの市区町村長以外の市区町村長
が保存する不受理申出書の謄本　謄本を作成し
た年度の翌年から１年

2　不受理申出の有無の確認
(1) 市区町村長は、縁組等の届出があった場合には
、窓口に出頭した者が当該届出についての届出事
件の本人の全員であることを確認することができ
たときを除き、当該届出について不受理申出がさ
れているか否かの確認を行うものとする。この場
合において、非本籍地の市区町村長に当該届出が
あったときは、当該非本籍地の市区町村長は、当
該届出を受け付けた後遅滞なく、本籍地の市区町
村長に対し、当該届出について不受理申出がされ
ているか否かを電話等の方法により確認するもの
とする。

［左欄］

(2)　（1）の場合において、縁組等の届出が１５歳未満の者を養子とする縁組又は養子が１５歳未満である場合の離縁の届出であり、当該養子となる者又は養子の本籍地以外の市区町村長に届出があったときは、当該市区町村長は、（1）にかかわらず、当該届出を受け付けた後遅滞なく、当該養子となる者又は養子の本籍地の市区町村長に対し、当該届出について不受理申出がされているか否かを(1)ア又はイの方法により確認するものとする。ただし、当該養子となる者又は養子が外国人であるときは、この限りでない。

(3)　［略］

［3～5　略］

6　不受理申出の取下げ

［(1)～(5)　略］

(6)　市区町村長は、不受理申出の取下げを受理したときは、次のとおり取り扱うものとする。

ア　［略］

イ　不受理申出をした者の本籍地の市区町村長が不受理申出の取下げを受理したときは、当該不受理申出をした者の戸籍に(7)の措置等を講じた上、当該不受理申出取下書の原本を保存する。

ウ　［略］

エ　1(7)エの不受理申出につき、法定代理人又は法定代理人となるべき者の本籍地の市区町村長が当該不受理申出の取下げを受理したときは、遅滞なく、当該不受理申出取下書の謄本を作成した上、その原本を養子となる者又は養子の本籍地の市区町村長に送付し、その謄本を保存する。

オ　エの不受理申出につき、養子となる者又は養子の本籍地の市区町村長が当該不受理申出の取下げを受理したときは、遅滞なく、当該養子となる者又は養子の戸籍に(7)の措置等を講じた上、当該不受理申出取下書の原本を保存する。

カ　エの不受理申出につき、エ及びオの市区町村長以外の市区町村長が当該不受理申出の取下げ

［右欄］

(2)　（1）の場合において、縁組等の届出が１５歳未満の者を養子とする縁組又は養子が１５歳未満である場合の離縁の届出であり、当該養子となる者又は養子の本籍地以外の市区町村長に届出があったときは、当該市区町村長は、（1）にかかわらず、当該届出を受け付けた後遅滞なく、当該養子となる者又は養子の本籍地の市区町村長に対し、当該届出について不受理申出がされているか否かを電話等の方法により確認するものとする。ただし、当該養子となる者又は養子が外国人であるときは、この限りでない。

(3)　［同左］

［3～5　同左］

6　不受理申出の取下げ

［(1)～(5)　同左］

(6)　市区町村長は、不受理申出の取下げを受理したときは、次のとおり取り扱うものとする。

ア　［同左］

イ　不受理申出をした者の本籍地の市区町村長が不受理申出の取下げを受理したときは、当該不受理申出をした者の戸籍に(7)の措置を講じた上、当該不受理申出取下書の原本を保存する。

ウ　［同左］

エ　1(7)エの不受理申出につき、法定代理人又は法定代理人となるべき者の本籍地の市区町村長が当該不受理申出の取下げを受理したときは、遅滞なく、当該不受理申出取下書の謄本を作成した上、その謄本を養子となる者又は養子の本籍地の市区町村長に送付し、その原本を保存する。

オ　エの不受理申出につき、養子となる者又は養子の本籍地の市区町村長が当該不受理申出の取下げを受理したときは、遅滞なく、当該養子となる者又は養子の戸籍に(7)の措置を講じ、当該不受理申出取下書の謄本を作成した上、その原本を当該養子となる者の法定代理人又は当該養子の法定代理人となるべき者の本籍地の市区町村長に送付し、その謄本を保存する。

カ　エの不受理申出につき、エ及びオの市区町村長以外の市区町村長が当該不受理申出の取下げ

を受理したときは、遅滞なく、当該不受理申出取下書の謄本を作成した上、当該不受理申出取下書の原本を養子となる者又は養子の本籍地の市区町村長に送付し、その謄本を保存する。

　キ　［略］
(7) 本籍地の市区町村長が戸籍に講ずる措置等
　ア　不受理申出（1 (7)エの不受理申出を除き、1 (7)キの不受理申出を含む。）をした者の本籍地の市区町村長は、自ら不受理申出の取下げを受理したとき、又は不受理申出の取下げを受理した非本籍地の市区町村長から当該不受理申出取下書の原本の送付を受けたときは、当該不受理申出をした者の戸籍の不受理申出情報を更新の上、当該不受理申出取下書の画像情報を登録するものとする。ただし、当該戸籍が電子情報処理組織によって取り扱うことが相当でない戸籍であるときは、当該不受理申出をした者の戸籍の直前にとじ込んだ着色用紙を取り外す等の措置を講ずるものとする。
　イ　1 (7)エの不受理申出（1 (7)キの不受理申出を除く。）における養子となる者又は養子の本籍地の市区町村長は、自ら不受理申出の取下げを受理したとき、又は不受理申出の取下げを受理した非本籍地の市区町村長から当該不受理申出取下書の原本の送付を受けたときは、当該養子となる者又は養子の戸籍の不受理申出情報を更新し、当該不受理申出取下書の画像情報を登録するものとする。ただし、当該戸籍が電子情報処理組織によって取り扱うことが相当でない戸籍であるときは、当該不受理申出をした者の戸籍の直前にとじ込んだ着色用紙を取り外す等の措置を講ずるものとする。
　ウ　ア及びイにより不受理申出情報を更新する場合において、1 (8)ウにより当該不受理申出書に係る注意喚起情報のみ登録されているときは、当該不受理申出書の画像情報を登録することを要しない。

を受理したときは、遅滞なく、当該不受理申出取下書の謄本を2通作成した上、その原本を養子となる者の法定代理人又は養子の法定代理人となるべき者の本籍地の市区町村長に、その謄本の1通を当該養子となる者又は養子の本籍地の市区町村長に送付し、残りの謄本を保存する。

　キ　［同左］
(7) 本籍地の市区町村長が戸籍に講ずる措置
　ア　不受理申出（1 (7)エの不受理申出を除き、1 (7)キの不受理申出を含む。）をした者の本籍地の市区町村長は、自ら不受理申出の取下げを受理したとき、又は不受理申出の取下げを受理した非本籍地の市区町村長から当該不受理申出取下書の原本の送付を受けたときは、当該不受理申出をした者の戸籍の直前にとじ込んだ着色用紙を取り外す等の措置を講ずるものとする。ただし、当該戸籍が磁気ディスクをもって調製されているときは、当該戸籍のコンピュータの画面上に講じられた不受理申出がされていることが明らかとなる方法を消去する等の措置を講ずるものとする。
　イ　1 (7)エの不受理申出1 (7)キの不受理申出を除く。）における養子となる者又は養子の本籍地の市区町村長は、自ら不受理申出の取下げを受理したとき、又は不受理申出の取下げを受理した非本籍地の市区町村長から当該不受理申出取下書の謄本の送付を受けたときは、当該養子となる者又は養子の戸籍の直前にとじ込んだ着色用紙を取り外す等の措置を講ずるものとする。ただし、当該戸籍が磁気ディスクをもって調製されているときは、当該戸籍のコンピュータの画面上に講じられた不受理申出がされていることが明らかとなる方法を消去する等の措置を講ずるものとする。
　［ウを加える。］

関連通達等

(8) 市区町村長は、不受理申出取下書の原本を他の市区町村長に送付するときは、当該不受理申出取下書が送付先の市区町村に到達したかどうかを確認する取扱いを実施するよう努めるものとする。 (9) 不受理申出取下書の保存期間 　　次に掲げる不受理申出取下書の保存期間は、それぞれにおいて定めるとおりとする。 　ア　令和6年2月29日までに市区町村長が受理した不受理申出取下書の保存期間 　　(ｱ)　不受理申出をした者（1(7)キの不受理申出をした者を含む。）の本籍地の市区町村長が保存する不受理申出取下書　取下げがされた年度の翌年から3年 　　(ｲ)　1(7)エの不受理申出（1(7)キの不受理申出を除く。）における養子となる者又は養子の本籍地の市区町村長が保存する不受理申出取下書の謄本　取下げがされた年度の翌年から3年 　　(ｳ)　(ｱ)及び(ｲ)の市区町村長以外の市区町村長が保存する不受理申出取下書の謄本　謄本を作成した年度の翌年から1年 　イ　令和6年3月1日以降に市区町村長が受理した不受理申出取下書の保存期間 　　(ｱ)　不受理申出取下書の原本 　　　取下げがされた年度の翌年から1年（ただし、不受理申出をした者（1(7)エの不受理申出（1(7)キの不受理申出を除く。）においては、養子となる者又は養子。）の戸籍が電子情報処理組織によって取り扱うことが相当でない戸籍であるときは、取下げがされた年度の翌年から3年） 　　(ｲ)　不受理申出取下書の謄本 　　　謄本を作成した年度の翌年から1年 　　［ウを削る。］	(8) 市区町村長は、不受理申出取下書の原本又は謄本を他の市区町村長に送付するときは、当該不受理申出取下書が送付先の市区町村に到達したかどうかを確認する取扱いを実施するよう努めるものとする。 (9) 不受理申出取下書の保存期間 　　次に掲げる不受理申出取下書の保存期間は、それぞれにおいて定めるとおりとする。 　ア　不受理申出をした者（1(7)キの不受理申出をした者を含む。）の本籍地の市区町村長が保存する不受理申出取下書　取下げがされた年度の翌年から3年 　イ　1(7)エの不受理申出（1(7)キの不受理申出を除く。）における養子となる者又は養子の本籍地の市区町村長が保存する不受理申出取下書の謄本　取下げがされた年度の翌年から3年 　ウ　ア及びイの市区町村長以外の市区町村長が保存する不受理申出取下書の謄本　謄本を作成した年度の翌年から1年

備考　表中の［　］の記載は注記である。

> ## 「戸籍法及び戸籍法施行規則の一部改正に伴う戸籍事務の取扱いについて」の一部改正について
>
> （令和6年2月26日付け法務省民一第506号法務局民事行政部長、地方法務局長宛て法務省民事局民事第一課長依命通知）

（依命通知）戸籍法の一部を改正する法律（令和元年法律第17号）の一部及び戸籍法施行規則の一部を改正する省令（令和6年法務省令第5号）が本年3月1日に施行されることに伴い、平成20年4月7日付け法務省民一第1001号当職通知の一部を下記のとおり改正しますので、これを了知の上、貴管下支局長及び管内市区町村長に周知方取り計らい願います。

記

　次の表により、改正前欄に掲げる規定の傍線を付した部分をこれに順次対応する改正後欄に掲げる規定の傍線を付した部分のように改め、改正前欄及び改正後欄に対応して掲げるその標記部分に二重傍線を付した規定（以下「対象規定」という。）は、その標記部分が異なるものは改正前欄に掲げる対象規定を改正後欄に掲げる対象規定として移動し、改正前欄に掲げる対象規定で改正後欄にこれに対応するものを掲げていないものは、これを削り、改正後欄に掲げる対象規定で改正前欄にこれに対応するものを掲げていないものは、これを加える。

関連通達等

改　　正　　後	改　　正　　前
1　削除	1　交付請求書の様式 　　戸籍謄抄本等の交付請求書の様式は、別紙1を標準様式とするものとする。
［2・3　略］	［2・3　同左］
4　不受理申出書のつづり込み先	4　不受理申出書のつづり込み先
（1）令和6年2月29日までに受理した不受理申出のうち、現に効力を有する不受理申出に係る不受理申出書であって、当該不受理申出書に係る届書等情報を戸籍情報連携システムに送信していないものは、不受理申出書つづりにつづり込むものとする。	（1）現に効力を有する不受理申出に係る不受理申出書は、不受理申出書つづりにつづり込むものとする。
（2）［略］	（2）［同左］
（3）規則第53条の4第7項の書面については、不受理申出書・不受理申出取下書（届書等情報送信済み）つづりにつづり込むものとする。令和6年2月29日までに受理した不受理申出のうち、現に効力を有する不受理申出に係る不受理申出書であって、当該不受理申出書に係る届書等情報を戸籍情報連携システムに送信したものも同様とする。	［（3）を加える。］
（4）不受理申出書の謄本及び不受理申出取下書の謄本については、戸籍に関する雑書類つづりにつづり込むものとする。	［（4）を加える。］
5　［略］	5　［同左］
6　不受理申出書等の記載事項証明書等の取扱い	6　不受理申出書等の記載事項証明書等の取扱い
ア　不受理申出書又は不受理申出取下書の閲覧及び記載事項証明については、法第48条第2項の規定により取り扱うものとする。	ア　不受理申出書又は不受理申出取下書の閲覧及び記載事項証明については、法第48条第2項の規定により取り扱うものとする。
イ　不受理申出書又は不受理申出取下書に係る届書等情報を表示したものの閲覧又は届書等情報の内容にに関する証明書については、法第120条の6の規定により取り扱うものとする。	［イを加える。］
ウ　［略］	イ　［同左］
［7・8　略］	［7・8　同左］
備考　表中の［　］の記載は注記である。	

（編注　別紙1は省略）

```
┌─────────────────────────────────────────────────────────────────────┐
│                                                                       │
│     在留外国人の死亡通知の取扱い変更について                           │
│                                                                       │
│                                                                       │
│              ┌                                              ┐        │
│              │ 令和6年2月26日付け法務省民一第507号法務局長、 │        │
│              │ 地方法務局長宛て法務省民事局長通達           │        │
│              └                                              ┘        │
│                                                                       │
└─────────────────────────────────────────────────────────────────────┘
```

（**通達**）戸籍法の一部を改正する法律（令和元年法律第17号）が令和元年5月31日に、地域の自主性及び自立性を高めるための改革の推進を図るための関係法律の整備に関する法律（令和5年法律第58号）が令和5年6月16日に公布され、改正後の戸籍法（昭和22年法律第224号）の一部が本年3月1日から施行されるとともに、戸籍法施行規則の一部を改正する省令（令和6年法務省令第5号）が本日公布され、本年3月1日に施行されることとなりました。

　これに伴い、昭和58年10月24日付け法務省民二第6115号当職通達「在留外国人の死亡通知について」を下記のとおり改めますので、これを了知の上、貴管下支局長及び管内市区町村長に周知方取り計らい願います。

記

　四の1中「その翌月、戸籍法施行規則第四十八条第二項所定の書類を送付する際にあわせて」を「その翌月20日までに、」に改める。

「在留外国人の死亡通知について」新旧対照

（傍線の部分は改正部分）

○在留外国人の死亡通知について（昭和58年10月24日付け法務省民二第6115号民事局長通達）

改　　　正　　　後	改　　　正　　　前
［一～三　略］ 四　死亡通知の方法 　1　市区町村長は、毎月一日から末日までの間に受理した死亡届について三により作成した届書の写しを<u>、その翌月20日までに、</u>管轄法務局若しくは地方法務局又はその支局に送付し、これによって管轄法務局又は地方法務局の長に対し対象外国人の死亡を通知するものとする。 　2　　［略］	［一～三　同左］ 四　死亡通知の方法 　1　市区町村長は、毎月一日から末日までの間に受理した死亡届について三により作成した届書の写しを<u>、その翌月、戸籍法施行規則第四十八条第二項所定の書類を送付する際にあわせて</u>管轄法務局若しくは地方法務局又はその支局に送付し、これによって管轄法務局又は地方法務局の長に対し対象外国人の死亡を通知するものとする。 　2　　［同左］
備考　表中の［　］の記載は注記である。	

関連通達等

> ## 地方公共団体の特定の事務の郵便局における取扱いに関する法律の一部改正に伴う戸籍事務の取扱いについて
>
> （令和6年2月26日付け法務省民一第508号法務局長、地方法務局長宛て法務省民事局長通達）

　(通達) 戸籍法の一部を改正する法律（令和元年法律第17号。以下「改正法」という。）による改正後の戸籍法（昭和22年法律第224号）の一部及び改正法附則第7条による改正後の地方公共団体の特定の事務の郵便局における取扱いに関する法律（平成13年法律第120号。以下「法」という。）が本年3月1日から施行されることに伴い、法第2条第1号に規定する郵便局において取り扱わせることができる事務として、戸籍法第120条の3の規定によりする第10条第1項の規定に基づく戸籍電子証明書又は除籍電子証明書の提供の請求（本籍地の市区町村長以外の市区町村長に対してするものを含む。）の受付及び当該請求に係る戸籍電子証明書提供用識別符号又は除籍電子証明書提供用識別符号の提供が追加されました。

　また、法第2条第1号の「磁気ディスクをもって調製された戸籍に記録されている事項の全部若しくは一部を証明した書面」は「戸籍証明書」に、「磁気ディスクをもって調製された除かれた戸籍に記録されている事項の全部若しくは一部を証明した書面」は「除籍証明書」に改められたところ、法第2条第1号に規定する郵便局において取り扱わせることができる事務は、戸籍法第120条の2第1項の規定によりする第10条第1項の規定に基づく戸籍証明書又は除籍証明書（以下「戸籍証明書等」という。）の交付の請求（本籍地の市区町村長以外の市区町村長に対してするものを含む。）の受付及び当該請求に係る戸籍証明書等の引渡しが対象となります。

　つきましては、これらの点を了知の上、貴管下支局長及び管内市区町村長に周知取り計らい願います。

　なお、平成14年2月4日付け法務省民一第314号当職通達第1の2(2)の戸籍に関する事務に係る部分は、本通達によって変更しますので、念のため申し添えます。

273

イメージデータを原本とする除籍・改製原戸籍の謄抄本の作成について

> 令和6年2月26日付け法務省民一第509号法務局民事行政部長、地方法務局長宛て法務省民事局民事第一課長通知

　（通知） 標記については、平成15年10月24日付け法務省民一第3178号当職通知「磁気ディスク等を原本とする除籍・改製原戸籍の謄抄本作成についての掛紙の取扱いについて」（以下「3178号通知」という。）により通知しているところですが、今後は、下記のとおり取り扱うこととしますので、これを了知の上、貴管下支局長及び管内市区町村長に周知方取り計らい願います。

記

1　謄抄本の作成について

　　3178号通知の取扱いの対象となる除籍・改製原戸籍（以下「除籍等」という。）の謄抄本を作成する場合は、戸籍法施行規則（昭和22年司法省令第94号）附録第15号書式による付記をすれば足り、3178号通知別紙2の記4の付記は要しないものとする。

2　除籍等の再製について

　　戸籍事項欄、身分事項欄の一方又は双方に掛紙の記録があり、かつ、これら以外の欄に掛紙の記録がない除籍等であって、3178号通知の取扱いの対象とならないものを把握した場合には、当該除籍等について、3178号通知の取扱いの対象となる形式により再製するものとする。

関連通達等

戸籍記載例等の改正について

（令和6年2月26日付け法務省民一第510号法務局長、地方法務局長宛て法務省民事局長通達）

（通達）　戸籍法の一部を改正する法律（令和元年法律第17号）が令和元年5月31日に公布され、改正後の戸籍法（昭和22年法律第224号）の一部が本年3月1日から施行されるとともに、戸籍法施行規則の一部を改正する省令（令和6年法務省令第5号）が本日公布され、本年3月1日に施行されることに伴い、平成2年3月1日付け法務省民二第600号当職通達において示した戸籍記載例及び平成6年11月16日付け法務省民二第7000号当職通達において示した戸籍証明書等記載例を別添のとおり改正します。

　つきましては、これを了知の上、貴管下支局長及び管内市区町村長に周知方取り計らい願います。

番号	事件の種別	届出地	記載する戸籍	記載する欄	記載例	コンピュータシステムによる証明書記載例
					1　出　生	
(1)	航海日誌の謄本の通知	非本籍地	父母の戸籍	子の身分事項欄	令和六年参月八日神戸港から横浜港間の船舶日本丸で出生同月拾日航海日誌の謄本提出同月弐拾日横浜市中区長から通知入籍㊞	出　生　【出生日】令和6年3月8日　【出生地】神戸港から横浜港間の船舶日本丸　【航海日誌謄本提出日】令和6年3月10日　【通知を受けた日】令和6年3月20日　【受理者】横浜市中区長
(2)	電車内で出生した嫡出子の出生届	同上	同上	同上	令和七年八月拾六日新幹線新富士駅から静岡駅間の電車で出生同月拾八日母届出同月弐拾日静岡市葵区長から通知入籍㊞	出　生　【出生日】令和7年8月16日　【出生地】新幹線新富士駅から静岡駅間の電車　【届出日】令和7年8月18日　【届出人】母　【通知を受けた日】令和7年8月20日　【受理者】静岡市葵区長
(3)	名未定の嫡出子の出生届	本籍地	同上	同上	令和八年五月拾八日東京都千代田区で出生名未定同月弐拾六日助産師西原松子届出入籍㊞	出　生　【出生日】令和8年5月18日　【出生地】東京都千代田区　【届出日】令和8年5月26日　【届出人】助産師　西原松子　【特記事項】名未定
(4)	名の追完届	同上	同上	同上	令和八年六月七日名追完父届出㊞	追　完　【追完日】令和8年6月7日　【追完の内容】名　【届出人】父　【従前の記録】　【特記事項】名未定 追　完　【追完日】令和8年6月7日　【追完の内容】名　【届出人】父　【記録の内容】　【名】啓太郎
(5)	父母離婚後に出生した嫡出子の出生届	同上	同上	同上	令和四年四月拾日東京都千代田区で出生同月拾五日母届出親権者母㊞	出　生　【出生日】令和4年4月10日　【出生地】東京都千代田区　【届出日】令和4年4月15日　【届出人】母 親　権　【親権者】母
(6)	父未定の子の出生届	同上	後夫及び母の戸籍		令和六年四月弐拾日横浜市中区で出生父未定同月九日母届出入籍㊞	出　生　【出生日】令和6年4月2日　【出生地】横浜市中区　【届出日】令和6年4月9日

No.	事由	戸籍地	戸籍	記載欄	記載内容	種別	記載事項
							【届出人】母 【特記事項】父未定
(7)	出生届出未済の子について、前夫の嫡出子否認の裁判の謄本を添付して後夫からされた嫡出子の出生届	非本籍地	父母の戸籍	同上	令和七年弐月拾弐日さいたま市浦和区で出生同年六月弐拾日父届出（令和七年六月弐拾弐日甲野義太郎の嫡出子否認の裁判確定）同月弐拾参日同区長から通知入籍＠	出生	【出生日】令和7年2月12日 【出生地】さいたま市浦和区 【届出日】令和7年6月20日 【届出人】父 【通知を受けた日】令和7年6月23日 【受理者】さいたま市浦和区長 【特記事項】令和7年6月12日甲野義太郎の嫡出子否認の裁判確定
(8)	日本の在外公館の職員を父として生地主義国で出生した嫡出子の出生届	在外公館	同上	同上	令和七年九月八日アメリカ合衆国ワシントン市で出生同月八日父（同駐在大使館職員）届出同年拾月弐拾弐日ニューヨーク総領事から送付入籍＠	出生	【出生日】令和7年9月8日 【出生地】アメリカ合衆国ワシントン市 【届出日】令和7年9月18日 【届出人】父 【送付の日】令和7年10月2日 【受理者】在ニューヨーク総領事 【特記事項】父アメリカ合衆国駐在大使館職員
(9)	管轄局の指示を得て受理した嫡出子の出生届	本籍地	同上	同上	令和八年八月拾日東京都千代田区で出生令和五年五月拾日父届出同月弐拾日入籍＠	出生	【出生日】令和8年8月10日 【出生地】東京都千代田区 【届出日】令和15年5月10日 【届出人】父 【入籍日】令和15年5月20日
(10)	非本籍地で受理した出生届が本籍地へ未着のため届出人から申出があった場合	非本籍地	同上	同上	令和五年壱月拾八日京都市北区で出生同月弐拾日父届出令和七年弐月拾日同区長から送付入籍＠	出生	【出生日】令和5年1月18日 【出生地】京都市北区 【届出日】令和5年1月20日 【届出人】父 【送付を受けた日】令和7年2月10日 【受理者】京都市北区長
(11)	年長者の出生届により弟(妹)についてする父母との続柄の訂正	同上		弟(妹)の身分事項欄	兄(姉)の出生届により令和五年五月参日父母との続柄訂正＠	訂正	【訂正日】令和5年5月13日 【訂正事項】父母との続柄 【訂正事由】兄(姉)の出生届 【従前の記録】 【父母との続柄】長男(長女)
(12)	離婚後300日以内に出生した届出未済の子について、父子関係不存在確認の裁判の謄本を添付して母からされた嫡出でない子の出生届	本籍地	母の戸籍	子の身分事項欄	令和参年捌月壱日東京都千代田区で出生同年拾弐月拾九日母届出（令和参年拾弐月九日甲野義太郎との親子関係不存在確認の裁判確定）入籍＠	出生	【出生日】令和3年8月11日 【出生地】東京都千代田区 【届出日】令和3年12月19日 【届出人】母 【特記事項】令和3年12月9日甲野義太郎との親子関係不存在確認の裁判確定
(13)	嫡出でない子の出生届事実主義法制に基づき父の氏名を戸籍に記載する場合	同上	同上	同上	令和弐年五月拾日東京都千代田区で出生（父国籍フィリピン共和国西暦千九百八拾七年六月弐日生）同月拾六日母届出入籍＠	出生	【出生日】令和2年5月10日 【出生地】東京都千代田区 【父の国籍】フィリピン共和国 【父の生年月日】西暦1987年6月2日 【届出日】令和2年5月16日 【届出人】母
(14)	嫡出でない子の父の氏名が戸籍に記載されていない場合において、事実主義法制に基づき父の氏名を記載する旨の追完届	同上	同上	同上	令和弐年六月五日父（国籍フィリピン共和国西暦千九百八拾七年六月弐日生）の氏名追完母届出＠	出生	【出生日】令和2年5月10日 【出生地】東京都千代田区 【父の国籍】フィリピン共和国 【父の生年月日】西暦1987年6月2日 【届出日】令和2年5月16日 【届出人】母
						追完	【追完日】令和2年6月5日 【追完の内容】父の国籍、生年月日 【届出人】母 【記録の内容】 　【父の国籍】フィリピン共和国 　【父の生年月日】西暦1987年6月2日
						追完	【追完日】令和2年6月5日 【追完の内容】父の氏名 【届出人】母 【記録の内容】 　【父】アーティアート、サムエル
(15)	棄児発見調書による場合		子の新戸籍	戸籍事項欄	令和拾参年八月参日編製＠	戸籍編製	【編製日】令和13年8月3日
(16)				子の身分事項欄	令和拾参年八月四日出生同年八月参日東京都千代田区長出届入籍＠	出生	【出生日】令和13年8月4日 【届出日】令和13年8月3日 【届出人】東京都千代田区長
(17)	棄児の引取りによる訂	同上		戸籍事項欄	令和五年拾月七日消除＠	戸籍消除	【消除日】令和5年10月7日

関連通達等

		本籍	戸籍	欄	種別	記載例
(18)	正申請			子の身分事項欄	令和五年拾月五日父東京都千代田区平河町一丁目四番地甲野義太郎引取同月七日申請消除㊞	引取り	【引取日】令和5年10月5日 【引取人】父 【引取人の戸籍】東京都千代田区平河町一丁目4番地　甲野義太郎 【引取人氏名】甲野義太郎 【申請日】令和5年10月7日 【消除事由】引取り
(19)	外国人母の出生した子について、日本人父から戸籍法62条による嫡出子の出生届がされた場合	父の本籍	父の戸籍	父の身分事項欄	令和参年七月拾日国籍フィリピン共和国アーティアート、サムエル（西暦弐千弐拾年壱月弐拾日生母アーティアート、ミラー）を認知届出の効力を有する出生届出㊞	認知	【届出日】令和3年7月10日 【届出の性質】認知届出の効力を有する出生届出 【認知した子の氏名】アーティアート、サムエル 【認知した子の国籍】フィリピン共和国 【認知した子の生年月日】西暦2020年1月20日 【認知した子の母の氏名】アーティアート、ミラー

2　認知

		本籍	戸籍	欄	種別	記載例
(20)	胎内にある子の認知届	母の本籍地	父の戸籍	父の身分事項欄	令和八年五月弐拾日京都市北区小山初音町十八番地乙野梅子同籍広造を胎児認知届出同年六月弐拾四日同区長から通知㊞	認　知	【胎児認知日】令和8年5月20日 【認知した子の氏名】乙野広造 【認知した子の戸籍】京都市北区小山初音町18番地　乙野梅子 【通知を受けた日】令和8年6月24日 【受理者】京都市北区長
(21)			母の戸籍	子の身分事項欄	令和八年六月八日東京都千代田区で出生同月九日母届出同月拾日同区長から通知入籍㊞ 令和八年五月弐拾日東京都千代田区平河町一丁目四番地甲野幸雄同籍義太郎胎児認知届出㊞	出　生／認　知	【出生日】令和8年6月8日 【出生地】東京都千代田区 【届出日】令和8年6月19日 【届出人】母 【通知を受けた日】令和8年6月21日 【受理者】東京都千代田区長 【胎児認知日】令和8年5月20日 【認知者氏名】甲野義太郎 【認知者の戸籍】東京都千代田区平河町一丁目4番地　甲野幸雄
(22)	遺言による認知届	父の本籍地	父の戸籍	父の身分事項欄	令和六年参月弐拾日京都市北区小山初音町十八番地乙野梅子同籍広造を認知同月弐拾日遺言執行者丙原仁助届出㊞	認　知	【認知日】令和6年3月20日 【認知した子の氏名】乙野広造 【認知した子の戸籍】京都市北区小山初音町18番地　乙野梅子 【届出人】遺言執行者　丙原仁助
(23)			母の戸籍	子の身分事項欄	令和六年参月弐拾日東京都千代田区平河町一丁目四番地甲野幸雄同籍義太郎認知同月参拾日遺言執行者丙原仁助届出同年四月壱日同区長から通知㊞	認　知	【認知日】令和6年3月20日 【認知者氏名】亡　甲野義太郎 【認知者の戸籍】東京都千代田区平河町一丁目4番地　甲野幸雄 【届出日】令和6年3月30日 【届出人】遺言執行者　丙原仁助 【通知を受けた日】令和6年4月1日 【受理者】東京都千代田区長
(24)	死亡した子の認知届	同上	父の戸籍	父の身分事項欄	令和七年四月五日京都市北区小山初音町十八番地亡乙野梅子を認知届出㊞	認　知	【認知日】令和7年4月5日 【認知した子の氏名】亡　乙野梅子 【認知した子の戸籍】京都市北区小山初音町18番地　乙野梅子
(25)			死亡した子の除かれた戸籍	子の身分事項欄	令和七年四月五日東京都千代田区平河町一丁目四番地甲野幸雄認知届出同月七日同区長から通知（直系卑属乙野広造）㊞	認　知	【認知者氏名】甲野幸雄 【認知者の戸籍】東京都千代田区平河町一丁目4番地　甲野幸雄 【通知を受けた日】令和7年4月7日 【受理者】東京都千代田区長 【直系卑属氏名】乙野広造
(26)	同一戸籍内の認知届	同上	父の戸籍	父の身分事項欄	令和五年壱月八日同籍甲野広造を認知届出㊞	認　知	【認知日】令和5年1月8日 【認知した子の氏名】甲野広造 【認知した子の戸籍】東京都千代田区平河町一丁目4番地　甲野義太郎
(27)				子の身分事項欄	令和五年壱月八日同籍甲野義太郎認知届出㊞	認　知	【認知日】令和5年1月8日 【認知者氏名】甲野義太郎 【認知者の戸籍】東京都千代田区平河町一丁目4番地　甲野義太郎
(28)	父が生存中に郵送した認知届	同上	同上	父の身分事項欄	令和七年五月弐拾六日京都市北区小山初音町十八番地乙野梅子を認知届出（死亡後受理）㊞	認　知	【認知日】令和7年5月26日 【認知した子の氏名】乙野広造 【認知した子の戸籍】京都市北区小山初音町18番地　乙野梅子 【特記事項】死亡後受理
(29)			母の戸籍	子の身分事項欄	令和七年五月弐拾六日東京都千代田区平河町一丁目四番地甲野幸雄同籍義太郎認知届出（父死亡受理）同月弐拾八日同区長から通知㊞	認　知	【認知日】令和7年5月26日 【認知者氏名】甲野義太郎 【認知者の戸籍】東京都千代田区平河町一丁目4番地　甲野幸雄 【通知を受けた日】令和7年5月28日 【受理者】東京都千代田区長 【特記事項】父死亡受理
(30)	外国人からされた認知	子の本籍	子の戸籍	同上	令和拾年五月六日国籍ドイツ連邦共和国リントホル…	認　知	【認知日】令和10年5月6日 【認知者氏名】リントホルスト、クラウスフリードリッ…

277

番号	届	地	戸籍	欄	記載内容	区分	記録内容
		地			スト、クラウスフリードリッヒ（西暦千九百九拾壱年弐月壱日生）認知届出㊞		ヒ 【認知者の国籍】ドイツ連邦共和国 【認知者の生年月日】西暦１９９１年２月１日
(31)	認知により嫡出子の身分を取得した子の弟が父母との続柄に変更を生ずる場合の訂正　弟がその子と戸籍を同一の戸籍にあるとき		弟の戸籍	弟の身分事項欄	令和七年七月参日父が兄広造を認知届出同日父母との続柄訂正㊞	訂　正	【訂正日】令和７年７月３日 【訂正事由】父母との続柄 【訂正事由】令和７年７月３日父が兄広造を認知届出 【従前の記録】 　【父母との続柄】長男
(32)	同上　弟がその子と戸籍を異にするとき		同上	同上	令和七年七月参日父が兄広造を認知届出同月五日東京都千代田区長から通知父母との続柄訂正㊞	訂　正	【訂正日】令和７年７月５日 【訂正事由】父母との続柄 【訂正事由】令和７年７月３日父が兄広造を認知届出 【通知を受けた日】令和７年７月５日 【受理者】東京都千代田区長 【従前の記録】 　【父母との続柄】長男

3　養子縁組

番号	届	地	戸籍	欄	記載内容	区分	記録内容
(33)	夫婦が15歳未満の者を養子とする縁組届　法定代理人のほかに養子となる者の監護をすべき者があり、その者が父又は母である場合	養子の本籍地	養親の戸籍	養父母の各身分事項欄	令和拾参年参月五日妻（夫）とともに乙川英助を養子とする縁組届出同月九日大阪市北区長から通知㊞	養子縁組	【縁組日】令和１３年３月５日 【共同縁組者】妻（夫） 【養子氏名】乙川英助 【通知を受けた日】令和１３年３月９日 【受理者】大阪市北区長
(34)				養子の身分事項欄	令和拾参年参月五日甲野義太郎同人妻梅子の養子となる縁組届出（代諾者親権者父）同月九日大阪市北区長から通知同区西天満二丁目六番地乙川孝助戸籍から入籍㊞	養子縁組	【縁組日】令和１３年３月５日 【養父氏名】甲野義太郎 【養母氏名】甲野梅子 【代諾者】親権者父 【通知を受けた日】令和１３年３月９日 【受理者】大阪市北区長 【従前戸籍】大阪市北区西天満二丁目６番地　乙川孝助
(35)			養子の縁組前の戸籍	同上	令和拾参年参月五日甲野義太郎同人妻梅子の養子となる縁組届出（代諾者親権者父）東京都千代田区平河町一丁目四番地甲野義太郎戸籍に入籍につき除籍㊞	養子縁組	【縁組日】令和１３年３月５日 【養父氏名】甲野義太郎 【養母氏名】甲野梅子 【代諾者】親権者父 【入籍戸籍】東京都千代田区平河町一丁目４番地　甲野義太郎
(36)	同上　縁組代諾者が未成年後見人である場合	養親の本籍地	養親の戸籍	同上	令和拾六年六月拾日甲野義太郎同人妻梅子の養子となる縁組届出（代諾者未成年後見人西原秀吉）東京都千代田区永田町二丁目五番地乙川孝助戸籍から入籍㊞	養子縁組	【縁組日】令和１６年６月１０日 【養子氏名】甲野義太郎 【養母氏名】甲野梅子 【代諾者】未成年後見人　西原秀吉 【従前戸籍】東京都千代田区永田町二丁目５番地　乙川孝助
(37)			養子の縁組前の戸籍	同上	令和拾六年六月拾日甲野義太郎同人妻梅子の養子となる縁組届出（代諾者未成年後見人西原秀吉）東京都千代田区平河町一丁目四番地甲野義太郎戸籍に入籍につき除籍㊞	養子縁組	【縁組日】令和１６年６月１０日 【養子氏名】甲野義太郎 【養母氏名】甲野梅子 【代諾者】未成年後見人　西原秀吉 【入籍戸籍】東京都千代田区平河町一丁目４番地　甲野義太郎
(38)	夫婦の一方（妻）が15歳未満の者を養子とする縁組届　養親となる者の配偶者がその意思を表示することができない場合	同上	養親の戸籍	養母の身分事項欄	令和拾四年弐月九日乙川英助を養子とする縁組届出㊞	養子縁組	【縁組日】令和１４年２月９日 【養子氏名】乙川英助
(39)				養子の身分事項欄	令和拾四年弐月九日甲野梅子の養子となる縁組届出（代諾者親権者母）大阪市北区西天満二丁目六番地乙川孝助戸籍から入籍㊞	養子縁組	【縁組日】令和１４年２月９日 【養母氏名】甲野梅子 【代諾者】親権者父母 【従前戸籍】大阪市北区西天満二丁目６番地　乙川孝助
(40)			養子の縁組前の戸籍	養子の身分事項欄	令和拾四年弐月九日甲野梅子の養子となる縁組届出（代諾者親権者母）同月拾弐日東京都千代田区長から通知同区平河町一丁目四…	養子縁組	【縁組日】令和１４年２月９日 【養母氏名】甲野梅子 【代諾者】親権者父母 【通知を受けた日】令和１４年２月１２日 【受理者】東京都千代田区長

				番地甲野義太郎戸籍に入籍につき除籍⑪		【入籍戸籍】東京都千代田区平河町一丁目4番地　甲野義太郎
(41)	夫婦が夫婦を養子とする縁組届	養子の新本籍地	養子の新本籍	戸籍事項欄	令和七年弐月九日編製⑪	戸籍編製	【編製日】令和7年2月9日
(42)				筆頭者となる養子（夫）の身分事項欄	令和七年弐月九日妻とともに東京都千代田区平河町一丁目四番地甲野義太郎同人妻梅子の養子となる縁組届出大阪市北区西天満二丁目七番地乙川英助戸籍から入籍⑪	養子縁組	【縁組日】令和7年2月9日 【共同縁組者】妻 【養父氏名】甲野義太郎 【養母氏名】甲野梅子 【養親の戸籍】東京都千代田区平河町一丁目4番地　甲野義太郎 【従前戸籍】大阪市北区西天満二丁目7番地　乙川英助
(43)				養子（妻）の身分事項欄	令和七年弐月九日夫とともに甲野義太郎同人妻梅子の養子となる縁組届出入籍⑪	養子縁組	【縁組日】令和7年2月9日 【共同縁組者】夫 【養父氏名】甲野義太郎 【養母氏名】甲野梅子 【養親の戸籍】東京都千代田区平河町一丁目4番地　甲野義太郎 【従前戸籍】大阪市北区西天満二丁目7番地　乙川英助
(44)			養親の戸籍	筆頭者である養父の身分事項欄	令和七年弐月九日妻とともに大阪市北区西天満二丁目七番地（新本籍東京都千代田区平河町二丁目十番地）甲野義太郎同人妻竹子を養子とする縁組届出⑪	養子縁組	【縁組日】令和7年2月9日 【共同縁組者】妻 【養子氏名】乙川竹子 【養子の従前戸籍】大阪市北区西天満二丁目7番地　乙川英助 【養子の新本籍】東京都千代田区平河町二丁目10番地
(45)				養母の身分事項欄	令和七年弐月九日夫とともに乙川英助同人妻竹子を養子とする縁組届出⑪	養子縁組	【縁組日】令和7年2月9日 【共同縁組者】夫 【養子氏名】乙川竹子 【養子の従前戸籍】大阪市北区西天満二丁目7番地　乙川英助 【養子の新本籍】東京都千代田区平河町二丁目10番地
(46)			養子の縁組前の戸籍	筆頭者である養子（夫）の身分事項欄	令和七年弐月九日妻とともに東京都千代田区平河町一丁目四番地甲野義太郎同人妻梅子の養子となる縁組届出同月拾壱日同区長から通知区平河町二丁目十番地に新戸籍編製につき除籍⑪	養子縁組	【縁組日】令和7年2月9日 【共同縁組者】妻 【養父氏名】甲野義太郎 【養母氏名】甲野梅子 【養親の戸籍】東京都千代田区平河町一丁目4番地　甲野義太郎 【通知を受けた日】令和7年2月11日 【受理者】東京都千代田区長 【新本籍】東京都千代田区平河町二丁目10番地
(47)				養子（妻）の身分事項欄	令和七年弐月九日夫とともに甲野義太郎同人妻梅子の養子となる縁組届出同月拾壱日東京都千代田区長から通知除籍⑪	養子縁組	【縁組日】令和7年2月9日 【共同縁組者】夫 【養父氏名】甲野義太郎 【養母氏名】甲野梅子 【養親の戸籍】東京都千代田区平河町一丁目4番地　甲野義太郎 【通知を受けた日】令和7年2月11日 【受理者】東京都千代田区長 【新本籍】東京都千代田区平河町二丁目10番地
(48)	夫婦がその嫡出子の配偶者を養子とする縁組届 養子が自己（夫）の氏を称する婚姻をしている場合	養親の新本籍地	養子の新戸籍	戸籍事項欄	令和七年弐月九日編製⑪	戸籍編製	【編製日】令和7年2月9日
(49)				筆頭者となる養子（夫）の身分事項欄	令和七年弐月九日東京都千代田区平河町一丁目四番地甲野義太郎同人妻梅子の養子となる縁組届出大阪市北区西天満二丁目七番地乙川英助戸籍から入籍⑪	養子縁組	【縁組日】令和7年2月9日 【養父氏名】甲野義太郎 【養母氏名】甲野梅子 【養親の戸籍】東京都千代田区平河町一丁目4番地　甲野義太郎 【従前戸籍】大阪市北区西天満二丁目7番地　乙川英助
(50)				養子の配偶者（妻）の身分事項欄	令和七年弐月九日夫とともに入籍⑪	配偶者の縁組	【入籍日】令和7年2月9日 【入籍事由】夫の縁組 【従前戸籍】大阪市北区西天満二丁目7番地　乙川英助
(51)			養親の戸籍	筆頭者である養父の身分事項欄	令和七年弐月九日妻とともに大阪市北区西天満二丁目七番地（新本籍東京都千代田区平河町二丁目十番地）乙川英助を養子とする縁組届出⑪	養子縁組	【縁組日】令和7年2月9日 【共同縁組者】妻 【養子氏名】乙川英助 【養子の従前戸籍】大阪市北区西天満二丁目7番地　乙川英助 【養子の新本籍】東京都千代田区平河町二丁目10番地
(52)				養母の身分事項欄	令和七年弐月九日夫とともに乙川英助を養子とする縁組届出⑪	養子縁組	【縁組日】令和7年2月9日 【共同縁組者】夫 【養子氏名】乙川英助 【養子の従前戸籍】大阪市北区西天満二丁目7番地　乙川英助

(53)		養子の縁組前の戸籍	筆頭者である養子（夫）の身分事項欄⑱	令和七年弐月九日東京都千代田区平河町一丁目四番地甲野義太郎同人妻梅子の養子となる縁組届出同月拾壱日同区平河町二丁目十番地に新戸籍編製につき除籍⑱	養子縁組	【養子の新本籍】東京都千代田区平河町二丁目１０番地 【縁組日】令和７年２月９日 【養父氏名】甲野義太郎 【養母氏名】甲野梅子 【養親の戸籍】東京都千代田区平河町一丁目４番地　甲野義太郎 【通知を受けた日】令和７年２月１１日 【受理者】東京都千代田区長 【新本籍】東京都千代田区平河町二丁目１０番地
(54)			養子の配偶者（妻）の身分事項欄⑱	令和七年弐月拾壱日夫とともに除籍⑱	配偶者の縁組	【除籍日】令和７年２月１１日 【除籍事由】夫の縁組 【新本籍】東京都千代田区平河町二丁目１０番地
(55)	同上 〔養子が相手方（妻）の氏を称する婚姻をしている場合〕	同上	養子の戸籍	養子の身分事項欄⑱	令和五年参月五日東京都千代田区平河町一丁目四番地甲野義太郎同人妻梅子の養子となる縁組届出⑱	養子縁組	【縁組日】令和５年３月５日 【養父氏名】甲野義太郎 【養母氏名】甲野梅子 【養親の戸籍】東京都千代田区平河町一丁目４番地　甲野義太郎
(56)			養親である養父の身分事項欄⑱	令和五年参月五日妻とともに東京都千代田区平河町二丁目中野竹子同籍英助を養子とする縁組届出⑱	養子縁組	【縁組日】令和５年３月５日 【共同縁組者】妻 【養子氏名】甲野英助 【養子の戸籍】東京都千代田区平河町二丁目１０番地　甲野竹子
(57)			養母の身分事項欄⑱	令和五年参月五日夫とともに甲野英助を養子とする縁組届出⑱	養子縁組	【縁組日】令和５年３月５日 【共同縁組者】夫 【養子氏名】甲野英助 【養子の戸籍】東京都千代田区平河町二丁目１０番地　甲野竹子
(58)	夫婦が外国人を養子とする縁組届	同上	同上	筆頭者である養父の身分事項欄⑱	令和拾年弐月弐拾日妻とともに国籍アメリカ合衆国ラッシュマン、ウェイン（西暦弐千六年壱月壱日生）を養子とする縁組届出⑱	養子縁組	【縁組日】令和１０年２月２０日 【共同縁組者】妻 【養子氏名】ラッシュマン、ウェイン 【養子の国籍】アメリカ合衆国 【養子の生年月日】西暦２００６年１月１日
(59)				養母の身分事項欄⑱	令和拾年弐月弐拾日夫とともにラッシュマン、ウェインを養子とする縁組届出⑱	養子縁組	【縁組日】令和１０年２月２０日 【共同縁組者】夫 【養子氏名】ラッシュマン、ウェイン 【養子の国籍】アメリカ合衆国 【養子の生年月日】西暦２００６年１月１日
(60)	外国人夫婦の養子となる縁組届	非本籍地	養子の戸籍	養子の身分事項欄⑱	令和拾年拾月五日国籍アメリカ合衆国ベルナール、ウィリアム（西暦壱九九拾六年壱月壱日生）同人妻マリー（西暦壱九九九年参月参日生）の養子となる縁組届出同月九日横浜市中区長から通知	養子縁組	【縁組日】令和１０年１０月５日 【養父氏名】ベルナール、ウィリアム 【養父の国籍】アメリカ合衆国 【養父の生年月日】西暦１９９６年１月１日 【養母氏名】ベルナール、マリー 【養母の国籍】アメリカ合衆国 【養母の生年月日】西暦１９９９年３月３日 【通知を受けた日】令和１０年１０月９日 【受理者】横浜市中区長
(61)	外国人夫婦の養子となった縁組届	同上	養子の本籍地	同上	令和参年七月壱日国籍アメリカ合衆国ラッシュマン、ウェイン（西暦千九百七拾八年六月参日生）同人妻ケイ（西暦千九百八拾年九月拾日生）の養子となる縁組の裁判確定同月四日養父母届出⑱	養子縁組	【縁組の裁判確定日】令和３年７月１日 【養父氏名】ラッシュマン、ウェイン 【養父の国籍】アメリカ合衆国 【養父の生年月日】西暦１９７８年６月３日 【養母氏名】ラッシュマン、ケイ 【養母の国籍】アメリカ合衆国 【養母の生年月日】西暦１９８０年９月１０日 【届出人】養父母
(62)	外国人夫婦の養子となった縁組届	同上	養子の新戸籍	戸籍事項欄	令和拾年五月六日編製⑱	戸籍編製	【編製日】令和１０年５月６日
(63)	出後、実方の血族との親族関係が終了する旨の追完届			養子の身分事項欄⑱	令和拾年五月六日実方の血族との親族関係が終了する旨父母の追完届出東京都千代田区永田町一丁目二番乙川孝助戸籍から入籍⑱	養子縁組	【縁組の裁判確定日】令和３年７月１日 【養父氏名】ラッシュマン、ウェイン 【養父の国籍】アメリカ合衆国 【養父の生年月日】西暦１９７８年６月３日 【養母氏名】ラッシュマン、ケイ 【養母の国籍】アメリカ合衆国 【養母の生年月日】西暦１９８０年９月１０日 【届出人】父母 【入籍日】令和１０年５月６日 【従前戸籍】東京都千代田区永田町一丁目２番　乙川孝助 【特記事項】令和１０年５月６日実方の血族との親族関係が終了する旨父母追完届出
(64)		養子の従前の戸籍	同上		令和拾年五月六日実方の血族との親族関係が終了する旨養父母追完届出東京都千代田区永田町一丁目二番に新戸籍編製につき除籍⑱	養子縁組	【縁組の裁判確定日】令和３年７月１日 【養父氏名】ラッシュマン、ウェイン 【養父の国籍】アメリカ合衆国 【養父の生年月日】西暦１９７８年６月３日 【養母氏名】ラッシュマン、ケイ 【養母の国籍】アメリカ合衆国 【養母の生年月日】西暦１９８０年９月１０日

関連通達等

						追 完：	【届出日】令和3年7月4日 【届出人】養父母 【除籍日】令和10年5月6日 【新本籍】東京都千代田区永田町一丁目2番 【特記事項】実方の血族との親族関係の終了 【追完の内容】実方の血族との親族関係が終了する旨 【届出人】養父母 【記録の内容】 【除籍日】令和10年5月6日 【新本籍】東京都千代田区永田町一丁目2番 【特記事項】実方の血族との親族関係の終了
(65)	外国人夫婦の養子となった縁組届、実方の血族との親族関係が終了する縁組が日本の家庭裁判所で成立した場合	同上	養子の新戸籍	戸籍事項欄	令和拾年拾月八日編製㊞	戸籍編製	【編製日】令和10年10月8日
(66)			養子の新戸籍	養子の身分事項欄	令和拾年拾月壱日国籍アメリカ合衆国ラッシュマン、ウェイン（西暦千九百七拾八年六月参日生）同人妻ケイ（西暦千九百八拾年九月拾日生）の養子となる縁組の裁判確定（実方の血族との親族関係終了）同月八日父母届出東京都千代田区永田町一丁目二番乙川孝助戸籍から入籍㊞	養子縁組	【縁組の裁判確定日】令和10年10月1日 【養父氏名】ラッシュマン、ウェイン 【養父の国籍】アメリカ合衆国 【養父の生年月日】西暦1978年6月3日 【養母氏名】ラッシュマン、ケイ 【養母の国籍】アメリカ合衆国 【養母の生年月日】西暦1980年9月10日 【届出日】令和10年10月8日 【届出人】父母 【従前戸籍】東京都千代田区永田町一丁目2番　乙川孝助 【特記事項】実方の血族との親族関係の終了
(67)			養子の縁組前の戸籍	同上	令和拾年拾月壱日養子となる縁組の裁判確定（実方の血族との親族関係の終了）同月八日養父母届出東京都千代田区永田町一丁目二番に新戸籍編製につき除籍㊞	養子縁組	【縁組の裁判確定日】令和10年10月1日 【届出日】令和10年10月8日 【届出人】養父母 【新本籍】東京都千代田区永田町一丁目2番 【特記事項】実方の血族との親族関係の終了
(68)	同上、実方の血族との親族関係が終了する縁組が外国の裁判所で成立した場合	同上	養子の新戸籍	戸籍事項欄	令和拾年拾月八日編製㊞	戸籍編製	【編製日】令和10年10月8日
(69)			養子の新戸籍	養子の身分事項欄	令和拾年拾月壱日国籍アメリカ合衆国ラッシュマン、ウェイン（西暦千九百七拾八年六月参日生）同人妻ケイ（西暦千九百八拾年九月拾日生）の養子となるアメリカ合衆国カリフォルニア州上級裁判所の縁組の裁判確定（実方の血族との親族関係の終了）同月八日父母届出東京都千代田区永田町一丁目二番乙川孝助戸籍から入籍㊞	養子縁組	【縁組の裁判確定日】令和10年10月1日 【養父氏名】ラッシュマン、ウェイン 【養父の国籍】アメリカ合衆国 【養父の生年月日】西暦1978年6月3日 【養母氏名】ラッシュマン、ケイ 【養母の国籍】アメリカ合衆国 【養母の生年月日】西暦1980年9月10日 【裁判所】アメリカ合衆国カリフォルニア州上級裁判所 【届出日】令和10年10月8日 【届出人】父母 【従前戸籍】東京都千代田区永田町一丁目2番　乙川孝助 【特記事項】実方の血族との親族関係の終了
(70)			養子の縁組前の戸籍	同上	令和拾年拾月壱日アメリカ合衆国カリフォルニア州上級裁判所の縁組の裁判確定（実方の血族との親族関係の終了）同月八日養父母届出東京都千代田区永田町一丁目二番に新戸籍編製につき除籍㊞	養子縁組	【縁組の裁判確定日】令和10年10月1日 【裁判所】アメリカ合衆国カリフォルニア州上級裁判所 【届出日】令和10年10月8日 【届出人】養父母 【新本籍】東京都千代田区永田町一丁目2番 【特記事項】実方の血族との親族関係の終了
(71)	15歳未満の養子について、戸籍上の父母との親子関係不存在確認の裁判による戸籍訂正後にされた実父母の縁組承諾の追完届	同上	養父母の戸籍	同上	令和七年八月七日養子の縁組代諾者親権者父母追完届出㊞	養子縁組　　　　追 完：	【縁組日】令和7年5月16日 【養父氏名】甲野義太郎 【養母氏名】甲野梅子 【代諾者】親権者父母 【従前戸籍】東京都中央区築地三丁目1番地　丙原太郎 【縁組追完日】令和7年8月7日 【追完届出人】親権者父母 【追完日】令和7年8月7日 【追完の内容】代諾者親権者父母縁組届出 【届出人】親権者父母 【記録の内容】 【縁組追完日】令和7年8月7日 【追完届出人】親権者父母
(72)			養子の縁組前の戸籍	同上	令和七年八月七日養子の縁組代諾者親権者父母追完届出同月九日東京都千代田区長から通知㊞	養子縁組　　　　追 完：	【縁組日】令和7年5月16日 【養父氏名】甲野義太郎 【養母氏名】甲野梅子 【代諾者】親権者父母 【通知を受けた日】令和7年5月20日 【受理者】東京都千代田区長 【入籍日】東京都千代田区平河町一丁目4番地　甲野義太郎 【縁組追完日】令和7年8月7日 【追完届出人】親権者父母 【追完日】令和7年8月7日 【追完の内容】代諾者親権者父母が縁組届出

							【届出人】親権者父母 【通知を受けた日】令和７年８月９日 【受理者】東京都千代田区長 【記録の内容】 　【縁組成立日】令和７年８月７日 　【追加届出人】親権者父母
(73)	養子縁組取消届	養親の本籍地	養親の戸籍	養父母の各身分事項欄⑩	令和四年八月拾四日甲野英助を養子とする縁組取消の裁判確定同月拾八日届出⑩	養子縁組取消し	【縁組取消しの裁判確定日】令和４年８月１４日 【養子氏名】甲野英助 【届出日】令和４年８月１８日
(74)				養子の身分事項欄⑩	令和四年八月拾四日養父甲野義太郎養母梅子の養子となる縁組取消の裁判確定同月拾八日養父母届出東京都千代田区永田町二丁目五番地乙川孝助戸籍に入籍につき消除⑩	養子縁組取消し	【縁組取消しの裁判確定日】令和４年８月１４日 【養父氏名】甲野義太郎 【養母氏名】甲野梅子 【届出日】令和４年８月１８日 【届出人】養父母 【入籍戸籍】東京都千代田区永田町二丁目５番地　乙川孝助
(75)	夫婦が同籍の者を特別養子とした縁組届	同上	養親の戸籍	戸籍の末尾に記載する特別養子の身分事項欄⑩	令和拾四年弐月九日民法八百十七条の二による裁判確定同月拾日父母届出記載⑩	民法８１７条の２	【民法８１７条の２による裁判確定日】令和１４年２月９日 【届出日】令和１４年２月１３日 【届出人】父母
(76)				特別養子に係る従前の部分の身分事項欄⑩	令和拾四年弐月九日甲野義太郎同人妻梅子の特別養子となる縁組の裁判確定同月拾日父母届出末尾記載につき消除⑩	特別養子縁組	【特別養子縁組の裁判確定日】令和１４年２月９日 【養父氏名】甲野義太郎 【養母氏名】甲野梅子 【届出日】令和１４年２月１３日 【特記事項】末尾記録につき消除
(77)	夫婦が外国人を特別養子とした縁組届	同上	同上	筆頭者である養父の身分事項欄⑩	令和拾弐年弐月弐日妻（西暦弐千弐拾六年壱月壱日生）と民法八百十七条の二による裁判確定同月拾日届出⑩	民法８１７条の２	【民法８１７条の２による裁判確定日】令和１２年３月２日 【共同縁組者】妻 【養子氏名】ラッシュマン，ウェイン 【養子の国籍】アメリカ合衆国 【養子の生年月日】西暦２０２６年１月１日 【届出日】令和１２年３月１０日
(78)				養母の身分事項欄⑩	令和拾弐年弐月弐日夫とともにラッシュマン，ウェインと民法八百十七条の二による裁判確定同月拾日届出⑩	民法８１７条の２	【民法８１７条の２による裁判確定日】令和１２年３月２日 【共同縁組者】夫 【養子氏名】ラッシュマン，ウェイン 【養子の国籍】アメリカ合衆国 【養子の生年月日】西暦２０２６年１月１日 【届出日】令和１２年３月１０日
(79)	特別養子の入籍（末尾記載）により養方の弟（妹）についてする父母との続柄の訂正		弟（妹）の戸籍	弟（妹）の身分事項欄⑩	兄（姉）の入籍（末尾記載）により令和拾参年弐月拾参日父母との続柄訂正⑩	訂正	【訂正日】令和１３年２月１３日 【訂正事項】父母との続柄 【訂正事由】兄（姉）の入籍（末尾記録） 【従前の記録】 　【父母との続柄】長男（長女）

4　養子離縁

(80)	夫婦で養子となった者の協議離縁届	養親の本籍地	養子の離縁後の新戸籍	筆頭者となる養子（夫）の身分事項欄⑩	令和八年五月壱日妻とともに養父甲野義太郎養母梅子と協議離縁届出同月四日東京都千代田区平河町二丁目十番地甲野英助戸籍から通知入籍⑩	養子離縁	【離縁日】令和８年５月１日 【共同離縁者】妻 【養父氏名】甲野義太郎 【養母氏名】甲野梅子 【通知を受けた日】令和８年５月４日 【受理者】東京都千代田区長 【従前戸籍】東京都千代田区平河町二丁目１０番地　甲野英助
(81)				養子（妻）の身分事項欄	令和八年五月壱日夫とともに養父甲野義太郎養母梅子と協議離縁届出同月四日東京都千代田区長から通知入籍⑩	養子離縁	【離縁日】令和８年５月１日 【共同離縁者】夫 【養父氏名】甲野義太郎 【養母氏名】甲野梅子 【通知を受けた日】令和８年５月４日 【受理者】東京都千代田区長 【従前戸籍】東京都千代田区平河町二丁目１０番地　甲野英助
(82)			養親の戸籍	養父母の各身分事項欄⑩	令和八年五月壱日妻（夫）とともに養子英助同人妻竹子と協議離縁届出⑩	養子離縁	【離縁日】令和８年５月１日 【共同離縁者】妻（夫） 【養子氏名】甲野英助 【養子氏名】甲野竹子
(83)			養親の離縁前の戸籍	筆頭者である養父（夫）の身分事項欄⑩	令和八年五月壱日妻とともに養父甲野義太郎養母梅子と協議離縁届出京都市北区小山初音町十八番地に新戸籍編製につき除籍⑩	養子離縁	【離縁日】令和８年５月１日 【共同離縁者】妻 【養父氏名】甲野義太郎 【養母氏名】甲野梅子 【新本籍】京都市北区小山初音町１８番地
(84)				養子の	令和八年五月壱日夫とともに	養子離縁	【離縁日】令和８年５月１日

No.	事由	本籍地	戸籍	欄	記載例	届書の種別	記載事項
				（妻）の身分事項欄	もに養父甲野義太郎養母梅子と協議離縁届出除籍㊞		【共同離縁者】夫 【養父氏名】甲野義太郎 【養母氏名】甲野梅子 【新本籍】京都市北区小山初音町１８番地
(85)	配偶者のある養子の協議離縁届養子が復氏する場合	同上	養子の離縁後の新戸籍	養子の身分事項欄	令和七年四月拾日養父甲野義太郎養母梅子と協議離縁届同月拾参日京都市北区長から通知五番地甲野英助戸籍から入籍㊞	養子離縁	【離縁日】令和７年４月１０日 【養父氏名】甲野義太郎 【養母氏名】甲野梅子 【通知を受けた日】令和７年４月１３日 【受理者】京都市北区長 【従前戸籍】東京都千代田区永田町二丁目５番地　甲野英助
(86)				養子の配偶者の身分事項欄	令和七年四月拾参日夫とともに入籍㊞	配偶者の離縁	【入籍日】令和７年４月１３日 【入籍事由】夫の離縁 【従前戸籍】東京都千代田区永田町二丁目５番地　甲野英助
(87)			養親の戸籍	養父母の各身分事項欄	令和七年四月拾日妻（夫）とともに養子英助と協議離縁届出㊞	養子離縁	【離縁日】令和７年４月１０日 【共同離縁者】妻（夫） 【養子氏名】甲野英助
(88)			養子の離縁前の戸籍	養子の身分事項欄	令和七年四月拾日養父甲野義太郎養母梅子と協議離縁届出同月拾参日京都市北区長から通知東京都千代田区永田町二丁目五番地に新戸籍編製につき除籍㊞	養子離縁	【離縁日】令和７年４月１０日 【養父氏名】甲野義太郎 【養母氏名】甲野梅子 【通知を受けた日】令和７年４月１３日 【受理者】京都市北区長 【新本籍】東京都千代田区永田町二丁目５番地
(89)				養子の配偶者の身分事項欄	令和七年四月拾参日夫とともに除籍㊞	配偶者の離縁	【除籍日】令和７年４月１３日 【除籍事由】夫の離縁 【新本籍】東京都千代田区永田町二丁目５番地
(90)	妻の氏を称する婚姻をしている養子の協議離縁届	同上	養親の戸籍	養父の身分事項欄	令和拾参年壱月九日養子乙川英助と協議離縁届出㊞	養子離縁	【離縁日】令和１３年１月９日 【養子氏名】乙川英助
(91)			養子の戸籍	養子の身分事項欄	令和拾参年壱月九日養父甲野義太郎と協議離縁届出㊞	養子離縁	【離縁日】令和１３年１月９日 【養父氏名】甲野義太郎
(92)	養親夫婦の一方との協議離縁届	同上	養親の戸籍	養父の身分事項欄	令和拾参年八月六日養子英助と協議離縁届出㊞	養子離縁	【離縁日】令和１３年８月６日 【養子氏名】甲野英助
(93)	養子が離縁をする養親と同氏で復氏しない場合			養子の身分事項欄	令和拾参年八月六日養父甲野義太郎と協議離縁届出㊞	養子離縁	【離縁日】令和１３年８月６日 【養父氏名】甲野義太郎
(94)	離婚により婚姻前の氏に復している養親とする養子の協議離縁届	養子の本籍地	養子の戸籍	同上	令和七年五月七日養母乙野梅子と協議離縁届出㊞	養子離縁	【離縁日】令和７年５月７日 【養母氏名】乙野梅子
(95)			養親の離婚後の戸籍	養子の身分事項欄	令和七年五月七日養子甲野英助と協議離縁届出同月拾日東京都千代田区長から通知㊞	養子離縁	【離縁日】令和７年５月７日 【養子氏名】甲野英助 【通知を受けた日】令和７年５月１０日 【受理者】東京都千代田区長
(96)	養親と同一戸籍にある15歳未満の養子の協議離縁届	養親の本籍地	養親の戸籍	養子の身分事項欄	令和拾参年四月壱日養父甲野義太郎と協議離縁届出㊞	養子離縁	【離縁日】令和１３年４月１日 【養父氏名】甲野義太郎
(97)	養親夫婦の一方がその意思を表示することができない場合			養子の身分事項欄	令和拾参年四月壱日養父甲野義太郎と協議離縁届出（協議者未成年後見人となるべき西原秀吉）㊞	養子離縁	【離縁日】令和１３年４月１日 【養父氏名】甲野義太郎 【協議者】未成年後見人となるべき者　西原秀吉
(98)	15歳未満の養子が死亡養親と生存養親の双方とする離縁届	養親の本籍地	養子の縁組前の戸籍	同上	令和七年拾月七日養父亡甲野義太郎と離縁養母花子と協議離縁養親権者となるつき母東京都千代田区平河町一丁目四番地甲野義太郎戸籍から入籍㊞	養子離縁	【離縁日】令和７年１０月７日 【養父氏名】亡　甲野義太郎 【養母氏名】甲野花子 【協議者】親権者となるべき父母 【従前戸籍】東京都千代田区平河町一丁目４番地　甲野義太郎
(99)			養親の戸籍	生存養親の身分事項欄	令和七年拾月七日養子忠治と協議離縁届出㊞	養子離縁	【離縁日】令和７年１０月７日 【養子氏名】甲野忠治
(100)				養子の身分事項欄	令和七年拾月七日養父甲野義太郎と離縁養母花子と協議離縁届出（協議者親権者となるべき父母）東京都千代田区永田町二丁目十番地乙野孝助方に入籍㊞	養子離縁	【離縁日】令和７年１０月７日 【養父氏名】亡　甲野義太郎 【養母氏名】甲野花子 【協議者】親権者となるべき父母 【入籍地】東京都千代田区永田町二丁目１０番地　乙野孝助
(101)	離縁の調停が成立した	養子の縁組前	本籍地の戸籍	同上	令和五年八月六日養父甲川義太郎養母花子と離縁の	養子離縁	【離縁の調停成立日】令和５年８月６日 【養父氏名】甲川義太郎

			の戸籍	調停成立同年九月拾日許可同月拾壱日大阪市北区西天満二丁目六番地甲川義太郎戸籍から入籍㊞		【養母氏名】甲川花子 【許可日】令和5年9月10日 【入籍日】令和5年9月11日 【従前戸籍】大阪市北区西天満二丁目6番地 甲川義太郎
(102)	がその届出をしないためにする職権記載		養親の戸籍	養父母の各身分事項欄	令和五年八月六日妻(夫)とともに養子英助と離縁の調停成立同年九月拾日許可同月拾壱日記載㊞	養子離縁	【離縁の調停成立日】令和5年8月6日 【共同離縁者】妻(夫) 【養子氏名】甲川英助 【許可日】令和5年9月10日 【記録日】令和5年9月11日
(103)				養子の身分事項欄	令和五年八月六日養父甲川義太郎養母花子と離縁調停成立同年九月拾日許可同月拾壱日二満二丁目十六番地乙川孝助戸籍に入籍につき除籍㊞	養子離縁	【離縁の調停成立日】令和5年8月6日 【養父氏名】甲川義太郎 【養母氏名】甲川花子 【許可日】令和5年9月10日 【除籍日】令和5年9月11日 【入籍戸籍】大阪市北区西天満二丁目16番地 乙川孝助
(104)	実方の血族との親族関係が終了している養子の裁判による離縁届 養子が縁組により除籍された戸籍に復籍する場合	養子の縁組前の戸籍 養子の本籍地	同上		令和拾年八月弐拾七日離縁の裁判確定同年九月壱日母届出東京都千代田区永田町一丁目二番地乙川英助戸籍から入籍㊞	養子離縁	【離縁の裁判確定日】令和12年8月27日 【届出日】令和12年9月1日 【届出人】母 【従前戸籍】東京都千代田区永田町一丁目2番 乙川英助
(105)			養子の戸籍	戸籍事項欄	令和拾年九月壱日消除	戸籍消除	【消除日】令和12年9月1日
(106)				養子の身分事項欄	令和拾年九月弐拾七日養父国籍アメリカ合衆国ラッシュマン、ウェイン養母ケイと離縁の裁判確定同年九月壱日乙川花子届出東京都千代田区永田町一丁目二番乙川孝助戸籍に入籍につき除籍㊞	養子離縁	【離縁の裁判確定日】令和12年8月27日 【養父氏名】ラッシュマン、ウェイン 【養父の国籍】アメリカ合衆国 【養母氏名】ラッシュマン、ケイ 【養母の国籍】アメリカ合衆国 【届出日】令和12年9月1日 【届出人】乙川花子 【入籍戸籍】東京都千代田区永田町一丁目2番 乙川孝助
(107)	離縁取消届	養子の新本籍地	養子の戸籍	戸籍事項欄	令和七年九月七日編製	戸籍編製	【編製日】令和7年9月17日
(108)				筆頭者となる養子(夫)の身分事項欄	令和七年九月五日養父甲野義太郎養母梅子との離縁取消の裁判確定同月拾四日妻とともに届出同月七日京都市北区長から通知入籍小山初音町十八番地乙川英助戸籍から入籍㊞	養子離縁取消し	【離縁取消しの裁判確定日】令和7年9月5日 【養父氏名】甲野義太郎 【養母氏名】甲野梅子 【届出日】令和7年9月14日 【共同届出人】妻 【通知を受けた日】令和7年9月17日 【受理者】京都市北区長 【従前戸籍】京都市北区小山初音町18番地 乙川英助
(109)				養子(妻)の身分事項欄	令和七年九月五日養父甲野義太郎養母梅子との離縁取消の裁判確定同月拾四日夫とともに届出同月七日京都市北区長から通知入籍㊞	養子離縁取消し	【離縁取消しの裁判確定日】令和7年9月5日 【養父氏名】甲野義太郎 【養母氏名】甲野梅子 【届出日】令和7年9月14日 【共同届出人】夫 【通知を受けた日】令和7年9月17日 【受理者】京都市北区長 【従前戸籍】京都市北区小山初音町18番地 乙川英助
(110)			養親の戸籍	養父母の各身分事項欄	令和七年九月五日養子英助同人妻竹子との離縁取消の裁判確定同月拾四日夫婦届出同月七日京都市北区長から通知㊞	養子離縁取消し	【離縁取消しの裁判確定日】令和7年9月5日 【養子氏名】甲野義太郎 【養子氏名】甲野竹子 【届出日】令和7年9月14日 【届出人】養子夫婦 【通知を受けた日】令和7年9月17日 【受理者】京都市北区長
(111)		養子の離縁取消前の戸籍		筆頭者である養子(夫)の身分事項欄	令和七年九月五日養父甲野義太郎養母梅子との離縁取消の裁判確定同月拾四日妻とともに届出東京都千代田区平河町二丁目十番地に新本籍編製につき除籍㊞	養子離縁取消し	【離縁取消しの裁判確定日】令和7年9月5日 【養父氏名】甲野義太郎 【養母氏名】甲野梅子 【届出日】令和7年9月14日 【新本籍】東京都千代田区平河町二丁目10番地
(112)				養子(妻)の身分事項欄	令和七年九月五日養父甲野義太郎養母梅子との離縁取消の裁判確定同月拾四日夫とともに届出除籍㊞	養子離縁取消し	【離縁取消しの裁判確定日】令和7年9月5日 【養父氏名】甲野義太郎 【養母氏名】甲野梅子 【共同届出人】夫 【新本籍】東京都千代田区平河町二丁目10番地
(113)	特別養子離縁届 特別養子が特別養子縁組により除籍された戸籍に復籍する場合	養親の本籍地	特別養子の縁組前の戸籍	特別養子の身分事項欄	令和拾四年八月九日特別養子離縁の裁判確定同月拾五日届出同月拾東京都千代田区平河町一丁目四番地甲野義太郎戸籍から入籍㊞	特別養子離縁	【特別養子離縁の裁判確定日】令和14年8月9日 【届出日】令和14年8月15日 【届出人】母 【通知を受けた日】令和14年8月20日 【受理者】東京都千代田区長 【従前戸籍】東京都千代田区平河町一丁目4番地 甲野義太郎
(114)	る場合		養親の戸籍	同上	令和拾四年八月九日特別養子離縁の裁判確定同月拾五日乙川梅子届出京都市北区小山初音町十八番地乙川孝助戸籍に入籍につき除籍㊞	特別養子離縁	【特別養子離縁の裁判確定日】令和14年8月9日 【届出日】令和14年8月15日 【届出人】乙川梅子 【入籍戸籍】京都市北区小山初音町18番地 乙川孝助

関連通達等

				欄	事由	記録内容
(115)	同上 特別養子の新戸籍	同上	特別養子の新戸籍	戸籍事項欄編製印	戸籍編製	【編製日】令和13年8月25日
(116)	特別養子につき新戸籍を編製する場合	特別養子の新戸籍	特別養子の身分事項欄	令和拾参年八月拾参日特別養子離縁裁判確定同月弐拾日母届同月弐拾五日東京都千代田区長から通知同区平河町一丁目四番地甲野義太郎入籍印	特別養子離縁	【特別養子離縁の裁判確定日】令和13年8月13日【届出日】令和13年8月20日【届出人】母【通知を受けた日】令和13年8月25日【受理者】東京都千代田区長【従前戸籍】東京都千代田区平河町一丁目4番地 甲野義太郎
(117)		養親の戸籍	同上	令和拾参年八月拾参日特別養子離縁裁判確定同月弐拾日乙川梅子届京都市北区小山初音町十八番に乙川の氏の新戸籍編製につき除籍印	特別養子離縁	【特別養子離縁の裁判確定日】令和13年8月13日【届出日】令和13年8月20日【届出人】乙川梅子【新本籍】京都市北区小山初音町18番地【離縁後の氏】乙川
(118)		特別養子が特別養子縁組により除籍された戸籍	同上	令和拾参年八月拾参日特別養子離縁裁判確定同月弐拾日母届同月弐拾五日東京都千代田区長から通知京都市北区小山初音町十八番地に乙川の氏の新戸籍編製印	特別養子離縁	【特別養子離縁の裁判確定日】令和13年8月13日【届出日】令和13年8月20日【届出人】母【通知を受けた日】令和13年8月25日【受理者】東京都千代田区長【新本籍】京都市北区小山初音町18番地【離縁後の氏】乙川
(119)	同上 特別養子が離縁後も引き続き縁組当時の戸籍に在籍する場合	養親の戸籍	同上	令和拾五年参月四日特別養子離縁裁判確定同月七日父届出母の名訂正印	特別養子離縁　訂正	【特別養子離縁の裁判確定日】令和15年3月4日【届出日】令和15年3月7日【届出人】父 ─────訂正───── 【訂正日】令和15年3月7日【訂正事項】母の氏名【従前の記録】【母】甲野竹子
(120)	同上 特別養子が外国人の場合	同上	同上	筆頭者である養父の身分事項欄 令和拾四年弐月拾弐日養子国籍アメリカ合衆国ベルナール、ジョンと特別養子離縁裁判確定同月拾八日ベルナール、マリア届出印	特別養子離縁	【特別養子離縁の裁判確定日】令和14年2月12日【特別養子の氏名】ベルナール、ジョン【特別養子の国籍】アメリカ合衆国【届出日】令和14年2月18日【届出人】ベルナール、マリア
(121)				養母の身分事項欄 令和拾四年弐月拾弐日養子国籍アメリカ合衆国養子ベルナール、ジョンと特別養子離縁裁判確定同月拾八日ベルナール、マリア届出印	特別養子離縁	【特別養子離縁の裁判確定日】令和14年2月12日【特別養子の氏名】ベルナール、ジョン【特別養子の国籍】アメリカ合衆国【届出日】令和14年2月18日【届出人】ベルナール、マリア
(122)	特別養子離縁の記載請求	特別養子縁組前の戸籍	特別養子の身分事項欄	令和拾参年九月拾四日特別養子離縁裁判確定同月弐拾日請求同月弐拾五日東京都千代田区長から通知同区平河町一丁目四番地甲野義太郎入籍印	特別養子離縁	【記録請求日】令和13年9月20日【通知を受けた日】令和13年9月25日【受理者】東京都千代田区長【従前戸籍】東京都千代田区平河町一丁目4番地 甲野義太郎
(123)		養親の戸籍	同上	令和拾参年九月拾四日特別養子離縁裁判確定同月弐拾日請求京都市北区小山初音町十八番地乙川孝助戸籍に入籍につき除籍印	特別養子離縁	【特別養子離縁の裁判確定日】令和13年9月14日【記録請求日】令和13年9月20日【入籍日】京都市北区小山初音町18番地 乙川孝助

5 婚 姻

				欄	事由	記録内容
(124)	同一戸籍内の夫婦の氏を称する婚姻届	夫婦の本籍地	夫婦の新戸籍	戸籍事項欄編製印	婚姻	【編製日】令和5年2月10日
(125)			夫の身分事項欄	令和五年弐月拾日甲野梅子と婚姻届出東京都千代田区平河町一丁目四番地甲野幸雄戸籍から入籍印	婚姻	【婚姻日】令和5年2月10日【配偶者氏名】甲野梅子【従前戸籍】東京都千代田区平河町一丁目4番地 甲野幸雄
(126)			妻の身分事項欄	令和五年弐月拾日同籍甲野義太郎と婚姻届出入籍印	婚姻	【婚姻日】令和5年2月10日【配偶者氏名】甲野義太郎【従前戸籍】東京都千代田区平河町一丁目4番地 甲野幸雄
(127)		夫婦の婚姻前の戸籍	夫の身分事項欄	令和五年弐月拾日甲野梅子と婚姻届出東京都千代田区平河町一丁目十番地に夫の氏の新戸籍編製につき除籍印	婚姻	【婚姻日】令和5年2月10日【配偶者氏名】甲野梅子【新本籍】東京都千代田区平河町一丁目10番地【称する氏】夫の氏
(128)			妻の身分事項欄	令和五年弐月拾日同籍甲野義太郎と婚姻届出除籍印	婚姻	【婚姻日】令和5年2月10日【配偶者氏名】甲野義太郎【新本籍】東京都千代田区平河町一丁目10番地【称する氏】夫の氏
(129)	外国にある日本人男女	在外公館	夫婦の新戸籍	戸籍事項欄編製印	戸籍編製	【編製日】令和9年5月20日
(130)	が所在国の方式に従ってした婚姻の証書の謄本又は証明書の提出　夫の氏を称する旨の申		夫の身分事項欄	令和九年四月五日乙野幸子とアメリカ合衆国ニューヨーク州の方式により婚姻同月拾六日証書提出同年五月弐拾六日書面受理同年同月弐拾日ニューヨーク総領事から送付千葉市中央区千葉港一番地甲野高一戸籍から入籍印	婚姻	【婚姻日】令和9年4月5日【配偶者氏名】乙野幸子【婚姻の方式】アメリカ合衆国ニューヨーク州の方式【証書提出日】令和9年4月26日【送付を受けた日】令和9年5月20日【受理者】在ニューヨーク総領事【従前戸籍】千葉市中央区千葉港1番地 甲野高一
(131)	出書添付		妻の身分	令和九年四月五日甲野一	婚姻	【婚姻日】令和9年4月5日

285

				分事項欄	郎とアメリカ合衆国ニューヨーク州の方式により婚姻同月弐拾陸日証書提出同年五月弐拾日在ニューヨーク総領事から送付横浜市西区幸町三番地乙野美子籍から入籍㊞		【配偶者氏名】甲野一郎 【婚姻の方式】アメリカ合衆国ニューヨーク州の方式 【証書提出日】令和9年4月26日 【送付を受けた日】令和9年5月20日 【受理者】在ニューヨーク総領事 【従前戸籍】横浜市西区幸町3番地　乙野美子
(132)			夫の婚姻前の戸籍	夫の身分事項欄	令和九年四月五日乙野幸子とアメリカ合衆国ニューヨーク州の方式により婚姻同月弐拾陸日証書提出同年五月弐拾日在ニューヨーク総領事から送付千葉市中央区千葉港一番地に夫の氏の新戸籍編製につき除籍㊞	婚姻	【婚姻日】令和9年4月5日 【配偶者氏名】乙野幸子 【婚姻の方式】アメリカ合衆国ニューヨーク州の方式 【証書提出日】令和9年4月26日 【送付を受けた日】令和9年5月20日 【受理者】在ニューヨーク総領事 【新本籍】千葉市中央区千葉港1番地 【称する氏】夫の氏
(133)			妻の婚姻前の戸籍	妻の身分事項欄	令和九年四月五日甲野一郎とアメリカ合衆国ニューヨーク州の方式により婚姻同月弐拾陸日証書提出同年五月弐拾日在ニューヨーク総領事から送付千葉市中央区千葉港一番地に夫の氏の新戸籍編製につき除籍㊞	婚姻	【婚姻日】令和9年4月5日 【配偶者氏名】甲野一郎 【婚姻の方式】アメリカ合衆国ニューヨーク州の方式 【証書提出日】令和9年4月26日 【送付を受けた日】令和9年5月21日 【受理者】在ニューヨーク総領事 【新本籍】千葉市中央区千葉港1番地 【称する氏】夫の氏
(134)	夫の氏を称する婚姻届が妻の送付地に来着のため届書謄本の送付があった場合	非本籍地	同上	同上	令和五年五月四日甲野義太郎と婚姻届出同年九月拾日横浜市中区長から送付同区日本大通一番地に夫の氏の新戸籍編製につき除籍㊞	婚姻	【婚姻日】令和5年5月4日 【配偶者氏名】甲野義太郎 【送付を受けた日】令和5年9月10日 【受理者】横浜市中区長 【新本籍】横浜市中区日本大通10番地 【称する氏】夫の氏

6　離婚

(135)	転婚した生存配偶者（妻）が実方の氏を称して新戸籍編製の申出をした協議離婚届	夫婦の本籍地	夫婦の（後婚）の戸籍	同上	令和五年六月拾日夫義太郎と協議離婚届出京都市北区小山初音町十八番地に乙原の氏の新戸籍編製につき除籍㊞	離婚	【離婚日】令和5年6月10日 【配偶者氏名】甲野義太郎 【新本籍】京都市北区小山初音町18番地 【離婚後の氏】乙原
(136)	協議離婚届に親権者を定める旨の記載を遺漏した場合の追完届		子の戸籍	子の身分事項欄	令和五年五月弐拾七日親権を父と定める旨同年六月拾五日父母追完届出㊞	親権	【親権者を定めた日】令和5年5月27日 【親権者】父 【届出人】父母 【特記事項】令和5年6月15日父母追完届出
(137)	離婚取消届	夫の本籍地	夫の戸籍	夫の身分事項欄	令和八年五月弐日妻梅子との離婚取消の裁判確定同月拾日妻届出㊞	離婚取消し	【離婚取消しの裁判確定日】令和8年5月2日 【配偶者氏名】甲野梅子 【届出日】令和8年5月10日 【届出人】妻
(138)				妻の身分事項欄	令和八年五月弐日夫義太郎との離婚取消の裁判確定同月拾日夫届出京都市北区小山初音町十八番地乙野忠治戸籍から入籍㊞	離婚取消し	【離婚取消しの裁判確定日】令和8年5月2日 【配偶者氏名】甲野義太郎 【従前戸籍】京都市北区小山初音町18番地　乙野忠治
(139)			妻の離婚取消前の戸籍	同上	令和八年五月弐日夫義太郎との離婚取消の裁判確定同月拾日同月拾弐日東京都千代田区長から通知同区平河町一丁目四番地甲野義太郎方に入籍につき除籍㊞	離婚取消し	【離婚取消しの裁判確定日】令和8年5月2日 【配偶者氏名】甲野義太郎 【届出日】令和8年5月10日 【通知を受けた日】令和8年5月12日 【受理者】東京都千代田区長 【入籍戸籍】東京都千代田区平河町一丁目4番地　甲野義太郎

7　親権及び未成年者の後見

(140)	養子離縁後の親権者を父母の協議により定めた旨の届	本籍地	子の戸籍	子の身分事項欄	令和五年七月拾日父親権者となる同月拾弐日父母届出㊞	親権	【親権者となった日】令和5年7月10日 【親権者】父 【届出日】令和5年7月12日 【届出人】父母
(141)	養子離縁後の親権者を裁判により定めた旨の届	同上	同上	同上	令和五年七月五日母親権者となる同日母届出㊞	親権	【親権者となった日】令和5年7月5日 【親権者】母 【届出日】令和5年7月5日
(142)	調停による親権者指定届	同上	同上	同上	令和六年六月拾弐日親権者を父と定める調停成立同月拾五日父母届出㊞	親権	【親権者を定める調停成立日】令和6年6月12日 【親権者】父 【届出日】令和6年6月15日
(143)	調停による親権者変更届	同上	同上	同上	令和七年七月六日親権者を母に変更の調停成立同月八日母届出㊞	親権	【親権者変更の調停成立日】令和6年7月6日 【親権者】母 【届出日】令和6年7月8日 【届出人】母

(番号)	事例	戸籍	欄	記載事項	種別	記載内容
(144)	父母の再婚により父母の共同親権に服することとなった場合	同上	同上	令和五年五月拾日父母婚姻により父母の共同親権に服するに至る同月拾五日記載㊞	親権	【共同親権に服した日】令和5年5月10日【親権者】父母【記録日】令和5年5月15日【特記事項】父母婚姻による共同親権
(145)	父母離婚の際親権者を父と定められた子が養子となった後離縁した場合	同上	同上	令和四年拾壱月九日父の親権に服するに至る同月拾五日記載㊞	親権	【親権に服した日】令和4年11月9日【親権者】父【記録日】令和4年11月15日
(146)	親権者の管理権執行停止及び代行者選任の裁判発効による嘱託	同上	同上	令和五年拾月拾九日親権者父の管理権執行停止及び代行者東京都千代田区平河町一丁目四番地甲野梅吉選任の裁判発効同月弐拾四日嘱託㊞	親権	【管理権執行停止及び代行者選任の裁判発効日】令和5年10月19日【管理権執行停止を受けた者】親権者父【管理権代行者】甲野梅吉【管理権代行者の戸籍】東京都千代田区平河町一丁目4番地甲野梅吉【記録嘱託日】令和5年10月24日
(147)	親権者の管理権執行停止及び代行者選任（改任）の裁判失効による嘱託	同上	同上	令和六年参月拾壱日親権者父の管理権執行停止の裁判失効同月拾六日嘱託㊞	親権	【管理権執行停止の裁判失効日】令和6年3月11日【記録嘱託日】令和6年3月16日
(148)	親権者の管理権代行者改任の裁判発効による嘱託	同上	同上	令和六年七月七日親権者父の管理権代行者を東京都千代田区永田町二丁目五番地乙原高助に改任の裁判発効同月拾弐日嘱託㊞	親権	【管理権代行者改任の裁判発効日】令和6年7月7日【管理権代行者の戸籍】東京都千代田区永田町二丁目5番地乙原高助【記録嘱託日】令和6年7月12日
(149)	成年に達したため親権に服さなくなった旨記載の申出があった場合	同上	同上	令和五年五月六日成年に達したため親権に服さなくなる同月八日記載㊞	親権	【親権に服さなくなった日】令和5年5月6日【記録日】令和5年5月8日【特記事項】成年に達したため
(150)	婚姻したため親権に服さなくなった旨記載の申出があった場合	子の婚姻前の戸籍	同上	令和五年六月八日婚姻したため親権に服さなくなる同日記載㊞	親権	【親権に服さなくなった日】令和5年6月8日【記録日】令和5年6月8日【特記事項】婚姻したため
(151)	未成年後見人（未成年後見監督人）職務執行停止及び代行者選任の裁判発効による嘱託	未成年被後見人の戸籍	未成年被後見人の身分事項欄	令和拾四年九月拾八日未成年後見人（未成年後見監督人）甲原孝吉の職務執行停止及び代行者選任の裁判発効同月弐拾壱日嘱託㊞	未成年者の後見	【未成年後見人（未成年後見監督人）職務執行停止及び代行者選任の裁判発効日】令和14年9月18日【未成年後見人（未成年後見監督人）】甲原孝吉【未成年後見（未成年後見監督）代行者の戸籍】京都市北区小山初音町18番地　乙川忠夫【記録嘱託日】令和14年9月21日
(152)	未成年後見人（未成年後見監督人）の職務執行停止及び代行者選任（改任）の裁判失効による嘱託	同上	同上	令和拾五年弐月弐拾五日未成年後見人（未成年後見監督人）甲原孝吉の職務執行停止の裁判失効同月弐拾八日嘱託㊞	未成年者の後見	【未成年後見人（未成年後見監督人）職務執行停止の裁判失効日】令和15年2月25日【記録嘱託日】令和15年2月28日
(153)	未成年後見人（未成年後見監督人）の代行者選任改任の裁判発効による嘱託	同上	同上	令和拾六年弐月拾日未成年後見人（未成年後見監督人）甲原孝吉の代行者を東京都千代田区平河町二丁目八番地丙原鉄吉同日番五郎に改任の裁判発効同月拾弐日嘱託㊞	未成年者の後見	【未成年後見（未成年後見監督）代行者改任の裁判発効日】令和16年2月7日【未成年後見（未成年後見監督）代行者】丙原五郎【未成年後見（未成年後見監督）代行者の戸籍】東京都千代田区平河町二丁目8番地　丙原鉄吉【記録嘱託日】令和16年2月11日
(154)	成年に達したため未成年者の後見終了の旨記載の申出があった場合	同上	同上	令和拾五年五月七日成年に達したため未成年者の後見終了同月弐拾七日記載㊞	未成年者の後見	【未成年者の後見終了】令和15年5月7日【記録日】令和15年5月27日【特記事項】成年に達したため
(155)	未成年後見監督人の権限を財産に関する権限に限定する	同上	同上	令和弐拾六年九月弐拾五日未成年後見監督人甲野梅子の権限を財産に限定する定めの裁判確定同月弐拾九日嘱託㊞	未成年者の後見	【未成年後見監督人の権限を財産に関する権限に限定する定めの裁判確定日】令和26年9月25日【未成年後見監督人】甲野梅子【記録嘱託日】令和26年9月29日

					記載例		
	定めの裁判確定による嘱託						
(156)	未成年後見監督人の財産に関する権限単独行使の定めの裁判確定による嘱託		同上	同上	令和弐拾六年九月弐拾九日未成年後見監督人甲野梅子、同社会福祉法人乙の財産に関する権限単独行使の定めの裁判確定同月弐拾九日嘱託㊞	未成年者の後見	【未成年後見監督人の財産に関する権限単独行使の定めの裁判確定日】令和２６年９月２５日 【未成年後見監督人】甲野梅子、社会福祉法人乙 【記録嘱託日】令和２６年９月２９日
(157)	未成年後見監督人の財産に関する権限分掌行使の定めの裁判確定による嘱託		同上	同上	令和弐拾六年九月弐拾九日未成年後見監督人甲野梅子、同社会福祉法人乙の財産に関する権限分掌行使の定めの裁判確定同月弐拾九日嘱託㊞	未成年者の後見	【未成年後見監督人の財産に関する権限分掌行使の定めの裁判確定日】令和２６年９月２５日 【未成年後見監督人】甲野梅子、社会福祉法人乙 【記録嘱託日】令和２６年９月２９日
(158)	未成年後見監督人の権限を財産に関する権限に限定する定めの裁判確定による嘱託		同上	同上	令和弐拾七年九月参日未成年後見監督人甲野梅子の権限を財産に関する権限に限定する定めの裁判確定同月七日嘱託㊞	未成年者の後見	【未成年後見監督人の権限を財産に関する権限に限定する定めの裁判確定日】令和２７年９月３日 【記録嘱託日】令和２７年９月７日 【従前の記録】 　【未成年後見監督人の権限を財産に関する権限に限定する定めの裁判確定日】令和２６年９月２５日 　【未成年後見監督人】甲野梅子 　【記録嘱託日】令和２６年９月２９日
(159)	未成年後見監督人の財産に関する権限単独行使の定めの取消の裁判確定による嘱託		同上	同上	令和弐拾七年九月参日未成年後見監督人甲野梅子、同社会福祉法人乙の財産に関する権限単独行使の定めの取消の裁判確定同月七日嘱託㊞	未成年者の後見	【未成年後見監督人の財産に関する権限単独行使の定めの取消しの裁判確定日】令和２７年９月３日 【記録嘱託日】令和２７年９月７日 【従前の記録】 　【未成年後見監督人の財産に関する権限単独行使の定めの裁判確定日】令和２６年９月２５日 　【未成年後見監督人】甲野梅子、社会福祉法人乙 　【記録嘱託日】令和２６年９月２９日
(160)	未成年後見監督人の財産に関する権限分掌行使の定めの取消の裁判確定による嘱託		同上	同上	令和弐拾七年九月参日未成年後見監督人甲野梅子、同社会福祉法人乙の財産に関する権限分掌行使の定めの取消の裁判確定同月七日嘱託㊞	未成年者の後見	【未成年後見監督人の財産に関する権限分掌行使の定めの取消しの裁判確定日】令和２７年９月３日 【記録嘱託日】令和２７年９月７日 【従前の記録】 　【未成年後見監督人の財産に関する権限分掌行使の定めの裁判確定日】令和２６年９月２５日 　【未成年後見監督人】甲野梅子、社会福祉法人乙 　【記録嘱託日】令和２６年９月２９日
(161)	未成年後見監督人辞任許可の裁判確定による嘱託		同上	同上	令和弐拾四年八月弐拾四日未成年後見監督人甲野梅子辞任許可の裁判確定同月弐拾七日嘱託㊞	未成年者の後見	【未成年後見監督人辞任許可の裁判確定日】令和２４年８月２４日 【辞任した未成年後見監督人】甲野梅子 【記録嘱託日】令和２４年８月２７日
(162)	未成年後見監督人解任の裁判確定による嘱託		同上	同上	令和弐拾四年拾壱月九日未成年後見監督人甲野梅子解任の裁判確定同月拾四日嘱託㊞	未成年者の後見	【未成年後見監督人解任の裁判確定日】令和２４年１１月９日 【解任された未成年後見監督人】甲野梅子 【記録嘱託日】令和２４年１１月１４日
(163)	未成年後見監督人地位喪失届（死亡の場合）	本籍地	同上	同上	令和弐拾四年拾月七日未成年後見監督人甲野梅子死亡未成年後見監督人乙野広造同月拾五日地位喪失届出㊞	未成年者の後見	【未成年後見監督人地位喪失事由の発生日】令和２４年１０月７日 【地位喪失事由】未成年後見監督人甲野梅子の死亡 【届出日】令和２４年１０月１５日 【届出人】未成年後見監督人　乙野広造
	8 死亡						
(164)	公設所の長がした死亡届	非本籍地	死亡者の戸籍	死亡者の身分事項欄	令和七年九月九日午後壱時東京都新宿区で死亡同月拾五日西部五郎届出同月拾五日区長から通知除籍㊞	死亡	【死亡日】令和７年９月９日 【死亡時分】午後１１時 【死亡地】東京都新宿区 【届出日】令和７年９月１１日 【届出人】西原五郎 【通知を受けた日】令和７年９月１５日 【受理者】東京都新宿区長
(165)	管轄局の指示を得て受理した死亡届	本籍地	同上	同上	令和拾四年八月拾参日午後拾時東京都千代田区で死亡同月弐拾壱日親族甲野梅子届出同月弐拾六日除籍㊞	死亡	【死亡日】令和１４年８月１３日 【死亡時分】午後１０時 【死亡地】東京都千代田区 【届出日】令和１４年８月２１日 【届出人】親族　甲野梅子 【除籍日】令和１４年８月２６日
(166)	水難により死亡した者の死亡報告	同上	同上		令和六年参月拾壱日推定午後参時千葉県南房総市沖で死亡弐拾弐日館山警察署長報告同月拾参日南房総市長から通知除籍㊞	死亡	【死亡日】令和６年３月１１日 【死亡時分】推定午後３時 【死亡地】千葉県南房総市沖 【報告日】令和６年３月１２日 【報告者】館山警察署長 【通知を受けた日】令和６年３月１３日 【受理者】千葉県南房総市長
(167)	在監中に死亡した者の死亡報告	同上	同上		令和七年四月拾日午前拾時参拾分東京都中野区で死亡同月弐拾日西原鉄吉報告同月弐拾四日同区長から通	死亡	【死亡日】令和７年４月１０日 【死亡時分】午前１０時３０分 【死亡地】東京都中野区 【報告者】西原鉄吉 【報告日】令和７年４月２０日

No.	記載事項	本籍地	戸籍	欄	届書等記載	記載事由	記録事項
					知除籍㊞		【報告者】西原鉄吉 【通知を受けた日】令和7年4月24日 【受理者】東京都中野区長
(168)	本籍氏名不明の死亡者について、本籍氏名が判明した旨の報告		同上	同上	令和八年五月四日午前拾時横浜市中区で死亡同月加賀町警察署長報告同月同区長から通知除籍㊞	死亡	【死亡日】令和8年5月4日 【死亡時分】午前10時 【死亡地】横浜市中区 【報告者】加賀町警察署長 【通知】令和8年5月20日 【受理者】横浜市中区長
(169)	管轄局の許可を得てする死亡の記載 非本籍地受理の死亡届が本籍地へ未着のため近親者から資料の提出があった場合		同上	同上	平成弐拾参年八月六日推定午前六時東京都千代田区で死亡同月七日同区居住者乙川英助同区長に届出同弐拾弐年六月拾日許可同月拾弐日除籍㊞	死亡	【死亡日】平成23年8月6日 【死亡時分】推定午前6時 【死亡地】東京都千代田区 【届出日】平成23年8月7日 【届出人】乙川英助 【受理者】東京都千代田区長 【許可日】令和12年6月10日 【除籍日】令和12年6月12日
(170)	死亡の届出がないためにする職権記載		同上	同上	平成拾壱年○月○日時及び場所不詳死亡令和弐年六月壱日許可同月五日除籍㊞	死亡	【死亡日時】平成11年3月日時不詳 【死亡地】不詳 【許可日】令和2年6月1日 【除籍日】令和2年6月5日
(171)	100歳以上の高齢者についてする死亡の職権記載		同上	同上	高齢者につき死亡と認定令和五年壱月拾四日許可同月拾六日除籍㊞	高齢者消除	【高齢者消除の許可日】令和5年1月14日 【除籍日】令和5年1月16日
9 姻族関係の終了							
(172)	姻族関係終了 妻が亡夫と戸籍を異にする場合	本籍地	生存配偶者の戸籍	生存配偶者の身分事項欄	令和六年弐月五日東京都千代田区平河町一丁目四番地亡夫甲野義太郎の親族との姻族関係終了届出㊞	姻族関係終了	【死亡配偶者との親族関係終了日】令和6年2月5日 【死亡配偶者氏名】甲野義太郎 【死亡配偶者の戸籍】東京都千代田区平河町一丁目4番地 甲野義太郎
10 入籍							
(173)	子が母と同籍する入籍届	入籍後の本籍地	母の戸籍	子の身分事項欄	令和七年拾壱月母と同籍する入籍届出東京都千代田区平河町一丁目四番地乙野梅子戸籍から入籍㊞	入籍	【届出日】令和7年10月1日 【入籍事由】母と同籍する入籍 【従前戸籍】東京都千代田区平河町一丁目4番地 乙野梅子
(174)			子の従前の戸籍	同上	令和七年拾壱月母と同籍する入籍届出同月五日京都市北区長から通知同区長小山初音町十八番地甲野梅子戸籍に入籍につき除籍㊞	入籍	【届出日】令和7年10月1日 【除籍事由】母と同籍する入籍 【通知を受けた日】令和7年10月5日 【受理者】京都市北区長 【入籍戸籍】京都市北区小山初音町18番地 甲野梅子
11 国籍の得喪							
(175)	無国籍であった者の国籍取得（帰化）届	国籍取得（帰化）後の本籍地	新戸籍	国籍取得（帰化）者の身分事項欄	令和九年弐月拾日国籍取得（帰化）同月拾五日届出入籍（無国籍従前の氏名劉光仁）㊞	国籍取得（帰化）	【国籍取得（帰化）日】令和9年2月10日 【届出日】令和9年2月15日 【取得（帰化）の際の国籍】無国籍 【従前の氏名】劉光仁
(176)	子の国籍取得（帰化）届により認知者父の戸籍に子が国籍取得（帰化）した旨記載する場合 子が父の戸籍に入るとき		父の戸籍	父の身分事項欄	令和九年拾月壱日子甲野広造国籍取得（帰化）㊞	子の国籍取得（帰化）	【子の国籍取得（帰化）日】令和9年10月1日 【子の氏名】甲野広造
(177)	同上 子が父の戸籍に入らないとき	同上	同上	同上	令和九年拾月壱日子甲野広造（新本籍東京都千代田区平河町一丁目四番地）国籍取得（帰化）同月八日記載㊞	子の国籍取得（帰化）	【子の国籍取得（帰化）日】令和9年10月1日 【子の氏名】甲野広造 【子の新本籍】東京都千代田区平河町一丁目4番地 【記録日】令和9年10月8日
(178)	養子の国籍取得（帰化）届により養親の戸籍に養子が国籍取得		養親の戸籍	養親の身分事項欄	令和九年拾月壱日養子甲野広造国籍取得（帰化）㊞	養子の国籍取得（帰化）	【養子の国籍取得（帰化）日】令和9年10月1日 【養子氏名】甲野広造

	（帰化）した旨記載する場合 養子が養親の戸籍に入るとき					
(179)	同上 養子が養親の戸籍に入らないとき	同上	同上	令和九年拾月壱日養子乙野広造（新本籍東京都千代田区平河町二丁目五番地）国籍取得（帰化）同月七日記載㊞	養子の国籍取得（帰化）	【養子の国籍取得（帰化）日】令和９年１０月１日 【養子氏名】乙野広造 【養子の新本籍】東京都千代田区平河町二丁目５番地 【記録日】令和９年１０月７日
(180)	子の国籍取得（帰化）届により父（母）につき新戸籍を編製する場合	父（母）の新戸籍	父（母）の身分事項欄	令和九年拾月七日埼玉県熊谷市大字熊谷百四十番地小田竜夫戸籍から入籍㊞	子の国籍取得（帰化）	【入籍日】令和９年１０月７日 【入籍事由】子の国籍取得（帰化）届出 【従前戸籍】埼玉県熊谷市大字熊谷１１０番地　小田竜夫
(181)	き新戸籍を編製する場合	父（母）の従前戸籍	同上	令和九年拾月七日子の国籍取得（帰化）届出埼玉県熊谷市大字熊谷百十番地に父（母）の新戸籍編製につき除籍㊞	子の国籍取得（帰化）	【届出日】令和９年１０月７日 【新本籍】埼玉県熊谷市大字熊谷１１０番地
(182)	配偶者の帰化届により夫婦につき新戸籍を編製する場合	夫婦の新戸籍	夫の身分事項欄	令和九年拾月七日埼玉県熊谷市大字熊谷百十番地小田竜夫戸籍から入籍㊞	配偶者の帰化	【入籍日】令和３年１０月７日 【入籍事由】妻の帰化届出 【従前戸籍】埼玉県熊谷市大字熊谷１１０番地　小田竜夫
(183)	製する場合 妻の帰化により夫の氏を称するとき	夫の従前の戸籍	同上	令和参年拾月七日妻正子帰化届出埼玉県熊谷市大字熊谷百十番地に夫の氏の新戸籍編製につき除籍㊞	配偶者の帰化	【除籍事由】妻の帰化届出 【配偶者氏名】小田正子 【新本籍】埼玉県熊谷市大字熊谷１１０番地 【称する氏】夫の氏
(184)	配偶者の国籍（帰化）届により夫婦につ	夫婦の新戸籍	妻の身分事項欄	令和九年拾月七日岐阜市今沢町十番地林君子戸籍から入籍㊞	配偶者の国籍取得（帰化）	【入籍日】令和９年１０月７日 【入籍事由】夫の国籍取得（帰化）届出 【従前戸籍】岐阜市今沢町１０番地　林君子
(185)	き新戸籍を編製する場合 夫の国籍取得（帰化）により夫の氏を称するとき	妻の従前の戸籍	同上	令和九年拾月七日山川太郎国籍取得（帰化）届同月拾日埼玉県熊谷市熊谷市大字熊谷百四十番地から通知同市大字熊谷百十番地に夫の氏の新戸籍編製につき除籍㊞	配偶者の国籍取得（帰化）	【除籍事由】夫の国籍取得（帰化）届出 【配偶者氏名】山川太郎 【通知を受けた日】令和９年１０月１０日 【受理者】埼玉県熊谷市長 【新本籍】埼玉県熊谷市大字熊谷１１０番地 【称する氏】夫の氏
(186)	国籍を取得した女が国籍取得前に日本人夫婦の養子となった日本人男と婚姻している場合	父（母）の戸籍	国籍取得者の身分事項欄	令和九年弐月壱日国籍取得同月弐拾四日届出入籍鈴木一男妻春子の養子であるため東京都新宿区新宿一丁目一番地に入籍（取得の際の国籍アメリカ合衆国従前の氏名ベルナール、マリア）㊞	国籍取得	【国籍取得日】令和９年２月１日 【届出日】令和９年２月２４日 【取得の際の国籍】アメリカ合衆国 【従前の氏名】ベルナール、マリア 【入籍事由】鈴木一男同人妻春子の養子であるため 【入籍戸籍】東京都新宿区新宿一丁目１番地　鈴木一男
(187)	妻の国籍取得により妻の氏を称するとき	養親の戸籍	同上	令和九年弐月壱日国籍取得同月弐拾八日東京都千代田区から通知同区平河町一丁目四番地山田花子戸籍から入籍甲野幸雄と婚姻をしているため東京都豊島区池袋一丁目一番地に妻の新戸籍編製につき除籍（取得の際の国籍アメリカ合衆国従前の氏名ベルナール、マリア）㊞	国籍取得	【国籍取得日】令和９年２月１日 【届出日】令和９年２月２４日 【取得の際の国籍】アメリカ合衆国 【従前の氏名】ベルナール、マリア 【通知を受けた日】令和９年２月２８日 【受理者】東京都千代田区長 【従前戸籍】東京都千代田区平河町一丁目４番地　山田花子 【除籍事由】甲野幸雄と婚姻をしているため 【新本籍】東京都豊島区池袋一丁目１番地 【称する氏】妻の氏
(188)		夫婦の新戸籍	同上	令和九年弐月壱日国籍取得同月弐拾四日届出同月弐拾八日東京都千代田区長から通知東京都新宿区新宿一丁目一番地鈴木一男戸籍から入籍（取得の際の国籍アメリカ合衆国従前の氏名ベルナール、マリア）㊞	国籍取得	【国籍取得日】令和９年２月１日 【届出日】令和９年２月２４日 【取得の際の国籍】アメリカ合衆国 【従前の氏名】ベルナール、マリア 【通知を受けた日】令和９年２月２８日 【受理者】東京都千代田区長 【従前戸籍】東京都新宿区新宿一丁目１番地　鈴木一男
(189)	父（母）の国籍取得（帰化）届により子の父（母）欄を更正する場合	国籍取得（帰化）者の子の戸籍	国籍取得（帰化）者の子の身分事項欄	父（母）国籍取得（帰化）につき令和九年七月拾四日父（母）欄更正㊞	更　正	【更正日】令和９年７月１４日 【更正事項】父（母）の氏名 【更正事由】父（母）国籍取得（帰化） 【従前の記録】 　【父（母）】ファンデンボッシュ、ウェイン
(190)	夫婦の一方が日本の国籍を喪失した場合	夫婦の戸籍	国籍喪失者の配偶者の身分	夫（妻）国籍アメリカ合衆国㊞	配偶者の国籍喪失	【配偶者の国籍】アメリカ合衆国

関連通達等

12 氏名の変更

No.	事例	本籍地	戸籍	身分事項欄	記載例	記録事由	記録内容
(191)	15歳未満の者の名の変更届	本籍地	名を変更する者の戸籍	名を変更する者の身分事項欄	令和五年五月拾日名の変更親権者父母届出㊞	名の変更	【名の変更日】令和5年5月10日 【届出人】親権者父母 【従前の記録】 　【名】五雄

13 戸籍の訂正

No.	事例	戸籍	身分事項欄	記載例	記録事由	記録内容
(192)	誤記された生年月日について管轄局の長の許可を得てする職権訂正	訂正すべき者の戸籍	訂正すべき者の身分事項欄	誤記につき令和四年五月弐拾弐日許可同月弐拾四日出生の日訂正㊞	訂正	【訂正日】令和14年5月24日 【訂正事項】生年月日 【訂正事由】誤記 【許可日】令和14年5月22日 【従前の記録】 　【生年月日】令和11年7月5日 　【出生日】令和11年7月5日
(193)	誤記された生年月日について届書又は従前の戸籍によってする職権訂正	同上	同上	誤記につき令和五年五月八日出生の日訂正㊞	訂正	【訂正日】令和5年5月8日 【訂正事項】生年月日 【訂正事由】誤記 【従前の記録】 　【生年月日】令和2年6月25日 　【出生日】令和2年6月25日
(194)	出生の記載が遺漏しているためにする職権訂正	父母の戸籍	子の身分事項欄	令和参年五月拾日東京都千代田区で出生同月拾五日父母届出㊞ 右記遺漏につき令和五年五月六日許可同月拾日記載㊞	出生 記録	【出生日】令和3年5月10日 【出生地】東京都千代田区 【届出日】令和3年5月15日 【届出人】父 【記録日】令和5年5月10日 【記録事由】記録遺漏 【許可日】令和5年5月6日
(195)	出生の記載全部を消除する訂正申請	訂正すべき者の戸籍	訂正すべき者の身分事項欄	出生による入籍の記載は錯誤につき令和五年五月拾日戸籍訂正許可の裁判確定同月弐拾六日甲野忠雄申請戸籍の記載全部消除㊞	消除	【消除日】令和5年5月26日 【消除事項】戸籍の記録全部 【消除事由】出生による入籍の記録錯誤につき戸籍訂正許可の裁判確定 【裁判確定】令和5年5月10日 【申請日】令和5年5月26日 【申請人】甲野忠雄
(196)	昭和23年以後に父から嫡出子出生届がされた子について，母子関係不存在確認の裁判があった場合	子の移記される戸籍	子の身分事項欄	令和七年九月八日甲野梅子との親子関係不存在確認の裁判確定同月拾五日乙原夏子申請同月拾八日東京都千代田区長から通知同区平河町一丁目四番地甲野義太郎戸籍から移記㊞	移記	【移記日】令和7年9月18日 【移記事由】甲野梅子との親子関係不存在確認の裁判確定 【裁判確定】令和7年9月8日 【申請日】令和7年9月15日 【申請人】乙原夏子 【通知を受けた日】令和7年9月18日 【受理者】東京都千代田区長 【移記従前の戸籍】東京都千代田区平河町一丁目4番地　甲野義太郎
(197)	上記の訂正申請で，父母の婚姻がなく，かつ，出生当時の母の戸籍に入るべき場合	子の現在の戸籍	同上	令和七年九月八日甲野梅子との親子関係不存在確認の裁判確定同月拾五日乙原夏子申請の氏名及び父母との続柄訂正東京都中央区築地三丁目一番地乙原夏子戸籍に移記につき消除㊞	訂正 移記	【訂正日】令和7年9月15日 【訂正事項】母の氏名，父母との続柄 【訂正事由】甲野梅子との親子関係不存在確認の裁判確定 【裁判確定】令和7年9月8日 【申請日】令和7年9月15日 【申請人】乙原夏子 【従前の記録】 　【母】甲野梅子 　【父母との続柄】長男（長女） 【移記日】令和7年9月15日 【移記事項】出生事項 【移記事由】甲野梅子との親子関係不存在確認の裁判確定 【裁判確定】令和7年9月8日 【申請日】令和7年9月15日 【申請人】乙原夏子 【移記後の戸籍】東京都中央区築地三丁目1番地　乙原夏子
(198)	婚姻無効の裁判による訂正申請 妻の婚姻前の戸籍が転籍されている場合	妻の回復後の戸籍 転籍後の戸籍	妻の回復した身分事項欄	申請により令和六年八月弐拾弐日京都市北区長から通知記載㊞	記録	【記録日】令和6年8月22日 【通知を受けた日】令和6年8月22日 【受理者】京都市北区長
(199)	転籍により除籍されている場合	妻の婚姻前の戸籍 転籍前の戸籍	妻の従前の身分事項欄	令和六年八月拾日夫甲野義男との婚姻無効の裁判確定同月弐拾日申請婚姻の記載消除東京都千代田区平河町一丁目四番地乙野太郎戸籍に回復㊞	消除	【消除日】令和6年8月20日 【消除事項】婚姻事項 【消除事由】夫甲野義男との婚姻無効の裁判確定 【裁判確定】令和6年8月10日 【申請日】令和6年8月20日 【申請人】夫 【回復後の戸籍】東京都千代田区平河町一丁目4番地　乙野太郎 【従前の記録】 　【婚姻日】令和5年10月5日 　【配偶者氏名】甲野義男 　【新本籍】京都市北区小山初音町18番地 　【称する氏】夫の氏
(200)	夫婦の称する氏籍により除…	妻を筆…	戸籍事…	令和七年参月参日編製㊞	戸籍編製	【編製日】令和7年3月3日

No.	事由	戸籍	項目欄	記載	記録種別	記録内容
	る氏の訂正申請「夫の氏」を「妻の氏」と訂正する場合	頭者とする新戸籍	項欄	婚姻届出錯誤につき令和七年五月拾日戸籍訂正許可の裁判確定同年六月拾日夫申請記載㊞	記録	【記録日】令和７年６月１０日 【記録事由】婚姻届出錯誤につき戸籍訂正許可の裁判確定 【裁判確定日】令和７年５月２０日 【申請日】令和７年６月１０日 【申請人】夫
(201)			妻の身分事項欄	令和七年参月参日甲野一郎と婚姻届出東京都中央区千葉港五番地乙野英助戸籍から入籍㊞	婚姻	【婚姻日】令和７年３月３日 【配偶者氏名】甲野一郎 【従前戸籍】千葉市中央区千葉港５番地　乙野英助
(202)			夫の身分事項欄	令和七年参月参日乙野竹子と婚姻届出東京都千代田区永田町一丁目五番地甲野太郎から入籍㊞	婚姻	【婚姻日】令和７年３月３日 【配偶者氏名】乙野竹子 【従前戸籍】東京都千代田区永田町一丁目５番地　甲野太郎
(203)		夫を筆頭者とした戸籍	戸籍事項欄	令和七年六月拾日消除㊞	戸籍消除	【消除日】令和７年６月１０日
(204)			夫の身分事項欄	婚姻届出錯誤につき令和七年五月拾日戸籍訂正許可の裁判確定同年六月拾日申請消除㊞	消除	【消除日】令和７年６月１０日 【消除事項】婚姻事項 【消除事由】婚姻届出錯誤につき戸籍訂正許可の裁判確定 【裁判確定日】令和７年５月２０日 【申請日】令和７年６月１０日 【従前の記録】 【婚姻日】令和７年３月３日 【配偶者氏名】乙野竹子 【従前戸籍】東京都千代田区永田町一丁目５番地　甲野太郎
(205)			妻の身分事項欄	婚姻届出錯誤につき令和七年五月弐拾日戸籍訂正許可の裁判確定同年六月拾日夫申請消除㊞	消除	【消除日】令和７年６月１０日 【消除事項】婚姻事項 【消除事由】婚姻届出錯誤につき戸籍訂正許可の裁判確定 【裁判確定日】令和７年５月２０日 【申請日】令和７年６月１０日 【申請人】夫 【従前の記録】 【婚姻日】令和７年３月３日 【配偶者氏名】甲野一郎 【従前戸籍】千葉市中央区千葉港５番地　乙野英助
(206)		夫の婚姻前の戸籍	夫の身分事項欄	令和七年五月弐拾日戸籍訂正許可の裁判確定同年六月拾日申請婚姻事項中称する氏を「妻の氏」と訂正㊞	訂正	【訂正日】令和７年６月１０日 【訂正事由】戸籍訂正許可の裁判確定 【裁判確定日】令和７年５月２０日 【申請日】令和７年６月１０日 【従前の記録】 【称する氏】夫の氏
(207)		妻の婚姻前の戸籍	妻の身分事項欄	令和七年五月弐拾日戸籍訂正許可の裁判確定同年六月拾日申請同月拾五日東京都千代田区長から通知婚姻事項中称する氏を「妻の氏」と訂正㊞	訂正	【訂正日】令和７年６月１５日 【訂正事由】戸籍訂正許可の裁判確定 【裁判確定日】令和７年５月２０日 【申請日】令和７年６月１０日 【申請人】夫 【通知を受けた日】令和７年６月１５日 【受理者】東京都千代田区長 【従前の記録】 【称する氏】夫の氏
(208)	不受理期間中に協議離婚届が受理され妻について復籍の記載後その記載をすべきでない旨の通知があった場合の職権訂正	同上	同上	離婚の記載をすべきでない旨令和七年弐月拾五日付東京都千代田区長の通知により同月拾五日消除㊞	消除	【消除日】令和７年２月１５日 【消除事項】婚姻事項 【消除事由】離婚の記録をすべきでない旨の令和７年２月１２日付け東京都千代田区長の通知 【通知を受けた日】令和７年２月１５日 【従前の記録】 【離婚日】令和７年１月１０日 【配偶者氏名】甲野義太郎 【通知を受けた日】令和７年１月１５日 【受理者】京都市北区長 【従前戸籍】東京都千代田区平河町一丁目４番地　甲野義太郎
(209)	市町村長の過誤による死亡の記載の職権訂正	回復すべき戸籍	戸籍事項欄	戸籍消除の記載は誤記につき令和五年拾月拾日許可同月拾参日回復㊞	戸籍回復	【回復日】令和５年１２月１３日 【回復事由】戸籍消除の記録誤記 【許可日】令和５年１２月１０日
(210)		消除された戸籍	同上	戸籍消除の記載は誤記につき令和五年拾月拾日許可その記載消除㊞	消除	【消除日】令和５年１２月１３日 【消除事項】戸籍消除事項 【消除事由】戸籍消除の記録誤記 【従前の記録】 【消除日】令和５年１１月５日
(211)			死亡と記載された者の身分事項欄	死亡の記載は誤記につき令和五年拾月拾日許可同月拾参日その記載消除㊞	消除	【消除日】令和５年１２月１３日 【消除事項】死亡事項 【消除事由】死亡の記録誤記 【許可日】令和５年１２月１０日 【従前の記録】 【死亡日】令和５年１０月３０日 【死亡時分】午前１１時 【死亡地】東京都千代田区 【届出日】令和５年１１月５日 【届出人】親族　甲野梅子

				記載		記録
(212)	配偶者の死亡による婚姻解消に関する記載遺漏についてする職権訂正	夫婦の戸籍	生存配偶者の身分事項欄	令和五年六月弐日夫死亡同年七月拾日記載㊞	配偶者の死亡	【配偶者の死亡日】令和５年６月２日 【記録日】令和５年７月１０日
(213)	入籍届の届出人の資格の記載遺漏についてする職権訂正	入籍者の戸籍	入籍者の身分事項欄	父の氏を称する入籍事項中届出人の資格の記載遺漏につき令和五年弐月弐日許可同月拾月拾弐日㊞	訂　正	【訂正日】令和５年２月１５日 【訂正事由】記録遺漏 【許可日】令和５年２月１２日 【記録の内容】 　【届出人】親権者父
(214)	分籍無効による訂正申請	分籍前の戸籍	分籍者の従前の身分事項欄	分籍無効につき令和七年四月拾日戸籍訂正許可の裁判確定同月拾七日東京都千代田区長から通知分籍の記載消除㊞	消　除	【消除日】令和７年４月２７日 【消除事項】分籍事項 【消除事由】分籍無効につき戸籍訂正許可の裁判確定 【裁判確定日】令和７年４月１０日 【申請日】令和７年４月２５日 【通知を受けた日】令和７年４月２７日 【受理者】東京都千代田区長 【従前の記録】 　【分籍日】令和７年２月５日 　【通知を受けた日】令和７年２月１０日 　【受理者】東京都千代田区長 　【新本籍】東京都千代田区平河町一丁目４番地
(215)		分籍後の新戸籍	戸籍事項欄	令和七年四月弐拾五日消除㊞	戸籍消除	【消除日】令和７年４月２５日
(216)			分籍者の身分事項欄	分籍無効につき令和七年四月拾日戸籍訂正許可の裁判確定同月弐拾五日申請消除㊞	消　除	【消除日】令和７年４月２５日 【消除事項】分籍事項 【消除事由】分籍無効につき戸籍訂正許可の裁判確定 【裁判確定日】令和７年４月１０日 【申請日】令和７年４月２５日 【従前の記録】 　【従前戸籍】京都市北区小山初音町１８番地　甲野義太郎
(217)	戸籍法施行規則41条1項による訂正	訂正すべき者の戸籍	訂正すべき者の身分事項欄	出生の記載は転籍（縁組）されているため令和七年拾月参日その記載消除㊞	消　除	【消除日】令和７年１０月３日 【消除事項】出生事項 【消除事由】出生の記録が転籍（縁組）届受理後にされているため 【従前の記録】 　【出生日】令和７年９月８日 　【出生地】東京都千代田区 　【届出人】父 　【届出日】令和７年９月１５日 　【受理者】東京都千代田区長
(218)	同規則43条による訂正	同上	同上	同居者丙原正作届出による出生届受理後にされているためその記載消除㊞　令和七年壱月拾六日京都市北区で出生同月拾八日父届出同月拾八日同区長から通知入籍㊞	消　除　　出　生	【消除日】令和７年１月１８日 【消除事項】出生事項 【消除事由】同居者丙原正作届出による出生の記録が父の出生届受理後にされているため 【従前の記録】 　【出生日】令和７年１月１０日 　【出生地】京都市北区 　【届出日】令和７年１月１７日 　【届出人】同居者　丙原正作 【出生日】令和７年１月１０日 【出生地】京都市北区 【届出日】令和７年１月１６日 【届出人】父 【受理者】京都市北区長
(219)	氏の文字の記載訂正の申出があった場合	同上	戸籍事項欄	令和拾八年壱月壱日「喜」に文字訂正㊞	文字訂正	【訂正日】令和１８年１０月１日 【従前の記録】 　【氏】喜多
(220)	筆頭者氏名欄及び名欄以外の欄の氏又は名の文字の記載訂正の申出があった場合	申出をした者の戸籍	申出をした者の身分事項欄	令和六年拾月四日「初」に文字訂正㊞	文字訂正	【訂正日】令和６年１０月４日 【従前の記録】 　【父】甲野　初男
(221)	名の字体を通用字体に改める申出があった場合	更正すべき者の戸籍	更正すべき者の身分事項欄	令和六年拾月壱日「静」に文字更正㊞	文字更正	【更正日】令和６年１０月１日 【従前の記録】 　【名】靜子
	14　雑					
(222)	戸籍又は除	再製す	戸籍事項	令和五年拾弐月六日火災	戸籍再製	【再製日】令和６年６月１５日

		る戸(除)籍	項欄	のため滅失につき令和六年六月拾五日再製㊞		【再製事由】令和５年１２月６日火災のため滅失
籍が滅失した場合 火災により滅失したとき						
(223) 同上 滅失の年月日、原因が明らかでないとき		同上	同上	令和五年拾弐月弐拾弐日滅失発見につき同年拾弐月弐拾五日再製㊞	戸籍再製	【再製日】令和５年１２月２５日 【再製事由】令和５年１１月２２日滅失発見
(224) 戸籍又は除籍が滅失のおそれある場合		同上	同上	令和拾弐年拾弐月弐拾参日再製㊞	戸籍再製	【再製日】令和１２年１０月２３日
(225)		滅失のおそれがある戸(除)籍	同上	令和拾弐年拾弐月弐拾参日再製につき消除㊞	戸籍消除	【消除日】令和１２年１０月２３日 【特記事項】再製につき消除
(226) 戸籍又は除籍の一部が滅失のおそれある場合		再製する戸(除)籍	同上	令和拾弐年壱月六日第二・三葉再製㊞		
(227)		滅失のおそれがある戸(除)籍	滅失のおそれがある戸籍用紙初葉の上部右側欄外	令和拾弐年壱月六日再製につき消除（東京都千代田区平河町一丁目四番地甲野義太郎戸籍第二・三葉）㊞		
(228) 戸籍法第十一条の二第一項の申出があった場合		再製する戸(除)籍	戸籍事項欄	令和拾五年壱月拾五日再製㊞	戸籍再製	【再製日】令和１５年１月１８日 【再製事由】戸籍法第１１条の２第１項
(229)		戸籍訂正がされた戸(除)籍	同上	令和拾五年壱月拾五日戸籍第十一条の二第一項の規定による再製につき消除㊞	戸籍消除	【消除日】令和１５年１月１８日 【特記事項】戸籍法第１１条の２第１項の規定による再製につき消除
(230) 戸籍法第十一条の二第二項の申出があった場合		再製する戸(除)籍	同上	令和拾五年壱月拾五日再製㊞		
(231)		文字の訂正、追加又は削除がされた戸(除)籍	同上	令和拾五年壱月拾五日戸籍第十一条の二第二項の規定による再製につき消除㊞		
(232) 名の傍訓消除の申出		傍訓を消除する者の戸籍	傍訓を消除する者の身分事項欄	申出により令和五年五月四日名の傍訓消除㊞		

関連通達等

競争の導入による公共サービスの改革に関する法律の一部改正に伴う戸籍事務の取扱いについて

$$\left(\begin{array}{l}\text{令和6年2月26日付け法務省民一第511号法務局長、}\\ \text{地方法務局長宛て法務省民事局長通達}\end{array}\right)$$

（通達）戸籍法の一部を改正する法律（令和元年法律第17号。以下「改正法」という。）による改正後の戸籍法（昭和22年法律第224号）の一部及び改正法附則第10条による改正後の競争の導入による公共サービスの改革に関する法律（平成18年法律第51号。以下「法」という。）が本年3月1日から施行されることに伴い、法第34条第1項第1号に規定する官民競争入札又は民間競争入札の対象とすることができる業務として、戸籍法第120条の3の規定によりする第10条第1項の規定に基づく戸籍電子証明書又は除籍電子証明書の提供の請求（本籍地の市区町村長以外の市区町村長に対してするものを含む。）の受付及び当該請求に係る戸籍電子証明書提供用識別符号又は除籍電子証明書提供用識別符号の提供が追加されました。

また、法第34条第1項第1号の「磁気ディスクをもって調製された戸籍に記録されている事項の全部若しくは一部を証明した書面」は「戸籍証明書」に、「磁気ディスクをもって調製された除かれた戸籍に記録されている事項の全部若しくは一部を証明した書面」は「除籍証明書」に改められたところ、法第34条第1項第1号に規定する官民競争入札又は民間競争入札の対象とすることができる業務は、戸籍法第120条の2第1項の規定によりする第10条第1項の規定に基づく戸籍証明書又は除籍証明書（以下「戸籍証明書等」という。）の交付の請求（本籍地の市区町村長以外の市区町村長に対してするものを含む。）の受付及び当該請求に係る戸籍証明書等の引渡しが対象となります。

つきましては、これらの点を了知の上、貴管下支局長及び管内市区町村長に周知方取り計らい願います。

なお、平成18年11月9日付け法務省民一第2562号当職通達の特定業務に係る部分は、本通達によって変更しますので、念のため申し添えます。

295

「戸籍事務を民間事業者に委託することが可能な業務の範囲について」の一部改正について

令和6年2月26日付け法務省民一第512号法務局民事行政部長、地方法務局長宛て法務省民事局民事第一課長通知

（通知） 戸籍法の一部を改正する法律（令和元年法律第17号）の一部及び戸籍法施行規則の一部を改正する省令（令和6年法務省令第5号）が本年3月1日に施行されることに伴い、平成25年3月28日付け法務省民一第317号当職通知の一部を下記のとおり改正しますので、これを了知の上、貴管下支局長及び管内市区町村長に周知方取り計らい願います。

記

次の表により、改正前欄に掲げる規定の傍線を付した部分をこれに対応する改正後欄に掲げる規定の傍線を付した部分のように改める。

改　　正　　後	改　　正　　前
［1～3　略］ 4　今後の取扱い 　(1)　［略］ 　　ア　戸籍証明書等の交付請求に関する業務 　　　(ア)　事実上の行為又は補助的行為 　　　　交付請求書又は発行請求書の受領及び本人確認、請求書への記載及び添付書面の確認、副本情報の確認、戸籍証明書等の作成及び引渡し、戸籍電子証明書提供用識別符号等の作成及び提供、交付請求書又は発行請求書の整理等。 　　　(イ)　判断が必要となる業務 　　　　交付請求又は発行請求の要件該当性を確認した上での交付若しくは不交付又は発行若しくは不発行の決定等。 　　イ　戸籍の届出に関する業務 　　　(ア)　事実上の行為又は補助的行為 　　　　届書の受領及び本人確認、届書への記載及び添付書面の確認、届書等情報及び副本情報の確認、戸籍発収簿への記載、戸籍の記載、届書の整理等。 　　　(イ)　［略］ 　(2)　［略］	［1～3　同左］ 4　今後の取扱い 　(1)　［同左］ 　　ア　戸籍謄抄本等の交付請求に関する業務 　　　(ア)　事実上の行為又は補助的行為 　　　　交付請求書の受領及び本人確認、請求書への記載及び添付書面の確認、戸籍謄抄本等の作成及び引渡し、交付請求書の整理等。 　　　(イ)　判断が必要となる業務 　　　　交付請求の要件該当性を確認した上での交付又は不交付の決定。 　　イ　戸籍の届出に関する業務 　　　(ア)　事実上の行為又は補助的行為 　　　　届書の受領及び本人確認、届書への記載及び添付書面の確認、戸籍発収簿への記載、戸籍の記載、届書の整理等。 　　　(イ)　［同左］ 　(2)　［同左］
備考　表中の［　］の記載は注記である。	

関連通達等

「電子情報処理組織による戸籍事務の取扱いについて」の一部改正について

（令和6年2月26日付け法務省民一第513号法務局長、
地方法務局長宛て法務省民事局長通達）

（**通達**）戸籍法の一部を改正する法律（令和元年法律第17号）の一部及び戸籍法施行規則の一部を改正する省令（令和6年法務省令第5号）が本年3月1日に施行されることに伴い、平成6年11月16日付け法務省民二第7000号当職通達の一部を下記のとおり改正しますので、これを了知の上、貴管下支局長及び管内市区町村長に周知方取り計らい願います。

記

次の表により、改正前欄に掲げる規定の傍線を付した部分をこれに順次対応する改正後欄に掲げる規定の傍線を付した部分のように改め、改正前欄及び改正後欄に対応して掲げるその標記部分に二重傍線を付した規定（以下「対象規定」という。）は、その標記部分が異なるものは改正前欄に掲げる対象規定を改正後欄に掲げる対象規定として移動し、改正前欄に掲げる対象規定で改正後欄にこれに対応するものを掲げていないものは、これを削り、改正後欄に掲げる対象規定で改正前欄にこれに対応するものを掲げていないものは、これを加える。

改　　正　　後	改　　正　　前
第1　電子情報処理組織による戸籍事務の取扱い 　1　戸籍の記録の保全及び保護に必要な措置 　(1)　戸籍事務を電子情報処理組織によって取り扱う場合には、市区町村長は、磁気ディスク（これに準ずる方法により一定の事項を確実に記録することができる物を含む。以下同じ。）をもって調製された戸籍及び除かれた戸籍の滅失及びき損並びにこれらに記録されている事項の漏えいを防止するために必要な措置を講じなければならないこととされ（規則<u>第68条</u>）、本通達第2の4の同一の事項の記録（以下「同一の事項の記録」という。）についても、同様の措置を講ずべきものとされた（規則第72条第3項）。 　　[(2)・(3)　略] 　2　電子情報処理組織によって取り扱う戸籍事務の範囲 　　法務大臣の指定する市区町村長は、戸籍事務を電子情報処理組織（法務大臣の使用に係る電子計算機と市区町村長の使用に係る電子計算機とを電気通信回線で接続した電子情報処理組織をいう。以下同じ。）によって取り扱うものとされたが、<u>電子情報処理組織による取扱いに適合しない戸籍</u>については、この限りでないとされた（法第118条第1項、規則第69条）。 　　この「<u>電子情報処理組織による取扱いに適合しない戸籍</u>」とは、次のようなものであり、それらの戸籍については、従前どおりの取扱いをする。 　　[3・4　略] 第3　[略] 　1　[略] 　2　[略] 　　[(1)～(4)　略] 　(5)　戸籍証明書等に年月日を記載するには、アラビア数字を用いることができることとされた（規則第73条第5項）。 　　なお、戸籍証明書等に記載する文字についても、略字又は符号を用いず、字画を明らかにしなければならない（規則第31条第1項、<u>第68条の2参照</u>	第1　電子情報処理組織による戸籍事務の取扱い 　1　戸籍の記録の保全及び保護に必要な措置 　(1)　戸籍事務を電子情報処理組織によって取り扱う場合には、市区町村長は、磁気ディスク（これに準ずる方法により一定の事項を確実に記録することができる物を含む。以下同じ。）をもって調製された戸籍及び除かれた戸籍の滅失及びき損並びにこれらに記録されている事項の漏えいを防止するために必要な措置を講じなければならないこととされ（規則<u>第68条の2</u>）、本通達第2の4の同一の事項の記録（以下「同一の事項の記録」という。）についても、同様の措置を講ずべきものとされた（規則第72条第3項）。 　　[(2)・(3)　同左] 　2　電子情報処理組織によって取り扱う戸籍事務の範囲 　　法務大臣の指定する市区町村長は、戸籍事務を電子情報処理組織（法務大臣の使用に係る電子計算機と市区町村長の使用に係る電子計算機とを電気通信回線で接続した電子情報処理組織をいう。以下同じ。）によって取り扱うものとされたが、<u>電子情報処理組織による取扱いに適合しない戸籍及び除籍簿につづられた除かれた戸籍</u>については、この限りでないとされた（法第118条第1項、規則第69条）。 　　この「<u>電子情報処理組織による取扱いに適合しない戸籍</u>」とは、次のようなものであり、それらの戸籍については、従前どおりの取扱いをする。 　　[3・4　同左] 第3　[同左] 　1　[同左] 　2　[同左] 　　[(1)～(4)　同左] 　(5)　戸籍証明書等に年月日を記載するには、アラビア数字を用いることができることとされた（規則第73条第5項）。 　　なお、戸籍証明書等に記載する文字についても、略字又は符号を用いず、字画を明らかにしなければならない（規則第31条第1項参照）。

関連通達等

）。

［(6)～(9)　略］

3　［略］

［4を削る。］

4　［略］

5　いわゆる「広域交付」による請求

　　法第１１９条の規定により戸籍又は除かれた戸籍
が磁気ディスクをもって調製されているときは、法
第１０条第１項（第１２条の２において準用する場
合を含む。）の請求は、市区町村長のうちいずれか
の者に対してもすることができることとされた（法
第１２０条の２第１項第１号）。また、法第１０条
の２第２項（第１２条の２において準用する場合を
含む。）の請求は、市区町村の機関がするものに限
り、当該市区町村の長に対してもすることができるこ
ととされた（法第１２０条の２第１項第２号）。こ
れらの請求（いわゆる「広域交付」による請求）に
ついては、令和６年２月２６日付け法務省民一第５
００号当職通達（以下「５００号通達」という。）
第１による。

6　戸籍電子証明書等の請求

　　法第１２０条の２第１項の規定によりする本人等
請求又は公用請求（法務省令で定める事務を遂行す
るために必要がある場合における当該請求に限る。
）は、戸籍電子証明書（法第１１９条の規定により
磁気ディスクをもって調製された戸籍に記録された
事項の全部を証明した電磁的記録）又は除籍電子証
明書（第１１９条の規定により磁気ディスクをもっ
て調製された除かれた戸籍に記録された事項の全部
を証明した電磁的記録）についてもすることができ
ることとされた（法第１２０条の３第１項、戸籍法
施行規則の一部を改正する省令（令和６年法務省令
第５号）附則第３条第２項）。

　　上記請求があったときは、市区町村長は、当該請
求をした者に対し、戸籍電子証明書提供用識別符号
又は除籍電子証明書提供用識別符号を発行するもの
とされた（法第１２０条の３第２項）。

　　上記請求については、５００号通達第４による。

第４　戸籍又は除かれた戸籍の副本等

　1　戸籍の副本の送信

［(6)～(9)　同左］

3　［同左］

4　（削除）

5　［同左］

［5を加える。］

［6を加える。］

第４　戸籍又は除かれた戸籍の副本等

　1　戸籍の副本の送信

(1) 戸籍若しくは除かれた戸籍又は再製原戸籍（以下この項において「戸籍等」という。）が磁気ディスクをもって調製されているときは、市区町村長は、戸籍等に記録した後遅滞なく、当該戸籍等の副本（電磁的記録に限る。以下同じ。）を電気通信回線を通じて法務大臣の使用に係る電子計算機に送信しなければならないこととされた（規則第７５条第１項及び第４項）。

この送信の方法は、次のとおりである。

ア　戸籍事務内連携サーバー

戸籍等が磁気ディスクをもって調製されている場合の戸籍等の副本の送信及びその他法務大臣の使用に係る電子計算機との間で行う情報の送受信は、市区町村ごとに設置されたデータ変換や暗号化等を行うための装置（以下「戸籍事務内連携サーバー」という。）を使用して行うものとする。

なお、戸籍事務内連携サーバーの管理は、別途定める「戸籍情報連携システムに係る戸籍事務内連携サーバー等物品管理取扱要領」によって行うものとする。

イ　戸籍情報システムから戸籍事務内連携サーバーに送信する方法

市区町村長は、戸籍情報システムと戸籍事務内連携サーバーとを電気通信回線によって接続することとし、戸籍情報システムにおいて届出等による戸籍記録の更新があり、その決裁処理を終えたときは、当該戸籍記録（以下「更新記録」という。）を抽出し、速やかに電気通信回線を通じて戸籍事務内連携サーバーに送信するものとする。

ウ　戸籍事務内連携サーバーからＬＧＷＡＮ接続ルータに送信する方法

市区町村長は、戸籍事務内連携サーバーと総

(1) 戸籍又は除かれた戸籍が磁気ディスクをもって調製されているときは、市区町村長は、戸籍又は除かれた戸籍に記録した後遅滞なく、当該戸籍の副本（電磁的記録に限る。以下同じ。）を電気通信回線を通じて法務大臣の使用に係る電子計算機に送信しなければならないこととされた（規則第７５条第１項）。

この送信の方法は、次のとおりである。

ア　市区町村専用装置

戸籍又は除かれた戸籍が磁気ディスクをもって調製されている場合の戸籍又は除かれた戸籍の副本（以下「戸籍の副本」という。）の送信は、市区町村ごとに設置されたデータ変換や暗号化等を行うための装置（以下「市区町村専用装置」という。）を使用して行うものとする。

なお、市区町村専用装置の管理は、別途定める「市区町村専用装置物品管理取扱要領」によって行うものとする。

イ　戸籍情報システムから市区町村専用装置に送信する方法

市区町村長は、戸籍情報システムと市区町村専用装置とを電気通信回線によって接続することとし、戸籍情報システムにおいて届出等による戸籍記録の更新があり、その決裁処理を終えたときは、当該戸籍記録（以下「更新記録」という。）を当日の業務終了後に抽出し、速やかに電気通信回線を通じて市区町村専用装置に送信するものとする。

なお、やむを得ない事情により戸籍情報システムと市区町村専用装置とを電気通信回線によって接続することが困難である場合は、当分の間、更新記録の送信に代えて、速やかに磁気ディスクによって市区町村専用装置に更新記録を格納する方法でも差し支えない。

ウ　市区町村専用装置からＬＧＷＡＮ接続ルータに送信する方法

市区町村長は、市区町村専用装置と総合行政

合行政ネットワーク（以下「ＬＧＷＡＮ」とい
う。）接続ルータとを電気通信回線で接続する
こととし、戸籍事務内連携サーバーで変換した
戸籍の副本のデータを電気通信回線を通じてＬ
ＧＷＡＮ接続ルータに送信するものとする。

　［エ　略］

(2) 戸籍等が磁気ディスクをもって調製されている
ときは、法務大臣は、いつでも戸籍の副本を電気
通信回線を通じてその使用に係る電子計算機に送
信させることができることとされた（規則第７５
条第２項及び第４項）。

　　ただし、最初に戸籍の副本を送信させようとす
るときは、全部の戸籍の副本を送信させるものと
する（戸籍法施行規則の一部を改正する省令（平
成２５年法務省令第１号。以下「平成２５年改正
省令」という。）附則第２条参照）。この場合、法
務大臣は、管轄法務局若しくは地方法務局又はそ
の支局を通じて、市区町村長と送信の時期等につ
いて十分に協議を行わなければならない。

(3) 戸籍等が磁気ディスクをもって調製されている
ときは、規則第１５条の規定は、適用しないこと
とされ（規則第７５条第３項及び第４項）、新た
に戸籍を編製したとき、戸籍編製の日から２５年
を経過したとき又は戸籍の全部を消除したときで
あっても、その副本（文書又は磁気ディスクによ
るもの）を送付することを要しない。

(4) (1)及び(2)の電気通信回線を通じた送信の方法
に関する技術的基準については、法務大臣が定め
ることとされた（規則第７５条第５項）。

2　機器等の管理
　戸籍事務内連携サーバー及び１により送信される
データの管理等に必要な措置として、市区町村長は
、次の事項を実施するものとする。

(1) 市区町村長は、戸籍事務内連携サーバーについ
て、第１の１(2)カ（ア）及びキに準じた措置を講
じること。

(2) ［略］

ネットワーク（以下「ＬＧＷＡＮ」という。）
接続ルータとを電気通信回線で接続することと
し、市区町村専用装置で変換した戸籍の副本の
データを電気通信回線を通じてＬＧＷＡＮ接続
ルータに送信するものとする。

　［エ　同左］

(2) 戸籍又は除かれた戸籍が磁気ディスクをもって
調製されているときは、法務大臣は、いつでも戸
籍の副本を電気通信回線を通じてその使用に係る
電子計算機に送信させることができることとされ
た（規則第７５条第２項）。

　　ただし、最初に戸籍の副本を送信させようとす
るときは、全部の戸籍の副本を送信させるものと
する（戸籍法施行規則の一部を改正する省令（平
成２５年法務省令第１号。以下「平成２５年改正
省令」という。）附則第２条参照）。この場合、法
務大臣は、管轄法務局若しくは地方法務局又はそ
の支局を通じて、市区町村長と送信の時期等につ
いて十分に協議を行わなければならない。

(3) 戸籍又は除かれた戸籍が磁気ディスクをもって
調製されているときは、規則第１５条の規定は、
適用しないこととされ（規則第７５条第３項）、
新たに戸籍を編製したとき、戸籍編製の日から２
５年を経過したとき又は戸籍の全部を消除したと
きであっても、その副本（文書又は磁気ディスク
によるもの）を送付することを要しない。

(4) (1)及び(2)の電気通信回線を通じた送信の方法
に関する技術的基準については、法務大臣が定め
ることとされた（規則第７５条第４項）。

　法務大臣が定める(1)及び(2)の電気通信回線を
通じた送信の方法に関する技術的基準は、平成２
５年法務省告示第３５号による。

2　機器等の管理
　市区町村専用装置及び１により送信されるデータ
の管理等に必要な措置として、市区町村長は、次の
事項を実施するものとする。

(1) 市区町村長は、市区町村専用装置について、第
１の１(2)カ（ア）及びキに準じた措置を講じるこ
と。

(2) ［同左］

301

3　副本の管理・保存

　　法務大臣は、1(1)又は(2)によってその使用に係る電子計算機に戸籍の副本の送信を受けたときは、これを保存しなければならず、この場合、前に送信を受けた戸籍の副本を消去することができることとされた（規則第75条の2第1項）。

　　除かれた戸籍の副本の保存期間は、当該除かれた戸籍が戸籍簿から除かれた日の属する年の翌年から150年とすることとされた（規則第75条の2第2項）。法第11条（第12条第2項において準用する場合を含む。）の規定による再製原戸籍の副本の保存期間は法務大臣が保存した年度の翌年から1年、法第11条の2第1項（第12条第2項において準用する場合を含む。）の規定による再製原戸籍の副本の保存期間は法務大臣が保存した年度の翌年から150年、法第11条の2第2項（第12条第2項において準用する場合を含む。）の規定による再製原戸籍の副本の保存期間は法務大臣が保存した年度の翌年から1年とされた（規則第75条の2第3項）。

　　法務大臣は、送信された戸籍の副本を適正かつ厳重に管理し、保存しなければならない。

　　なお、法務大臣が、規則第75条により副本の送信を受けたときは、管轄法務局若しくは地方法務局又はその支局は、規則第75条の2第1項及び改正前の規則第75条第2項の趣旨に鑑み、改正前の規則第75条によって送付された副本を廃棄して差し支えないものとする。

4　副本の廃棄

　　法務大臣は、除かれた戸籍の副本又は再製原戸籍の副本で、3の保存期間を満了したものを廃棄するときは、あらかじめ、その旨の決定をしなければならないこととされた（規則第75条の2第4項）。

5　副本を廃棄した旨の通知

　　法務大臣は、前項の廃棄をしたときは、本籍地の市町村長にその旨を通知するものとされた（規則第75条の2第5項）。

6　副本に記録されている情報の参照

　　市区町村長は、戸籍事務の処理のため必要な範囲内において、戸籍若しくは除かれた戸籍又は再製原

3　副本の管理・保存

　　法務大臣は、1(1)又は(2)によってその使用に係る電子計算機に戸籍の副本の送信を受けたときは、これを保存しなければならず、この場合、前に送信を受けた戸籍の副本を消去することができることとされた（規則第75条の2第1項）。

　　除かれた戸籍の副本の保存期間は、当該除かれた戸籍が戸籍簿から除かれた日の属する年の翌年から150年とすることとされた（規則第75条の2第2項）。

　　法務大臣は、送信された戸籍の副本を適正かつ厳重に管理し、保存しなければならない。

　　なお、法務大臣が、規則第75条により副本の送信を受けたときは、管轄法務局若しくは地方法務局又はその支局は、規則第75条の2第1項及び改正前の規則第75条第2項の趣旨に鑑み、改正前の規則第75条によって送付された副本を廃棄して差し支えないものとする。

［4を加える。］

［5を加える。］

［6を加える。］

関連通達等

戸籍の副本に記録されている情報を参照することができることとされた（規則第７５条の３第１項）。	
［7・8 略］	［4・5 同左］
第5 受付帳の調製等	第5 受付帳の調製等
1 ［略］	1 ［同左］
［(1)・(2) 略］	［(1)・(2) 同左］
(3) 受付帳が磁気ディスクをもって調製されているときは、市区町村長は、受付帳に記録した後遅滞なく、当該受付帳に記録された事項（以下「受付帳情報」という。）を電気通信回線を通じて法務大臣の使用に係る電子計算機に送信しなければならないこととされた（規則第７６条第３項）。 この送信の方法は、第4の1(1)と同様である。	［(3)を加える。］
(4) 受付帳情報が磁気ディスクをもって調製されているときは、法務大臣は、いつでも受付帳情報を電気通信回線を通じてその使用に係る電子計算機に送信させることができることとされた（規則第７６条第４項）。	［(4)を加える。］
(5) (3)及び(4)の電気通信回線を通じた送信の方法に関する技術的基準については、法務大臣が定めることとされた（規則第７６条第５項）。	［(5)を加える。］
(6) 法務大臣は、(3)及び(4)によってその使用に係る電子計算機に受付帳情報の送信を受けたときは、これを保存しなければならないこととされた（規則第７６条の２第１項）。 受付帳情報の保存期間は、法務大臣が保存した年度の翌年から１０年とされ、当該保存期間を満了した際の廃棄手続は戸籍の副本に係る廃棄手続の規定を準用することとされた（規則第７６条の２第２項及び第３項）。	［(6)を加える。］
［2・3 略］	［2・3 同左］
第6 届書等情報 市区町村長は、法の規定により提出すべきものとされている届書若しくは申請書又はその他の書類で戸籍の記載をするために必要なものとして法務省令で定めるもの（以下「届書等」という。）を受理した場合には、法務省令で定めるところにより、当該届書等の画像情報（以下「届書等情報」という。）を作成し、これを電子情報処理組織を使用して、法務大臣に提供するものとされた（法第１２０条の４第１項）。届書等情報の取扱いについては、５００号通達第３による。 なお、届書等情報の送信（規則第７８条の２第３項本文）の方法は、第4の1(1)と同様である。	［第6を加える。］
［第7・第8 略］	［第6・第7 同左］
備考 表中の〔 〕の記載は注記である。	

303

> **「戸籍事務を処理する電子情報処理組織が備えるべき技術的基準について」の一部改正について**
>
> $$\left(\begin{array}{l}\text{令和6年2月26日付け法務省民一第514号法務局長、}\\\text{地方法務局長宛て法務省民事局長通達}\end{array}\right)$$

（**通達**）戸籍法の一部を改正する法律（令和元年法律第17号）の一部及び戸籍法施行規則の一部を改正する省令（令和6年法務省令第5号）が本年3月1日に施行されることに伴い、平成6年11月16日付け法務省民二第7002号当職通達（以下「基準書通達」という。）の一部を下記のとおり改定しますので、これを了知の上、貴管下支局長及び管内市区町村長に周知方取り計らい願います。

記

1　基準書通達別添について、次の表により、改正前欄に掲げる規定の傍線を付した部分をこれに順次対応する改正後欄に掲げる規定の傍線を付した部分のように改め、改正前欄及び改正後欄に対応して掲げるその標記部分に二重傍線を付した規定（以下「対象規定」という。）は、改正後欄に掲げる対象規定で改正前欄にこれに対応するものを掲げていないものは、これを加える。

2　基準書通達の別添1を別紙1のとおり改め、別紙2を別添3として加える。

（編注　別紙1と別紙2は省略）

関連通達等

改　　正　　後	改　　正　　前
（別添） 　基　準　書 目　次 本　文 　［別紙1～別紙6　略］ 別添1　戸籍副本データの管理に係るシステム要件定義 　　　書 別添2　情報提供用個人識別符号の取得に係る戸籍情報 　　　システム要件定義書 別添3　戸籍情報システムと戸籍情報連携システムの接 　　　続に係るインターフェイス仕様書 第5　戸籍情報システムによる事件処理 　［1～4　略］ 　5　記録事項証明書の発行処理 　（1）戸籍証明書等は、戸籍に記録されている者の名 　　　については14ポイント程度の文字、その他の事 　　　項については10ポイント程度の文字により、鮮 　　　明に出力するものとする。 　（2）戸籍証明書等の規格は、別紙6のとおりとする 　　　ものとする。 　（3）戸籍証明書等には、識別番号及び市区町村長限 　　　りの職権訂正事項（誤記、遺漏又は文字関連更正 　　　（訂正）によるものに限る。）を出力しないもの 　　　とする。ただし、一部事項証明書の交付を請求す 　　　る者から職権訂正事項の証明を求められた場合に 　　　は、これを出力する機能を有するものとする。 第6　正本・副本の件数一致調査 　　戸籍情報システムは、同システムにおいて保存す 　る正本情報と、戸籍情報連携システムにおいて保存 　する副本情報の件数一致確認を行う機能を有するも 　のとする。 　　また、不一致となった正本情報又は副本情報を一 　意に特定し、正本の内容を表示する機能を有するも 　のとする。 第7　情報提供用個人識別符号の取得に係る調査 　　戸籍情報システムは、情報提供用個人識別符号の 　取得状況を確認するために、情報提供用個人識別符 　号を取得した者の戸籍を一意に特定し、当該戸籍の	（別添） 　基　準　書 目　次 本　文 　［別紙1～別紙6　同左］ 別添1　戸籍副本データ管理システムに係る戸籍情報シ 　　　ステム要件定義書 別添2　情報提供用個人識別符号の取得に係る戸籍情報 　　　システム要件定義書 第5　戸籍情報システムによる事件処理 　［1～4　同左］ 　5　記録事項証明書の発行処理 　（1）記録事項証明書は、戸籍に記録されている者の 　　　名については14ポイント程度の文字、その他の 　　　事項については10ポイント程度の文字により、 　　　鮮明に出力するものとする。 　（2）記録事項証明書の規格は、別紙6のとおりとす 　　　るものとする。 　（3）記録事項証明書には、識別番号及び市区町村長 　　　限りの職権訂正事項（誤記、遺漏又は文字関連更 　　　正（訂正）によるものに限る。）を出力しないも 　　　のとする。ただし、一部事項証明書の交付を請求 　　　する者から職権訂正事項の証明を求められた場合 　　　には、これを出力する機能を有するものとする。 ［第6を加える。］ ［第7を加える。］

305

<u>正本の内容を表示する機能を有するものとする。</u>	
<u>第8</u> 副本の送信 　戸籍情報システムにおける副本の送信のための機能要件等は、別添1の戸籍副本データの管理に係る戸籍情報システム要件定義書によるものとする。	<u>第6</u> 副本の送信 　戸籍情報システムにおける副本の送信のための機能要件等は、別添1の<u>戸籍副本データ管理システムに係る戸籍情報システム要件定義書</u>によるものとする。
<u>第9</u> ［略］	<u>第7</u> ［同左］
<u>第10</u> 届書等情報の連携等 　<u>届書等情報の提供等、法務大臣の使用に係る電子計算機と接続するための戸籍情報システムにおける機能要件等は、別添3の戸籍情報システムと戸籍情報連携システムの接続に係るインターフェイス仕様書によるものとする。</u>	［第10を加える。］
備考　表中の［　］の記載は注記である。	

関連通達等

> **「電子情報処理組織による届出又は申請等の取扱いについて」
> の一部改正について**
>
> （令和6年8月26日付け法務省民一第1797号法務局長、
> 地方法務局長宛て法務省民事局長通達）

（通達） 戸籍法施行規則の一部を改正する省令（令和6年法務省令第44号）が本年8月30日に施行されることに伴い、令和6年2月26日付け法務省民一第503号当職通達の一部を下記のとおり改正しますので、これを了知の上、貴管下支局長及び管内市区町村長に周知方取り計らい願います。

記

　次の表により、改正前欄に掲げる規定の傍線を付した部分をこれに順次対応する改正後欄に掲げる規定の傍線を付した部分のように改める。

307

改　正　後	改　正　前
第1　オンラインシステムによる戸籍事務の取扱い	第1　オンラインシステムによる戸籍事務の取扱い
1　［略］	1　［同左］
2　オンライン交付請求等の方法等	2　オンライン交付請求等の方法等
(1)　請求書情報・届出等情報の送信	(1)　請求・届出等情報の送信
オンライン交付請求、オンライン届出等又はオンライン発行請求（以下「オンライン交付請求等」という。）をする者は、法又は規則において交付請求書若しくは発行請求書に記載すべきこととされている事項に係る情報（以下「請求書情報」という。）又は届書若しくは申請書に記載すべきこととされている事項に係る情報（以下「届出等情報」という。）をオンライン交付請求等をする者の使用に係る電子計算機から入力し、法第118条第1項の電子情報処理組織又は市区町村長の使用に係る電子計算機に送信しなければならない（規則第79条の3第1項前段、戸籍法施行規則の一部を改正する省令（令和6年法務省令第44号。以下「暫定オンライン省令」という。）附則第2条第1項及び第2項）。	オンライン交付請求、オンライン届出等又はオンライン発行請求（以下「オンライン交付請求等」という。）をする者は、法又は規則において交付請求書、届出書若しくは申請書又は発行請求書に記載すべきこととされている事項に係る情報（以下「請求・届出等情報」という。）をオンライン交付請求等をする者の使用に係る電子計算機から入力し、法第118条第1項の電子情報処理組織に送信しなければならない（規則第79条の3第1項前段）。
(2)　添付書面情報の送信	(2)　添付書面情報の送信
(1)の請求書情報又は届出等情報を送信する場合において、法又は規則において交付請求、届出等又は発行請求の際に添付し、又は提出すべきとされている書面等（以下「添付書面等」という。）があるときは、当該添付書面等に代わるべき情報（以下「添付書面情報」という。）を併せて送信しなければならない（規則第79条の3第1項後段）。したがって、添付書面等を別途送付する方法又は市区町村の窓口に提出する方法は認められない。	(1)の請求・届出等情報を送信する場合において、法又は規則において交付請求、届出等又は発行請求の際に添付し、又は提出すべきとされている書面等（以下「添付書面等」という。）があるときは、当該添付書面等に代わるべき情報（以下「添付書面情報」という。）を併せて送信しなければならない（規則第79条の3第1項後段）。したがって、添付書面等を別途送付する方法又は市区町村の窓口に提出する方法は認められない。
(3)　電子署名及び電子証明書	(3)　電子署名及び電子証明書
ア　請求書情報・届出等情報への電子署名	ア　請求・届出等情報への電子署名
請求書情報又は届出等情報には、オンライン交付請求等をする者が電子署名（電子署名及び認証業務に関する法律（平成12年法律第102号）第2条第1項に規定する電子署名をいう。以下同じ。）を行わなければならない（規則第79条の3第2項前段）。証人を必要とする事件の届出に	請求・届出等情報には、オンライン交付請求等をする者が電子署名（電子署名及び認証業務に関する法律（平成12年法律第102号）第2条第1項に規定する電子署名をいう。以下同じ。）を行わなければならない（規則第79条の3第2項前段）。証人を必要とする事件の届出については

ついては、当該証人も、電子署名を行わなければ
ならない（規則第７９条の３第２項後段）。した
がって、電子署名を行うべき者が複数ある場合に
は、それぞれ個別に電子署名を行わなければなら
ない。
　イ　添付書面情報への電子署名
　　　添付書面情報は、当該情報に係る添付書面等に
　　おいて、作成者（認証を要するものについては、
　　作成者及び認証者。以下同じ。）による電子署名
　　が行われたものでなければならない。ただし、当
　　該情報に係る添付書面等において、作成者の署名
　　又は押印を要しないものについては、この限りで
　　ない（規則第７９条の３第３項）。添付書面情報
　　は、電子的な情報であり、真に作成者が作成した
　　ものであることを確認するためには、作成者によ
　　る電子署名が行われたものであることが必要であ
　　ることから、添付書面情報がこの要件を満たさな
　　い場合には、オンライン交付請求等をすることは
　　できない。
　ウ　［略］
　［(4)・(5)　略］
　(6)　届出等の到達
　　ア　オンライン届出等は、届出等情報及び添付書面
　　　情報（以下これらの情報を「届出等情報等」とい
　　　う。）が法第１１８条第１項の電子情報処理組織
　　　又は市区町村長の使用に係る電子計算機に備えら
　　　れたファイルに記録された時に市区町村長に到達
　　　したものとみなされる（情報通信技術活用法第６
　　　条第３項、暫定オンライン省令附則第２条第１項
　　　）。
　　イ　［略］
　(7)　電子署名を行うべき者が複数ある場合の届出等の
　　方法
　　　電子署名を行うべき者が複数ある場合には、その
　　全てが電子署名をするまでの間、当該届出等情報等
　　をオンラインシステムにおいて保管することができ
　　る。この場合において、当該保管に係る間は、当該
　　届出等情報等は、市区町村長に到達したものとはみ

、当該証人も、電子署名を行わなければならない
（規則第７９条の３第２項後段）。したがって、
電子署名を行うべき者が複数ある場合には、それ
ぞれ個別に電子署名を行わなければならない。
　イ　添付書面情報への電子署名
　　　添付書面情報は、作成者（認証を要するものに
　　ついては、作成者及び認証者）による電子署名が
　　行われたものでなければならない（規則第７９条
　　の３第３項）。添付書面情報は、電子的な情報で
　　あり、真に作成者が作成したものであることを確
　　認するためには、作成者による電子署名が行われ
　　たものであることが必要であることから、添付書
　　面情報がこの要件を満たさない場合には、オンラ
　　イン交付請求等をすることはできない。
　ウ　［同左］
　［(4)・(5)　同左］
　(6)　届出等の到達
　　ア　オンライン届出等は、当該届書若しくは申請書
　　　に記載すべきこととされている事項に係る情報（
　　　以下「届出等情報」という。）が法第１１８条第
　　　１項の電子情報処理組織に備えられたファイルに
　　　記録された時に市区町村長に到達したものとみな
　　　される（情報通信技術活用法第６条第３項）。
　　イ　［同左］
　(7)　電子署名を行うべき者が複数ある場合の届出等の
　　方法
　　　電子署名を行うべき者が複数ある場合には、その
　　全てが電子署名をするまでの間、当該届出等情報を
　　オンラインシステムにおいて保管することができ
　　る。この場合において、当該保管に係る間は、当該届
　　出等情報は、市区町村長に到達したものとはみなさ

なされない。

なお、届出人等は、全ての電子署名がされた後に届出等情報等を法第１１８条第１項の電子情報処理組織又は市区町村長の使用に係る電子計算機に備えられたファイルに記録しなければならず、当該届出等情報等は、その記録された時に市区町村長に到達したものとみなされる。

3 交付の方法等
(1) オンライン交付の方法等
　ア　ファイルへの記録
　　市区町村長は、オンライン交付をするときは、法第４８条第１項の届出の受理又は不受理の証明書（1の(4)のア）については規則第６６条第１項の証明書に記載すべきこととされている事項に係る情報を、法第１２０条第１項の戸籍証明書又は除籍証明書（1の(4)のイ）については規則第７３条第１項各号の証明書に記載すべきこととされている事項及び規則付録第３３号書式に係る情報を法第１１８条第１項の電子情報処理組織又は市区町村長の使用に係る電子計算機に備えられたファイルに記録しなければならない（規則第７９条の6第1項、暫定オンライン省令附則第２条第３項）。

　[イ・ウ　略]
　エ　オンライン交付請求をした戸籍証明書等の取得方法
　　オンライン交付請求をした者は、その者の使用に係る電子計算機から、アにより法第１１８条第１項の電子情報処理組織又は市区町村長の使用に係る電子計算機に記録された証明情報を取得するものとする。

(2) オンライン発行の方法等
　ア　ファイルへの記録
　　市区町村長は、オンライン発行をするときは、規則第７９条の2の2第2項に係る情報を法第１１８条第１項の電子情報処理組織又は市区町村長の使用に係る電子計算機に備えられたファイルに記録しなければならない（規則第７９条の6第2

れない。

なお、届出人等は、全ての電子署名がされた後に届出等情報を法第１１８条第１項の電子情報処理組織に備えられたファイルに記録しなければならず、当該届出等情報は、その記録された時に市区町村長に到達したものとみなされる。

3 交付の方法等
(1) オンライン交付の方法等
　ア　ファイルへの記録
　　市区町村長は、オンライン交付をするときは、法第４８条第１項の届出の受理又は不受理の証明書（1の(4)のア）については規則第６６条第１項の証明書に記載すべきこととされている事項に係る情報を、法第１２０条第１項の戸籍証明書又は除籍証明書（1の(4)のイ）については規則第７３条第１項各号の証明書に記載すべきこととされている事項及び規則付録第３３号書式に係る情報を法第１１８条第１項の電子情報処理組織に備えられたファイルに記録しなければならない（規則第７９条の6第1項）。

　[イ・ウ　同左]
　エ　オンライン交付請求をした戸籍証明書等の取得方法
　　オンライン交付請求をした者は、その者の使用に係る電子計算機から、アにより法第１１８条第１項の電子情報処理組織に記録された証明書情報を取得するものとする。

(2) オンライン発行の方法等
　ア　ファイルへの記録
　　市区町村長は、オンライン発行をするときは、規則第７９条の2の2第2項に係る情報を法第１１８条第１項の電子情報処理組織に備えられたファイルに記録しなければならない（規則第７９条の6第2項）。したがって、ファイルへの記録に

項、暫定オンライン省令附則第２条第３項）。したがって、ファイルへの記録に際して、当該情報について市区町村長が電子署名及び当該電子署名に係る電子証明書を併せて記録することを要しない。	際して、当該情報について市区町村長が電子署名及び当該電子署名に係る電子証明書を併せて記録することを要しない。
イ　［略］	イ　［同左］
(3)　［略］	(3)　［同左］
第２　［略］	第２　［同左］
第３　オンライン届出等の処理	第３　オンライン届出等の処理
１　［略］	１　［同左］
２　届出等情報等の取扱い	２　届出等情報の取扱い
(1) 届書等情報に係る規定の準用	(1) 届書等情報に係る規定の準用
規則第７９条の２の４第２項の規定により届出等がされた場合における届出等情報等（これらに電子署名を行うべきとされている場合においては、その検証結果に係る情報を含む。以下同じ。）の取扱いは、届書等情報に係る規定（規則第７８条の２から第７８条の５まで）が準用される（規則第７９条の９第１項）。	規則第７９条の２の４第２項の規定により届出等がされた場合における届出等情報の取扱いは、届書等情報に係る規定（規則第７８条の２から第７８条の５まで）が準用される（規則第７９条の９第１項）。
(2) 届書等情報の作成	(2) 届書等情報の作成
届出等情報等についても、法第１２０条の４第１項の規定に基づき当該届出等情報等に係る届書等情報を作成し、これを法務大臣に提供しなければならないところ、この場合においては、規則第７８条の２第２項の規定にかかわらず、電子情報処理組織により届書等情報を作成することができる（規則第７９条の９第２項）。したがって、送信された届出等情報等については、スキャナ（これに準ずる画像読取装置を含む。）により読み取ってできた画像情報を記録する方法のほか、市区町村の戸籍情報システムにより画像情報に変換するなどして届書等情報を作成することも認められる。	届出等情報についても、法第１２０条の４第１項の規定に基づき当該届出等情報に係る届書等情報を作成し、これを法務大臣に提供しなければならないところ、この場合においては、規則第７８条の２第２項の規定にかかわらず、電子情報処理組織により届書等情報を作成することができる（規則第７９条の９第２項）。したがって、送信された届出等情報については、スキャナ（これに準ずる画像読取装置を含む。）により読み取ってできた画像情報を記録する方法のほか、市区町村の戸籍情報システムにより画像情報に変換するなどして届書等情報を作成することも認められる。
(3) 届出等情報等の保存	(3) 届出等情報の保存
届出等情報等は、以下のいずれかの方法により保存するものとし、その取扱いは規則第４８条又は第５０条に準ずるものとする。	届出等情報は、以下のいずれかの方法により保存するものとし、その取扱いは規則第４８条又は第５０条に準ずるものとする。
［ア・イ　略］	［ア・イ　同左］
３　届書等に関する規定の適用	３　届書等に関する規定の適用

届出等情報等については、特段の定めのない限り、書面によりされた届書に関する規定を適用する。	届出等情報については、特段の定めのない限り、書面によりされた届書に関する規定を適用する。
第4　　[略]	第4　　[同左]
第5　　オンラインシステムにおける文字の取扱い	第5　　オンラインシステムにおける文字の取扱い
1　　オンラインシステムにおける文字セットはJIS X 0213：2012とし、文字コードはJIS X 0221:2020とする。ただし、情報提供等記録開示システムを用いた届出等については、この限りでない。	1　　オンラインシステムにおける文字セットはJIS X 0213：2012とし、文字コードはJIS X 0221:2020とする。
2　　[略]	2　　[同左]
備考　表中の［　］の記載は注記である。	

関連通達等

戸籍法施行規則における法務大臣の定めについて

（令和 6 年 8 月30日付け法務省民一第2000号法務局長、
地方法務局長宛て法務省民事局長通達）

（通達） 戸籍法施行規則（昭和22年司法省令第94号）において、法務大臣が定めるとされているものを別紙のとおり示しますので、これを了知の上、貴管下支局長及び管内市区町村長に周知方取り計らい願います。

別紙

戸籍法施行規則等の条項	法務大臣が定めるもの	
第68条の3第3号	戸籍事務を電子情報処理組織によって取り扱う場合における氏又は名の記録に用いる漢字の字体	別添1
第75条第5項	戸籍又は除かれた戸籍の副本の電気通信回線を通じた送信の方法等に関する技術的基準	別添2
第75条の3第4項	戸籍又は除かれた戸籍の副本に記録されている情報の電気通信回線を通じた提供の方法に関する技術的基準	
第76条第5項	受付帳情報の電気通信回線を通じた送信の方法に関する技術的基準	
第78条の2第6項	届書等情報の電気通信回線を通じた送信の方法に関する技術的基準	
第79条の2第1項	戸籍電子証明書等の電磁的記録の方式	別添3
第79条の2の3第3項	戸籍電子証明書等の提供の求め及び戸籍電子証明書等の提供の方法に関する技術的基準	
第79条の9の2第2項	行政手続における特定の個人を識別するための番号の利用等に関する法律（平成25年法律第27号）附則第6条第3項に規定する情報提供等記録開示システム（以下「マイナポータル」という。）を通じて規則第79条の2の4第1項の交付の請求、同条第2項の届出等又は同条第3項の戸籍電子証明書提供用識別符号等の発行等の請求（以下「請求等」という。）をする者に対する当該請求等に必要な情報を提供する方法に関する技術的基準	別添4
戸籍法施行規則の一部を改正する省令（令和6年法務省令第44号）附則第3条	マイナポータルを通じて規則第79条の2の4第2項の規定による戸籍法第49条第1項及び第54条第1項の出生の届出をする場合における規則第79条の3第1項の添付書面等に代わるべき情報の作成方法	別添5

戸籍事務を電子情報処理組織によって取り扱う場合における氏又は名の記録に用いる漢字の字体

（令和 6 年 3 月 1 日法務省民事局（令和 6 年 8 月30日更新））

（別添 1 ） 戸籍法施行規則（昭和22年司法省令第94号）第68条の3第3号に定める戸籍事務を電子情報処理組織によって取り扱う場合における氏又は名の記録に用いる漢字の字体であって、法務大臣が定める字体は以下のとおりである。

313

1　康熙字典体又は漢和辞典で正字又は俗字とされている字体（同字、古字又は本字とされている字体を含む。）

2　当用漢字表（昭和21年内閣告示第32号）の字体のうち、常用漢字表（昭和56年内閣告示第1号）においては括弧に入れて添えられなかった従前正字として取り扱われてきた「慨」、「概」、「免」及び「隆」

3　国字で戸籍法施行規則第68条の2第1号及び第2号並びに上記1及び2に準ずる字体

4　「示」、「辶」、「飠」又は「靑」を構成部分に持つ正字の当該部分がそれぞれ「ネ」、「辶」、「飠」又は「青」と記載されている字体

5　下表に掲げる字体（平成22年11月30日付け法務省民一第2903号法務省民事局長通達により改正された平成2年10月20日付け法務省民二第5200号法務省民事局長通達別表に掲げる字体と同一の字体）

俠	侷	倦	僅	儲	剥	卿	厩	叛	啞	哨	噌	噛
噂	囊	堵	塡	寶	屑	屠	嵩	﨑	巷	庖	廠	徽
愈	摑	搔	捗	捲	摺	攪	撰	擢	昇	晦	腿	柳
桒	梼	榊	槌	栖	椰	樋	槗	樽	櫛	欝	歎	涛
渕	溌	溢	溺	漣	潅	潤	瀞	濵	瀦	瀬	灘	焔
煉	煽	獻	甑	瞥	砺	祁	祇	稈	竈	箸	箪	篭
綛	繋	繡	翫	翰	舘	舩	莱	葛	蒋	蓬	蔽	薯
薮	薩	藷	蛎	蛸	蝕	蝋	蝉	蝿	襖	諫	諺	謎
謬	賎	賭	躯	辻	迂	迄	辿	迦	迩	這	逗	逢
逎	逼	遡	遜	邉	鄭	酉	醗	醤	鈎	錆	鎚	鑓
鞄	鞆	頚	頬	顛	飴	餌	餅	饗	騨	髙	鯖	鯵
鱒	鴎	鴬	鹸	麸	麹							

関連通達等

戸籍又は除かれた戸籍の副本等の電気通信回線を通じた送信の方法等に関する技術的基準

（令和6年3月1日法務省民事局）

（別添2） 戸籍法施行規則（昭和22年司法省令第94号。以下「規則」という。）第75条第5項の規定に基づく戸籍又は除かれた戸籍の副本の電気通信回線を通じた送信の方法、規則第75条の3第4項の規定に基づく戸籍又は除かれた戸籍の副本に記録されている情報の電気通信回線を通じた提供の方法、規則第76条第5項に基づく受付帳情報の電気通信回線を通じた送信の方法及び規則第78条の2第6項に基づく届書等情報の電気通信回線を通じた送信の方法に関して法務大臣が定める技術的基準は以下のとおりである。

第1　目的

戸籍法（昭和22年法律第224号）第118条第1項の電子情報処理組織において、電気通信回線その他の電気通信設備の利用における安全性及び信頼性を確保するため、戸籍又は除かれた戸籍の副本（規則第75条第1項及び第2項（第4項において準用する場合を含む。）に規定する副本をいう。）の電気通信回線を通じた送信の方法（規則第75条第5項）、外務大臣に対する戸籍又は除かれた戸籍の副本に記録されている情報の電気通信回線を通じた提供の方法（規則第75条の3第4項）、受付帳情報の電気通信回線を通じた送信の方法（規則第76条第5項）及び届書等情報の電気通信回線を通じた送信の方法（規則第78条の2第6項）に関する技術的基準を定めることを目的とする。

第2　定義

1　戸籍情報連携システム

戸籍副本データ管理センター、市町村、管轄法務局等に設置される電子計算機、端末機、電気通信関係装置（ファイアウォールを含む。以下同じ。）、電気通信回線、プログラム等により構成されるシステムであって、戸籍又は除かれた戸籍の副本、受付帳情報及び届書等情報を送受信し、当該副本等の保存及び管理を行う機能を有し、行政手続における特定の個人を識別するための番号の利用等に関する法津（平成25年法律第27号）に基づく行政機関等との情報連携や市町村の戸籍情報システム（戸籍法第118条第1項に規定する市町村長の使用に係る電子計算機。本基準において、外務大臣の使用に係る戸籍情報連携システムから情報の提供を受けるためのシステムを含む。以

315

下同じ。）との情報連携を行うもの

2　戸籍情報連携システムサーバー群

　　戸籍副本データ管理センターに設置され、戸籍又は除かれた戸籍の副本、受付帳情報及び届書等情報の送信を受け、市町村の戸籍情報システムとの情報連携及び当該副本を保存するために動作する一連の電子計算機群で、戸籍情報連携システム内の役割に応じてセグメントごとに複数台で構成されるもの

3　戸籍事務内連携サーバー

　　市町村及び外務省に設置する電子計算機又は端末機であって、戸籍情報システムと戸籍情報連携システムとの間で連携される情報の送信を行うもの

4　管轄法務局等

　　戸籍又は除かれた戸籍の副本を送信する市町村を管轄する法務局若しくは地方法務局又はその支局

5　管轄法務局等端末

　　管轄法務局等に設置され、市町村から送信された戸籍又は除かれた戸籍の副本の管理を行う管轄法務局等の使用に係る端末機

6　ファイアウォール

　　ネットワークにおいて不正侵入を防御する電子計算機又は同等の機能及び効果を有するソフトウェア

7　データ

　　戸籍情報連携システムにおいて送信され、記録され又は保存される情報

8　プログラム

　　電子計算機を機能させて戸籍情報連携システムを作動させるための命令を組み合わせたもの

9　ファイル

　　磁気ディスク（これに準ずる方法により一定の事項を確実に記録しておくことができる物を含む。以下同じ。）に記録されているデータ及びプログラム

10　ドキュメント

　　戸籍情報連携システムの設計、プログラム作成及び運用に関する記録及び文書

11　重要機能室

　　電子計算機、受電設備、定電圧・定周波電源装置等の設備を設置する室並びにその室の空気調和をする空気調和機及びその付属設備を設置する室

関連通達等

第3 体制、規程等の整備
 1 体制の整備
  (1) 責任体制等の確立
   ア 戸籍情報連携システムのセキュリティ（正確性、機密性及び継続性を維持することをいう。以下同じ。）を確保するため、戸籍情報連携システムの企画、開発及び運用に関する責任体制並びに連絡体制を明確にすること。また、防災組織及び防犯組織を整備し、通常時及び非常時の責任体制の確立を図ること。
   イ 市町村長及び外務大臣（以下「市町村長等」という。）は、戸籍情報システムのセキュリティを確保するため、戸籍情報システムのうち、戸籍情報連携システムに情報を送信し又は戸籍情報連携システムから情報を受信する機能に係る部分の企画、開発及び運用に関する責任体制を明確にすること。また、戸籍事務内連携サーバーの防災及び防犯に関して、通常時及び非常時の責任体制の確立を図ること。
  (2) セキュリティ対策に関する連絡調整
     戸籍情報連携システムのセキュリティ対策に関し、市町村長等と連絡調整を行う場の設置その他の適切な措置を講ずること。
  (3) 緊急時連絡体制の整備
     戸籍情報連携システムの運用に際し、異常な状態を早期に発見し、市町村長等に連絡することができるよう体制の整備を図ること。
 2 規程の定め等
    戸籍情報連携システムの運用に関する規程を定めるとともに、戸籍情報連携システムの設計書、操作手順書、緊急時における作業手順書等を作成すること。
 3 人事、教育、研修等
  (1) 要員管理
     法務大臣及び市町村長等は、戸籍情報連携システムの運用に必要な職員の配置、交替等の人事管理を適切に行うこと。
  (2) 教育及び研修
   ア 戸籍情報連携システムを運用する職員に対して、戸籍情報連携システムの操作及びセキュリティ対策についての教育及び研修を実施するために、教育及び研修に関する計画を策定し、その実施体制を確立すること。
   イ 市町村長等に対し、教育及び研修に関する技術的な協力を行うこと。
  (3) 問合せ窓口の設置

戸籍情報連携システムの適切な運用を確保するため、操作等に関する問合せ窓口を設置すること。

4　戸籍情報連携システムの監査

(1)　監査の実施

　法務大臣は、戸籍情報連携システムの企画、開発及び運用の各段階におけるセキュリティ対策について監査を実施し、その結果に基づき、戸籍情報連携システムの改善に努めること。

　市町村長等は、戸籍情報システムのうち、戸籍情報連携システムに情報を送信し、又は戸籍情報連携システムから情報を受信する機能に係る部分の企画、開発及び運用の各段階におけるセキュリティ対策について監査を実施し、その結果に基づき、戸籍情報システムの改善に努めること。

(2)　監査の体制の確立

　市町村長等は、法務大臣の実施する監査に必要な協力を行い、その結果に基づき戸籍情報連携システムの運用の改善に協力すること。

5　緊急時体制

(1)　作動停止時における事務処理体制

ア　戸籍情報連携システムの構成機器、関連設備又はソフトウェアの障害等により戸籍情報連携システムの全部又は一部が作動停止した場合の行動計画、市町村長等との連絡方法等について、市町村長及び外務大臣と相互に密接な連携を図り、これらの事項を定めること。

イ　アにおいて定めた行動計画、連絡方法等に基づき、適切な対応を図ることができるよう、市町村長等と相互に密接な連携を図り、教育及び研修を行うこと。

(2)　データの漏えいのおそれがある場合の事務処理体制

ア　データの漏えいのおそれがある場合の行動計画（戸籍情報連携システムの全部又は一部を停止する基準の策定を含む。）、市町村長との連絡方法等について、市町村長等と相互に密接な連携を図り、これらの事項を定めること。

イ　アにおいて定めた行動計画、連絡方法等に基づき、適切な対応を図ることができるよう、市町村長等と相互に密接な連携を図り、教育及び研修を行うこと。

第4　戸籍情報連携システムの環境及び設備

1　建物及び重要機能室

関連通達等

(1) 建物及び重要機能室の保全等

　ア　戸籍情報連携システムサーバー群を管理する建物及び重要機能室（以下「建物等」という。）は、国内に設置すること。

　イ　重要機能室の壁、窓、ドア等が容易に破壊されないよう必要な措置を講ずること。

　ウ　重要機能室への侵入を検知するための措置を講ずること。

　エ　電力及び電気通信回線の切断等を防止するための措置を講ずること。

　オ　重要機能室の外に設置された関連設備に対する不当な接触の防止について、必要な措置を講ずること。

(2) 重要機能室の配置及び構造

　ア　重要機能室の配置及び構造については、セキュリティ対策及び保守を容易に行うことができるよう配慮すること。

　イ　重要機能室は、その場所の表示を行わない等、できるだけ所在を明らかにしないようにすること。

　ウ　重要機能室は、緊急事態発生の際の連絡設備を設けるなど、連絡体制を整備すること。

　エ　重要機能室は、他の部屋と区別して専用の部屋とすること。

　オ　重要機能室において常時利用する出入口は、不特定多数の人が利用する場所を避け、限定すること等により、侵入の防止を容易に行うことができるよう配慮すること。

　カ　電子計算機及び電気通信関係装置は厳重に固定し、磁気ディスク及びドキュメントは専用保管庫により施錠保管すること。

2　障害の防止等

(1) 電気的・機械的障害の防止等

　　戸籍情報連携システムの構成機器又は関連設備の電気的・機械的障害の発生を防止し、これら障害の発生の検知及びこれらの障害が発生した場合の対策を図るため、必要な設備の整備等について適切な措置を講ずること。

(2) 水又は蒸気による障害の防止等

　　戸籍情報連携システムの構成機器の水又は蒸気による障害の発生を防止し、これら障害の発生の検知及びこれらの障害が発生した場合の対策を図るため、必要な設備の整備等について適切な措置を講ずること。

(3) 火災の防止等

　　建物等からの出火の防止のため、必要な措置を講ずること。また、火災

319

による戸籍情報連携システムの構成機器又は関連設備の損傷を防止し、火災の発生の検知及び火災が発生した場合の対策を図るため、必要な設備の整備等について適切な措置を講ずること。

(4) 地震対策

地震による建物等又は戸籍情報連携システムの構成機器若しくは関連設備の損傷の防止及び地震が発生した場合の対策を図るため、必要な設備の整備等について適切な措置を講ずること。

(5) 急激な温湿度変化等に対する措置

空気調和設備は、その容量に配慮し、急激な温湿度変化等に対する措置を講ずること。

(6) 転倒、移動等に対する措置

戸籍情報連携システムの構成機器及び関連設備には、転倒、移動等に対する措置を講ずること。

(7) その他の障害の防止等

動物その他による障害を防止し、これらの障害の発生を検知し、及び障害が発生した場合の対策を図るため、必要な措置を講ずること。

3　ネットワーク設備

(1) 専用回線の使用

電気通信回線からのデータの盗取を防止するため、戸籍情報連携システムサーバー群、戸籍事務内連携サーバー及び管轄法務局等端末を結ぶ電気通信回線は、地方公共団体及び国相互間の通信用に設けた行政事務専用の回線を使用すること。

(2) 必要な伝送速度の確保

戸籍情報連携システムサーバー群、戸籍事務内連携サーバー及び管轄法務局等端末を結ぶ電気通信回線は、データを円滑に送信し、又は伝送するために必要な伝送速度を確保すること。

第5　戸籍情報連携システムの管理

1　入退室管理

(1) 入室資格の付与

重要機能室に入室する権限を有する者を限定すること。また、重要機能室に入退室する者に鍵を貸与する際には、その者が入室する権限を有することを確認すること、生体情報等による主体認証によって重要機能室に入退室する者が入室する権限を有することを確認することなどにより、入退

関連通達等

室の管理を適切に行うこと。

(2) 鍵等の管理

ア 重要機能室の出入口の鍵は所定の場所に保管し、その管理は定められた者が行うこと。

イ 生体情報等の管理方法を定めること。

(3) 搬出入物品の確認

重要機能室への搬出入物品は、重要機能室に入室する権限を有する者が内容を確認すること。

(4) 事務室の管理

重要機能室の出入口の鍵等を管理する事務室における盗難、損壊等を防止するため、職員が不在となる時の事務室の施錠等、必要な措置を講ずること。

2 ソフトウェア開発等の管理

(1) 設計の実施

ア 戸籍情報連携システムの開発又は変更を行う際には、戸籍情報連携システムのセキュリティを高める設計を行うこと。

イ 戸籍情報連携システムの開発又は変更を行う際には、必要機能を明確にし、将来の規模の拡大等を考慮した設計を行うこと。

(2) 戸籍情報連携システムの試験の実施

戸籍情報連携システムの開発又は変更を行った場合には、その試験を適切に実施すること。また、試験の実施に当たっては、ファイルの安全を確保するため、別途試験環境を用意することその他の適切な措置を講ずること。

(3) 戸籍情報連携システムの開発等に際してのエラー及び不正行為の防止

ア 戸籍情報連携システムの開発又は変更を行う際には、戸籍情報連携システムの開発又は変更の計画を策定すること、戸籍情報連携システムの開発又は変更の責任者を指定すること、プログラムの作成、変更又は廃止を責任者の承認を得て行うことなどエラー及び不正行為の防止のための手続を明確にすること。

イ 戸籍情報連携システムの開発又は変更の各段階で使用するドキュメントの様式を標準化すること。

ウ 戸籍情報連携システムの変更に応じてドキュメントを更新し、責任者が確認すること。

3 戸籍情報連携システムの管理

321

⑴　アクセス権限の限定

　　戸籍情報連携システムの運用に関係する者に対して、電子計算機、端末機、電気通信関係装置、電気通信回線、ファイル等に関し、必要なアクセス権限を付与すること。

⑵　ファイアウォールによる通信制御

　　電気通信回線に接続する電子計算機における不正行為又は電子計算機への不正アクセス行為に対して戸籍情報連携システムを保護するため、戸籍情報連携システム及び戸籍事務内連携サーバー間等の必要な部分にはファイアウォールを設置し、通信制御を行うこと。

⑶　電気通信関係装置の管理

　　エラー及び不正行為により電気通信関係装置の不当な運用が行われないようにするため、電気通信関係装置の管理に当たっては厳重な確認を行うなど、管理権限がある者以外の者による操作を防止するための措置を講ずること。

⑷　通信相手相互の認証

　　戸籍情報連携システムと戸籍事務内連携サーバーとの間の通信については、通信相手相互の認証を行うこと。

⑸　データの暗号化

　　戸籍情報連携システムサーバー群、戸籍事務内連携サーバー及び管轄法務局等端末それぞれの間の通信については、交換するデータの暗号化を実施すること。

⑹　模擬攻撃の実施

　　ネットワーク経由の模擬攻撃を適宜実施し、その実施結果に基づき必要な措置を講ずること。

⑺　情報収集等

　　セキュリティ対策に関する情報を収集して分析を行い、必要な措置を講ずること。

⑻　時刻の正確性確保

　　不正行為の追跡、セキュリティを侵害された場合における証跡の解析等を容易にするため、重要機能室内の機器を正確な時刻に同期するための必要な措置を講ずること。

４　端末機操作の管理

⑴　端末機の管理

　　端末機の取扱いは、当該端末機の管理を行う責任者の指示又は承認を受

けた者が行うこと。

(2) 端末機の操作者の確認

端末機の取扱いに際しては、暗証番号又はこれと同等以上のものと認められる方法により、操作者が正当なアクセス権限を有していることを確認すること。

(3) 暗証番号等の取扱い

暗証番号等の管理方法を定め、操作者は当該管理方法を遵守すること。

(4) ファイルに対する利用制限

端末機の操作者ごとに利用可能なファイルを設定する等、ファイルの利用を制限する方法を定めること。

(5) 操作履歴の記録等

ア 戸籍情報連携システムを操作した履歴を磁気ディスクに記録し、法令を遵守していることを監査する等、その利用の正当性について確認すること。

イ 戸籍情報連携システムを操作した履歴は、不当な消去や改ざんを防止するため、管理権限がある者以外の者による操作を防止するための措置を講ずること。

(6) 複数回のアクセス失敗に対する機能

端末機には、複数回のアクセスの失敗に対し、当該端末機へのアクセス権限を一定の間取り消す機能等を設けること。

5 電子計算機の管理

(1) 秘密鍵の厳重な管理

戸籍情報連携システム及び戸籍事務内連携サーバーにおいて、通信相手相互の認証及び市町村から送信するデータの暗号化を行うために必要な秘密鍵を厳重に保護し、安全な方法により外部に漏えいすることを防止するための措置を講ずること。

(2) 他のソフトウェアの作動禁止

戸籍情報連携システム及び戸籍事務内連携サーバーでは、戸籍情報連携システムの管理及び運用に必要なソフトウェア以外のソフトウェアを作動させないこと。

6 磁気ディスクの管理

(1) 保管場所

磁気ディスクは、保管庫等を設けることにより、できるだけ常温常湿の場所に保管すること。

(2) 持ち出し及び返却の確認等

　ア　磁気ディスクの盗難の防止等のため、その保管位置を指定し、持ち出し及び返却の措置を講ずること。

　イ　重要な磁気ディスクは他の磁気ディスクと判別することができるようにすること。

7　構成機器及び関連設備等の管理

(1) 管理方法の明確化

　ア　戸籍情報連携システムに機器を接続するための手続、方法等を定めるとともに、構成機器、関連設備等の管理方法を明確にすること。

　イ　利用するハードウェア、ソフトウェア及び磁気ディスクの種類、数量等を文書等で体系的かつ一元的に記録管理し、現況と一致させること。また、これを関係職員に周知し、管理しているハードウェア、ソフトウェア又は磁気ディスク以外の物を使用しないこと。

(2) 保守の実施

　戸籍情報連携システムの構成機器及び関連設備の保守を定期に、又は随時に実施すること。また、保守の実施に当たっては、エラー及び不正行為を防止し、データを保護するため、必要な措置を講ずること。

(3) 稼動状況の監視

　構成機器の稼動状況を監視し、必要に応じ、市町村長に状況を通知すること。

(4) 不正プログラムの混入防止等

　戸籍情報連携システムにコンピュータウイルス等の不正プログラムが混入されていないかどうかを監視する措置を講じ、混入されていた場合には駆除する措置を講ずること。また、コンピュータウイルス等の不正プログラムが発見された場合の必要な措置を定め、戸籍情報連携システムの運用に関係する者に周知すること。

8　データ、プログラム、ドキュメント等の管理

(1) データ等の取扱い及び管理

　ア　データ、プログラム及びドキュメントについては、定められた場所に保管すること、受渡し及び保管に関し必要な事項を記録すること、使用、複写、消去及び廃棄は責任者の承認を得て行うとともに、その記録を作成すること等、これらの取扱い及び管理の方法を明確にすること。

　イ　データ、プログラム及びドキュメントの内容については、最新の状態にしておくこと。

ウ　データ、プログラム及びドキュメントを変更した場合については、変更者及び版数の管理を行うこと。

エ　戸籍情報システムと戸籍情報連携システム間のデータの送受信については、データの特性に応じ、即時処理通信（情報送信元から情報を送信し、直ちに情報受信先に受信される通信をいう。以下同じ。）又は大量データ等の一括処理通信から適切な送信方法を選択し、その管理を行うこと。

オ　プログラムの改ざん、消去等を防止するために、プログラムの登録及び抹消は、責任者の指示又は承認を受けた者が行うこと。

カ　データ、プログラム及びドキュメントを廃棄する場合には、消磁、破砕、溶解等の措置を講ずること。

キ　戸籍情報連携システムサーバー群、戸籍事務内連携サーバー及び管轄法務局等端末に保管される重要なデータについては、暗号化を実施すること。

ク　市町村長は、法務大臣からデータ、プログラム及びドキュメントの返却又は廃棄を求められたときは、これに応じること。

(2)　戸籍情報システムと戸籍情報連携システム間のデータ送信方法の管理

ア　大量データ等の一括処理通信について、処理途中におけるデータの更新を防止する制御や、更新対象の情報について、更新が完了するまでの間は閲覧できないようにする制御を行うこと。

イ　大量データ等の一括処理通信について、送信処理が途中で中断しても再送信が可能な仕組みを実施すること。

ウ　大量データ等の一括処理通信について、戸籍情報システムと戸籍情報連携システム間の双方において、適切にデータの受渡しが可能となるように送受信手順を確立すること。

(3)　帳票の管理

ア　重要な印字済みの帳票の受渡し及び廃棄の方法を定めること。

イ　事務室の出力装置から出力する場合のデータの漏えいを防止するため、必要な措置を講ずること。

9　障害時等の対応

(1)　障害の早期発見

戸籍情報連携システムの障害箇所を発見するための機能を整備すること。

(2)　早期回復のための代替機能等の整備

ア　重要なファイルについては、他の磁気ディスクに複製することとし、

必要に応じ、複製された磁気ディスクと当該ファイルを記録した磁気ディスクとは別に保管すること。

イ　障害が発生した時に、複製された重要なファイル等を基に速やかに戸籍情報連携システムを回復させるための機能を整備すること。

(3)　不正アクセスの早期発見

不正アクセスを早期に発見するための機能を整備すること。

(4)　不正アクセスが判明した場合の対応

不正アクセスが判明した場合、市町村長等と連絡調整を行い、被害状況の把握、被害拡大を防止するための措置等必要な措置を講ずること。

10　委託等を行う場合の措置

(1)　委託先事業者等の社会的信用の確認等

戸籍情報連携システムの開発、変更、運用、保守等について委託等を行うときは、委託先事業者等の社会的信用及び能力を確認すること。また、市町村長は、戸籍情報連携システムの運用について委託等を行うときは、委託先事業者等の社会的信用及び能力を確認するとともに、管轄法務局等の長に報告を行うこと。

(2)　委託先事業者等に対する監督

ア　委託先事業者等に対し、この基準と同様のセキュリティ対策を実施させるとともに、適切な監督を行うこと。また、委託先事業者等によるエラー及び不正行為を防止し、データを保護するため、必要な措置を講ずること。

イ　委託先事業者等がこの基準に適合したセキュリティ対策を実施していないと認められる場合には、当該委託先事業者等に係る契約を解除すること。また、管轄法務局等の長は、市町村の委託先事業者等が、この基準に適合したセキュリティ対策を実施していないと認められた場合には、当該市町村長に対し、当該委託先事業者等に係る契約を解除することを助言又は勧告すること。

(3)　再委託等の制限

委託先事業者等が委託業務の一部を第三者に委託する場合等の制限、事前申請及び承認に関する事項について、委託先事業者等との間で定めを置くこと。また、管轄法務局等の長は、必要に応じ、市町村の委託先事業者等が委託業務の一部を第三者に委託する場合等の制限、事前申請及び承認に関する事項について、市町村長が委託先事業者等との間で定めを置くに当たり、助言又は勧告すること。

関連通達等

(4) 委託先事業者等の分担範囲等の明確化

戸籍情報連携システムの開発、変更、運用、保守等に複数の委託先事業者等が関係する場合は、分担して行う範囲及び責任の範囲を明確にするとともに、作業上必要な情報交換を行うことができるような措置を講ずること。

第6 既設ネットワークとの接続

1 既設ネットワークとの接続条件

市町村長は、戸籍情報連携システムと戸籍情報システムとの間の通信を確保するため、既設ネットワークと戸籍事務内連携サーバーとを接続する場合は、既設ネットワークにおいて、次のようなセキュリティ対策を講ずること。

(1) 体制の整備等

ア 既設ネットワークのセキュリティを確保するため、既設ネットワークの開発及び運用に関する責任体制及び連絡調整体制を明確にすること。

イ 既設ネットワークにおいて、個人情報の漏えいのおそれがある場合の事務処理体制を確立すること。

(2) 電気通信回線上の盗聴等の防止

電気通信回線は専用回線を用い、又はそれに準じた通信データの盗聴、改ざん、滅失・き損及び操作否認の防止についての必要な対策を講ずること。この場合において、電気通信回線はデータを円滑に送信し、又は伝送するために必要な伝送速度を確保すること。

(3) ファイアウォールによる通信制御

既設ネットワークと戸籍事務内連携サーバーとの間にファイアウォール、不正侵入検知（IDS）、不正侵入防御（IPS）等を利用した確実な不正侵入対策を講じ、戸籍情報連携システム上の処理又は既設ネットワーク上の処理に係る通信のみが可能となるよう通信制御を行うこと。

(4) 電気通信関係装置の保護等

既設ネットワークに係る電気通信関係装置等は、既設ネットワークの管理責任者以外の者による操作を防止するための措置を講ずること。

(5) 機器の接続

既設ネットワークの管理責任者は、ネットワークに機器を接続するための手続、方法等を定め、接続状況を適切に管理すること。

(6) 外部との接続

ア 既設ネットワークの管理責任者は、既設ネットワークを外部ネットワ

ークに接続するための手続、方法等を定め、接続及び運用に関する業務
を総括的に管理すること。

イ　既設ネットワークと外部のネットワークを接続する場合は、既設ネッ
トワークと外部のネットワークとの間にファイアウォール、不正侵入検
知（IDS）、不正侵入防御（IPS）等を利用した確実な不正侵入対策を講
じ、厳重な通信制御を行うこと。

2　既設ネットワークとの接続状況についての連絡調整

管轄法務局等の長は、既設ネットワークとの接続状況について市町村長と
連絡調整を行うこと。また、市町村長は、既設ネットワークにおいて個人情
報の漏えいのおそれがある場合は、管轄法務局等の長と連絡調整を行うこと。

戸籍電子証明書等の提供の求め及び戸籍電子証明書等の提供の方法等に関する技術的基準

（令和6年3月1日法務省民事局（令和6年8月30日更新））

（**別添3**）戸籍法施行規則（昭和22年司法省令第94号。以下「規則」という。）
第79条の2の3第3項に規定する戸籍電子証明書等の提供の求め及び戸籍電子証
明書等の提供の方法等に関して法務大臣が定める技術的基準は以下のとおりであ
る。

第1　目的

戸籍法（昭和22年法律第224号。以下「法」という。）第120条の3第3項の
規定による戸籍電子証明書等の提供の求め及び戸籍電子証明書等の提供（規則
第79条の2第1項の戸籍電子証明書等の電磁的記録の方式を含む。以下「戸籍
電子証明書の提供等」という。）が円滑かつ安全に行われるよう、電気通信回
線を通じた戸籍電子証明書の提供の方法等について、技術的基準及び戸籍情報
照会者（規則第79条の2の3第1項の戸籍情報照会者をいう。以下同じ。）の
長の実施すべき事項を定めることを目的とする。

第2　用語の定義

1　戸籍情報連携システム

法第118条第1項に規定する電子情報処理組織であって、市町村長の使用
に係る電子計算機と電気通信回線で接続し、磁気ディスクをもって調製され

関連通達等

た戸籍又は除かれた戸籍の副本の保存、管理等を行う機能を有し、電気通信回線を通じて戸籍電子証明書の提供等を行う電子情報処理組織

2　戸籍電子証明書連携サーバー

戸籍情報連携システムと戸籍情報照会者の使用に係る電子情報処理組織との間で、電気通信回線を通じた戸籍電子証明書の提供等に必要な処理を行う戸籍情報照会者の長の使用に係る電子計算機

3　ファイアウォール

ネットワークにおいて不正侵入を防御する電子計算機又は同等の機能及び効果を有するソフトウェア

4　データ

戸籍情報照会者の長の使用に係る電子情報処理組織において送信され、記録され、保存され又は提供される情報

5　プログラム

戸籍電子証明書連携サーバーに設置し、戸籍情報連携システムと戸籍電子証明書連携サーバーとの間の通信を作動させるための命令を組み合わせたもの

6　ファイル

戸籍情報照会者の長の使用に係る電子計算機に内蔵される記憶媒体に記録されているデータ

7　ドキュメント

戸籍電子証明書連携サーバーの設計、プログラム作成及び運用に関する記録及び文書

8　重要機能室

電子計算機、受電設備、定電圧・定周波電源装置等の設備を設置する室並びにその室の空気調和をする空気調和機及びその付属設備を設置する室

第3　体制、規程等の整備

1　体制の整備

(1)　責任体制等の確立

戸籍電子証明書の提供等を円滑かつ安全に実施するとともに、戸籍電子証明書連携サーバーのセキュリティ（正確性、機密性及び継続性を維持することをいう。以下同じ。）を確保するため、戸籍電子証明書連携サーバーの企画、開発及び運用保守に関する責任体制並びに連絡体制を明確にすること。また、防災組織及び防犯組織を整備し、通常時及び非常時の責任

体制の確立を図ること。

(2) 監視及び緊急時連絡体制の整備

戸籍電子証明書連携サーバーの運用に際し、異常な状態を早期に発見し、法務大臣に連絡することができるよう体制の整備を図ること。

2 規程等の整備

戸籍電子証明書連携サーバーの企画、開発及び運用保守に関する規程を整備するとともに、戸籍電子証明書連携サーバーに関する設計書、操作手順書、緊急時における作業手順書等を整備し、適切な維持管理に努めること。

3 人事、教育、研修等

(1) 要員管理

戸籍電子証明書連携サーバーの企画、開発及び運用保守に必要な職員の配置、交替等の人事管理を適切に行うこと。

(2) 教育及び研修

戸籍電子証明書連携サーバーの企画、開発及び運用保守を実施する職員に対して戸籍電子証明書連携サーバーのセキュリティ対策についての教育及び研修を実施するための計画を策定し、職員に対する教育及び研修を適切に行うこと。

4 セキュリティ対策

セキュリティ対策に関する情報の収集及び分析を実施するとともに、戸籍電子証明書連携サーバーの企画、開発及び運用保守の各段階におけるセキュリティ対策についての点検又は監査を実施し、その結果に基づき、戸籍電子証明書連携サーバーのセキュリティ対策の改善に努めること。

5 緊急事態発生時の体制等

(1) 作動停止等発生時における事務処理体制

ア 戸籍電子証明書連携サーバーの構成機器、関連設備又はソフトウェアの障害等による戸籍電子証明書連携サーバーの全部又は一部の作動停止又は異常作動の発生（以下「作動停止等発生」という。）時の行動計画、法務大臣への連絡方法等について、あらかじめ定めること。

イ アにおいて定めた行動計画、連絡方法等に基づき、適切な対応を行うことができるよう、教育及び研修を行うこと。

ウ 作動停止等発生時には、その旨を速やかに法務大臣に連絡すること。また、戸籍電子証明書連携サーバーの復旧等に必要な措置等を講じ、作動停止等発生の根本原因及び再発防止策について検討を行い、その内容について法務大臣に連絡するとともに、再発防止に努めること。

関連通達等

(2) データの漏えいのおそれがある場合又は不正アクセス行為発生時における事務処理体制

ア　データの漏えいのおそれがある場合又は不正アクセス行為発生（以下「不正アクセス行為等発生」という。）時の行動計画、法務大臣への連絡方法等についてあらかじめ定めること。

イ　アにおいて定めた行動計画、連絡方法等に基づき、適切な対応を行うことができるよう、教育及び研修を行うこと。

ウ　不正アクセス行為等発生時には、その旨を速やかに法務大臣に連絡すること。また、被害状況の把握及び被害の拡大を防止するための措置等必要な対策を講じ、法務大臣に報告すること。さらに、不正アクセス行為等発生の根本原因及び再発防止策について検討を行い、その内容について法務大臣に連絡するとともに、再発防止に努めること。

第4　戸籍電子証明書の提供等の方法

1　戸籍電子証明書連携サーバー

戸籍電子証明書の提供等は、戸籍情報連携システムと戸籍情報照会者の使用に係る電子情報処理組織とを電気通信回線で接続し、戸籍電子証明書連携サーバーを経由して行うものとする。

2　戸籍電子証明書等の電磁的記録の方式

(1) 戸籍電子証明書等のファイル形式

戸籍電子証明書等のファイル形式は、以下のとおりとする。

ア　PDF形式

PDF（ISO 32000-1）とする。

また、PDFファイルに記録される画像情報の処理方式は、Flate方式又はCCITTFaxDecode方式とする。

イ　XML形式

XMLバージョンはXML（XML 1.0、JIS X 4159：2005）とする。

また、XMLスキーマ定義は、以下のとおりとし、スキーマ定義ファイルは、法務大臣から戸籍情報照会者に対して提供するものとする。

XML Schema Definition Language（XSD）1.1 Part 1：Structure

XML Schema Definition Language（XSD）1.1 Part 2：Datatypes

(2) 戸籍電子証明書等の電子署名の方式

戸籍電子証明書等の電子署名の方式は、以下に定めるところによるものとする。

331

ア　PDFファイル

PDF Public-Key Digital Signatureファイルとし、アドビ株式会社の
PDF Public-Key Digital Signature and Encryption Specification
Version 3.2の「2.1 PKCS#7 Signature Format部」に準拠する形式とし、
同Formatの設定値を次に定めるところによるものとする。

なお、電子署名のアルゴリズムは、sha256WithRsaEncryptionとする。
電子署名の際に用いる電子証明書は、政府認証基盤（GPKI）の政府共
用認証局の発行する法務大臣の官職証明書とする。

キー	設定値
Type	Sig
Filter	［システムの設定する任意の値］
SubFilter	adbe.pkcs7.detached
Name	Minister of Justice
M	［電子署名を行った時刻］
ByteRange	［ハッシュ値の生成に使用した部分のバイト範囲］
Contents	［PKCS#7署名データ（16進数によるバイナリ形式)］

イ　XMLファイル

XML Signature Syntax and Processing Version 2.0に準拠する
Enveloped形式の電子署名が付されたファイル形式とする。

また、電子署名のアルゴリズムは、sha256WithRsaEncryptionとする。
電子署名の際に用いる電子証明書は、政府認証基盤（GPKI）の政府共
用認証局の発行する法務大臣の官職証明書とし、ファイル中には、当該
電子証明書を記録するものとする。

第5　戸籍電子証明書連携サーバーの環境及び設備
1　建物及び重要機能室
(1)　建物及び重要機能室の保全等
ア　戸籍電子証明書連携サーバーを設置する建物及び重要機能室（以下
「建物等」という。）は、壁、窓、ドア等が容易に破壊されないよう必要
な措置を講ずること。
イ　建物等への侵入を検知するための措置を講ずること。
ウ　電力及び電気通信回線の切断等を防止するための措置を講ずること。

関連通達等

エ 重要機能室の外に設置された関連設備に対する不当な接触の防止について、必要な措置を講ずること。

(2) 重要機能室の配置及び構造

ア 重要機能室の配置及び構造については、セキュリティ対策及び保守を容易に行うことができるよう配慮すること。

イ 重要機能室は、その場所の表示を行わないなど、できるだけ所在を明らかにしないようにすること。

ウ 重要機能室は、緊急事態発生の際の連絡設備を設けるなどし、連絡体制を整備すること。

エ 重要機能室は、他の部屋と区別して専用の部屋とすること。

オ 電子計算機室は、他の部屋と区分された、施錠可能な専用の部屋とすること。施錠可能な専用の部屋を確保できない場合は、電子計算機及び電気通信関係装置を厳重に固定し、ドキュメントを専用保管庫において施錠保管すること。

カ 電子計算機室の常時利用する出入口を限定すること等により、侵入の防止を容易に行えるよう配慮すること。

2 障害の防止等

戸籍電子証明書連携サーバーの構成機器又は関連設備の各種障害又は損傷の発生を防止するとともに、これらの障害等の発生を検知し、これらの障害等が発生した場合の対策を図るため、必要な設備の整備等について適切な措置を講ずること。

3 電気通信回線設備

電気通信回線からのデータの盗取を防止するため、戸籍情報連携システムと戸籍電子証明書連携サーバーを結ぶ電気通信回線は、地方公共団体及び国相互間の通信用に設けた行政専用の回線を使用すること。ただし、同一の電子計算機室にあるなど情報の盗取の防止について必要な措置が講じられていると認められる場合は、この限りでない。

第6 戸籍電子証明書連携サーバーの管理

1 入退室管理

(1) 入退室及び鍵の管理

ア 重要機能室への入室者を限定すること。

イ 重要機能室の出入口の鍵を所定の場所に保管し、その管理は定められた者が行うこと。

ウ　重要機能室への入室者が入室する権限を有することを確認する方法を
あらかじめ定めるとともに、重要機能室に入室しようとする者に重要機
能室の出入口の鍵を貸与する際に、その者が入室する権限を有すること
を確認すること。
エ　重要機能室への入退室については、入退室管理台帳により適切に管理
すること。
(2)　搬出入物品の確認
重要機能室へ物品を搬出入する際、重要機能室に入室する権限を有する
職員に当該物品の内容を確認させること。
(3)　重要機能室の管理
戸籍電子証明書連携サーバーの構成機器及び関連設備等の盗難、損壊等
を防止するため、重要機能室に入室する権限を有する者が不在となる場合
の重要機能室の施錠等、必要な措置を講ずること。
2　戸籍電子証明書連携サーバーの通信制御等
(1)　アクセス権限の限定
戸籍電子証明書連携サーバーの運用保守を実施する職員等に対してのみ、
電子計算機、端末機、電気通信関係装置、電気通信回線、ファイル等に関
し、必要なアクセス権限を付与すること。
(2)　ファイアウォールによる通信制御
電気通信回線に接続する電子計算機若しくは電気通信関係装置における
不正行為又は電子計算機若しくは電気通信関係装置への不正アクセス行為
に対して戸籍電子証明書連携サーバーを保護するため、戸籍電子証明書連
携サーバーと戸籍情報連携システムとの間にファイアウォールを設置し、
通信制御を行うこと。ただし、同一の電子計算機室にあるなど、通信制御
を行う必要がないと認められる場合は、この限りでない。
(3)　電気通信関係装置の管理
エラー及び不正行為により電気通信関係装置の不当な運用が行われない
ようにするため、電気通信関係装置の管理に当たっては厳重な確認を行う
など、管理権限がある者以外の者による操作を防止するための措置を講ず
ること。
(4)　通信相手相互の認証
戸籍電子証明書連携サーバーと戸籍情報連携システムとの間の通信につ
いては、通信相手相互の認証を行うこと。ただし、同一の電子計算機室に
あるなど、通信相手の認証を行う必要がないと認められる場合は、この限

りでない。

(5) データの暗号化

戸籍電子証明書連携サーバーと戸籍情報連携システムとの間の通信については、交換するデータの暗号化を実施すること。ただし、同一の電子計算機室にあるなど、通信の暗号化を行う必要がないと認められる場合は、この限りでない。

(6) 秘密鍵の厳重な管理

通信相手の認証及び通信の暗号化を行うために必要な秘密鍵を厳重に保護し、外部に漏えいすることを防止するための措置を講ずること。

(7) 時刻の正確性確保

不正行為の追跡、セキュリティを侵害された場合における証跡の解析等を容易にするため、重要機能室内の機器を正確な時刻に同期するための必要な措置を講ずること。

(8) 帯域の確保

戸籍電子証明書連携サーバーと戸籍情報連携システムとの接続に係る電気通信回線の通信について、情報提供等事務の処理が遅滞なく実施できるよう必要な帯域を確保すること。

(9) 戸籍情報連携システムと戸籍電子証明書連携サーバーとの間のデータ送信方法

大量のデータを送信する場合において、送信処理が途中で中断しても再送信が可能な仕組みを備えること。

3 構成機器及び関連設備等の管理

(1) 管理方法の明確化

ア 戸籍電子証明書連携サーバーに機器を接続するための手続、方法等を定めるとともに構成機器及び関連設備等の管理方法を明確にすること。

イ 使用する戸籍電子証明書連携サーバーの構成機器、数量等を体系的かつ一元的に記録管理し、現況と一致させること。また、この記録管理された内容を関係職員に周知し、記録管理している戸籍電子証明書連携サーバーの構成機器以外のものを使用しないこと。

(2) 保守の実施

戸籍電子証明書連携サーバーの構成機器及び関連設備の保守を定期に又は随時に、実施すること。また、保守の実施に当たっては、エラー及び不正行為を防止し、データを保護するため、必要な措置を講ずること。

(3) 稼動状況の監視

緊急事態や障害を早期に発見するため、戸籍電子証明書連携サーバーの構成機器の稼動状況を監視すること。

(4) 不正プログラムの混入の検知等

戸籍電子証明書連携サーバーにコンピュータウイルス等の不正プログラムが混入されていないかどうかを監視する措置を講じ、混入されていた場合には駆除する措置を講ずること。また、コンピュータウイルス等の不正プログラムが発見された場合の必要な措置を定め、戸籍電子証明書連携サーバーを運用する職員に周知すること。

4　ファイル、ドキュメント等の管理

(1) ファイル及びドキュメントの取扱い及び管理

ア　ファイル及びドキュメントについては、定められた場所に保管すること、受渡し及び保管に関し必要な事項を記録すること、使用、複写、消去及び廃棄は責任者の承認を得て行うとともに、その記録を作成すること等、これらの取扱い及び管理の方法を明確にすること。

イ　ファイル、プログラム及びドキュメントの内容については、最新の状態にしておくこと。

ウ　ファイル、プログラム及びドキュメントを変更した場合については、変更者及び版数の管理を行うこと。

エ　プログラムの改ざん、消去等を防止するために、プログラムの登録及び抹消は、責任者の指示又は承認を受けた者が行うこと。

オ　ファイル、プログラム及びドキュメントを廃棄する場合には、消磁、破砕、溶解等の措置を講ずること。

(2) 帳票の管理

ア　重要な印字済みの帳票の受渡し及び廃棄の方法を定めること。

イ　事務室の出力装置から出力する場合のデータの漏えいを防止するため必要な措置を講ずること。

(3) 提供プログラムの管理

戸籍電子証明書連携サーバーに設置するプログラムのうち、法務大臣が提供するものがある場合、当該プログラム、当該プログラムに係るドキュメント等について、適切に管理すること。また、これらについて、法務大臣から返却又は廃棄を求められたときは、これに応じること。

5　障害時等の対応

(1) 障害の早期発見

戸籍電子証明書連携サーバーの障害箇所を発見するための機能を整備す

関連通達等

ること。

(2) 早期回復のための代替機能等の整備

ア　重要なファイルについては、他の磁気ディスクに複製することとし、必要に応じ、複製された磁気ディスクと当該ファイルを記録した磁気ディスクとは別に保管すること。

イ　障害が発生した場合に、複製された重要なファイル等を基に速やかに戸籍電子証明書連携サーバーを回復させるための機能を整備すること。

(3) 不正アクセスの早期発見

不正アクセスを早期に発見するための機能を整備すること。

(4) 不正アクセスが判明した場合の対応

不正アクセスが判明した場合、被害状況の把握、被害拡大を防止するための措置等必要な措置を講ずること。

6　委託等を行う場合の措置

(1) 委託先事業者等の社会的信用等の確認

戸籍電子証明書連携サーバーの運用保守等について、委託を行う場合には、委託先事業者等の社会的信用と能力を確認すること。

(2) 委託先事業者等に対する監督

委託先事業者等に対し、必要なセキュリティ対策を実施させるとともに、適切な監督を行うこと。また、委託先事業者等による不正行為を防止するため、必要な措置を講ずること。

(3) 再委託の制限等

委託業務の一部を第三者に再委託する場合の制限、事前申請及び承認に関する事項を委託先事業者等とあらかじめ取り決めること。

(4) 秘密保持に関する措置

委託先事業者等から、その従事者に係る秘密保持に関する誓約書を提出させる等の措置を講ずること。

第7　戸籍情報連携システムへの接続等における留意事項

新たに戸籍情報連携システムと接続し、戸籍電子証明書の提供等事務を開始しようとするときは、あらかじめ法務大臣と必要な調整を行うこと。

第8　戸籍電子証明書の提供等事務に関し法務大臣が定める事項

1　法務大臣が定める仕様

インターフェイス仕様については、法務大臣が定めるものとする。

2 その他法務大臣が定める事項

　ここに定めるもののほか、戸籍電子証明書の提供等事務に関し必要な事項は、法務大臣が定めるものとする。

請求等に必要な情報の提供の方法に関する技術的基準

（令和6年3月1日法務省民事局）

（別添4） 戸籍法施行規則（昭和22年司法省令第94号。以下「規則」という。）第79条の9の2第2項に規定する情報の提供の方法に関して法務大臣が定める技術的基準は以下のとおりである。

第1　目的

　規則第79条の9の2第1項の規定により、情報提供等記録開示システムを通じて規則第79条の2の4第1項の交付の請求、同条第2項の届出等又は同条第3項の戸籍電子証明書提供用識別符号等の発行等の請求（以下「請求等」という。）をする者（以下「請求者」という。）に対して、当該請求等に必要な範囲内において、戸籍又は除かれた戸籍の副本に記録されている情報のうち本籍及び戸籍の筆頭に記載した者の氏名その他の当該請求等に必要な情報（電子情報処理組織により自動的に特定したものに限る。以下同じ。）を提供する方法（規則第79条の9の2第2項）に関する技術的基準を定めることを目的とする。

第2　用語の定義

1　戸籍情報連携システム

　戸籍法（昭和22年法律第224号。以下「法」という。）第118条第1項に規定する電子情報処理組織であって、市町村長の使用に係る電子計算機と電気通信回線で接続し、磁気ディスクをもって調製された戸籍又は除かれた戸籍の副本の保存、管理等を行う機能を有するほか、情報提供等記録開示システムと接続し、オンラインでの請求等に対し、戸籍又は除かれた戸籍の副本に記録されている情報のうち本籍及び戸籍の筆頭に記載した者の氏名その他の当該手続に必要な情報の提供を行うもの

2　情報提供等記録開示システム

　行政手続における特定の個人を識別するための番号の利用等に関する法津

関連通達等

（平成25年法律第27号）附則第6条第3項に規定するデジタル庁所管の情報提供等記録開示システム

3　マイナポータル

　情報提供等記録開示システム及びその他システム群（以下「マイナポータル群」という。）により実現される各種行政手続のオンライン申請、行政機関等が保有する請求者に係る情報の確認等のサービスを提供するデジタル庁所管のウェブサイトの名称

4　請求者

　マイナポータルを利用し、情報提供等記録開示システムを通じて請求等をする者

5　システム連携用符号

　戸籍情報連携システムと情報提供等記録開示システムとの間において請求者に係る情報の連携に利用する当該請求者を一意に特定する符号

6　請求者副本記録情報

　請求者に対して情報提供等記録開示システムを通じて戸籍情報連携システムから提供する情報であって、システム連携用符号を用いて特定した請求者に係る戸籍又は除かれた戸籍の副本に記録されている情報のうち、請求等に必要となるもの

第3　体制等の整備

1　責任体制等の確立

　請求者副本記録情報の提供を円滑かつ安全に実施するとともに、戸籍情報連携システム及び情報提供等記録開示システム（以下「戸籍情報連携システム等」という。）のセキュリティ（正確性、機密性及び継続性を維持することをいう。以下同じ。）を確保するため、戸籍情報連携システム等の企画開発及び運用に関する責任体制及び連絡体制を明確にすること。また、防災組織及び防犯組織を整備し、通常時及び非常時の責任体制の確立を図ること。

2　セキュリティ対策に関する連絡調整

　請求者副本記録情報の提供に係る戸籍情報連携システム等のセキュリティ対策に関し、法務省とデジタル庁との間で連絡調整を行う場の設置その他の適切な措置を講ずること。

3　作動停止時における事務処理体制

　戸籍情報連携システム等の構成機器、関連設備又はソフトウェアの障害等により請求者副本記録情報の提供に係る戸籍情報連携システム等の全部又は

339

一部が作動停止した場合の行動計画、連絡体制、連絡方法等について、法務省とデジタル庁との間で相互に密接な連携を図り、これらの事項を定めること。

4　データの漏えいのおそれがある場合における事務処理体制

データの漏えいのおそれがある場合の行動計画、連絡体制、連絡方法等について、法務省とデジタル庁との間で相互に密接な連携を図り、これらの事項を定めること。

5　不正アクセス判明時における対応

不正アクセスを早期に発見するための機能を整備するとともに、不正アクセスが判明した場合の行動計画、連絡体制、連絡方法等について、法務省とデジタル庁との間で相互に密接な連携を図り、これらの事項を定め、被害状況の把握、被害拡大を防止するための措置等必要な措置を講じること。

6　データの漏えいのおそれがある場合における事務処理体制

データの漏えいのおそれがある場合の行動計画、連絡体制、連絡方法等について、法務省とデジタル庁との間で相互に密接な連携を図り、これらの事項を定めること。

7　不正プログラムの混入の検知等

コンピュータウイルス等の不正プログラムが混入されていないかどうかを監視する措置を講じ、混入されていた場合には駆除する措置を講ずること。また、コンピュータウイルス等の不正プログラムが発見された場合の行動計画、連絡体制、連絡方法等について、法務省とデジタル庁との間で相互に密接な連携を図り、これらの事項を定めること。

第4　請求者副本記録情報の提供の方法

1　請求者副本記録情報の提供

請求者副本記録情報の提供は、戸籍情報連携システムとマイナポータル群とを電気通信回線で接続して行うものとする。

2　請求者副本記録情報の提供の範囲

請求者副本記録情報は、磁気ディスクをもって調製された戸籍又は除かれた戸籍の副本に記録された情報のうち、戸籍情報連携システムにより自動的に戸籍の特定並びに必要な項目の抽出及び提供ができるものであって、提供すべきでない旨の記録が行われていないものに限る。

3　請求者副本記録情報を提供する要件

請求者への請求者副本記録情報の提供は、次に掲げる全ての要件を満たす

関連通達等

場合に限るものとする。

(1) 請求者が、マイナポータルを通じて請求者副本記録情報の提供を受けることに同意していること。

(2) 請求者が、マイナンバーカードの利用者証明用電子証明書を使用してマイナポータルにログインしていること。

(3) 請求者に係るシステム連携用符号の連携処理が正常に行われ、戸籍情報連携システムにおいてマイナポータルにログインしている者に係る戸籍又は除かれた戸籍が自動的に特定できていること。

(4) 請求者副本記録情報に提供すべきでない旨の記録がされていない状態であること。

4　電気通信回線の通信制御等

(1) 専用回線の使用

　電気通信回線からのデータの盗取を防止するため、戸籍情報連携システムとマイナポータル群を結ぶ電気通信回線は、国の通信用に設けた行政専用の回線を使用すること。

(2) ファイアウォールによる通信制御

　電気通信回線に接続する電子計算機における不正行為又は電子計算機への不正アクセス行為に対して戸籍情報連携システムを保護するため、戸籍情報連携システムとマイナポータル群との間にファイアウォールを設置し、通信制御を行うこと。

(3) 電気通信関係装置の管理

　エラー及び不正行為により電気通信関係装置の不当な運用が行われないようにするため、電気通信関係装置の管理に当たっては厳重な確認を行う等、管理権限がある者以外の者による操作を防止するための措置を講ずること。

(4) 通信相手相互の認証

　戸籍情報連携システムとマイナポータル群との間の通信については、通信相手相互の認証を行うこと。

(5) データの暗号化

　戸籍情報連携システムとマイナポータル群との間の通信については、交換するデータの暗号化を実施すること。

(6) 秘密鍵の厳重な管理

　通信相手の認証及び通信の暗号化を行うために必要な秘密鍵を厳重に保護し、安全な方法により外部に漏えいすることを防止するための措置を講

341

ずること。

(7) 時刻の正確性確保

　　不正行為の追跡、セキュリティを侵害された場合における証跡の解析等を容易にするため、重要機能室内の機器を正確な時刻に同期するための必要な措置を講ずること。

第5　請求者副本記録情報の提供事務に関して定める事項

　　インターフェイス仕様及びその他請求者副本記録情報の提供事務に関して必要な事項については、法務省とデジタル庁との間で相互に密接な連携を図り、これらの事項を定めるものとする。

戸籍法施行規則の一部を改正する省令（令和6年法務省令第44号）附則第3条の法務大臣が定める情報の作成方法

（令和6年8月30日法務省民事局）

　（別添5） 戸籍法施行規則の一部を改正する省令（令和6年法務省令第44号）附則第3条の法務大臣が定める情報の作成方法は、届出に係る出生証明書を撮影又はスキャン等する方法とする。

補助金交付要綱

> ```
> 社会保障・税番号制度システム整備費補助金
> （戸籍事務へのマイナンバー制度導入に係るも
> のに限る。）交付要綱
> ```

> 平成30年7月10日
> 法務大臣決定
> 令和2年6月5日改訂
> 令和2年11月26日改訂
> 令和4年3月1日改訂

（通則）

第1条　社会保障・税番号制度システム整備費補助金（以下「補助金」という。）の交付については、補助金等に係る予算の執行の適正化に関する法律（昭和30年法律第179号。以下「適正化法」という。）及び補助金等に係る予算の執行の適正化に関する法律施行令（昭和30年政令第255号。以下「適正化法施行令」という。）に定めるほか、この要綱に定めるところによる。

（交付の目的）

第2条　この補助金は、戸籍事務への社会保障・税番号制度の導入に係る地方公共団体の情報システムの整備に要する経費について補助することにより、行政手続における特定の個人を識別するための番号の利用等に関する法律（平成25年法律第27号）に基づく情報基盤の整備を図ることを目的とする。

（補助対象情報システム及び補助対象経費）

第3条　補助の対象となる情報システム（以下「補助対象情報システム」という。）及び補助の対象となる経費（以下「補助対象経費」という。）は、社会保障・税番号制度の導入のために直接的に必要となる機能に関する整備に係るものとして別表第1に定めるところによるものとし、法務大臣が必要と認めた経費とする。

（交付額）

第4条　法務大臣は、別表第2の左欄に掲げる区分に従い、それぞれ同表の右欄に掲げる額について、予算の範囲内において、法務大臣が認めた額を、地方公共団体に補助する。

2　算出された額に1,000円未満の端数が生じた場合は、これを切り捨てた金額

343

とする。

（交付の申請）

第5条　補助金の交付の申請をしようとする市町村、特別区、一部事務組合及び広域連合（以下「補助事業者」という。）は、別途法務大臣の定める日までに様式第1号による交付申請書を法務局又は地方法務局の長（以下「法務局長等」という。）を経由して法務大臣に提出しなければならない。

2　法務局長等は、補助事業者から前項の交付申請書を受領したときは、様式第2号による交付申請調書に必要事項を記載の上、当該交付申請調書と併せて法務大臣に提出しなければならない。

3　補助事業者は、第1項の補助金の交付の申請をするに当たっては、当該補助金に係る消費税及び地方消費税に係る仕入控除税額（補助対象経費に含まれる消費税及び地方消費税相当額のうち、消費税法（昭和63年法律第108号）及び地方税法（昭和25年法律第226号）の規定により仕入れに係る消費税額及び地方消費税額として控除することができる部分の金額に補助金額を補助対象経費で除して得た割合を乗じて得た金額をいう。以下「消費税等仕入控除税額」という。）を減額して申請しなければならない。ただし、申請時において当該消費税等仕入控除税額が明らかでないものについては、この限りではない。

（交付の決定等）

第6条　法務大臣は、前条の規定により交付申請書の提出があった場合には、法令及び予算の定めるところに従い、これを審査し、補助金の交付を適当と認めるときは、補助金の交付を決定するとともに、様式第3号により補助事業者に対して交付決定の通知をする。

2　法務大臣は、前項の交付決定を行うに当たって、前条第3項本文により補助金に係る消費税等仕入控除税額について減額して交付申請がなされたものについては、これを審査し、適当と認めるときは、当該消費税等仕入控除税額を減額するものとする。

3　法務大臣は、前条第3項ただし書による交付の申請がなされたものについては、補助金に係る消費税等仕入控除税額について、補助金の額の確定において減額を行うこととし、その旨の条件を附して交付決定を行うものとする。

4　法務大臣は、第1項の通知に際して必要な条件を附することができる。

（申請の取下げ）

第7条　補助事業者は、交付決定の内容又はこれに附された条件に不服があるときは、申請を取り下げることができる。

2　補助事業者は、前項の規定により申請を取り下げようとするときは、前条第

補助金交付要綱

1項の通知があった日から起算して30日以内に、様式第4号による交付申請取
下げ届出書を、法務局長等を経由して法務大臣に提出しなければならない。

3　前項の提出があった場合には、法務局長等は速やかに法務大臣に送付しなけ
ればならない。

（変更等の承認）

第8条　補助事業者は、補助金の交付決定通知を受けた後において、別表第2の
左欄に掲げる区分において、次の各号のいずれかに該当するときは、あらかじ
め様式第5号による変更承認申請書を法務局長等を経由して法務大臣に提出し、
その承認を受けなければならない。

⑴　事業費の額を変更するとき。ただし、事業費の額の20パーセント以内の額
の減額及び入札による減額を除く。

⑵　補助事業の内容を変更するとき。ただし、次に掲げる場合を除く。

　ア　補助目的達成のために相関的な事業要素相互間の弾力的な遂行を認める
　　必要がある場合

　イ　補助目的に変更をもたらすものではなく、かつ補助事業者の自由な創意
　　により計画変更を認めることが、より能率的な補助目的達成に資するもの
　　と考えられる場合

　ウ　補助目的及び事業能率に関係のない事業計画の細部変更である場合

⑶　事業を中止又は廃止しようとするとき。

2　法務大臣は、前項の承認をする場合において、必要に応じ交付の決定の内容
を変更し、又は条件を附することができる。

3　法務大臣は、前項の規定により交付の決定の内容を変更し、又は条件を附し
た場合は、様式第6号により補助事業者に対して交付決定変更の通知をする。

（補助事業遅延の届出）

第9条　補助事業者は、補助事業が予定の期間内に完了することができないと見
込まれる場合、又は補助事業の遂行が困難となった場合においては、速やかに
様式第7号による補助事業遅延報告書を法務局長等を経由して法務大臣に提出
し、その指示を受けなければならない。

（状況報告）

第10条　補助事業者は、補助事業の遂行及び収支の状況について、法務大臣から
要求があった場合は、速やかに様式第8号による状況報告書を法務局長等を経
由して、法務大臣に報告しなければならない。

2　法務局長等は、補助事業者から前項の状況報告書を受領したときは、様式第
9号による状況報告調書に必要事項を記載の上、当該状況報告調書と併せて法

345

務大臣に提出しなければならない。

（実績報告）

第11条　補助事業者は、補助事業が完了したとき（補助事業の廃止の承認を受けたときを含む。）は、その日から起算して1か月を経過した日又は翌会計年度の4月10日のいずれか早い日までに、様式第10号による実績報告書を法務局長等を経由して法務大臣に提出しなければならない。この場合において、やむを得ない理由により期日までの提出が困難となったときは、法務大臣の承認を受けなければならない。

2　補助事業者は、補助事業が完了せずに国の会計年度が終了したときは、交付の決定に係る会計年度の翌会計年度の4月30日までに前項の報告書を法務大臣に提出しなければならない。

3　法務局長等は、補助事業者から第1項の実績報告書を受領したときは、様式第11号による実績報告調書に必要事項を記載の上、当該実績報告調書と併せて法務大臣に提出しなければならない。

4　補助事業者は、第1項の報告を行うに当たって、補助金に係る消費税等仕入控除税額が明らかな場合には、当該消費税等仕入控除税額を減額して報告しなければならない。

（是正のための措置）

第12条　法務大臣は、適正化法第16条の規定に基づき、補助事業の成果が補助金の交付の決定の内容及びこれに附した条件に適合しないと認めるときは、当該補助事業につき、これに適合させるための措置をとるべきことを補助事業者に命ずることができる。

（補助金の額の確定等）

第13条　法務大臣は、第11条第1項に規定する実績報告書の提出を受けた場合には、これを審査し、補助事業の成果が補助金の交付の決定の内容及びこれに附した条件に適合すると認めたときは、交付すべき補助金の額を確定するとともに、様式第12号により補助事業者に対して補助金の額の確定の通知をする。

2　法務大臣は、補助事業者に交付すべき補助金の額を確定した場合において、既にその額を超える補助金が交付されているときは、その超える部分の返還を命ずるものとする。

3　前項の返還期限は、当該命令のなされた日から起算して20日以内とし、期限内に納付がない場合には、未納に係る金額に対して、その未納に係る期間に応じて年利10.95パーセントの割合で計算した延滞金を徴するものとする。

（補助金の支払）

補助金交付要綱

第14条　補助金は、前条の規定により交付すべき補助金の額を確定した後に支払うものとする。ただし、法務大臣が必要があると認める場合には、補助金の交付決定の後に概算払をすることができる。

2　補助事業者は、補助金の支払を受けようとするときは、様式第13号による補助金精算（概算）払請求書を、法務局長等を経由して法務大臣に提出しなければならない。

（消費税等仕入控除税額の確定に伴う補助金の返還）

第15条　補助事業者は、補助事業の完了後に、消費税及び地方消費税の申告により補助金に係る消費税等仕入控除税額が確定した場合には、速やかに様式第14号の報告書を法務局長等を経由して法務大臣に提出しなければならない。

2　法務大臣は、前項の報告があった場合には、当該消費税等仕入控除税額の全部又は一部の返還を命ずるものとする。

3　前項に基づく補助金の返還については、第13条第3項の規定を準用する。

（交付決定の取消し等）

第16条　法務大臣は、第8条第1項(3)に基づく事業の中止又は廃止の申請があった場合及び次に掲げる場合には、第6条の交付決定の全部若しくは一部を取り消し、又は変更することができる。

⑴　補助事業者が、法令、本要綱又はこれらに基づく法務大臣の処分若しくは指示に違反した場合

⑵　補助事業者が、補助金を補助事業以外の用途に使用した場合

⑶　補助事業者が、補助事業に関して不正、怠慢その他不適当な行為をした場合

⑷　交付の決定の後生じた事情の変更等により、補助事業の全部又は一部を継続する必要がなくなった場合

2　法務大臣は、前項の取消しをした場合において、既に当該取消しに係る部分に対する補助金が交付されているときは、期限を附して当該補助金の全部又は一部の返還を命ずるものとする。

3　法務大臣は、前項の返還を命ずる場合には、第1項(4)に規定する場合を除き、その命令に係る補助金の受領の日から納付の日までの期間に応じて、年利10.95パーセントの割合で計算した加算金の納付を併せて命ずるものとする。

4　第2項に基づく補助金の返還については、第13条第3項の規定を準用する。

（財産の管理）

第17条　補助事業者は、補助対象経費により取得し、又は効用の増加した財産については、補助事業の完了後においても、善良な管理者の注意をもって管理し、

補助金交付の目的に従って、その効率的運用を図らなければならない。

（財産の処分の制限）

第18条　適正化法施行令第13条の規定に基づき処分の制限を受ける財産は、補助対象情報システムのうち、単価50万円以上のものとする。

2　補助事業により取得した財産の管理者は、補助事業により取得した補助対象情報システムを補助金の目的に反して使用し、譲渡し、交換し、貸し付け、若しくは担保に供しようとする場合には、適正化法第22条の規定に基づき、様式第15号による財産処分承認申請書を、法務局長等を経由して法務大臣に提出し、その承認を受けなければならない。

3　前項の承認を受けて当該財産を処分したことにより収入があった場合には、その収入の一部を国に納付させることができるものとする。

（補助事業の経理）

第19条　補助事業者は、補助事業の経理について補助事業以外の経理と明確に区分し、その収支の状況を会計帳簿によって明らかにしておくとともに、その会計帳簿及び収支に関する証拠書類を補助事業の完了した日の属する会計年度の終了後5年間保存しておかなければならない。

（補助金調書）

第20条　補助事業者は、補助事業に係る歳入歳出の予算書並びに決算書における計上科目及び科目別計上金額を明らかにする様式第16号による調書を作成しておかなければならない。

（補助事業の検査等）

第21条　法務大臣は、適正化法第23条の規定に基づき補助金に係る予算の執行の適正を期するため必要があるときは、職員をして検査等をさせることができる。

2　前項の職員は、その身分を示す証票（様式第17号による。）を携帯し、関係者の要求があるときは、これを提示しなければならない。

（その他必要な事項）

第22条　補助金の交付に関するその他の必要な事項は、法務大臣が別に定める。

附則

この要綱は、平成30年度の補助金から適用する。

附則

この要綱は、令和2年度の補助金から適用する。

附則

この要綱は、令和2年11月26日から適用する。

附則

補助金交付要綱

　この要綱は、令和4年4月1日から適用する。

別表第1　（第3条関係）

補助対象情報システム	補助対象経費	内容
戸籍情報システム	企画・開発費	次に掲げる経費 (1)　システム設計・開発に要する経費（基本設計、詳細設計、開発・単体テスト、結合テスト、総合テスト、現地作業を含む移行の一連の工程に係る経費。また、関連システムとの連携テストを含む。） (2)　ソフトウェア購入（ライセンス費を含む。）に要する経費

（※）　補助対象情報システムを共同で整備する場合は、整備主体において上記に相当する事業を実施するための地方公共団体から整備主体への負担に係る経費を含む。

別表第2　（第4条関係）

区分	額
戸籍情報システム	補助対象経費の10分の10に相当する金額

（編注　様式は省略）

社会保障・税番号制度システム整備費補助金（戸籍事務へのマイナンバー制度導入に係るものに限る。）実施要領

（令和４年３月22日
法務省民事局長決定）

　社会保障・税番号制度システム整備費補助金の事務手続については、補助金等に係る予算の執行の適正化に関する法律（昭和30年法律第179号）、補助金等に係る予算の執行の適正化に関する法律施行令（昭和30年政令第255号）及び「社会保障・税番号制度システム整備費補助金（戸籍事務へのマイナンバー制度導入に係るものに限る。）交付要綱」（平成30年７月10日付け法務大臣決定。令和４年３月１日改訂）に定めるほか、この要領に定めるところによる。

記

1　補助対象経費について

(1)　全般的事項

　社会保障・税番号制度システム整備として、副本等情報（副本情報及び異動情報に係るファイルをテキスト形式で記録したもの等）の全件送信及び情報提供用個人識別符号取得のために直接的に必要となる作業に係る経費並びに令和５年度から業務開始予定の戸籍事務内連携のために直接的に必要となる機能の整備に係る経費（関連システムとの連携テストを行うための経費を含む。）を対象とする。

(2)　副本等情報の全件送信に係る作業

　令和２年度に「戸籍副本データ管理システムに係る戸籍情報システム要件定義書2.00版」への対応を完了した戸籍情報システムにおいて、「副本等情報の全件送信計画」を基に、戸籍副本データ管理システムに対し副本等情報の全件送信を実施するための以下の作業を対象とする。

　ア　全件送信用の副本等情報の抽出（正本の全部事項証明書のイメージデータ作成を含む。）に係る作業

　イ　当局から提供する事前チェックツールの実行に係る作業

　ウ　市区町村専用装置との疎通確認に係る作業

　エ　抽出した副本等情報の市区町村専用装置への格納に係る作業

補助金実施要領

　オ　保管結果（全件送信結果）の確認に係る作業

(3)　情報提供用個人識別符号取得に係る作業

　戸籍情報連携システムが情報提供用個人識別符号を取得すべく、同システムから市区町村に向けて送信した取得番号を市区町村にある戸籍の附票に紐づける必要があることから、併せて送信する戸籍基本5情報（氏名、生年月日、続柄、筆頭者及び本籍）を基に戸籍の附票に名寄せをするための以下の作業を対象とする。

　ア　戸籍の附票との名寄せプログラムの実行等に係る作業

　イ　附票の名寄せ結果の確認及び確認結果に伴う対応等に係る作業（エラー対応含む。）

(4)　戸籍事務内連携のための機能の整備

　令和5年度から業務開始予定の戸籍事務内連携に向けて改定した「戸籍情報システム標準仕様書」及び戸籍情報連携システムとの連携に係る「戸籍情報連携システム外部インターフェイス仕様書」への対応に伴うシステム関係経費のうち以下の経費を対象とする。

　ア　以下の機能改修及び追加に伴うシステム設計・開発に要する経費（基本設計、詳細設計、開発、単体テスト、結合テスト、総合テスト、現地作業を含む移行の一連の工程に係る経費。また、関連システムとの連携テストを含む。）

　　(ア)　戸籍情報連携システム外部インターフェイス仕様書に係る以下の機能追加（付随する戸籍情報システム標準仕様書に係る改修を含む。）

　　(a)　戸籍証明書等の広域交付に係る機能追加

　　(b)　戸籍電子証明書等の発行に係る機能追加

　　(c)　副本記録情報の参照に係る機能追加

　　(d)　届書等情報の作成及び保存に係る機能追加

　　(e)　届書等情報の補正に係る機能追加

　　(f)　届書等情報内容証明書等の交付に係る機能追加

　　(g)　事件表の報告に係る機能追加

　　(h)　戸籍電子証明書等の利用申請履歴の通知に係る機能追加

　　(イ)　戸籍事務内連携サーバとの連携設定に係る作業

　　　戸籍情報システムを戸籍事務内連携サーバへ連携させるにあたり、戸籍情報システムの設定を変更するために必要な経費（戸籍情報システム自体の設定変更に係るものに限る。）

　イ　ソフトウェア購入（ライセンス費を含む。）に要する経費

351

2 補助対象外経費について

以下の経費及びこれに類する経費は補助対象外とする。

(1) 戸籍事務内連携に直接的に必要とならないパッケージソフトウェアのカスタマイズに要する経費

(2) 副本等情報の全件送信及び情報提供用個人識別符号取得に直接的に必要とならないハードウェア、ソフトウェアの導入に要する経費

(3) 副本等情報の全件送信及び情報提供用個人識別符号取得に直接的に伴わない業務システムの更改、能力強化等に要する経費

(4) システム影響度調査に要する経費

(5) 調達仕様書作成支援に要する経費

(6) 機器の更改、能力強化等に要する経費

(7) データ整備に要する経費（附票の記載事項訂正に係る附票事務などデータベースの中から誤りや重複を洗い出し、データを整理すること（データクレンジング）を含む。）

(8) 工程管理支援に要する経費

(9) 付帯工事に要する経費

(10) 庁内ＬＡＮ整備及び庁内ファイアーウォール設定に要する経費

(11) ＬＧＷＡＮ等の外部の接続回線整備に要する経費

(12) 上記１の作業に伴う補助事業者の職員に係る人件費（時間外手当を含む。）

(13) 旅費

(14) 諸謝金

(15) 一般事務費（通信運搬費、資料等印刷経費等）

3 補助対象経費の算出について

(1) 上記１及び２に基づき、副本等情報の全件送信、情報提供用個人識別符号取得及び戸籍事務内連携のために、直接的に必要となる作業経費のみを算出すること。

(2) リプレイス等により事業者に支払う経費がパッケージソフトウェア、クラウドサービス利用料、リース料（運用経費）等として発生することが想定される場合については、対象経費を補助申請年度分の作業経費として抽出し算出すること。

(3) パッケージソフトウェアによる対応又はクラウド化による対応については、戸籍事務内連携のために対応した当該ソフトウェアの導入経費を対象として抽出し算出すること（ハードウェアに係る経費や利用料等は対象外）。

(4) 複数の業務システムの整備について一括して調達している場合については、

補助金実施要領

補助対象である戸籍情報システムの対象経費を抽出し算出すること。

(5) 複数の業務のパッケージシステムを導入している場合については、補助対象である戸籍情報システムの対象経費を抽出し算出すること。

(6) 複数の地方公共団体によるシステムの共同利用（クラウド化）を実施する（している）場合において、各構成団体が補助金の申請主体となるときは、各構成団体が負担する整備経費のみを抽出し算出すること。

資料編

- 法務省「戸籍制度に関する研究会」最終取りまとめ（抄）⋯⋯⋯⋯⋯*357*
- 法務省「戸籍システム検討ワーキンググループ」最終取りまとめ
  （抄）⋯⋯⋯⋯⋯⋯⋯⋯⋯⋯⋯⋯⋯⋯⋯⋯⋯⋯⋯⋯⋯⋯⋯⋯⋯⋯⋯*391*
- 戸籍法の改正に関する要綱⋯⋯⋯⋯⋯⋯⋯⋯⋯⋯⋯⋯⋯⋯⋯⋯⋯⋯*420*
- 戸籍法の改正に関する中間試案⋯⋯⋯⋯⋯⋯⋯⋯⋯⋯⋯⋯⋯⋯⋯⋯*427*

法務省「戸籍制度に関する研究会」 最終取りまとめ（抄）

（座長：窪田充見　神戸大学法科大学院教授）

（平成29年8月取りまとめ）

第1　はじめに

1　検討開始の経緯

　平成25年5月、行政手続における特定の個人を識別するための番号の利用等に関する法律（平成25年法律第27号。以下「マイナンバー法」という。）が成立し、社会保障・税番号制度（以下「マイナンバー制度」という。）が導入されることとなった。この法律は、個人番号（以下「マイナンバー」という。）を行政サービスの様々な場面で利用するマイナンバー制度を導入することにより、行政サービスの信頼性、透明性、行政運営の効率化を高めるとともに、行政サービスにおける国民の利便性の向上を図ることなどを目的としている。社会保障・税・防災の分野をマイナンバーの利用範囲と定めており、平成28年1月には具体的な運用が開始された。

　マイナンバー制度の導入の検討段階において、戸籍事務もその利用範囲とすることが検討対象となっていたが、全市区町村の戸籍事務の電算化が完了していないなどの理由から、マイナンバー法の成立の際には、その利用範囲に戸籍事務を含むことは見送られた経緯がある。

　その後、全国知事会から、マイナンバー法の施行後3年を目途として検討されるマイナンバーの利用範囲の拡大については、戸籍事務を始め聖域を設けることなく検討を進めるべきである旨の要請がされ、「日本再興戦略改訂2014（平成26年6月24日閣議決定）」及び「世界最先端IT国家創造宣言工程表（平成25年6月14日高度情報通信ネットワーク社会推進戦略本部決定平成26年6月24日改定）」において、戸籍事務をマイナンバーの利用範囲とすることについて検討を行うことなどが盛り込まれた。

　さらに、「日本再興戦略改訂2015（平成27年6月30日閣議決定）」、「世界最先端IT国家創造宣言（平成25年6月14日閣議決定、平成27年6月30日改定）」及び「世界最先端IT国家創造宣言工程表（平成25年6月14日高度情報通信ネットワーク社会推進戦略本部決定、平成27年6月30日改定）」においても、「戸籍事務を

処理するためのシステムの在り方等と併せて検討するために立ち上げた有識者らによる研究会において、（中略）必要な論点の洗い出し、整理等の個別具体的な検討を進め、2019年通常国会を目途に必要な法制上の措置を講ずる」ことが盛り込まれた。その後、「世界最先端ＩＴ国家創造宣言・官民データ活用推進基本計画（平成29年５月30日閣議決定）」において、「戸籍事務へのマイナンバー制度の導入については、平成31年度までに必要な法整備等を実施」とされるとともに、「経済財政運営と改革の基本方針2017（平成29年６月９日閣議決定）」においても、「戸籍事務などの公共性の高い分野におけるマイナンバーの利用範囲の拡大を進める」こととされている。

　本研究会は、平成26年10月から、22回にわたり会議を重ね、その間、平成27年６月から開始されている戸籍システム検討ワーキンググループ（以下「システムワーキンググループ」という。）、平成27年度から法務省が委託する専門業者による調査・研究（以下「委託調査・研究」という。）と並行して、それぞれが論点として掲げる問題点についても制度面から議論を行い、それぞれにフィードバックする形で検討を行ってきた。

2　本報告書の構成

　戸籍事務へのマイナンバー制度導入のための検討に当たっては、まずは、現状の戸籍制度、戸籍事務がどのようなものであるかを把握するとともに戸籍のシステム面の現状及び課題を正確に把握した上で、これを行うことが重要である。

　そこで、本研究会においては、まず、戸籍制度と現状の事務の処理について、委託・調査研究において行った調査の結果を分析し、これらの結果を踏まえ、上記のとおり、システムワーキンググループでの議論も踏まえつつ、戸籍事務へのマイナンバー制度導入について、とりわけ制度面を中心に検討を行った。

　その検討の結果について、一定の方向性が本研究会で示されたものについては、一定の試案の形で示すこととした。

第2　戸籍制度と現状の事務の処理について

1　戸籍制度の意義・機能

　戸籍制度は、人の親族的な身分関係を登録・公証することを目的とする制度であるところ、戸籍によって登録・公証される身分関係の主なものとして、氏名、男女の別、出生及び死亡に関する事項のような本人自身に関する事項や、親子関係、夫婦関係のような他者との基本的な身分関係に関する事項のほか、親権者や未成年後見人などの法定代理人に関する事項（**注1**）、推定相続人の廃除のような相続に関する事項等がある。

また、戸籍（除籍を含む。）の内容を証明する謄本、抄本及び記載事項証明書（以下「戸籍謄本等」という。）は、一般旅券の発給申請や児童扶養手当の受給申請などの各種の公的な手続において提出を求められ、申請者等の国籍や身分関係の証明に供されている。

（注1）平成11年の民法の一部改正及び成年後見登記等に関する法律の制定により、従来の禁治産・準禁治産制度は、後見・保佐制度に改められ、戸籍記載に代わる新たな公示制度として、成年後見登記制度が創設された。

2　戸籍事務に関する機関

　戸籍に関する事務は、本来国が果たすべき役割に関するものであるが、国民生活と密接な関係があり、市区町村の行政の基礎資料ともなっていることから、第一号法定受託事務とされ、市区町村の長（注2）のみがこれを管掌しており（戸籍法（昭和22年法律第242号。以下「法」という。）第1条、第4条）、法務省は、市区町村が戸籍事務を処理するに当たりよるべき処理基準を定め、法務局は、戸籍事務の処理に関する助言、指示等を行うこととされている（法第3条第1項、第2項）。これを踏まえ、市区町村は、法令及び法務省の発出した通達等に則り、市区町村ごとに、戸籍の届出等の受領、その受理・不受理の審査・決定を行うほか、本籍と定められた場所（以下「本籍地」という。）のある市区町村は、戸籍の記載や戸籍簿・除籍簿の管理・保存などの戸籍事務を行う。これに対し、法務局は、戸籍事務の処理について、市区町村から照会を受けて、必要に応じて、審査を行い、市区町村に対し、指示又は助言をしている。

（注2）戸籍事務は全て市町村長の名において行われるが、東京都の特別区及び政令指定都市（地方自治法第252条の19第1項）においては、区長が管掌する（法第4条）。

3　戸籍事務の処理

（1）届書の提出

　戸籍の届出は、届出人の所在地（一時滞在地を含む。）など、届出事件の本人の本籍地以外でも行うことができ（法第25条第1項、第51条第1項等）、届出全体のうち、非本籍地における届出は、平成27年度において、届出全体の26.20％を占めている（注3）。

　また、非本籍地の市区町村における分籍及び転籍の届出の際には、届出人は、戸籍謄本を届書に添付しなければならず（法第100条第2項、第108条第2項）、それ以外の届出であっても、市区町村長は、届出の受理に際し、必要があるときは、戸籍謄本等の提出を求めることができるとされ（戸籍法施行規則（以下

「規則」という。）第63条）、実務上、非本籍地に婚姻、離婚等の届出をする場合には、戸籍謄本等の添付を求めている。

（注3）平成27年戸籍統計による。なお、これには1通の届出に含まれる複数の本人のうちの一部の本籍地にされた届出は含まれていない。

(2) 届出の受理・不受理の審査の際の戸籍情報の照会

　非本籍地における届出であっても、届出がされた市区町村において、当該届出の受理・不受理を決定することとされているため、その審査の過程において、当該届出事件の本人の戸籍情報を確認する必要がある場合がある。例えば、非本籍地の市区町村が、戸籍謄本の添付のない婚姻届の提出を受けた場合には、夫婦となる者の戸籍を確認し、例えば、再婚禁止期間にかからないことなどの婚姻要件の有無を審査しなければならない。しかし、その市区町村は、本人の戸籍情報を保有していないため、届出審査の一環として、本籍地の市区町村に電話で問合せを行ったり、戸籍謄本等の公用請求（法第10条の2第2項）を行うなどして対応しているのが実情である。

(3) 戸籍の記載を要する市区町村への届書の送付

　非本籍地の市区町村において届出を受理した場合、本籍地の市区町村において戸籍の記載をする必要があるため、届出を受理した市区町村は、届出書の謄本を作成し（法第36条3項）、本籍地の市区町村に送付しなければならない（規則第26条）。

(4) 戸籍簿・除籍簿の管理

　戸籍及び除籍は、本籍地の市区町村が、これをつづって戸籍簿及び除籍簿として保存するとし（法第6条、第7条、第12条第1項）、戸籍事務が電算化されている場合には、磁気ディスクをもって調製された戸籍及び除籍（いわゆる戸籍正本データ）を蓄積して戸籍簿及び除籍簿としている（法第119条第2項）。

　また、戸籍は、正本と副本を設け、正本は、市区役所又は町村役場に備えることとされている（法第8条）。戸籍事務が電算化されている場合は、戸籍の正本は、市区町村ごとに構築・運用されている戸籍情報システムにより管理されており、さらに、正本である戸籍簿・除籍簿データと同一の事項の記録（副本とは別のバックアップとしてのデータ）を別に備えることが義務付けられている（規則第72条第1項）。

4　戸籍の公開

(1) 戸籍制度については、明治31年以来、公開の原則が採用されていたが、自己の情報を他人に知られたくないという国民意識の高まりを背景として個人

「戸籍制度に関する研究会」最終取りまとめ

情報の保護の社会的要請が強まったことなどから、平成19年に戸籍謄本等の請求に関する戸籍法改正が行われた。

　これにより、請求者を、戸籍に記載されている者又はその配偶者、直系尊属若しくは直系卑属（以下「本人等」という。）と、それ以外の第三者に分類した上で、本人等については、理由を明らかにすることなく、戸籍謄本等を請求できるが、市区町村長は、当該請求が不当な目的によることが明らかな場合はこれを拒むことができることとした（法第10条）。一方、第三者については、更に、自己の権利の行使等のために戸籍の記載事項を確認することが必要な者、国又は地方公共団体の機関及び弁護士等の資格者に分類の上、請求者の属性に応じた要件を各別に定めている（法第10条の2）。

(2)　戸籍謄本等の交付については、本籍地の市区町村のみにおいて行っており（法第10条、第10条の2、第12条の2、第120条）、戸籍謄本等の請求の方法としては、本籍地市区町村の窓口で請求する方法のほか、郵送による方法がある（注4）。なお、平成22年以降、コンビニエンスストアに設置されたマルチコピー機を利用して交付請求者本人の戸籍謄本等を交付する取扱いも、一部の市区町村において開始されており、平成29年7月1日現在361の市区町村において実施されている（注5）。

　戸籍謄本等の交付の手数料の額は、政令（地方自治体の手数料の標準に関する政令）により標準額が定められているが、具体的には市区町村が条例により定めることができることとされている（一例として、千代田区では戸籍謄抄本1通につき450円、除籍謄抄本1通につき750円。）。なお、手数料の納付の方法として、統一的に定めたものはないが、窓口及びコンビニエンスストアで請求する場合は現金で、郵送による請求の場合は定額小為替で、それぞれ納付する取扱いが一般的である。

　また、法務局においては、災害時等の特別の場合にのみ、一般行政証明として無料で戸籍の副本の記載事項証明書を交付している。

（注4）前記の方法によるほか、オンラインによる交付請求も可能であり、平成29年8月1日現在、東京都中野区及び神戸市において取扱いを開始している（料金の納付方法について、東京都中野区はペイジーによる振込、神戸市はクレジットカード決済）。

（注5）戸籍の記録事項証明書のコンビニ交付については、これまで住所地と本籍地が同一市区町村内にある場合に限り証明書の取得が可能であったところ、平成28年5月から特定の市区町村を本籍地とする証明書については、マイナンバーカードを利用することにより、同一市区町村内に限らず戸籍の記録事項証明書のコンビニ交付が可能となった。このような住所地と本籍地が同一市区町村でない場合の戸籍の記録事項証明書のコンビニ交付を今後導入する市区町村が増えることが予想される。

ただし、本籍地と住所地が異なる利用者が新たに本サービスを利用しようとする場合は、当該本籍地が本サービスを実施していることを前提となるほか、事前にコンビニエンスストアのマルチコピー機又は自宅等からインターネットを用いて、マイナンバーカードに格納された署名用電子証明書の認証を受け、所定の画面上に「本籍」、「筆頭者氏名」、「連絡先電話番号」等の必要事項を入力して利用登録申請を行い、申請を受けた本籍地市区町村においてマイナンバーカードに記録されたシリアル番号と戸籍情報の紐付けを行う必要がある。

5　届書類の保存

　届書類（届書、申請書その他の書類）は、戸籍の記載を了した後は、戸籍が滅失した際の再製資料として、あるいは、民事・刑事訴訟等における証拠として利用されるほか、法務局において、戸籍の副本と対照することにより戸籍記載の適否を判断する資料や戸籍の記載に過誤等が発見された場合に訂正の指示等を行う根拠資料などとして、利用されている。また、戸籍の記載を要しない事項についての届書類（外国人のみを届出事件の本人とするものなど）は、その記載事項証明書をもって届出に係る身分行為・身分変動事実を公証する目的に利用される。

　戸籍の記載を了した届書類のうち、本籍人に関するものは、市区町村から法務局に１か月ごとに送付され、法務局において当該年度の翌年から27年保存される（規則第48条第２項、第49条）。ただし、法務局が戸籍の副本の送付又は送信を受けると、保存期間が５年を経過した届書類は廃棄することができる（規則第49条の２）。したがって、磁気ディスクに記録された戸籍の場合には、戸籍に記録をした後、副本データが遅滞なく送信されるため（7参照）、保存期間は５年となる。他方、非本籍人に関する届書類は、市区町村において、当該年度の翌年から１年保存される（規則第48条第３項）。

　また、戸籍の記載を要しない届書類（外国人のみを届出事件の本人とする届出等）は、当該年度の翌年から、創設的届出については50年、報告的届出については10年保存する（規則第50条）（**注6**）。

　なお、実務上、一部外国人に関するものは「当分の間」保存するとされている（昭和41年８月22日付け民事甲第2431号民事局長通達。「在日朝鮮人の戸籍届書の保存期間は本条の規定にかかわらず当分の間そのまま保管する。」）。

　いずれの場合も書面の状態での保存を前提としている。

（**注6**）戸籍の届出は、身分関係の発生・消滅等が既に生じているものを戸籍に反映させるために届け出る「報告的届出」と、届出をすることにより身分関係が発生・変更・消滅する「創設的届出」に区別される。報告的届出に属するものとして、出生届、死亡届、裁判離婚届、裁判認知届などがあり、創設的届出に属するものとして、婚姻届、養子縁組届、協議離婚届、任意認知届などがある。

6 戸籍事務の電算化

戸籍事務は、平成6年の戸籍法改正により、コンピュータにより処理することが可能となった。その後、平成7年度から平成15年度までの間、電算化に必要な経費について、特別交付税による財政支援がされ、各市区町村がベンダー（8社）から個別に戸籍情報システムを調達して順次電算化を進めた結果、電算化した自治体の数は、平成7年時点の24庁から平成15年には1,497庁へと拡大した。平成29年8月1日現在、1,896の市区町村のうち、1,892の市区町村（全体の約99.79%）において電算化が完了している。

しかし、戸籍の電算化は、その時点の現在戸籍について、市区町村ごとに段階的に行われており、全市区町村が保管する戸籍情報には電算化されたものと電算化されていないものが混在している現状にある。さらに、基本的に、各市区町村の戸籍情報システムは独立しており、市区町村間のネットワーク化はされていない（注7）。そのため、3(2)に記載のとおり、非本籍地の市区町村において、直接戸籍情報の確認又は戸籍謄本等の交付をすることはできず、本籍地の市区町村に電話で問合せたり、戸籍謄本等の公用請求を行うなどしてその戸籍情報を照会する必要がある。

（注7）政令指定都市の中には、市内全行政区のシステムサーバを1か所に設置し、各区間をネットワークで接続している自治体も存在する。また、複数の自治体で一部事務組合を組織し、共同施設において戸籍情報システムを運用している場合もある。ただし、いずれの場合もデータの統合まではされていない。

7 副本

戸籍は、正本と副本を設け、副本は、管轄法務局若しくは地方法務局又はその支局（以下「管轄法務局等」という。）が保存することとされている（法第8条）。

副本は、主として戸籍が滅失した場合の再製（法第11条）のための資料としての役割を担っている。戸籍の電算化がされている場合には、副本は、法務省によって構築された戸籍副本データ管理システムにより管理されており（全国2か所に戸籍副本データ管理センターが設置されており、副本データの管理に当たっている。）、市区町村長は、戸籍の記録をした後遅滞なく、総合行政ネットワーク（LGWAN）を使用して同センターに副本データを送信することとされている（規則第75条第1項参照）。

第3　委託・調査研究における調査結果の概要

委託・調査研究において、戸籍情報の利用実態等の調査、戸籍に関する国民の意識調査、文字に関する意識調査等を行った。その結果の概要については、以下

のとおりである。

1 戸籍情報の利用実態等の調査結果
 (1) 戸籍謄本等の利用目的に係る調査
 ア 戸籍謄本等の交付を行う市区町村への調査

東京都内のある自治体で現地調査を行い、平成26年分の戸籍謄本等の交付請求書の内容を精査し、戸籍謄本等の利用目的及び提出先を調査した。その後、全国の市区町村に対し、現地調査によって得られた戸籍謄本等の交付請求時の利用目的別の比率との差異について確認した。

その結果、全国の市区町村における戸籍謄本等の利用目的別の比率は、現地調査での上位4種類（1位：相続関係手続、2位：年金・社会保険関係手続、3位：旅券関係手続、4位：戸籍届出。これら4種類で53.3%を占める。）とおおむね同様の傾向であることが分かった（注8）。

また、利用目的別の戸籍謄本等の種別について、相続関係手続、年金・社会保険関係手続においては、主に除籍謄抄本及び改製原戸籍謄抄本を交付しており、旅券関係手続、戸籍届出においては、主に戸籍謄抄本を交付していることが分かった。

(注8) ただし、その他の割合も43.3%を占めているところ、第2の4(1)のとおり、本人等請求の場合、理由を記載しなくとも戸籍謄本等の交付請求が可能であることから、上記割合については、若干の変動があり得ることに注意を要する。

戸籍証明書の利用目的

イ 戸籍謄本等の提出を求める行政機関へのヒアリング調査

各行政手続において、戸籍謄本等の提出を求めている行政機関において戸籍謄本等で確認している事項等について、当該行政手続を所管する省庁の担当者に対するヒアリング調査を行った。

その結果、利用目的としては、(i)手続の申請書等に記載された内容の確認、

(ii)手続の対象者について親族的身分関係にある者の探索等の2つに大別することができた。

(2)　戸籍事務の処理方法等に係る調査

　戸籍事務の現状における課題を把握し、今後の戸籍事務の在り方を検討するため、市区町村及び法務局における戸籍事務処理の実施状況（戸籍事務処理（戸籍謄本等交付、届出の受理、戸籍訂正、法務局への照会等）、戸籍に係る他機関への通知の状況等）について調査を行った。

　その結果、例えば、規模が大きい市区町村の多くは、戸籍情報システムの自動審査機能（**注9**）を使用する前に処分決定を行い、逆に、規模が小さい市区町村の多くは、自動審査機能を使用した後に処分決定を行っているなど、市区町村によって事務の流れに違いがあることが明らかとなった。

　また、戸籍の窓口から他機関（他の市区町村の戸籍窓口を含む。）に行う通知の実情について、届書送達確認書、本籍人分届書送付目録の送付だけで、65％を超えていることが分かった。

（**注9**）戸籍情報システムは、届書等により入力された個々の事項が入力すべき事項として適当であること及び相互の事項に矛盾がないことを点検するとともに、入力された内容が民法、戸籍法等の法令に適合しているかどうか等の受理要件を審査し、当該事項が不適当な場合若しくは矛盾する場合又は法令に適合していない場合は、その旨を表示する機能として、自動審査機能を有している。

(3)　戸籍情報システムの実態に係る調査

　戸籍情報に係る保持形態の検討を適切に行うため、現状の戸籍情報システムの構成や費用等についての調査を行った。その結果、現状の市区町村における戸籍情報システムについて、自庁内単独で運用している市区町村が約92％を占め、複数の市区町村が共同で運用している場合は約8％であることが分かった。

　また、全市区町村における戸籍情報システムの総経費については、5年間で約1300億円から1400億円程度と試算されることが判明した。

　加えて、戸籍情報システムの更新時期については、市区町村ごとにそれぞれ異なっており、現行システムのリース期間はおおむね5年間であることが分かった。

(4)　戸籍情報の態様等に係る調査

　複数の戸籍情報に記録されている個人の統合について技術的及び費用的観点から合理的な方法等について検討を行うため、戸籍副本データ管理センターの副本データを基に、名寄せのシミュレーションを実施した。その結果、電算化戸籍については、約90％が機械的に名寄せをすることができ、電算化に伴う改

製原戸籍（平成改製原戸籍）についても、80％弱が名寄せをすることができた。他方、電算化以前の除籍の画像データに関しては、名寄せが困難であった（**注10**）。

（**注10**）上記シミュレーションは、市区町村の戸籍正本データではなく、全国２か所の戸籍副本データ管理センターでそれぞれ実施したため、戸籍情報が両者にまたがる場合は名寄せの対象外とし、外字については、第６に示されるように統一がなされていないため、ワイルドカード（全ての対象文字にマッチする文字）として判定を行うなど、一定の制約の下に実施したものである。

(5)　戸籍記録文字に係る調査

　戸籍に記載されている文字の統一的な整理を検討するため、市区町村で管理する外字数及びその管理状況等を調査した。その結果、市区町村で外字として取り扱っている文字数は約102万字に達する見込みであるとの試算を得た。また、市区町村及び戸籍情報システム開発事業者から入手した文字から文字同定を試行する対象文字を無作為に抽出し、戸籍統一文字を包摂先の文字集合として文字同定作業を試行したところ、外字全体のうち約86.1％については、一定の基準の下で戸籍統一文字に包摂されることが分かった。さらに、電算化に際して、誤字を正字で記録しないで欲しい旨の申出等があり、改製をしなかった戸籍（以下「改製不適合戸籍」という。）の原因となっている文字の一定数についても、戸籍統一文字に包摂され得ることも分かった。

2　戸籍に関する国民の意識調査の結果

(1)　調査概要

　前記１の調査を通じて、戸籍謄本等を交付する市区町村側から見た戸籍謄本等の利用目的等を把握してきた一方、戸籍謄本等を交付請求する国民側のニーズについても直接的に把握する必要があることから、戸籍に関する国民の意識調査を平成28年５月にWeb方式で実施した。

　調査対象については、性別（男、女）、年齢（20代から70代まで）、地域（北海道・東北、関東、中部・近畿、中国・四国・九州）、居住地域の人口レンジ（国民における公的施設やコンビニエンスストアまでのアクセス性に係る観点）の４つの観点から、それぞれ性別２区分、年齢６区分、地域４区分、居住地域の人口レンジ２区分の分類を設定し、計96セグメントに分け、各セグメントごとに100人の調査対象者から回答を収集することを目標とする調査（標本調査）とした。

　調査項目については、主に本籍に関する認知度及び本籍を定めることに係る調査、戸籍謄本等の交付請求方法に係る調査、戸籍謄本等の交付請求方法に対するニーズに係る調査、戸籍謄本等の表示項目の適切性に係る調査を行った。

(2) 調査結果

調査結果としては、主に以下のものが挙げられる。

- 本籍に関する認知度については、表1のとおり大多数（約97％）が自身の本籍を把握しており、このうち、本籍と住所の関連性について、本籍と住所が「違う」割合は約53％、本籍と住所が「同じ」の割合は約47％であった。もっとも、大多数が自身の本籍を把握しているとの調査結果については、本研究会の委員から、実際の交付請求の場面での経験を踏まえると、自身の本籍を正確に地番まで把握している人はそこまで多くないのではないかとの指摘があった。

表1　本籍に関する認知度

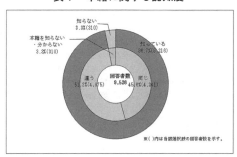

- 本籍と住所が違う理由については、「本籍を変えることを意識したことがない」の回答が一番多かった（約22％）ものの、一方で、「自分の実家を本籍にしたいから」、「自分の生まれ故郷などの地縁があるところを本籍にしたいから」、「その場所を本籍にすることにこだわりがあるから」といった本籍地にこだわりがあると思われる者からの回答（約15％）も一定数存在することが分かった。
- 戸籍謄本等の交付請求方法については、表2のとおりであり、「戸籍のある役所又は役場の窓口（出張所なども含む）に出向いた」と回答した者が約86.1％で一番多く、また、交付請求をした目的については、表3のとおり、「①パスポート申請のため」が約62％で一番多く、次いで「②婚姻届などの戸籍の届出で提出するため」、「③年金や児童扶養手当などの社会保障給付金受給に関する手続で提出するため」、「④相続税申告、相続登記などの相続に関する手続で公的機関に提出するため」の順であった。

367

表2　戸籍謄本等の交付請求に利用した取得方法

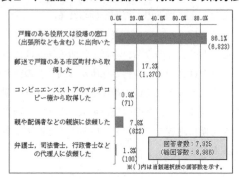

表3　戸籍謄本等の交付請求をした目的

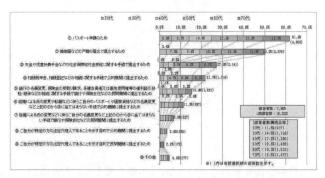

- 戸籍謄本等の交付請求方法に対するニーズについては、表4のとおりであり、「本籍地の市区町村の役所又は役場の窓口（出張所なども含む）で取得」したいとする回答が一番多かった。その理由としては、「一番手間がかからず、便利な方法だと思うから」、「時間をかけずに取得できると思うから」の回答が約75％を占めており、一方で、「その方法がセキュリティ上安全だと思うから」は約15％であり、手間や時間と比較してセキュリティはそれほど優先度が高くないと考えられる結果となった。また、「最寄りのコンビニエンスストアでマイナンバーカードを使ってマルチコピー機から取得」したいと回答した者の割合は、年代が若い（特に20代）ほど高く、「本籍地の市区町村の役所又は役場の窓口（出張所なども含む）で取得」、「最寄りの役所又は役場の窓口（出張所なども含む）で取得」したいと回答した者の割合は年代が上がるにつれて高くなる傾向が見られた。

「戸籍制度に関する研究会」最終取りまとめ

表4　取得方法として利用したいもの

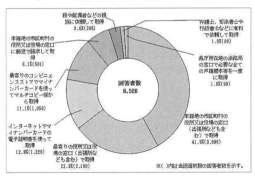

- 戸籍情報の中でよりプライバシー情報だと思われている部分を明らかにするため、戸籍謄本等の書面上表示される事柄について、他人に見られたくない具体的な部分は何かという調査を実施した。その結果、国民の6人のうち1人は、自身の戸籍謄本等に表示されている内容について見られたくないという意識があることが分かった。また、表5のとおり、戸籍謄本等に表示されている事項のうち他人に見られたくない事項について、「自身の事柄」が約30％、「同じ戸籍にいる家族についての事柄」が約70％と、自身の事柄より家族の事柄の方が上回ることが分かった。

表5　戸籍謄本等で他人には見られたくない内容について

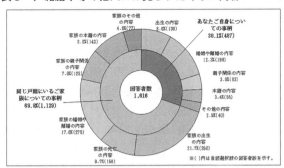

(3)　市区町村側から見た戸籍情報の利用実態等に係る調査との差異について

戸籍謄本等の利用目的に係る回答の上位が、前記1(1)アの市区町村側から見た調査では、「相続関係手続」、「年金・健康保険・社会保険関係手続」、「旅券関係手続」、「戸籍届出」の順であったのに対し、国民の意識調査（前記2(2)）

369

では、「旅券関係手続」、「戸籍届出」、「年金・健康保険・社会保険関係手続」、「相続関係手続」の順となっており、順位が異なっている。

この点については、国民の意識調査における設問上では、戸籍謄本等の各利用目的による請求経験の有無のみの回答を求めたものであり、利用目的ごとに請求した戸籍謄本等の通数までは確認をしていないことに起因するものと考えられる。

例えば、「相続関係手続」については、被相続人の戸籍が複数にまたがっている場合（例えば、昭和改製原戸籍・婚姻による新戸籍・平成改製原戸籍など。）や相続人が複数存在する場合が多いこと、また、「年金・健康保険・社会保険関係手続」については、「受給権者の死亡に伴う請求手続」及び「本人の年金手続」と一定の年代で少なくとも２回は戸籍謄本等を請求する機会があることからすると、利用目的が「相続関係手続」及び「年金・健康保険・社会保険関係手続」である場合、戸籍謄本等の請求数は複数になることが多く、他方、利用目的が「旅券関係手続」及び「戸籍届出」である場合、戸籍謄本の請求件数が複数であることはほとんどないと考えられる。

そうすると、国民の意識調査の結果における利用目的に係る回答順位を、直ちに戸籍謄本等の請求件数の順位として捉えることは適当ではないと考えられる。

3 文字に関する意識調査の結果

(1) 調査概要

戸籍事務をマイナンバーの利用範囲とした場合、個人のマイナンバーと戸籍情報の紐付けを行い、連携情報として用いるためには、戸籍情報が電算化されていることが前提であり、非電算化の市区町村の戸籍の電算化及び改製不適合戸籍の解消が課題となっている。

このうち、改製不適合戸籍については、当該戸籍に記載されている誤字（以下「改製不適合文字」という。）が主な原因と考えられる。改製不適合戸籍の解消に当たっては、電算化作業時における改製不適合文字に関する市区町村の取組の実態や告知者の意見等を確認し、検討材料とすることが望ましいと考えられるため、改製不適合戸籍数が比較的多い市区町村及び改製不適合戸籍がない市区町村合計７市区を対象とし、改製不適合戸籍が改製された事例、対象者への告知方法、告知に基づく対象者からの照会内容及びその対応方法等のヒアリングを実施した。

(2) 調査結果

ヒアリングの結果、改製不適合戸籍に関する主な回答としては、

- 改製不適合戸籍の減少傾向については、改製不適合戸籍が在籍者の死亡等

により全部除籍になったことのほか、例えば、戸籍事項証明書のコンビニ交付を開始するなど、再度告知をする機会を利用して改製の申出を促した結果、その再告知に一定の効果が見られたとするものがあった。

- 正字等に引き直すことに対する拒否に関する主な意見としては、「文字への思い入れ、愛着がある」、「墓石等に使用されている」、「先祖代々使用している文字を変更することはできない」、「画数が変更となってしまう」といった個人的、又は感情的な事情に基づく意見が多く、これらの意見を有する住民に対する説得は難しいと思われる。
- 改製不適合文字が記載されている戸籍の在籍者への告知については、一定の形式が示されているものの、分かりやすい表現にするなどの工夫をしていた。告知の段階で、改製に関する詳細な説明や氏名の文字の字形が変更することの影響について記載した別紙を送付するとともに、告知に基づく対象者からの照会への対応について、折り返し連絡するなど、積極的に説得する機会を得る方針とした。
- 改製不適合文字がコンピュータ上で表示することができない場合や戸籍事項証明書の交付に時間を要するなど、日常生活において不利益が生じていたことが申出に繋がったことや、改製不適合戸籍の在籍者の意思が経年によって変化していたことなどにより、改製不適合戸籍の解消が進んだ。

などの回答があったほか、改製不適合文字の解消に向けた施策として、法令等の整備が必要であるとの意見が複数の市区町村からあった。逆に、今後、改製不適合戸籍を解消するための施策を実施することにより、告知した当初の問題が再燃してしまうことを危惧する回答もあった。

　また、文字のデザイン差の取扱いについても、基準となる明確な規則や法令が存在しないため、住民への説明に苦慮している実態が判明した。

　さらに、改製不適合文字を戸籍に記録することができる文字として新たに追加するとする案について、どのように考えるかという質問については、「これまでの（戸籍に記載した誤字を解消する）文字の取扱いに係る制度と矛盾しない方針とすべきである。」といった意見を始めとして否定的な意見が多かった。

第4　戸籍事務におけるマイナンバーの活用等について

1　戸籍事務におけるマイナンバーの活用等を可能とすること

　前記第3の1の戸籍情報の利用実態等の調査及び2の戸籍に関する国民の意識調査によると、全市区町村における戸籍謄本等の交付請求時の利用目的の比率が、相続関係手続、年金・社会保険関係手続、旅券関係手続及び戸籍届出の4種類で

約半数を占めることをそれぞれ確認することができた。

　また、戸籍謄本等の提出を求める行政機関の利用目的が、手続の申請書等に記載された内容の確認と手続の対象者に係る親族的身分関係にある者の探索等に大別されることも確認することができた。

　これらの調査結果を踏まえ、本研究会においても、マイナンバーを活用して戸籍事務を行う市区町村及び法務局間で、戸籍情報の授受を行うこと（以下「戸籍事務内における活用」という。）及び他の行政事務に情報の提供をすること。（注11）により、行政運営の効率化及び行政サービスにおける国民の利便性の向上が期待され、マイナンバー制度の導入趣旨に合致するものと考えられることから、戸籍事務においてマイナンバーを活用することなどについて一定のメリットがあると認められるとの意見が多かった。

　他方、戸籍事務においてマイナンバーを活用することなどについては、より具体的な課題があるのではないかとの意見のほか、必ずしもマイナンバーを活用しなくても、戸籍情報システムを一元化することにより、戸籍事務の効率化を実現することが可能ではないかとする意見もあったが、後記第5のとおり、戸籍情報システムを一元化することについては、システムワーキンググループでの議論において、現時点では困難であるとされ、本研究会においても、システム形態については、システムワーキンググループでの結論と同様の方向性で検討することに同意を得た。

　（注11）マイナンバー制度における情報連携について

　　　戸籍事務は、全国市区町村並び法務局及び地方法務局という複数の行政機関内において行われており、上記のとおり、ここでは、マイナンバーを活用して複数の行政機関間で戸籍情報の授受を行うことを「戸籍事務内における活用」という。戸籍事務内における活用に関して必要となる具体的な法手当については、別途、マイナンバー法を所管する内閣府と協議中である。

　　　これに対し、他の行政事務に対する情報提供として、マイナンバー制度は、原則として、情報提供ネットワークシステムを利用して行うこととしており（マイナンバー法第19条第7号）、ここでは、これを「ネットワーク連携」という。なお、この方法による情報提供については、運用上のポリシーとして、情報提供ネットワークシステムの中間サーバに個人を特定する本人確認情報（住所、氏名、性別及び生年月日）を置かないこととされている（したがって、個人を特定する本人確認情報（住所、氏名、性別及び生年月日）は、住民基本台帳ネットワークシステムから取得することとされている。）（研究会資料18第4の3参照）。

　　　また、他の行政事務に対する情報提供の方法として、例外的に、マイナンバー法上、情報提供ネットワークシステムを用いない方法も規定されており、ここでは、これを「個別連携」という。例えば、マイナンバー法第19条第9号においては、一定の条件の下で、国税庁が市区町村に対し、マイナンバーを含む個人情報（以下「特定個人情

報」という。）を提供する。

2　マイナンバーと戸籍情報との紐付けの範囲

前記3の1(4)のとおり、戸籍情報システムの電算化をする時点で、改製原戸籍であったもの及び既に除籍とされていたものについては、システム上画像データで保存されており、画像データという性質上、これらについて、複数の戸籍に記録されている個人を名寄せしマイナンバーと紐付けることは技術的に困難であることが調査の結果、明らかとなっている。加えて、電算化以前の紙の戸籍については、相続の場面で利用されることが多いと考えられるが、マイナンバー法が施行された平成27年10月以前に死亡した者については、そもそもマイナンバーが付番されていない上、過去の全ての紙戸籍について、今後必ず相続の場面で用いられるものでもなく、名寄せをする必要性が不可欠であるとまではいえない。

他方、電算化後の戸籍情報のみにマイナンバーを紐付けることとしても、戸籍謄本等の利用目的の上位に挙げられるもののうち、過去の戸籍が必要な相続手続を除いた年金・社会保険関係手続のうちの一定の範囲（児童扶養手当請求・老齢年金請求・年金分割請求）や一般旅券発給手続については、相当程度対応できるものと考えられる。

そこで、個人を名寄せしマイナンバーと紐付けることで提供を行う戸籍情報については、費用対効果の観点から、市区町村において既に電算化されている戸籍及び除籍（画像データは除く）を対象とすることが相当である。

第5　戸籍事務へのマイナンバー制度を導入するためのシステム形態等について

マイナンバーの戸籍事務内における活用や他の行政事務とのネットワーク連携（注11参照）を行うためのシステム形態の在り方について、第18回システムワーキンググループ（平成29年3月29日開催）において、委託調査研究の調査結果を踏まえて議論が行われた。

システムワーキンググループにおいては、システム構築の効率化、合理化の観点から、既存の市区町村の戸籍情報システムは維持しつつ、国において、戸籍情報連携システム（仮称）を構築して、戸籍事務内において活用し、あるいは、他の行政事務に提供するための連携情報を保有することが相当であり、現行の戸籍副本データ管理システムの仕組み（市区町村の戸籍の正本の更新情報を法務省のシステムに送信する方法）を利用することが相当とされた。その前提として、市区町村の戸籍情報システムを一元化することについては、氏名に使用している字形の変更、移行対象のデータ形式の問題、中間標準レイアウトに含まれないデー

タの取扱い等様々な問題があり、現時点では困難であるとされた。

以上のシステムワーキンググループでの検討結果を踏まえ、当研究会において
も、第19回（平成29年4月11日開催）においてシステム形態等について議論を行
った。その結果、本研究会においても、法務省が所管する戸籍副本データ管理シ
ステムの仕組みを利用してマイナンバー制度導入のためのシステムを構築する方
向で検討することについて合意を得た（補足資料16参照）。

そこで、以下、上記システム形態を前提に、制度面について検討すべき論点に
ついて、整理するものである。

第6　第5を前提とした制度面の検討事項について

1　マイナンバー制度における情報連携に当たっての制度上の検討事項について

(1)　国が連携情報を管理することの根拠規定

> 国（法務大臣）が、国及び市区町村が戸籍事務内において活用するための連携情
> 報管理するための根拠規定を設けるものとする。

（補足説明）

現行戸籍法には、市区町村長を戸籍事務管掌者と定める規定（法第1条）及び
国（法務大臣及び法務局又は地方法務局の長）による戸籍事務への関与を定める
規定（法第3条）があるところ、現在の戸籍の正本情報の管理については、従来
どおり市区町村で行うこととしつつ、前記第5のとおり、法務省において、マイ
ナンバー制度導入のためのシステムを構築し、戸籍事務内における活用やネット
ワーク連携を行うこととするのであれば、現在の市区町村長を戸籍事務管掌者と
する法第1条の規定については維持する一方、国（法務大臣）が責任を持って、
戸籍情報連携システム（仮称）を構築し連携情報を整備して管理する行政主体で
あることを戸籍法に定める必要がある。

なお、このように、国において整備する連携情報については、文字情報が同定
されたものとなるなど、現在の副本情報とは内容が異なることとなるため、戸籍
の正本情報が滅失した場合の再製資料等として、正本情報そのものの写しである
副本情報を保持することは依然として必要であるから、現行の戸籍副本データ管
理システムは維持する必要があると考えられる。

また、現在、戸籍事務の未電算化庁は、1896市区町村のうち4団体（注12）で
あるところ、国において、マイナンバー制度における情報連携を行うに当たって、
国民に関する情報を正確に提供するためには、未電算化庁全ての電算化が必要不

374

「戸籍制度に関する研究会」最終取りまとめ

可欠の前提となる。平成6年に戸籍事務の電算化が可能になって既に20年余りが経過していることなどを踏まえると、全市区町村の電算化はもはや時代の要請であるといえる。これら未電算化庁の電算化については、未電算化庁に対する働きかけが重要であるものの、マイナンバー制度における情報連携のために電算化が必須であることから、国が責任を持って対応するとしても、他の市区町村との関係で公平を欠くことにはならないのではないかとの意見が出され、この点について特に反対する意見はなかった。

（注12）東京都御蔵島村、新潟県加茂市、京都府相楽郡笠置町、北海道夕張市。

(2) マイナンバー法上の手当て

> 戸籍事務において、マイナンバーの活用を行うための根拠規定を整備することを検討する。

（補足説明）

戸籍事務において、マイナンバーを活用して、他の行政事務に対して特定個人情報を提供するためには、マイナンバー法の改正が必要である（前記(1)参照）（注13）（注14）。

（注13）戸籍事務内における活用について
　　　　市区町村及び法務局が行っている戸籍事務内におけるマイナンバーの活用に関し、具体的にどのような手当が必要かについて、法制上の観点から、マイナンバー法を所管する内閣府と現在調整中である。
（注14）連携先となる他の行政事務について
　　　　現在、マイナンバー制度における情報連携の原則形態であって、情報提供ネットワークシステムを利用するネットワーク連携（マイナンバー法第19条第7号参照）の連携先として、①年金事務、②児童扶養手当事務、③旅券事務を候補に、関係機関との間で現在調整中である。

(3) 戸籍情報へのマイナンバー紐付けの実現方策の検討

> 本籍地市区町村と住所地市区町村との連携を前提として、マイナンバーを戸籍情報に紐付けるために必要な情報を戸籍の附票を利用して提供することとし、本籍地市区町村長から住所地市区町村に対してマイナンバー等を求める根拠規定を設けるものとする。

（補足説明）

375

戸籍事務は、戸籍の附票事務を通じて住民基本台帳事務と関連しており、戸籍の附票と住民基本台帳は、双方でその記載事項の変更があった場合には通知を行うことによって、双方の記載の正確性を確保している（住民基本台帳法（昭和42年法律第81号。以下「住基法」という。）第９条第２項、第19条第１項及び第４項）。住基法に本籍地市区町村（戸籍側）から住所地市区町村（住民票側）に対してマイナンバーを戸籍情報に紐付けるための必要な情報を求める根拠規定を設けることにより、戸籍の附票という既存の仕組みを用い、本籍地市区町村（戸籍側）が住所地市区町村（住民票側）から当該情報を取得して戸籍情報に紐付けることとするものである（補足資料13参照）。この方法によれば、紐付けの正確性が確保できるとともに、既存の仕組みを用いるため、紐付けに係る作業負担も比較的少なく、総合的に見て、最も合理的な方法であると考えられる。

（参考）
　○住民基本台帳法（昭和42年法律第81号）
　（住民票の記載等のための市町村長間の通知）
　第９条　（略）
　2　市町村長は、その市町村の住民以外の者について戸籍に関する届書、申請書その他の書類を受理し、又は職権で戸籍の記載若しくは記録をした場合において、その者の住所地で住民票の記載等をすべきときは、遅滞なく、当該記載等をすべき事項をその住所地の市町村長に通知しなければならない。
　3　（略）
　（戸籍の附票の記載の修正等のための市町村長間の通知）
　第19条　住所地の市町村長は、住民票の記載等をした場合に、本籍地において戸籍の附票の記載の修正をすべきときは、遅滞なく、当該修正をすべき事項を本籍地の市町村長に通知しなければならない。
　2　（略）
　3　（略）
　4　第一項の規定による通知は、総務省令で定めるところにより、住所地の市町村長の使用に係る電子計算機から電気通信回線を通じて相手方である本籍地の市町村長の使用に係る電子計算機に送信することによつて行うものとする。ただし、総務省令で定める場合にあつては、この限りでない。

（4）　個人情報保護方針について

　マイナンバー法上求められる特定個人情報保護評価において、必要な個人情報保護の措置を講じるものとする。

（補足説明）
　マイナンバー法に基づく特定個人情報の利用及び提供に当たっては、マイナン

バー法上求められる特定個人情報保護評価（以下「情報保護評価」という。）の措置が必要となる。この情報保護評価については、セキュリティリスクやその対策を分析するものではなく、プライバシーに対する影響及び保護方策を評価する仕組みとなっており、評価の対象は個人情報単位やシステム単体ではなく事務であることに留意する必要がある。

　なお、ネットワーク連携に用いる情報提供ネットワークの中間サーバーでは、連携情報から本人確認情報（住所、氏名、性別、生年月日）など個人を特定することができる情報を除いた上で、提供を求める行政機関が必要な範囲の情報について記号化したものを取り扱うこととしており、中間サーバーの情報それ自体では、当該情報の本人が特定されない仕組みとしている（注11参照）。

2　戸籍事務に関する制度上の問題点について

(1)　本籍地概念及び戸籍の編製基準について

> 　本籍地概念及び戸籍の編製基準については、特段の見直しはしないものとする。

（補足説明）

　前記1(1)のとおり、管掌者概念は特段変更しないこととすると、戸籍の正本を管理している市区町村を明らかにするという本籍の意義はなお残ること、また、マイナンバー制度導入に当たっての制度上の検討を行う本研究会において、これ以上の検討を行うことは、時間的にも困難であることからも、本籍概念について、現時点で特段の方向性を示すことは困難である。

　なお、戸籍の編製単位については、韓国の身分登録制度のように抜本的に見直すべきとの意見もあったが、本籍概念と同様に、抜本的に見直すことの是非について検討するには、時間的にも困難であるとの意見が多かった。

(2)　電算化を原則とする規定振りへの変更

> 　電算化戸籍を原則とする規定振りとするものとする。

（補足説明）

　現在、戸籍法は、紙の戸籍を原則とした規定振りとなっており、電算化された戸籍事務については、特例として規定されているところ（法第118条以下）、現時点において、市区町村の99.79パーセントについて電算化が行われていること（第6の1(1)）や、戸籍事務内において、マイナンバーを用いて連携情報を参照する等の電算化を前提とした事務を設けるのであれば、その事務を原則とすることが

妥当であると考えられることから、戸籍法について、電算化を原則とした規定振りにする必要があると考えられる。なお、この場合であっても、依然として紙及び画像データの戸籍が存在し得る（例えば、改製不適合戸籍やデータ以外の形式で保管している副本等）ことから、例外規定として、これら紙の戸籍についての規定も存続させる必要があるものと考えられる。

(3) 文字の取扱いについて

　現行の戸籍情報システムは、各市区町村において個別に構築しているため、同一の文字であっても、戸籍情報システムに記録されている文字のコードや字形（デザイン）は、市区町村ごとに異なっている。国において、マイナンバー制度における情報連携に用いる連携情報を整備するためには、名寄せを行い個人に関する戸籍情報を統合することが前提となるが、文字情報を現行のままとした場合、複数の戸籍に記録されている個人の戸籍情報を統合することが困難であるほか、住民基本台帳との突合もできず、戸籍情報にマイナンバーを紐付けることも困難である。そこで、現に各市区町村で戸籍に記録されている文字を収集した上で、同じ文字と異なる文字とを峻別する文字の同定作業を実施し、法務省が管理する連携情報において、可及的に字形の同一化を図る方策が考えられる（補足資料14参照）。

　このように、連携情報について文字の同定作業を行うこととするのに際し、市区町村の戸籍情報システムに存在する戸籍の正本情報における文字の取扱いが問題となる。

（考えられる案）
　（甲案）　特段の措置はしないものとする。
　（乙案）　文字の同定基準を確定・公表し、戸籍の正本に記録しその表示に用いる文字の範囲についても何らかの制限をするものとする。

（補足説明）
　甲案は、従前の戸籍事務の取扱い（戸籍に記載されている氏又は名の文字が誤字で記載されているときは、これに対応する字種及び字体による正字等で記載する等という、平成2年10月20日付け法務省民二第5200号民事局長通達（以下「5200号通達」という。）における取扱方針を含む。）を踏襲するものであり、戸籍に記載された文字に愛着を持っている国民の反発は招かないと考えられる一方、文字の字形が統一されず、戸籍に記録される文字が増え続けることから、事務の効率化の妨げとなり、更に文字作成に係るコストが生じることが考えられる。

「戸籍制度に関する研究会」最終取りまとめ

　乙案によれば、戸籍に記録される文字を制限することにより、各システム間の連携が容易になり、システム上で戸籍の移記等の処理が可能になるなどの戸籍事務の効率化が期待できる。もっとも、戸籍に記載された自らの氏名の文字の字形に愛着を持つ者の反発を招くことが考えられることから、例えば、現在の戸籍の正本に記載されている文字については特段変更しないものの、転籍などの新たな戸籍への記載の際には、一定の字形に統一された文字を用いるものとする考え方があり得るところであり、制限の可否及び程度については、なお慎重な検討を要するものと考えられる。

　いずれにせよ、文字についての一定の基準が示されることによって、現場である市区町村の窓口において、当事者に対する説明に用いることが可能となり、理解が得られやすくなるとの意見があった。

(4)　改製不適合戸籍の取扱いについて

　改製不適合戸籍については、戸籍に記載されている者に対して、改めて改製についての告知を行うものとする。なお、改製ができない場合の対応として、情報連携用にデータ化作業を行うことも考えられる。

（補足説明）

　現状の改製不適合戸籍については、紙のまま、あるいは画像データとして保存されており、法務局が保存している改製不適合戸籍の副本についても紙の状態で保存しているものがある。

　前記第1のとおり、国が戸籍情報連携システム（仮称）を構築し、マイナンバー制度における情報連携を行うとしても、現在の改製不適合戸籍のままでは連携情報を整備することは不可能である。また、改製不適合戸籍に記載されている者は、コンビニ交付等、電算化戸籍を前提としているサービスを享受することができず、今後、電算化戸籍を対象とする新たなサービスを受けることも困難である。さらに、戸籍事務内の事務手続においても、改製不適合戸籍についてのみ、他の電算化戸籍と異なる取扱いをしなければならず、過誤の可能性も高くなるなど、事務手続上も煩雑であるといえる。

　そうすると、改製不適合戸籍については、電算化戸籍に改製することが、マイナンバー制度における情報連携のためのみならず、時代の要請である戸籍の電算化の趣旨に合致し、今後の戸籍事務にとって必要不可欠であると考えられる。この点については、戸籍の電算化を始めた平成6年当時と比べて、文字に対する多くの国民がコンピュータやスマートフォン等の電子機器を用いるに至っており、

379

国民の文字に対する意識が変化している可能性も高いとの意見もあった。

他方、文字に対する愛着が強く、その結果、改製不適合戸籍とせざるを得なかった国民がいるという経緯も踏まえざるを得ない。

そこで、改製不適合戸籍については、まずは、戸籍の氏又は名の文字が俗字等又は誤字で記載されている者に対し、対応する正字で記載する旨の告知（5200号通達第1の2⑶と同趣旨の告知）を改めて行うこととする。なお、前記告知をした上で改製ができない場合には、戸籍の正本については、紙又は画像データの状態で維持しつつ、別途、連携情報用にデータ化作業を行うことも考えられる。おって、このように、別途、連携情報用にデータ化作業を行ったとしても、依然として正本は改製不適合戸籍のままであり、新たに該当する戸籍の届出等があり戸籍に記載をする場合は、正本に記載するとともに、別途、連携情報用のデータの更新作業が必要となる。

⑸　戸籍事務における連携情報の参照について

市区町村は、届出の受理の審査に当たって戸籍情報を確認する必要がある場合には、当該事件本人のマイナンバーを活用し、国が構築する戸籍情報連携システム（仮称）の情報を参照して、審査を行うことができるものとし、原則として、届出人が戸籍謄本等を届出の際に添付しなくてもよいものとする。ただし、市区町村が届書を審査するに当たり、参照することができる戸籍情報の範囲について、基本的には、当該事件本人が在籍している現在戸籍の情報の範囲にとどめることが相当と考えられるが、戸籍実務における必要性等を踏まえ、引き続き検討する。

（補足説明）

現状、戸籍の届出の際には、当該届出の受理の判断に必要がある場合には、届出人に、戸籍謄本等を添付することを求めている（規則第63条）。

しかしながら、市区町村において、届出の受理の審査の際に、国が構築する戸籍情報連携システム（仮称）の情報を参照することが可能になれば、届出人が戸籍謄本等を取得する負担が大きく減少するものと考えられる。

また、審査の際に、国が構築する戸籍情報連携システム（仮称）の情報を参照するに当たって、除籍謄本等の情報まで参照することができない場合であっても、多くの場合、受理、不受理の判断は可能であると考えられること、現状として、届出人が添付している戸籍謄本等は現在戸籍であることからすると、参照可能な範囲については、プライバシー保護の観点から、現在戸籍と同様の範囲の情報のみとすることが相当と考えられる。もっとも、届出の受理の審査に当たって、過

去の戸籍を確認しなければならない場面もある（再婚禁止期間内でないかなどの婚姻障碍事由の有無等）ところ、参照範囲を現在戸籍に限るとすると、従前どおり、直接本籍地の戸籍窓口に確認する事務が残る場合があることになる。この点については、実際の事務において、どの程度過去の戸籍に記載されている情報を確認する必要があるかも考慮しつつ、参照できる範囲を定める必要がある。

　なお、市区町村において、戸籍情報連携システム（仮称）の情報を参照するに当たり、事件本人のマイナンバーを活用することが考えられる。

　事件本人からマイナンバーを提供してもらう場合、届書にマイナンバーを記載する欄を設けて提供してもらう方法が考えられるが、死亡届のように事件本人と届出人が異なり、事件本人のマイナンバーを届出人が知り得ない場合等も想定される。その場合に、その後の事務を停滞させるべきではないとの考えから、届出地市区町村で、戸籍情報連携システム（仮称）から、本籍、筆頭者、氏名等の情報により検索し、あるいは住基ネットから事件本人のマイナンバーを確認して、届出事務を処理することとすることも考えられる。他方、事件本人のマイナンバーが提供されない場合には、原則どおり、戸籍証明書を求めるべきではないかとの意見もあった。

　マイナンバー制度においては、届出人からマイナンバーの提出を求めることが原則であるが、例えば、マイナンバーの提供によって、届書の記載の一部を省略することを認める等（本籍地等）の取扱いをすることによって、マイナンバーの提供に理解を得ることを検討することが適当である。

(6)　届書等の電子化、保存について

> 　届書その他の書類（以下「届書等」という。）については、届出等を受理した市区町村において、内容を確認した上で電子化し、国が構築する戸籍情報連携システム（仮称）に送信するとともに、届書等自体を一定期間保存することとし、現在行われている本籍地市区町村及び法務局等への送付事務は行わないものとする。また、戸籍を記載する本籍地の市区町村で活用できるよう、届書のうち必要事項を入力した情報も戸籍情報連携システム（仮称）に送信するものとする。
>
> 　戸籍情報連携システム（仮称）に保存されたこれらの情報は、本籍地の市区町村の戸籍事務及び管轄法務局の指示等の事務において参照できるようするものとする。
>
> 　届書については、様式及び用紙の大きさに加え、電子化による事務の障害とならないよう、一定の制限を行うものとする。

（補足説明）

現状、届書等については、これを受理した市区町村が届出に係る本人の本籍地でなければ、本人の本籍地の市区町村に目録を付して送付される。その場合、本籍地において戸籍の記載が終了すると、届書等は、管轄法務局に送付されている。

　また、届出先が本籍地の市区町村ではない場合、届書の情報のうち、戸籍に記載すべき事項については、事務処理上、当該届書を受理した市区町村及び本籍地の市区町村の双方で入力するといった事務の重複が生じている。

　他方、市区町村長を戸籍事務管掌者とする現在の制度自体は維持することとしていることから、届出を受理した市区町村が本籍地市区町村でない場合に、戸籍の記載まで行うことはできない。

　そこで、上記事務負担を軽減する目的から、届書等の情報を電子化することにより、受理地及び本籍地の市区町村や管轄法務局において情報の共有化を図り、当該情報を戸籍事務において活用することが合理的であると考えられる。

　この場合、電子化する対象については、本籍地市区町村で戸籍の記載を行う際に、届書の添付書類を改めて確認することもあり得るため、届書だけでなく、その添付書類についても電子化する必要があるものと考えられる。また、電子化する届出事件の範囲について、例えば、その市区町村に本籍がない者の届出事件に限るとすると、保存方法及び期間の区別も検討しなければならない上、電子化しない管轄法務局への送付事務も発生することから、範囲に上記のような限定をせずに一律に、受理地市区町村において電子化することが相当であると考えられる。

　また、電子化した届書情報については、市区町村においては、戸籍の記載のために必要なものであるから、戸籍を記載する本籍地市区町村に限り参照を可能とすれば足りるものと考えられる。

　なお、原本である紙の届書等については、届書等について電子化して国が構築する戸籍情報連携システム（仮称）に送信することとすると、法務局において保管する必要は必ずしもないものと考えられる一方、戸籍に受理者が記載され、公証されていることからしても、保管も受理地市区町村で保管することが合理的なものと考えられる。もっとも、紙の届書等の保存期間については、保存の負担を軽減するため、現在の５年以下に短縮することが相当である。

　その他、届書等の電子化に関連して、加工された届書の取扱いについて問題となり得る。

　すなわち、届書の様式については、法第28条のほか、規則第59条において出生、婚姻、離婚、死亡の４届書について規定されており、昭和59年11月１日付け法務省民二第5502号民事局長通達によって標準様式が定められているが、いずれも用紙の大きさ、様式を定めているのみである。現在、特に婚姻の届書について、各

市区町村や各事業者が作成した独自のデザインを施した、いわゆるデザイン婚姻届やラミネート加工を施した届書が提出された例もあり、読取りが容易でなくラミネート加工されている部分に文字を記載することができないなど、現実に事務に支障を来している場合もある（**注15**）。

今後、届書等について、スキャナーで読み込む方法によって電子化することを前提とすると、いわゆるデザイン婚姻届やラミネート加工等された届書は、届書に記載されている文字を正しく電子化することができず事務に支障が生ずる可能性もある。

他方、既に一定数の市区町村が、民間事業者と共同でデザイン婚姻届を作成しているほか、依頼者の要望に応じた婚姻届を作成している事業者も存在しており、このような現状を踏まえる必要もある。

これらを踏まえつつ、届書の用紙について、少なくとも通達で定める様式の上に重なる形でのデザインを禁止する、ラミネート加工等は行わないことなどの制限をすることの是非を検討したところ、届書を電子化する以上、一定の制限が必要ではないかとする意見が多く見られ、特段の異論はなかった。

その他、現在行っている届書の付せん処理についても、届書の電子化に伴い、従来付せんに記載して届書に貼付していた内容を別紙とするなどの事務の見直しが必要であるとの意見があった。

（**注15**）本研究会の会議内で、東京都内のある自治体ではその自治体に本籍を有する者の婚姻届について、1か月分集計をしてみたところ、約18％がいわゆるデザイン婚姻届であったと本研究会の会議内で報告された。

(7) 疑義のある届出に係る審査の在り方

法務局又は地方法務局の長は、法第3条第2項の指示又は助言をするに当たり、必要があると認めるときは、届出人その他の関係者に対し、文書の提示等を求め又は質問をすることができるものとする。

（補足説明）

届出に対する法務局及び市区町村長の審査（調査）権限については、市区町村長は基本的に書面による審査を行うものとされ、従来から市区町村長の審査において疑義が生ずる場合には、法務局において、届出関係者の供述を聴取するなどの調査をした上で、届出を受理すべきか否かについての指示等（法第3条第2項）を行っている実情にある。しかし、法務局の調査権限については、戸籍法の規定上明文化されていないことから、同法に、届出人その他の関係者に対する質

問権などの調査に関する新たな規定を設けるか、他方、市区町村の戸籍窓口における調査に関する規定を設けるかなどの検討を行った。現在、法務局及び市区町村長が行っている権限について、必要に応じて明文化された規定を置くこと自体については、特段の異論はなかった。

　これらの議論を踏まえ、法務局が、市区町村に対して戸籍の届出その他戸籍事務について指示等（法第3条第2項）を行うに当たり、必要と認める場合に、届出人その他の関係者への質問等の調査ができる規定を置くことを提案するものである。この場合の届出人その他の関係者とは、通常、届出人や事件本人、証人等のほか、他の行政機関も含み得るものとしている。

　もっとも、上記のような規定を設けるとしても、その権限の範囲は不明確ではないのかとの指摘もあり、この点はなお検討をすることとされた。また、一定の制限を課したとしても、権限規定を設けることにより、想定よりも広い範囲の調査義務が生じかねず、従来、基本的に戸籍及び届書等の書類に基づいて審査を行ってきた戸籍事務の在り方に影響を及ぼすのではないかとの懸念も指摘され得る。さらに、上記のような規定を設けることによって、市区町村の戸籍窓口が従来行っていた届出人に対する質問等までできなくなるのではないかとの疑義も示されたが、この点については、そもそも市区町村長が、戸籍の届出について法律上の要件を満たしているか否か審査し、受理をする権限を有する以上、必要な範囲で届出人等に対して質問等を行うことは当然可能であり、明文規定がなくとも現行法も予定していると考えられるとの意見があった。

(8)　戸籍訂正制度の在り方

　戸籍訂正許可審判手続又は確定判決に基づく戸籍訂正手続によらない戸籍訂正手続を拡大する必要性はないか、法制上の問題も含め、なお引き続き検討を行う。

　法第116条第2項については、削除するものとする。

（補足説明）

　戸籍訂正制度の在り方全般に関する問題点として、主に、①市区町村長が職権で訂正することができる事項が限られている。そのため、例えば、訂正許可審判手続において主文に示されていない関連事項の訂正を行うことができない、②訂正事由があることが発見された場合であっても、届出人等が実際に訂正許可審判の手続をとっているかどうかを市区町村長が把握する術もなく、届出人等が戸籍訂正申請をするかどうかを見極める期間に係る規定がない、③市区町村長や法務局が訂正許可審判手続に関与することが担保されておらず、市区町村の処分に対

する不服申立て事件などと比較して審理の充実が確保されていない、点などが主な問題点として挙げられた。

　加えて、審判の内容が、一般的に法令違反と考えられる場合であっても、当該審判の無効をもたらすような重大な法令違反がない限り、審判書のとおり戸籍を訂正せざるを得ないとされている点についても、戸籍事務において具体的事案における対応に苦慮する原因となっているところであるが、戸籍訂正制度の在り方を検討する上では考慮する必要がある。

　さらに、今後、戸籍情報にマイナンバーを紐付けると、種々の原因で発生している複本籍が大量に発見されることも十分予想され得る。

　そこで、①、②について、法第24条第2項の場合以外に、一定の範囲で、例えば、⑦戸籍の記載又は届書等との比較対照により、訂正事由（第24条第1項）が認められる場合や、④戸籍の記載について、公正証書原本不実記載罪等に当たることが明らかな場合、その他これらに準ずるような場合には、戸籍訂正許可審判手続を経ずとも戸籍訂正手続を行うことが考えられる。もっとも、⑦及び④以外に、どこまで戸籍訂正許可審判手続を経ずに戸籍訂正を行うことができることとするのか、なお検討することとされた。今回の改正においては、市区町村長が戸籍事務管掌者であるという現在の制度を維持するため、市区町村長が戸籍訂正の主体となるが、市区町村長は、管轄法務局の長に戸籍訂正の許可を求める旨の規定を設けることが考えられる。加えて、現在でも先例により市区町村長限りで職権で戸籍を訂正することが認められている場合もあることから、この点についても、その根拠規定を置くことは、戸籍の記載の正確性を確保する上で、有益であると考えられる。

　また、戸籍訂正許可審判手続を経ずにすることができるとされる範囲の戸籍訂正を、戸籍に記載されている者が求めたにもかかわらず、それが認められなかった場合において、不服申立手続を設ける必要があるのか、あるいは、現行の法第113条、第114条に基づいて家庭裁判所へ戸籍訂正許可審判の申立てを行うこととするのかも問題となり得る。この点、戸籍訂正許可審判手続を経ない戸籍訂正制度を認めた場合、その訂正内容に不服がある者については、行政不服審査法に基づく不服申立ての対象とすることも考えられるが、戸籍の記載については、人の親族的身分関係に関する事項であることから、従来、裁判所での審理に委ねられ、行政不服審査法に基づく不服申立ての対象とされていなかったことや、人訴事項については従前どおり裁判所による審理に委ねるべきことからすると、戸籍訂正許可審判手続を経ないでされた戸籍訂正手続の結果について不服がある場合には、現行の法第113条、第114条の規定により裁判所の判断を求めることもあり得ると

の意見があった。もっとも、この場合には、法第113条、第114条の手続によることを明らかにすべきとの意見もあったところである。

その他、現行の戸籍訂正制度の問題点のうち、③市区町村長や法務局が訂正許可審判手続に関与することが担保されておらず、市区町村の処分に対する不服申立て事件などと比較して審理の充実が確保されていない点について、市区町村長又は管轄法務局の戸籍訂正許可審判手続への関与を認める規定の要否も検討されたが、家事事件手続法上の事実の調査の規定（家事事件手続法第58条）が既に設けられていることとの関係について、なお検討すべきものとされた。

なお、法第116条第2項については、適用される場面がないと考えられることから、削除することについては、特段の反対はなかった。

(9) 人事訴訟・家事審判等の戸籍記載の在り方

> 嘱託による戸籍記載について、特段の見直しはしないものとする。

（補足説明）

人事訴訟の判決・家事審判等の戸籍記載の在り方として、家庭裁判所からの嘱託を原則化あるいは拡大化することについて、届出を前提としている戸籍法において、報告的届出について嘱託による戸籍記載にすることに合理的な理由があるのか、また、裁判離婚、裁判離縁の確定後、離婚事項・離縁事項を戸籍に記載する際に、あらかじめ婚氏・縁氏続称の届出（法第73条の2、第77条の2）や新戸籍編製の申出（法第19条第1項ただし書）を行わなければならないことから、嘱託による戸籍記載になじむのかとの問題点の指摘があった。

嘱託による戸籍記載の原則化あるいは拡大については、実体法や、家事事件手続法等との整合性を図りながら検討する必要があるところ、今般のマイナンバーが制度導入に当たっての制度上の検討を行う本研究会において、これ以上の検討を行うことは困難であるとされた。

(10) 戸籍謄本等の交付請求の在り方

> 本籍地以外の市区町村に対し、戸籍謄本等の交付請求をすることができることとするか否かについては、その問題点も含め、なお慎重に検討する。

（補足説明）

本籍地以外の市区町村の窓口における戸籍謄本等の交付について、法第10条に基づく本人等請求については、一定の必要性があるとの意見があった。これに対

し、法第10条の2に基づく第三者請求について、要件を満たすか否かは対象となる戸籍情報を備えている市区町村が直接判断すべきであり、本籍地以外の市区町村の窓口における戸籍謄本等の交付は認めるべきではないとの意見が多く見られたところである。さらに、仮に戸籍謄本等の交付を認めなかった場合の処分決定者とその後の不服申立ての相手方が誰になるか、戸籍情報へのアクセス制限の確保等、実務上の問題が多いとの意見もあった。

　他方、第三者請求についても、本籍地以外の市区町村の窓口における戸籍謄本等の交付を認めないとする合理的な理由は見当たらないとの意見も一部にあった。

　第1で記載したとおり、マイナンバー制度における情報連携のためのシステムの在り方については、国が戸籍情報連携システム（仮称）を構築することとし、市区町村における戸籍の正本及び戸籍情報システムについては維持することとしている。そうすると、戸籍の正本情報は、依然として市区町村に存在することになり、また、個々の戸籍情報システムは、相互には連携していないままとなる。戸籍謄本等については、戸籍事務管掌者である市区町村長が管理する戸籍の正本を基に証明することが原則であるところ、本籍地以外の市区町村の窓口において、戸籍の正本情報から証明書を交付することは困難となる。

　他方、国において整備する連携情報は、飽くまで連携用の情報であり、正本情報の文字と字形が異なることがあり得る。そうすると、戸籍事務管掌者である市区町村長が、国の管理する連携情報から、正本情報と異なる証明書を交付することの可否、その権限の在り方などについての検討が必要であり、法定受託事務として市区町村長を戸籍事務管掌者とする戸籍事務の在り方に大きな影響を及ぼすものであると考えられるため、なお十分な整理が必要であると考えられる。

　その他、現在、住所地市区町村と本籍地市区町村が異なっている場合であっても、コンビニエンスストアのマルチコピー機から戸籍証明書の交付を可能とする、いわゆるコンビニ交付を導入する市区町村が増加しており、今後も更に増加する見込みであるから、このコンビニ交付と、本籍地以外の市区町村の窓口における戸籍謄本等の交付との棲み分けについても、整理する必要があるものと考えられる。また、戸籍システム検討ワーキンググループの中間取りまとめ（補足資料12）で提言されたベンダー別のクラウド化が進めば、その範囲内では、正本情報を直接連携することが技術的に可能となることにも留意する必要がある。

　仮に、本籍地以外の市区町村の窓口での戸籍謄本等の交付を行わない場合、戸籍謄本等の収集の負担は、課題として残ったままとなる。そこで、戸籍謄本等の収集の負担の軽減を図るための一定の方策について、例えば、法務局において、本籍地の所在（履歴）を教示するサービスを設けることも一案と考えられる。本

籍地については、戸籍に関する国民の意識調査を実施した際（資料17の4(1)）に、大多数（約97％）の人が知っているとの回答であったものの、本研究会において、実際の窓口では正確に把握していない人も多いとの意見も出されたこと、一部の市区町村における窓口調査の結果、実際に戸籍謄本等の請求に当たって正確な本籍を記載することができた割合は約半数程度であったことを踏まえると、事前に戸籍謄本等の請求先である本籍地の履歴を事前に入手することができれば、戸籍謄本等の収集の負担が軽減できるのではないかとの考えに基づくものである。

(11)　その他の論点

ア　戸籍の氏名についてのいわゆる振り仮名

戸籍の氏名についてのいわゆる振り仮名については、特段の制度を設けないものとする。

（補足説明）

現在、戸籍法上根拠がなく、記載事項となっていない戸籍の氏名についてのいわゆる振り仮名について、利便性の観点から戸籍の記載事項として追加することは問題が多いとの意見があり、これに対する特段の異論はなかったところである。

具体的な意見等は、以下のとおりである。

すなわち、仮に振り仮名を戸籍に記載するとした場合には、それは、氏、名の一部となるのか否かその法的位置付けが不明であるだけでなく、その振り仮名も戸籍の記載事項となるのであるから、仮に変更、訂正をするのであれば戸籍訂正（法第113条以下）、あるいは、振り仮名も含めて氏及び名とすれば氏名の変更（法第107条、第107条の2）の規律に服することとなり、家庭裁判所での審判が必要となることが考えられる。

また、氏名の漢字と振り仮名との関連性の問題がある。仮に、届出人が当該漢字の音、訓又は字義に全く関係のない振り仮名を届け出た場合に、漢字との関連性を考慮せず、届出のとおりの振り仮名を戸籍という公簿に記載することとすると、漢字とその読み方を公の機関が公認したものと考えられることになりかねない（子の名に用いることができる文字が人名用漢字と常用漢字であることを踏まえ、両者の関係を考慮すると、国語行政に影響を及ぼす問題となりかねない。）。一方、氏名の漢字と振り仮名との間に関連があるか否かについて、戸籍窓口で審査をすることとする場合には、その判断は、非常に困難であると思われる（その結果、窓口である市区町村において相当の混乱が予想される。）。

仮に、全ての戸籍に一律に振り仮名を付すこととする場合には、全国民に対し

「戸籍制度に関する研究会」最終取りまとめ

て郵送等により自己の氏名の振り仮名を届出させる必要があり、国民の負担が大きい上に、市区町村の作業量が膨大となり、相当混乱が生ずることが想定され、現実的でないと考えられる。一方、出生届等の届出がされた段階で、順次、氏名の振り仮名を戸籍に記載していくことも考えられるが、この場合も、同じ氏である親子や兄弟が、それぞれ別の届出において、異なる振り仮名を届け出る可能性があるため、その都度、事件本人の親族が在籍する戸籍に記載された氏名の振り仮名を確認する等、届書の受否を判断する上で審査が必要となり、相当混乱が生ずることが考えられる。

また、そもそも、親子や兄弟の氏について、異なる振り仮名で別々に届出がされた場合、実質的審査権を有しない市区町村において、どちらが正しいかを判断することは極めて困難である。

一方、全く審査（確認）をしないまま受理し、届書に記載されたとおり戸籍に記載した場合、連続する戸籍間に不整合が生じることとなり、その結果、戸籍訂正がされるまでの間、正確でない情報が公示され続けるという問題が生じる。

これらの問題の解決は困難であり、戸籍実務上及び一般国民の社会生活上混乱を生じさせることになるものと考えられることから、戸籍に振り仮名を記載する取扱いとすることについては、その必要性や国民の意識も踏まえ、なお慎重に検討すべきである。

イ　死亡届出の届出人資格の拡大

> 死亡届出の届出人資格について、死後事務受任者を含めることとするなど、拡大するものとする。

（補足説明）

法第87条は、第1項で、死亡届出義務者として、第1順位で同居の親族、第2順位でその他の同居者、第3順位で家主、地主又は家屋若しくは土地の管理人と定め（順位にかかわらず、届出は可能。）、第2項で届出資格者として、同居の親族以外の親族、後見人、保佐人、補助人及び任意後見人も、これをすることができると定めている。第2項の届出資格者は、昭和51年改正により設けられ、平成19年改正により同居の親族以外に届出資格者が拡大された。

現在、近年の社会状況を反映して、身寄りのない高齢者を中心に死亡後の諸手続について第三者に事前に委任する死後事務委任契約が増加しているとされる。しかし、法第87条第2項に規定していない死後事務受任者は死亡届の届出人になることができないところ、全国連合戸籍住民基本台帳事務協議会から死後事務受

389

任者について、届出資格者に加えることの要望が出されている。

そこで、死後事務受任者についても、死亡届の届出資格者に加えることについて、検討するものである。なお、死後事務受任者の範囲について一定の制限をすべきか否か、すなわち、任意後見受任者で死後事務受任者の場合、公正証書により死後事務について受任していることの証明は可能であるが、その他死後事務のみを受任しているような場合があるのか、その場合、どのような契約を行っているのか、死後事務委任・受任の実情も踏まえて、検討する必要がある。

　ウ　その他

　その他、所要の整備を行うものとする。

- 戸籍制度に関する研究会の開催経過（省略）
- 戸籍制度に関する研究会委員名簿（省略）

法務省「戸籍システム検討ワーキンググループ」最終取りまとめ（抄）

（座長：安達　淳　国立情報学研究所副所長）

（平成29年7月取りまとめ）

第1　はじめに

　戸籍システム検討ワーキンググループ（以下「本ワーキンググループ」という。）は、平成27年6月から、戸籍事務に社会保障・税番号制度（以下「マイナンバー制度」という。）を導入するために構築すべきシステムの在り方について、21回にわたり検討を重ねてきたところである。

　この間、平成29年3月に中間取りまとめを行い、さらに戸籍情報への個人番号（以下「マイナンバー」という。）の紐付けの方法、新たなシステムによって実現可能なサービス、文字情報の整備、セキュリティの確保等について議論を深め、この度、検討の成果として、最終取りまとめをすることとした。本最終取りまとめでは、今後のシステムの構築に当たっての方向性を示している。

第2　本ワーキンググループ設立の経緯と目的

　平成25年5月、行政手続における特定個人を識別するための番号の利用等に関する法律（平成25年法律第27号。以下「マイナンバー法」という。）が成立し、社会保障・税・防災の3分野がマイナンバーの利用範囲とされた。戸籍事務については、全市区町村の戸籍事務のコンピュータ化が完了していないことなどの理由から、マイナンバー法施行時のマイナンバーの利用範囲にこれを含むことが見送られたものの、マイナンバー制度の導入の検討段階においては、戸籍事務も利用範囲の検討対象となっていたことから、これに関連し、平成26年10月29日から法務省に戸籍制度に関する研究会（以下「研究会」という。）が設置された。研究会では、現代社会にふさわしい新しい戸籍制度を構築する必要性に鑑み、戸籍情報システムの一元化も含め、今後の戸籍制度の在り方について幅広に検討を進め、戸籍事務をマイナンバー制度の利用範囲とすることについて議論が行われた。戸籍事務がマイナンバー制度の利用範囲となれば、①マイナンバーを利用して迅速に戸籍情報を提供し、行政運営の効率化を実現するとともに、②各種行政手続を行うに際して戸籍証明書が不要になる等、手続の簡素化による国民の負担軽減

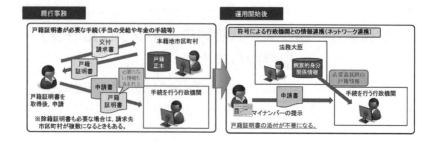

が見込まれるところ、その実現に当たってはシステムの整備が不可欠となる。研究会における議論が進められる中、より実務的・技術的な観点からシステム等の詳細を検討する必要性が生じたことから、これを検討するため、本ワーキンググループが設置された。また、費用対効果を含めた戸籍事務へのマイナンバー制度導入のためのシステムの在り方について、法務省において専門業者に委託して調査・研究を行うこととなったことに伴い、調査事項や調査結果についても評価・検討の対象とされた。

本ワーキンググループは、検討の成果を戸籍制度に関する研究会、更には研究会取りまとめ後に予定している法制審議会の議論に反映させ、連携していくことを所期の目的としている。

第3 戸籍事務へのマイナンバー制度導入のためのシステムの在り方に係る調査について（資料編「戸籍事務へのマイナンバー制度導入のためのシステムの在り方に係る調査」参照）

1 戸籍情報の利用実態等に係る調査

国民の戸籍情報に対するニーズ等を把握するために、戸籍証明書の利用目的を調査するとともに、行政手続における戸籍証明書の利用の在り方を検討するため、戸籍証明書の提出を求めている行政機関等において確認する事項等のヒアリングを行った。また、Webアンケートにより戸籍証明書の交付請求を行うニーズについても調査した。

2 戸籍事務の処理方法等に係る調査

戸籍事務における課題を把握し、今後の戸籍事務の在り方を検討するために市区町村における戸籍事務処理の実施状況を調査した。

3 戸籍情報システムの実態に係る調査

戸籍情報保持形態の検討に当たり、適切なコスト比較を行うための基礎情報として、現状の戸籍情報システムのコストを調査した。

4 戸籍情報の態様等に係る調査

　複数の戸籍情報に記録されている個人を連携するために、技術的に可能な範囲及び費用対効果の観点から合理的な方法等について検討を行うため、現状の戸籍情報の内容を調査した。

5 戸籍記録文字に係る調査

　戸籍に登録されている文字の統一的な整理を検討するために、現状の市区町村の文字の取扱い状況等を調査した。

第4　個別課題の検討

1 ネットワーク連携を実現するためのシステム形態の在り方について

⑴ 考えられるシステム形態とそれらの比較

　情報提供ネットワークシステムを利用し、マイナンバーをキーにして行政機関等に対し戸籍情報を提供する連携（以下「ネットワーク連携」という。）を行うためには、これに対応できるシステムが必要となる。このシステムの候補形態として、形態A案（既存の市区町村ごとの戸籍情報システムを維持したまま、戸籍情報システムの正本情報を用いてネットワーク連携を行う案）、形態C案（市区町村の戸籍情報システムを集約し、国（法務省）で一元化したシステムを構築して管理運用し、このシステムの正本情報を用いてネットワーク連携を行う案）及びその中間の形態B案（既存の市区町村ごとの戸籍情報システム及び正本情報を維持したまま、法務省の副本データ管理システムの仕組みを利用した連携システムを構築し、このシステムの連携情報を用いてネットワーク連携を行う案）の3案について、いずれの案が適当であるか検討を行った。

　もっとも、市区町村ごとに戸籍情報システムのリプレース時期が異なるところ、形態C案については、国の一元化システムが運用開始するまでの移行期間が長期化しかねないとともに、ベンダーが異なる戸籍情報システム間のデータ移行を行う際には、コストが高くなりがちであることや全体の改修規模が大きくなることを踏まえると、国が負担する費用も高くなることから、現時点では、実現可能性が低いとされた（資料編「システム整備における課題」参照）。

　形態A案と形態B案については、(i)情報連携の実現性の観点及び(ii)システム整備の観点からの検討をそれぞれ行った。

⑴ 情報連携の実現性の観点からの検討

　形態A案の場合、複数の市区町村にまたがった親子関係等の親族関係については情報連携が困難であるとともに、個人の統合についても各市区町村の範囲に止まることから、現実的には連携候補となる手続が限られ、将来性に乏しい

のではないかという結果が得られた。

　一方、形態B案の場合、個人の統合が可能であるとともに、親子関係等の親族関係について情報連携が可能であることから、戸籍証明書の主要な利用目的である、年金、児童扶養手当等の手続の一部や戸籍の届出について情報連携が可能である。また、同様に主要な利用目的である相続関係手続についても、親子関係等の情報を蓄積することにより、将来的には、相続関係の手続に当たって法定相続人等の情報を連携することも可能と考えられるとする結果が得られた。

(ii)　システム整備の観点からの検討

　形態A案の場合、ネットワーク連携について、既存の中間サーバープラットフォーム等を活用できることから、新規のシステム構築に要する経費は抑えられるが、既存の戸籍情報システムの改修が各市区町村で必要となるという結果が得られた。

　形態Bの場合、ネットワーク連携のための中間サーバーや親族的身分関係情報を管理する新たなシステムの構築が必要になるとともに、各市区町村や法務省の既存システムの改修もタイミングを合わせて実施する必要があるという結果が得られた。

　なお、両形態とも、既存の戸籍情報システムの運用経費にネットワーク連携のための経費が付加されることが想定され、システム全体に要する経費が従来よりも増加することが考えられる。

　このため、連携情報の持ち方については、個人を統合した連携情報を用いて様々な手続のネットワーク連携が可能である形態B案を選択肢として、システム整備の観点からの課題である経費の削減等について、解決のための検討を進めることとした。

「戸籍システム検討ワーキンググループ」最終取りまとめ

〈形態Ａ案と形態Ｂ案のイメージ〉

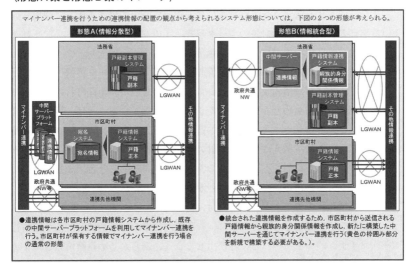

〈形態Ａ案、形態Ｂ案の比較評価〉

			形態A(情報分散型)	形態B(情報統合型)
情報連携の実現性	戸籍情報の統合範囲	連携情報における統合の範囲	△ 各市区町村内の情報に限定される。	○ 全ての情報について統合可能（ただし、画像データの戸籍情報については、コスト面から限界がある。）
		必要な戸籍情報取得の仕組み	△ 複雑・複数の戸籍に記録されている戸籍情報が必要な場合、順次戸籍を遡って取得しなければならない。・複数の情報提供者から提供される場合、情報照会者が最終的には必要としない情報を含めて提供される可能性がある。	○ 容易・情報提供者が単一であり、複数の戸籍に記録されている戸籍情報が必要な場合も、1回で取得可能。・提供される戸籍情報について、情報照会者が必要とする戸籍情報のみを情報提供することが可能。
	情報連携先の範囲		△ 狭い・システム対応に当たって、既存のネットワーク連携の仕組みを活用できるものの、親子関係等の情報連携が困難な場合があり、情報連携先の範囲が限られる。	○ 広い・ネットワーク連携の仕組みや親子関係等の情報を管理するシステムの構築を新たに行う必要があるが、親子関係等の情報連携が可能となり、情報連携先の範囲が広い。
	ネットワーク連携※	児童扶養手当	×	○
		老齢年金請求	×	○
		年金分割請求	×	○
		旅券発給	△（記載事項変更旅券発給、未成年者新規旅券発給等、従前の戸籍を必要とするものは連携の仕組みを活用できない。）	○
	戸籍事務内連携（届出時の戸籍証明書の省略等）		×	○
システム整備	新規システム構築		限定的	必須
	既存システム改修		必須	必須

※ ネットワーク連携の実現性については、情報照会先で必要となる戸籍情報と情報提供側のシステムにおける戸籍情報の記録状況に応じて、あくまで概念モデルとして、技術的に対応可能かどうかを示したものであり、具体的な情報連携の可否については、制度面を含めて別途検討する必要がある。

(2) システム整備における課題（資料編「システム整備における課題」参照）

システム整備における課題については、システム全体の経費の削減が検討さ

れ,戸籍情報システムのクラウド化を進めることや一元化することが議論された。

　また、一元化システムへの移行等に係る課題については、①氏名に使用している字形の変更、②移行対象のデータ形式、③中間標準レイアウトに含まれないデータ、④システムの切り替えが議論された。

　その結果、現状の戸籍事務への影響等に鑑み、ネットワーク連携への対応と合わせて一斉に戸籍情報システムのシステム移行を行い、市区町村の既存の戸籍情報システムを集約し、一元化したシステムを構築することは、現時点で現実的ではないとされた。また、コスト面への対応としては、ネットワーク連携への対応とは別に、例えば各市区町村の戸籍情報システムについて、低コストで移行することが可能なベンダー別のクラウド化を進めるなど、より長期的なスパンでシステムの集約を目指すことが妥当とされた。

(3)　戸籍情報へのマイナンバーの紐付け

　ネットワーク連携をするためには、行政機関等からの求めに応じて戸籍情報を、マイナンバーをキーにして呼び出せるよう、あらかじめ戸籍情報とマイナンバーとをリンクさせておく(以下「マイナンバーの紐付け」という。)必要がある。この点については、①戸籍情報システムの運用による紐付けとして、戸籍の附票を活用して住所地の市区町村からマイナンバーを戸籍情報に紐付けるために必要な情報を取得して本籍地の市区町村で紐付けする方法、②国から個別にマイナンバーの生成機関である地方公共団体情報システム機構(以下「J-LIS」という。)に照会して国で紐付けする方法、③本籍地の市区町村から個別にJ-LISに照会して当該市区町村で紐付けする方法の3案について、いずれの方法が適切であるか検討を行った。その結果、紐付けの正確性、紐付け結果の検証方法の妥当性等の観点から①の戸籍の附票を活用して戸籍情報にマイナンバーを紐付けることが妥当とされた。また、この方法は、初期のマイナンバーの紐付けに加え、運用面においても、マイナンバー変更や海外からの転入によるマイナンバーの新規の紐付けへの対応ができる点で優れているといえる。

(4)　システムの設計方針(小括)

ア　戸籍情報連携システムの構築

　以上の議論を踏まえ、システム構築の効率化、合理化の観点から、①既存の市区町村の戸籍情報システムや戸籍の正本の制度は維持すること、②国において、連携して提供する情報として電子化された戸籍情報を保有する必要があることから、形態B案を前提に、国においてシステム(以下「戸籍情報連携システム」という(仮称)。)を構築するのが妥当と結論付けられた。

　また、システム構築の効率化、合理化という同様の観点から、市区町村の戸

籍の正本の更新情報を国のシステムに送信する、現行の戸籍副本データ管理システムの仕組みを利用するのが妥当と結論付けられた。

　併せて、市区町村の戸籍情報システムを維持する場合においても、自治体クラウドの推進といった国及び地方公共団体でのＩＴ施策を参考にしつつ、低コストで移行することが可能なクラウド化を進めるなどして、システム全体の運用経費等の削減を図るのが妥当と結論付けられた。

イ　戸籍情報へのマイナンバーの紐付け

　マイナンバーをキーとして戸籍情報を行政機関等に提供することの正確性を期すため、戸籍情報連携システムで管理するマイナンバー情報の取得については、マイナンバーを付番する住民基本台帳と戸籍簿とをつなぐ役割を果たしている戸籍の附票を活用することとし、これにより戸籍情報にマイナンバーを紐付けすることが妥当と結論付けられた。

ウ　その他

　戸籍情報連携システムは、戸籍情報の提供その他の行政機関等との連携において利用する政府共通ネットワーク、ＬＧＷＡＮ、法務省ネットワーク及び住民基本台帳ネットワークシステムとの接続に当たっては、各ネットワークの安全性及び独立性を確保するため、不必要なネットワーク間の疎通を防止する仕組みとするのが妥当と結論付けられた。

2　ネットワーク連携実現のための留意事項

(1)　情報提供ネットワークシステムの利用

　マイナンバーを利用した「情報連携」は、情報提供ネットワークシステム（コアシステム）を介して行うことが原則となる。情報提供ネットワークシステムにおいては、マイナンバーを直接のキーとして用いず、機関別符号（情報連携を行う機関ごとにマイナンバーをもとに生成される当該マイナンバーに代わって用いられる符号）を連携のキーとして用いる方式としている。情報提供ネットワークシステムでは、マイナンバーごと、組織ごとに異なる符号を生成し、機関別符号取得を要求した情報提供予定機関の中間サーバーに対して生成した符号を通知することとしているところ、これらの機関別符号について、組織をまたがって関連付けることができるのは同システムのみであることから、情報連携には同システムの利用が必要となる。

　情報の提供側では、必要な情報を中間サーバーに記録してその者の機関別符号とともに管理し、情報照会があった際に情報を提供することになるため、情報保有機関は提供する情報を定め、当該情報を中間サーバーに登録しておく必要がある。

なお、個人情報保護の観点から、中間サーバーには氏名、生年月日、性別、住所の4情報やマイナンバーなど個人を特定できる情報は格納しないこととされているため、これらの情報は情報提供ネットワークシステムでは連携を行うことができない（これら4情報については、住民基本台帳ネットワークシステムの本人確認情報により確認することとなる。）。

【参考】ネットワーク連携のシステム構成図

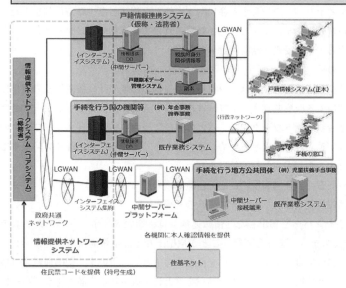

〈ネットワーク連携システムを利用した場合の留意事項〉

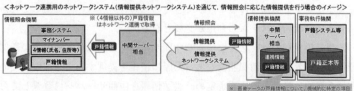

(2) ネットワーク連携における戸籍情報の提供
ア　探索的な情報照会の不能
　情報提供ネットワークシステムにおいては、マイナンバーを直接連携することは認められていないことから、例えば、ある個人のマイナンバーを利用して、その者の配偶者のマイナンバーを直接照会することや氏名等の個人を特定する情報を照会することができない。したがって、対象となる親族の情報が分からない状態で探索的に情報照会を行うことができず、ネットワーク連携における戸籍情報の照会については、対象となる個人のマイナンバーが必要となる。

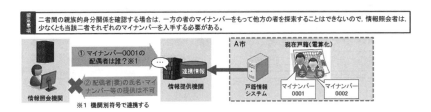

イ　情報連携の対象範囲
　コンピュータ化時点で除籍となっていたものについては、画像データで保存されているところ、その情報量はマイナンバーが付されている者に限っても膨大であり、画像データという性質からもマイナンバーと紐付けることには技術的困難を伴う。また、仮に戸籍に記載された個人情報を全て統合し、紐付けようとすると、全ての情報をテキストデータ化する必要が生じるが、これは多くの費用、労力が必要となる一方、コンピュータ化する前の戸籍の情報が利用される機会がそれほど多くないことからすれば、費用、労力に見合った効果が見込めず、合理的とはいえない。したがって、現時点では、情報連携は、コンピュータ化されている戸籍のみを対象とするのが相当である。このため、コンピュータ化以前の除籍等が必要となる相続手続等については、当面の間、情報連携はできないこととなる。

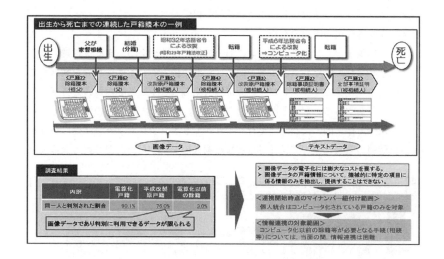

ウ　提供情報の制約

　コンピュータ化をした戸籍については、新戸籍の編製に関する事項等一部の戸籍情報を省略して記録（移記）することができる取扱いとなっており、紙戸籍で管理していた過去の婚姻、離婚の情報は改製原戸籍として画像データで記録はしているもののテキストデータとしては記録していないため連携情報として提供することができない。

　例えば、ある夫婦がA市において婚姻により新戸籍を編製し、戸籍がコンピュータ化される前に離婚をし、夫がA市、妻がB市においてそれぞれの戸籍の編製をし、その後、それぞれの市においてコンピュータ化された事例では、コンピュータ化された後の戸籍には婚姻・離婚事項が記録（移記）されないため、情報照会機関がネットワーク連携により、当該夫婦の婚姻日・離婚日について照会したとしても、情報提供ができない（あるいは空値として回答する）こととなる。

「戸籍システム検討ワーキンググループ」最終取りまとめ

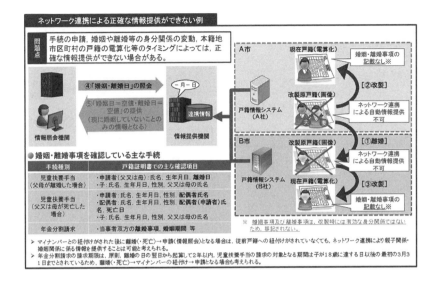

3　戸籍情報連携システムにおいて想定する新規事務

形態Ｂ案（情報統合型）を採用した場合には、例えば、次のような事務が考えられる。

① ネットワーク連携事務

符号をキーに情報提供ネットワークシステムを経由して行政機関等の求めに応じて戸籍情報を提供する事務

② 戸籍事務内における活用事務

システムを通じて、市区町村・管轄法務局で戸籍情報や届書情報を参照し活用する事務

③ 匿名化統計情報提供事務

戸籍事件の集計や戸籍事務の改善などのため、親族的身分関係情報及び個人統合戸籍情報を参照し、戸籍情報を匿名化した上で、統計情報として提供する事務

④ その他

将来的なサービスとして、市区町村をまたいで転籍等があった場合に、本籍地の履歴を帳票にしてお知らせする、本籍地履歴書交付サービス（仮称）

マイナンバーを利用した事務のイメージ

①ネットワーク連携／②戸籍事務内における活用

住基ネットワーク　基本4情報（氏名、生年月日、住所、性別）　照会　回答　照会　回答　4情報以外　情報提供NWS　親族的身分関係情報等　行政機関　申請　マ

[法務省]　戸籍情報連携システム（仮称）　専用線等（IP-VPN等）　参照　LGWAN　管轄法務局　参照　参照　【届出地】市区町村　戸籍事務（受否判断等）　【本籍地】市区町村　戸籍事務（戸籍の記録等）　届出　マ　届出　マ

※マは、情報としてのマイナンバーを示す。

4　ネットワーク連携のためのシステム

(1)　ネットワーク連携のための戸籍情報の整備

　ネットワーク連携では、行政機関等から、特定個人のマイナンバーをキーにして基本4情報を除く、特定個人の夫婦関係や親子関係といった戸籍情報の提供が求められる。しかし、現行の戸籍は、本籍地と筆頭者を中心に一組の夫婦と氏を同じくする子によって編製されており、個人ごとに戸籍情報が備えられているわけではなく、また、夫婦関係や親子関係といった個人の親族的身分関係を記号化した情報も備えていない。このため、戸籍の記録について個人ごとに戸籍情報を備えるとともに、個人ごとに親族的身分関係を記号化する情報をあらかじめ作成する必要がある（親族的身分関係情報（仮称）の作成）。

　戸籍の記録について個人ごとに戸籍情報を備えるためには、転籍等があった場合など、複数の戸籍に記録されている個人が同一人であることが結びつけられるようにする必要があるため、新旧本籍地の市区町村に保有されている同一人に関する各戸籍情報を統合する必要がある（個人統合戸籍情報（仮称）の作成）。

　ここで、統合する情報は、市区町村の戸籍情報システムにおいて既に電子化されている戸籍及び除籍の情報を活用することが費用対効果の観点からも合理的であり、これらの情報は、戸籍副本データ管理システムの仕組みを利用し、

国が保有する個人統合戸籍情報として整備することが合理的である。

もっとも、現状、市区町村ごとに外字（約102万文字）が作られるなど、戸籍に使用されている文字コードが統一されていないことから、文字コードを統一した個人統合戸籍情報を作るためには、市区町村の戸籍情報システムで使用されている文字情報について、文字コードを統一するための、文字の同定作業が必要となる（文字の整備）。

以上から、ネットワーク連携するための前提としての戸籍情報の整備として、個人統合戸籍情報の作成とその前提としての文字の整備及び個人ごとの親族的身分関係情報の作成が必要となる。

〈戸籍情報の整備のイメージ〉

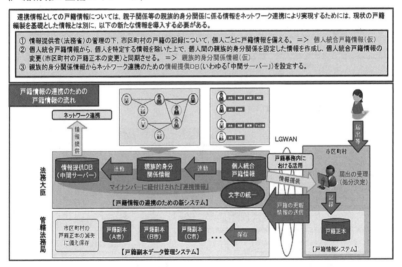

(2) ネットワーク連携として提供する戸籍情報

前述のとおり、情報提供ネットワークシステムを使用する場合には、氏名、住所、生年月日及び性別の基本4情報を提供することができない。したがって、行政機関から符号を利用して照会があった場合には、当該符号に対応する個人に係る必要な戸籍情報のみ提供し、二者間の親族の身分関係情報（親子関係、夫婦関係及び後見関係）については、当該二者それぞれに同一の親族的身分関係記号を提供することとなる。

403

〈親族的身分関係情報の確認のイメージ〉

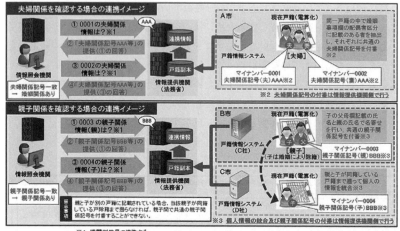

〈親族的身分関係情報のイメージ〉

もっとも、戸籍情報を照会する行政機関等側が効率的に事務を行えるよう、当該行政機関等の側において、記号化された親族的身分関係情報について可視的に変換するユーザーインターフェースを構築することも可能である。また、そのようなユーザーインターフェースは構築せず、事務担当者が記号化された親族身分関係情報の同一性について、目視によって確認する取扱いをすることも可能である。

なお、コンピュータ化時点で除籍となっていた戸籍情報については、ネットワーク連携によって提供することができないことから、行政機関等がこれを求める場合には、その必要性の有無を含め、行政機関等との間で個別に協議、調整することになると考えられる。

〈連携のための戸籍情報の整備について（小括）〉
(i) 個人統合戸籍情報の作成とその範囲
　提供する戸籍情報として、複数の戸籍に記録されている個人のものを統合する必要があるところ、統合する範囲は、費用対効果の観点から、当面は、市区町村において既に電子化されている戸籍及び除籍（画像データを除く。以下同じ。）とする。
(ii) 文字の整備
　個人の戸籍情報を統合するに当たっては、各市区町村で異なるデザイン、コードで管理されている文字情報を同定し、文字コードの統一化を図る文字整備事業を行う。
(iii) 親族的身分関係情報の作成
　国民が戸籍証明書を提出することに代えて行政機関等に提供する戸籍情報として、統合した個人の戸籍記録に対応する親子関係や夫婦関係などの親族的身分関係情報を作成する。

〈システムの在り方と構築についてのイメージ〉

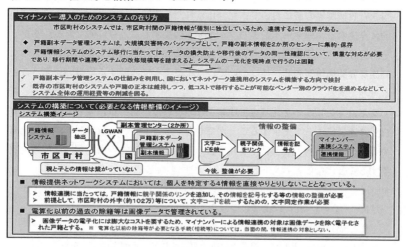

(3) ネットワーク連携による連携候補手続について

　戸籍証明書の提出が必要となる手続については、相続関係手続等、画像データ化された古い除籍等を必要とする手続が多くを占めているが、画像データ化された除籍等については、マイナンバーとの紐付けに当たっては手作業が必要であり、照会された情報について自動的に抽出して応答するためには、別途データのセットアップをし、紐付けない限り不可能であることから、情報連携は困難と考えられる。そこで、ネットワーク連携による連携候補手続については、電子化された戸籍の範囲で大部分が対応可能と想定される手続が考えられる。

　一方、法令上、戸籍証明書を必要とする手続の数は200以上にも上るが、このうち戸籍証明書の代替として住民票の写しの提出が認められているものや証明書の提出先が行政機関でないものを除き、費用対効果の観点から、当該事務の処理件数等の実績を踏まえ、ある程度の連携効果が見込めるものを中心に検討を進める必要がある。

　現時点で、これらの条件に合致するものとして、例えば、以下の手続が戸籍の連携候補手続として挙げられる。

連携候補手続	連携候補先（所管庁）	戸籍証明書での主な確認項目
児童扶養手当請求	市区町村 （厚生労働省雇用均等・児童家庭局）	・申請者の氏名、生年月日、婚姻日、離婚日 ・申請者と子の続柄、親権の有無

老齢年金請求	日本年金機構 （厚生労働省年金局）	・受給権者と加給年金対象者等との続柄（配偶者、（未成年等の）子） ・現在の婚姻期間等
年金分割請求		・当事者双方の離婚事項、婚姻期間等
旅券発給申請	旅券事務所 （外務省領事局）	・旅券発給申請者の戸籍が存在すること（日本国籍の有無の確認） ・申請者の氏名、生年月日、性別、本籍 ・（未成年申請者の場合）法定代理人の氏名、続柄、親権の有無 ・申請者の婚姻事項、離婚事項、養子縁組事項

5　戸籍事務内における活用等のためのシステム

(1)　新システムのイメージ

　研究会において、「市区町村は、届出の受理の審査に当たって戸籍情報を確認する必要がある場合には、当該事件本人のマイナンバーを活用し、国が構築する戸籍情報連携システムの情報を参照して、審査を行うことができるものとし、原則として届出人が戸籍謄本等を届出の際に添付しなくてもよいものとする」といった制度を構築することが議論されてきた。このため、システム的にも受理地市区町村において審査に必要な戸籍情報を取得（参照）できるようにすることが考えられる。

　また、同じく研究会において、「届書、申請書その他の書類については、届出等を受理した市区町村において、内容を確認した上で電子化し、国が構築する戸籍情報連携システム（仮称）に送信するとともに、届書等を一定期間保存することとし、現在行われている本籍地市区町村及び法務局等への送付事務を行わないものとする。また、戸籍を記載する本籍地の市区町村で活用できるよう、届書のうち必要事項を入力した情報も国が構築する戸籍情報連携システム（仮称）に送信するものとする。国が構築する戸籍情報連携システム（仮称）に保存されたこれらの情報は、本籍地の市区町村の戸籍事務及び管轄法務局の指示等の事務において参照できるものとする」といった制度を構築することが議論されてきた。このため、届書情報については、受理地市区町村において処分決定（受理）後に電子化し、国が管理する戸籍情報連携システムに送信し、参照できるようにするとともに、受理地市区町村で入力した届書情報を、本籍

地市区町村で戸籍記載に活用できるようにすることが考えられる。
　このほか、迅速な戸籍事件統計の公表に資することができるよう、市区町村が作成する戸籍事件表（戸籍の届出、戸籍証明書の交付請求等に関する統計）を戸籍情報連携システムに送信し、集計作業等を自動化することが考えられる。また、これらの情報を、戸籍事務の改善のための分析にも資することができるよう、情報の加工化を行うことが考えられる。

(2)　戸籍事務に与える影響
　受理地市区町村から本籍地市区町村への照会については、電子化され、戸籍情報連携システムにより確認できる戸籍情報は照会が不要となることから、事務の効率化が進むことが期待される。
　また、届書等の発送事務が不要となることから、送付の際の宛名書き、送達確認も不要となり、届書の未送達といった事案もなくなることになる。こうしたことからすると、戸籍事務内における活用は非常にメリットがあると考えられる。

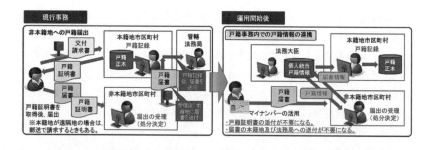

6　戸籍情報に対する情報セキュリティ対策

　日本人の親族的身分関係が登録されている高度な個人情報である戸籍情報の漏洩や不正利用を防止する観点から、戸籍情報は暗号化して保存し、戸籍情報へのアクセス許可の認証は厳格なものとする必要がある。認証においては、アクセス者、職責、届出審査、戸籍記録等の事務の種別、機関名称等を明らかにし、全ての操作記録を認証ログとして記録することが妥当であり、第三者が監視、確認する仕組みとすることも考えられる。また、システムのアプリケーションから戸籍情報への直接のアクセスを禁止し、アプリケーション認証を伴うＡＰＩ経由のアクセスのみを許容するといったことが考えられる。さらに、運用面からは不受理申出や届書等の記載事項証明書等においてＤＶ被害者等の住所等が覚知されないよう配慮を求める申立てがあった場合に、事務処理に過誤が生じないような仕組

「戸籍システム検討ワーキンググループ」最終取りまとめ

みを構築することも重要である。

　戸籍情報の完全喪失を防止する観点から、戸籍副本データ管理システムは維持し、正本については現在と同等の完全性を維持するとともに、戸籍情報連携システムにおいては、センターを分散し、相互にレプリケーションを行うことが考えられる。なお、完全喪失の防止を十全なものにするためには、バックアップデータについて、センターでの保管に加え、別途、遠隔保管を行うことも検討に値する。

7　システムの業務継続性の確保

　システム障害が発生した場合のシステム停滞時間を可及的に短縮化する観点から、戸籍情報連携システムを管理するセンターの拠点は2か所とし、各センターの機器を冗長化することを原則とするとともに、拠点間で戸籍情報を同期させ、センターが停止した場合には他方のセンターに切り替えて業務が継続できるようにすることが必要である。

8　デジタルガバメントの構築に向けて

　戸籍事務における文字の利用の効率化を図るため、市区町村間で解釈の異なる文字の取扱いに一定の基準を設け、将来的に国際標準に準拠したIPA文字情報基盤の文字コード体系を備えた「新戸籍統一文字」（戸籍の記録に使用されている全ての文字に対して文字同定を実施し、これにより作成された統一的な文字集合）に収れんできることが望ましい。このため、例えば、文字コードを統一化した文字の整備作業終了から一定期間経過後は、これに反するような新規の字形作成を抑制するといったことが考えられる。

〈戸籍に記録できる文字（新戸籍統一文字）一覧の一案のイメージ〉

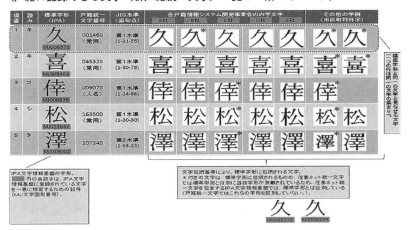

409

第5 まとめ

（提供する戸籍情報の整備）（P405）

- 行政機関等に提供する戸籍情報として、複数の戸籍に記録されている個人の情報を統合する必要があるところ、費用対効果の観点から、統合する範囲は、当面は、市区町村において既に電子化されている戸籍及び除籍とする。

- 個人の戸籍情報を統合するに当たっては、各市区町村で異なるデザイン、コードで管理されている文字情報を同定し、文字コードの統一化を図る文字の整備事業を行う。

- 国民が戸籍証明書を提出することに代えて行政機関等に提供する戸籍情報として、統合した個人の戸籍記録に対応する親子関係や夫婦関係などの親族的身分関係情報を作成する。

（システムの骨格）（P396）

- システム構築の効率化、合理化の観点から、既存の市区町村の戸籍情報システムや戸籍の正本の制度は維持しつつ、連携して提供する情報として電子化された戸籍情報を保有する必要があることから、国において戸籍情報連携システムを構築する（情報統合型「形態Ｂ」）。同様の観点から、現行の戸籍副本データ管理システムの仕組み（市区町村の戸籍の正本の更新情報を国のシステムに送信する方法）を利用する。

（システム設計方針）（P397）

- マイナンバーをキーとして戸籍情報を行政機関等に提供することの正確性を期すため、戸籍情報連携システムと連携させるマイナンバーの取得については、マイナンバーを付番する住民基本台帳と戸籍簿とをつなぐ役割を果たしている戸籍の附票を活用することとし、これにより戸籍情報にマイナンバーを紐付ける。

- 戸籍情報連携システムは、戸籍情報の提供その他の行政機関等との連携において利用する政府共通ネットワーク、ＬＧＷＡＮ、法務省ネットワーク及び住民基本台帳ネットワークシステムの各ネットワークとの接続に当たっては、各ネットワークの安全性及び独立性を確保するため、不必要なネットワーク間の疎通を防止する仕組みとする。

- 市区町村の戸籍情報システムを維持する場合においても、自治体クラウドの推進といった国及び地方公共団体でのＩＴ施策を参考にしつつ、低コストで移行することが可能なクラウド化を進めるなどして、システム全体の運用経費等の削減を図る。

「戸籍システム検討ワーキンググループ」最終取りまとめ

（戸籍情報連携システムにおいて想定する新規事務）（P401）

- ①符号をキーに情報提供ネットワークシステムを経由して行政機関等の求めに応じて戸籍情報を提供する「ネットワーク連携」事務、②システムを通じて、市区町村・管轄法務局で戸籍情報を参照し活用する「戸籍事務内における活用」事務、③親族的身分関係情報及び個人統合戸籍情報を参照し、戸籍情報を匿名化した上で、統計情報として提供する「匿名化統計情報」事務などが考えられる。

（他の行政機関との連携のためのシステム）（P403～405）

- ネットワーク連携において、行政機関等から符号を利用して照会があった場合には、当該符号に対応する個人に係る必要な戸籍情報のみ提供し、二者間の親族的身分関係情報（親子関係、夫婦関係及び後見関係）については、当該二者それぞれに同一の親族的身分関係記号を提供する（ネットワーク連携）。なお、電子化されていない戸籍情報の提供についてはその必要性の有無を含め、行政機関等との間で個別に協議、調整する。

（戸籍事務内における活用等のためのシステム）（P407～408）

- 受理地市区町村において審査に必要な戸籍情報を取得（参照）できるようにする。

- 届書情報については、受理地市区町村において処分決定（受理）後に電子化し、国が管理する戸籍情報連携システムに送信する。また、受理地市区町村で入力した届書情報を、本籍地市区町村で戸籍記載に活用できるようにする。

- 迅速な戸籍事件統計の公表に資することができるよう、市区町村が作成する戸籍事件表（戸籍の届出、戸籍証明書の交付請求等に関する統計）を戸籍情報連携システムに送信し、集計作業等を自動化するとともに、戸籍事務の改善のための分析にも資することができるよう、情報の加工化を行う（匿名化統計情報の生成と活用）。

（戸籍情報に対する情報セキュリティ対策）（P408～409）

- 戸籍情報が高度な個人情報であることに鑑み、情報技術の進展にも留意しつつ、必要かつ合理的な範囲で可用性、完全性及び機密性を確保する。

（システムの業務継続性の確保）（P409）

- 戸籍情報連携システムは、各行政機関等に戸籍情報を提供する行政システム基盤であることから、戸籍情報を提供する機関との調整等を踏まえた適切なサービスレベルを設定した上で、最適な継続的システム運転を行う。

（デジタルガバメントの構築に向けて）（P410）

- 戸籍事務において文字の利用を効率的に行えるようにする観点からは、将来

411

的にＩＰＡの文字情報基盤の文字コード体系を備えた「新戸籍統一文字」に収れんできることが望ましい。このため、例えば、文字コードを統一化した文字の整備作業終了から一定期間経過後は、これに反するような新規の字形作成を抑制するといったことが考えられる。

第6 終わりに

システムの構築、運用に当たっては、更に制度の詳細な内容の検討が必要なものもあるため、今後、議論を深めていくべき課題もいくつか残されているが、各委員が忌憚ない意見を出し合い、熱心な議論を重ねてきた結果として、今回、最終取りまとめという形で、システムの骨格の大要を決めることができた。今後、市区町村における戸籍事務の実情を具体的に踏まえつつ、制度の詳細な議論が進められ具体化していく中で、本ワーキンググループの最終取りまとめが活用され、新たなシステムを活用した新たな制度が着実に実施されることを期待して結びとしたい。

第7 資料編

- 戸籍システム検討ワーキンググループ委員会名簿（省略）
- 戸籍システム検討ワーキンググループの開催経過（省略）

「戸籍システム検討ワーキンググループ」最終取りまとめ

戸籍事務へのマイナンバー制度導入のための
システムの在り方に係る調査

1 戸籍情報の利用実態等に係る調査
(1) 戸籍証明書の利用目的

調査概要	主な調査結果
調査目的 戸籍証明書の提出を要する手続を洗い出し、戸籍情報に対するニーズ等を把握するために、戸籍証明書の利用目的を調査	**戸籍証明書の利用目的** **多い利用目的(現地調査)** ■ 1位 相続関係手続 ■ 2位 年金・社会保険関係手続 ■ 3位 旅券関係手続 ■ 4位 戸籍届出 上位4つで53.3%を占める
調査内容等 ■ 東京都内の1自治体を対象とした現地調査において、平成26年分の戸籍証明書の交付請求書の内容を調査することにより、戸籍証明書の利用目的及び提出先を集計 ■ 全市区町村を対象とした書面調査において、現地調査における戸籍証明書交付請求時の利用目的別の比率と、各市区町村における傾向との差異を確認 ■ 全市区町村を対象とした書面調査において、戸籍証明書及び戸籍に関する一般行政証明書の交付件数等を調査	 **書面調査における全市区町村の傾向** 1位で86.7%、2位から4位までで85.6%の市区町村が現地調査結果と「同様である」と回答 **利用目的別の戸籍証明書の種別** 利用目的によって必要とされる戸籍証明書の種別が相違 **主に除籍謄抄本及び改製原戸籍謄抄本を交付** ■ 相続関係手続 ■ 年金・社会保険関係手続 **主に戸籍記録事項証明書を交付** ■ 旅券関係手続 ■ 戸籍届出
参考データ **統計値** ■ 平成26年度の戸籍証明書の発行件数 　記録事項証明書:27,542,317件(うち無料:5,263,935) 　謄抄本等　　　:13,254,837件(うち無料:4,211,374) ■ 平成27年度の戸籍証明書の発行件数 　記録事項証明書:28,465,302件(うち無料:5,298,305) 　謄抄本等　　　:14,265,773件(うち無料:5,118,147)	**請求形態別の比率** **請求形態別の比率(現地調査)** ■ 窓口での一般請求(41.5%) ■ 郵送による一般請求(31.5%) ■ 公用請求(27.0%) ※公用請求については、大半が郵送による請求

413

(2) 戸籍証明書の提出を求める行政機関へのヒアリング

調査概要

調査目的

各行政手続における戸籍証明書の利用の在り方を検討するために、戸籍証明書の提出を求めている行政機関において確認する事項等をヒアリング調査

調査内容等

- 調査手法
  次の手続を対象に所管する行政機関に対してヒアリングを実施。
  ・旅券発給事務に係る手続(外務省)
  ・年金、児童扶養手当等の社会保障に係る手続(厚生労働省)
  ・相続税の申告等の税に係る手続(国税庁)

- 主な調査内容
  ・手続において戸籍証明書の提出を求める目的
  ・戸籍証明書で確認する事項
  ・氏名等の文字の字形等の確認の状況
  ・システムでの情報連携等に関する要望・意見等

参考データ

統計値
- 国内での一般旅券発行数　平成27年:3,249,593冊
- 児童扶養手当(認定請求書受付)　平成27年度:137,365件
- 相続税に係る被相続人数　平成27年:133,070人

主な調査結果

戸籍証明書で確認すること

利用目的は2つに類型化
- 手続の申請書等に記載された内容の確認
- 手続の対象者に関して、親族的身分関係にある者の探索等

戸籍証明書で確認する事項
- 日本国籍を有していること
- 氏名、氏又は名の変更履歴
- 生年月日
- 続柄(性別)
- 本籍
- 特定の者との身分関係(夫婦、親子、兄弟姉妹、相続人など)

各調査機関の情報連携に関する主な要望・意見等

- 戸籍の全ての情報ではなく、特定の者との親族的身分関係など必要な情報が提供されること
- 戸籍に登録されている本人を特定するための構成要素として本籍情報(地番等まで含む)が提供されること
- 戸籍に登録されている文字の字形を基本として氏名を確認できること

---

(3) 戸籍に関する国民の意識調査

調査概要

調査目的

戸籍証明書の交付請求を行う国民側のニーズを直接的に把握するため、Webアンケートにより交付請求におけるニーズ等を調査

調査内容等

- 調査手法
  モニターとして登録している全国の国民を対象にWebアンケートを実施

- 調査対象
  以下96セグメントに分割し、セグメントごとに原則100人を抽出し、9,526名を対象に実施。
  ①性別　2セグメント(男性・女性)
  ②年齢　6セグメント(20代から70代まで)
  ③地域　4セグメント
  　　　　　(「北海道・東北」「関東」「中部・近畿」「中国・四国・九州」)
  ④居住地域　2セグメント
  　　　　　(人口密集地(政令市、県庁所在地等人口密度の高い241市区町村)、それ以外)

- 主な調査内容
  ・本籍と住所の関連
  ・戸籍証明書の交付請求経験
  ・戸籍証明書の交付請求方法
  ・戸籍証明書の取得方法に関するニーズ
  ・戸籍証明書の交付請求に要する時間

主な調査結果

本籍と住所の関連

■ 本籍地と住所地が同じ理由
・住所と同じにしたほうが便利だから　47%
・住所地に長く住むため　13%
■ 本籍地と住所地が異なる理由
・特定の意思をもって本籍地を指定している　27%

戸籍証明書の交付請求経験

- 戸籍証明書の交付請求経験の有無
  戸籍証明書の交付請求経験のある人の割合については、年代が上がるにつれて高くなる傾向にあり、70代で取得したことがない人の割合は全体の0.6%。

「戸籍システム検討ワーキンググループ」最終取りまとめ

（3）戸籍に関する国民の意識調査（つづき）

主な調査結果

戸籍証明書の交付請求目的

■ 交付請求目的
（複数選択可能設問）

戸籍証明書の交付請求方法

■ 交付請求方法
（複数選択可能設問）

戸籍証明書の取得方法に関するニーズ

■ 将来における戸籍証明書の取得方法に関するニーズ
①本籍地の市区町村の役所又は役場の窓口で取得 **42%**
②最寄りの市区町村の役所又は役場の窓口で取得 **23%**
③インターネットでマイナンバーを利用して取得 **13%**
④コンビニでマイナンバーを利用して取得 **11%**

戸籍証明書の交付請求に要する時間

■ 役所又は役場までの往復にかかる時間

■ 役所又は役場での証明書取得までの待ち時間

■ 郵送請求時の投函から取得までの期間

---

2 戸籍事務の処理方法等に係る調査

調査概要

調査目的

戸籍事務における課題を把握し、今後の戸籍事務の在り方を検討するために、市区町村における戸籍事務処理の実施状況を調査

調査内容等

■ 調査手法
・東京都内の2つの自治体を対象とした現地調査において事務処理時間を調査
・全市区町村を対象とした書面調査により上記調査項目との近似性を調査

■ 主な調査内容
・戸籍事務処理（各種届出／戸籍訂正／戸籍相談等）における処理の内容、処理手順等を調査
・戸籍に係る他機関への通知の件数を調査
・戸籍事務及び関連事務の内部事務用書類を調査

参考データ

統計値

■ 届出事件数 平成27年度：4,247,875件
※内訳：本籍人届出3,134,743件
非本籍人届出1,113,132件
（他市区町村から送付2,375,759件）

主な調査結果

戸籍届出に係る他機関への通知や諸帳簿の管理実態

通知用書類種別ごとの通知件数比率（戸籍届出）
■ 1位 届書送達確認書（47.9%）※1
■ 2位 本籍人分届書送付目録（18.5%）※2

「届書の電子的保管等」が実現すれば
届書の送達（参照）がシステム上で可能となり、届書送達確認書の送付が不要になると考えられる。
管轄法務局への届書送付（職員の搬送による）が不要となるため、本籍人分届書送付目録も不要になると考えられる。

※1 受理した届書を本籍の在る市区町村に送付する際の送達確認用に用いる書類
※2 受理した本籍人分の届書を月次で法務局へ送付する際の目録

戸籍事務処理等の実施方法

届書の受理を行う前のシステムによる自動審査の実施状況
■ 受理前に自動審査（30.0%）
■ 受理後に自動審査（61.1%）

「受理後に自動審査」では、届出内容をシステムに入力する前に行政処分を行っており、比較的規模の大きな市区町村において実施されている傾向にあった。

415

3 戸籍情報システムの実態に係る調査

調査概要

調査目的
戸籍情報保持形態の検討に当たり，適切なコスト比較を行うための基礎情報として，現状の戸籍情報システムのコストを調査

調査内容等

- 調査手法
  全市区町村を対象とした書面調査により，現行システムの構成，経費等を調査
- 主な調査内容
  ・現行システムの導入時期，システム構成，次期システムへの更新予定時期及び次期システムの稼働予定期間を調査
  ・現行システムの経費として，機器及びソフトウェア経費，システム導入一時経費（システムエンジニア作業費等），システムの稼働維持に係る経費等を調査

参考データ

統計値
- コンピュータ化している市区町村：1,892（約99.78%）
  （平成29年7月現在）

主な調査結果

現行の戸籍情報システムにおける総経費試算

各市区町村から回答された導入一時経費，機器費，ソフトウェア費及びシステム稼働維持費を集計し，システムの稼働期間を5年と仮定した場合の自治体規模別の平均総経費を試算

#	自治体規模	市区町村数（※）	平均総経費（試算）／市区町村（千円/団体）
1	10万人超	289	150,486
2	10万人以下	516	63,491
3	3万人以下	936	57,658
	全体	1,741	74,796

※ 政令市は市が一括で回答するものとしているため，行政区を除いて政令市を含めた1,741団体が調査対象

システム更新時期は，市区町村ごとに様々であった

現行の戸籍情報システムにおける住民一人当たりの経費

#	自治体規模	市区町村数	一人当たりの経費の平均（円/人）
1	10万人超	289	589
2	10万人以下	516	1,157
3	3万人以下	936	7,647
	全体	1,741	4,420

---

4 戸籍情報の態様等に係る調査

調査概要

調査目的
複数の戸籍情報に記録されている個人を連携するために，技術的に可能な範囲及び費用対効果の観点から合理的な方法等について検討を行うため，現状の戸籍情報の内容を調査

調査内容等

- 調査手法
  戸籍副本データ管理センターにおける現地調査
- 調査内容
  ・戸籍副本データ管理システムから抽出した戸籍副本データ（戸籍，除籍及び改製原戸籍）を基に，プログラムにて個人の統合を実施し，機械化可能率を算出
  ・画像データとして管理されている除籍及び改製原戸籍に対応する見出しデータの登録内容を調査
  ・画像データとして管理されている除籍及び改製原戸籍の見出しにおける生年月日等の設定状況を調査
  ・親子関係，婚姻関係の特定における機械化可能率を算出

参考データ

統計値
- 本籍数及び本籍人口
  平成26年度：本籍数　　52,363,707
  　　　　　　本籍人口　127,940,865
  平成27年度：本籍数　　52,443,938
  　　　　　　本籍人口　127,659,960

主な調査結果

戸籍に記録されている個人の機械的統合の調査結果

内訳	電算化戸籍	平成改製原戸籍	電算化以前の除籍
調査対象件数	28,583,716	180,794,512	287,382,473
同一人と判別された割合	90.1%	76.0%	3.0%

同一人と判別されなかった主な原因
- センター間データ未統合（第1センターと第2センターにデータがまたがっている）
- 文字の問題（字形差異，拗音差異，新字体と旧字体など）
- 記録方法の差異（行政区画の変更，外国名の正式名称と略称，町名，地番の表示違いなど）

※画像データであり個別に利用できるデータが限られる

画像データとして管理されている除籍等の見出データ
- 生年月日入力率
  平成改製原戸籍：99.6%　電算化以前の除籍：52.4%

親子関係の機械的特定の調査結果
- 平成以降に出生した子の母の特定率は約90%以上

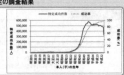

「戸籍システム検討ワーキンググループ」最終取りまとめ

5 戸籍記録文字に係る調査

調査概要

調査目的
戸籍に登録されている文字の統一的な整理を検討するために，現状の市区町村の文字の取扱い状況等を調査

調査内容等

■ 調査手法
- 全市区町村に対する書面調査
- 戸籍情報システム開発事業者に対する書面調査

■ 主な調査内容
- 市区町村で管理する外字数及び管理状況を調査
- 戸籍情報システム開発事業者の管理する内字数等を調査
- 外字及び内字の一部に対して文字同定を試行することで，戸籍統一文字等に包摂できない文字の比率及び字形の傾向を調査
- 改製不適合戸籍の原因となった文字字形を明らかにし，この一部に対して文字同定を試行することで，戸籍統一文字等に包摂可能な文字の比率及び字形の傾向を調査

参考データ

■ 戸籍統一文字
平成16年の戸籍手続のオンライン化実施に伴い定められたオンラインによる情報交換用の文字集合
文字数：56,042文字

主な調査結果

市区町村で使用される文字数の試算と戸籍統一文字への包摂可否

文字包摂基準
常用漢字表(付)字体についての解説を基にした包摂基準により文字同定作業の試行を実施

包摂基準の例（矢印部分の大きさや位置は異なるが同じ文字とする）

（1）大小，高低などに関する例

硬 硬　吸 吸　頃 頃

文字同定の試行結果
■ サンプル5,000文字を対象に実施
■ 外字の86.1%が戸籍統一文字に包摂可能
■ 改製不適合戸籍の原因文字であっても，一定数は包摂可能

#	内訳	試算文字数	戸籍統一文字に包摂された割合
1	市区町村が管理する外字	1,028,088	86.1%
2	改製不適合戸籍の原因となった文字	12,179	22.8%
3	戸籍情報システムの内字	177,514	80.6%
合計		1,217,781（※）	—

※収集した文字数と収集状況から，市区町村の戸籍事務で使用される文字数を試算。市区町村間で同一文字がある場合は，重複して計上

システム整備における課題

1 システム全体の経費の削減

既存の戸籍情報システムは大半の市区町村が個別に構築している現状にあることから、ネットワーク連携に利用する連携情報だけでなく、戸籍の正本や当該システム自体を集約することでシステム全体の運用経費等の削減を図ることが考えられる。具体的なシステム集約の方法として、戸籍情報システムのクラウド化を進めることや一元化することが考えられる（下図参照）。

しかし、システム集約に当たっては、既存システムを置き換えることとなるので、システム移行等について、多くの課題が想定される。

- 市区町村の戸籍情報システムをクラウド化により集約し、クラウドセンターから副本の送信を行う。ネットワーク連携については、法務省で中間サーバー等を新たに構築し、実施する（黄色の枠囲み部分を新規で構築する必要がある）。
- 法務省で新たに戸籍情報システムを構築し、市区町村の戸籍正本も同システムで管理する。ネットワーク連携については、法務省で中間サーバー等を新たに構築し、実施する（黄色の枠囲み部分を新規で構築する必要がある）。

2 一元化システムへの移行等に係る課題

戸籍情報は全国民の親族的身分関係を登録している基盤情報であり、かつ離婚、認知といった機微性の高い情報も含まれていることから、戸籍情報システムのシステム移行に当たっては、データの損失防止や移行後のデータの同一性確認について、より慎重な対応が必要となる。

1 氏名に使用している字形の変更

戸籍情報は氏名を登録・公証しており、住民票等の氏名情報の基となっているところ、氏名の字形（デザイン）は各市区町村が使用している戸籍情報システムのフォントにより異なっており、統一されていない。

また、システムに標準搭載されていない文字については、各市区町村で個別に外字を作成しており、その総数は102万字を超えると推測される。

現状、戸籍情報システムの開発事業者は7社あるところ、一元化システムへ移行する場合、一元化システムが使用している字形（デザイン）に統一されることから、多数の国民の氏名の字形（デザイン）が変更されることが想定され、氏名の字形（デザイン）をアイデンティティの一つとしてこだわりを持つ国民が不満を抱き、トラブルに発展するおそれがある。

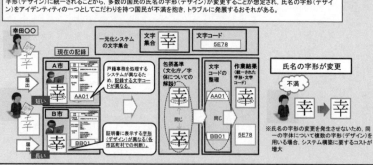

「戸籍システム検討ワーキンググループ」最終取りまとめ

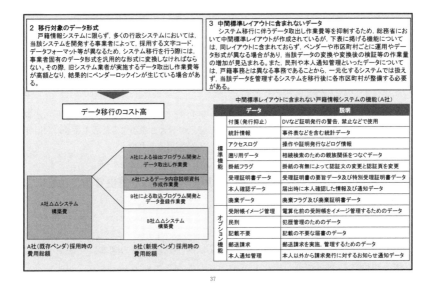

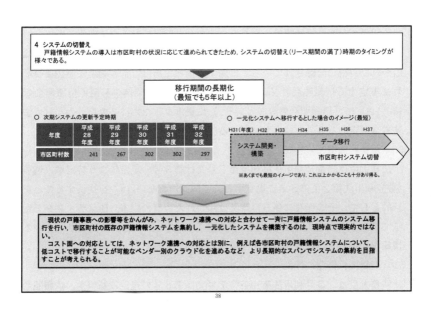

戸籍法の改正に関する要綱

（平成31年 2 月14日法制審議会採択）

（**前注**）以下、戸籍法（昭和22年法律第224号）を「法」、戸籍法施行規則（昭和22年司法省令第94号）を「規則」、行政手続における特定の個人を識別するための番号の利用等に関する法律（平成25年法律第27号）を「番号利用法」という。

第 1 　法務大臣が番号利用法に基づき戸籍関係情報を提供すること等について

1 　戸籍の副本の保存

　磁気ディスクをもって調製された戸籍又は除かれた戸籍の副本は、法第 8 条第 2 項の規定にかかわらず、法務大臣がこれを保存するものとする。

2 　戸籍関係情報の提供等

⑴ 　戸籍関係情報の定義

　戸籍関係情報とは、戸籍又は除かれた戸籍に記録されている者と他の者との親子関係の存否、婚姻関係の存否その他の身分関係の存否を識別するための情報、戸籍に記録されている者の身分関係の異動に関する情報その他の戸籍又は除かれた戸籍に記録されている者に関する情報であって番号利用法第19条第 7 号に規定する情報照会者又は同条第 8 号に規定する条例事務関係情報照会者（⑶において「情報照会者等」という。）に提供するために必要なものとして法務省令で定めるものをいうものとする。

⑵ 　戸籍関係情報の作成

　法務大臣は、番号利用法第19条第 7 号又は第 8 号の規定により特定個人情報（番号利用法第 2 条第 8 項に規定する特定個人情報をいう。）を提供することを目的として、その保存に係る戸籍又は除かれた戸籍の副本（磁気ディスクをもって調製されたものに限る。第 2 及び第 3 において同じ。）に記録されている情報を利用して戸籍関係情報を作成するものとする。

⑶ 　戸籍関係情報の提供

　法務大臣は、番号利用法第19条第 7 号又は第 8 号の規定に基づき、情報照会者等に対し、戸籍関係情報を提供するものとする。

⑷ 　戸籍関係情報の目的外利用の制限

　法務大臣は、⑵又は⑶の規定による事務を取り扱う場合を除き、戸籍関係情

報を自ら利用し、又は提供してはならないものとする。

(**注1**) 法務大臣は、戸籍関係情報の作成及び提供に当たり、情報提供用個人識別符号（行政手続における特定の個人を識別するための番号の利用等に関する法律施行令第20条第1項。いわゆる機関別符号。）を利用し、番号利用法第2条第5項に規定する個人番号（12桁のマイナンバー）は利用しないこととし、そのために必要な法制上の措置（法務大臣が情報提供用個人識別符号を取得する手続等）については、番号利用法等の関係法令において所要の整備を行う。

(**注2**) 戸籍関係情報の作成の前提として、現に各市町村で戸籍に記録されている文字を収集した上で、標準的な字形の文字に収れんする文字の同定作業を実施し、当該同定作業により整備された文字を戸籍統一文字として定め、その結果を公表するものとする。なお、文字の同定作業については、当該分野の専門家の知見を得るため、有識者で構成する会議体を設置し、文字の同定に疑義が生じた文字について、同定の可否を同会議体に諮問するものとする。

第2　戸籍事務内における情報の利用について

1　届書等情報の送信等

(1) 法第118条第1項の指定を受けた市町村長（以下第2及び第3において単に「市町村長」という。）は、届書、申請書その他の書類（戸籍の記録をするために必要なものに限る。）を受理した場合には、直ちに、当該書類に記載された情報（以下「届書等情報」という。）を法務大臣に通知するものとする。

(2) (1)の規定による通知は、法務省令で定めるところにより、市町村長の使用に係る電子計算機（入出力装置を含む。以下同じ。）から電気通信回線を通じて法務大臣の使用に係る電子計算機に送信することによって行うものとする。

(3) (1)の通知を受けた法務大臣は、法務省令で定めるところにより、当該通知に係る届書等情報を磁気ディスクに記録し、これを保存するものとする。

(4) 利害関係人は、特別の事由がある場合に限り、届書等情報に係る届出若しくは申請を受理した市町村長又は当該届出若しくは申請によって戸籍の記録をした市町村長に対し、当該届書等情報の内容を法務省令で定める方法により表示したものの閲覧を請求し、又は当該届書等情報の内容を証明した書面を請求することができるものとする。

(5) 法第10条第3項及び第10条の3の規定は、(4)の場合に準用するものとする。

(**注**) 届書の様式については、電子化の障害とならないよう、法務省令及び法務省民事局長通達において一定の見直しを行うものとする。

2 戸籍事務内における情報連携

法務大臣は、市町村長から戸籍事務の処理に関し求めがあったときは、法務省令で定めるところにより、当該市町村長に対し、その保存に係る戸籍若しくは除かれた戸籍の副本に記録されている情報又は届書等情報（以下「副本記録等情報」という。）を提供するものとする。

3 戸籍の謄本の添付省略等

(1) 届書の数通提出の不要化

法第36条第1項の場合において、届出地及び戸籍の記載をすべき地の市町村長がいずれも法第118条第1項の指定を受けているときは、届書を数通提出する必要はないものとし、法第36条第2項の場合も同様とする。

(2) 分籍届における戸籍の謄本の添付省略

届出地、届出事件の本人の本籍地及び分籍地の市町村長がいずれも法第118条第1項の指定を受けているときは、戸籍の謄本を添付する必要はないものとする。

(3) 転籍届における戸籍の謄本の添付省略

届出地、届出事件の本人の本籍地及び転籍地の市町村長がいずれも法第118条第1項の指定を受けているときは、戸籍の謄本を添付する必要はないものとする。

4 戸籍証明書の広域交付

(1)

戸籍又は除かれた戸籍に記録されている者（これらの戸籍から除かれた者（その者に係る全部の記録が市町村長の過誤によってされたものであって、当該記録が法第24条第2項の規定によって訂正された場合におけるその者を除く。）を含む。）又はその配偶者、直系尊属若しくは直系卑属（後記5(1)において「本人等」という。）は、本籍地の市町村長以外の市町村長に対し、それらの戸籍に係る戸籍証明書又は除籍証明書の交付の請求をすることができるものとし（**注1**）、この場合において、当該請求をする者は、市町村長に対し、法務省令で定める書類（**注2**）を提示する方法により、当該請求をする者を特定するために必要な氏名その他の法務省令で定める事項を明らかにしなければならないものとする。

(2)

(1)の請求を受けた市町村長は、その請求が不当な目的によることが明らかなときは、これを拒むことができるものとする。

(3)

戸籍証明書又は除籍証明書の交付の方法その他(1)及び(2)の規定の実施に関し必要な事項は、法務省令で定めるものとする（**注3**）。

戸籍法の改正に関する要綱

（注1）戸籍証明書とは、磁気ディスクをもって調製された戸籍に記録されている事項の全
部又は一部を証明した書面をいうものであり、除籍証明書とは、除かれた戸籍に記録
されている事項の全部又は一部を証明した書面をいうものである。

（注2）マイナンバーカード等の写真付き身分証明書等に限定する予定である。

（注3）法務省令において、(1)の請求を受けた市町村長による戸籍証明書等の発行につき、
正本と異なる情報に基づく戸籍証明書等の発行を防止するための措置を講ずるほか、
本籍地の戸籍の情報を証明するものであることが分かるような認証文を記載する等の
措置を講ずるものとする。

5　電子的な戸籍証明情報（戸籍電子証明情報）の発行

(1)　本人等による戸籍証明書又は除籍証明書の交付の請求は、戸籍証明書又は
除籍証明書の交付に代えて、戸籍電子証明情報（戸籍証明書に係る電磁的記
録をいう。）又は除籍電子証明情報（除籍証明書に係る電磁的記録をいう。）
の発行についてすることができるものとする（注1）。

(2)　前記4(1)後段及び同(2)の規定は、(1)の場合に準用するものとする。

(3)　戸籍電子証明情報又は除籍電子証明情報の発行の方法（注2）その他(1)及
び(2)の規定の実施に関し必要な事項は、法務省令で定めるものとする。

（注1）戸籍電子証明情報等は、前記4の広域交付に係る戸籍証明書又は除籍証明書につい
ても発行することができるものとする。

（注2）戸籍電子証明情報等の交付に当たっては、マイナンバー制度におけるマイナポータ
ルの仕組みを活用し、オンラインにより交付請求を行うことも可能とすることを想定
している。

第3　法務大臣が保存する戸籍関係情報等の保護措置について

1　法務大臣が行う情報提供事務に関する秘密等の適切な管理

(1)　法務大臣は、戸籍関係情報の作成又は副本記録等情報の提供に関する事務
に関する秘密について、その漏えいの防止その他のこれらの情報の適切な管
理のために、当該事務に使用する電子計算機の安全性及び信頼性を確保する
ことその他の必要な措置を講じなければならないものとする。

(2)　市町村長は、副本記録等情報の提供の求めに関する事務に関する秘密につ
いて、その漏えいの防止その他の当該副本記録等情報の適切な管理のために、
当該事務に使用する電子計算機の安全性及び信頼性を確保することその他の
必要な措置を講じなければならないものとする。

2　法務大臣から提供を受けた副本記録等情報の安全確保

前記第2、2の規定により法務大臣から副本記録等情報の提供を受けた市町村
長が当該副本記録等情報の電子計算機処理等（注1）を行うに当たっては、当該

市町村長は、受領した当該副本記録等情報の漏えい、滅失及び毀損の防止その他の受領した当該副本記録等情報の適切な管理のために必要な措置を講じなければならないものとする（注2）。

（注1）「電子計算機処理等」とは、電子計算機を使用して行われる情報の入力、蓄積、編集、加工、修正、更新、検索、消去、出力若しくはこれらに類する処理又は情報の入力のための準備作業若しくは磁気ディスクの保管をいう（住民基本台帳法（昭和42年法律第81号）第30条の21、第30条の24第1項参照。）。
（注2）市町村長から委託を受けて副本記録等情報の電子計算機処理等を行う者についても、同様の規律を設けるものとする。

3 法務大臣から提供を受けた副本記録等情報の利用及び提供の制限

前記2の市町村長は、戸籍事務の処理に必要な範囲内で、前記第2、2の規定により法務大臣から提供を受けた副本記録等情報を利用し、又は提供するものとし、戸籍事務の処理以外の目的のためにこれらの情報の全部若しくは一部を利用し、又は提供してはならないものとする。

4 戸籍関係情報又は戸籍個人情報に関する秘密等の保持義務

(1) 法務省の職員又は職員であった者の秘密保持義務

戸籍関係情報又は戸籍個人情報（副本記録等情報であって、当該情報に含まれる氏名、生年月日その他の記述等により特定の個人を識別することができるものをいう。）の電子計算機処理等に関する事務に従事する法務省の職員又は職員であった者は、その事務に関して知り得た戸籍関係情報若しくは戸籍個人情報に関する秘密又は戸籍関係情報若しくは戸籍個人情報の電子計算機処理等に関する秘密を漏らしてはならないものとする。

(2) 法務大臣から委託を受けた者等の秘密保持義務

法務大臣から戸籍関係情報又は戸籍個人情報の電子計算機処理等の委託（二以上の段階にわたる委託を含む。）を受けた者若しくはその役員若しくは職員又はこれらの者であった者は、その委託された業務に関して知り得た戸籍関係情報若しくは戸籍個人情報に関する秘密又は戸籍関係情報若しくは戸籍個人情報の電子計算機処理等に関する秘密を漏らしてはならないものとする。

(3) 市町村の職員又は職員であった者の秘密保持義務

戸籍個人情報の電子計算機処理等に関する事務に従事する市町村の職員又は職員であった者は、その事務に関して知り得た戸籍個人情報に関する秘密又は戸籍個人情報の電子計算機処理等に関する秘密を漏らしてはならないものとする。

(4) 市町村長から委託を受けた者等の秘密保持義務

前記 2 の市町村長から戸籍個人情報の電子計算機処理等の委託（二以上の段階にわたる委託を含む。）を受けた者若しくはその役員若しくは職員又はこれらの者であった者は、その委託された業務に関して知り得た戸籍個人情報に関する秘密又は戸籍個人情報の電子計算機処理等に関する秘密を漏らしてはならないものとする。

(5) 罰則

(1)から(4)までの規定に違反して秘密を漏らした者に対する罰則を設けるものとする。

第4　市町村長及び管轄法務局長等の調査権について

1　市町村長の調査権について

市町村長は、届出の受理に際し戸籍法の規定により届出人が明らかにすべき事項が明らかにされていないときその他戸籍の記載のために必要があると認めるときは、届出人、届出事件の本人その他の関係者に対し、質問をし、又は必要な書類の提出を求めることができるものとする。

2　管轄法務局長等の調査権について

管轄法務局長等は、市町村長から戸籍事務の取扱いに関する照会を受けたときその他法第3条第2項の規定により助言若しくは勧告をし、又は指示をするために必要がある場合においては、届出人、届出事件の本人その他の関係者に対し、質問をし、又は必要な書類の提出を求めることができるものとする。

第5　戸籍訂正について

1　家庭裁判所の許可を得て行う戸籍訂正手続

法第114条において訂正許可審判の対象とされている「届出によつて効力を生ずべき行為」から、法第60条［認知］、第61条［胎児認知］、第66条［養子縁組］、第68条［代諾養子縁組］、第70条［離縁］、第71条［代諾離縁］、第72条［死後離縁］、第74条［婚姻］及び第76条［離婚］の各届出に係る行為が除外されることを明示するものとする。

2　市町村長の職権による戸籍訂正手続

(1)　戸籍の記載が法律上許されないものであること又はその記載に錯誤若しくは遺漏があることを発見した場合には、市町村長は、遅滞なく届出人又は届出事件の本人にその旨を通知しなければならない旨の法第24条第1項本文の規律は維持するものとし、ただし、戸籍の記載、届書の記載その他の書類から訂正の趣旨及び事由が明らかであるときは、この限りでないものとする。

(2) 法第24条第2項を、(1)ただし書の場合においては、市町村長は、管轄法務局長等の許可を得て、戸籍の訂正をすることができるものとすると改める。

(3) (2)にかかわらず、戸籍の訂正の内容が軽微なものであって、かつ、戸籍に記載されている者の身分関係についての記載に影響を及ぼさないものについては、(2)の許可を要しないものとする。

(注) 市町村長が職権により戸籍の訂正をするときは、その訂正により訂正すべき記録のある者がその旨を知ることができるよう、法務省令において所要の整備を行うこととする。

第6 死亡届の届出資格者の拡大について

死亡の届出は、同居の親族以外の親族、後見人、保佐人、補助人、任意後見人のほか、任意後見受任者も、これをすることができるものとする。

第7 その他所要の整備

形式的な字句の修正等を行う。

戸籍法の改正に関する中間試案

戸籍法の改正に関する中間試案

（平成30年4月法制審議会戸籍法部会取りまとめ）

（試案前注）

　本試案については、戸籍事務へのマイナンバー制度導入に関し、戸籍法（昭和22年法律第224号。以下「法」という。）等の見直しが必要な部分について、戸籍法部会としての現時点での検討結果を示すものである。

　なお、戸籍事務へのマイナンバー制度導入に当たっては、基本的に各市区町村の戸籍情報システムが独立しており、市区町村間のネットワーク化はされていないこと、他方、東日本大震災後に法務省において構築した戸籍副本データ管理システムにおいて、電算化された戸籍の副本を管理していることを踏まえ、後記第2のとおり、国において戸籍副本データ管理システムの仕組みを利用して、戸籍情報連携システム（仮称）を構築し、戸籍内の各人について戸籍により得られる情報によって作成される個人単位の情報（戸籍の記載事項のほか、親族関係を明らかにするもの。以下「連携情報」という。）を整備するものとしている。

　マイナンバーを活用した他の行政事務との連携については、連携情報のうち、個人を特定する基本4情報（氏名、生年月日、性別、住所）を含まない情報であって他の行政事務に対する情報提供に必要なものを中間サーバーに格納し、総務大臣が管理する情報提供ネットワークシステムを用いて、情報提供を行うことを想定している。具体的に、連携情報を活用して戸籍証明書の省略が可能となる行政事務としては、現在、児童扶養手当事務、年金事務及び旅券事務を所管する各省と協議中である。また、情報提供ネットワークシステムでは、個人を特定する基本4情報をやりとりしないことを踏まえ、連携情報のうち、親族関係を明らかにする情報については、親族関係記号（親子関係や夫婦関係を示す記号であって、当該親子間・当該夫婦間でそれぞれ同一の記号）を付し、これらの記号が一致することにより、親子・夫婦であることを確認することとしている。このように、情報提供ネットワークシステムを用いて戸籍情報を提供する情報連携については、以下、本試案において、「ネットワーク連携」という。

　他方、戸籍事務内においては、戸籍事務内の番号で連携情報を管理し、戸籍事務担当職員が戸籍情報連携システム（仮称）内の連携情報を参照するなどして事務を行うことを想定している（後記第4、第5）。この戸籍事務内における情報連携については、以下、本試案において、「戸籍事務内連携」という。

　戸籍事務内連携についても、ネットワーク連携を行うための戸籍情報連携システム（仮称）を整備することによって可能となるものであって、これらの連携を可能とするための仕組みを導入することを総称して、「戸籍事務へのマイナンバー制度導入」という。

　戸籍事務へのマイナンバー制度導入によって、ネットワーク連携においては、連携先の事務では戸籍の証明書の添付が省略できることとなり、国民の利便性が向上するとともに、行政事務も効率化するものといえる。また、戸籍事務内連携においては、届出の際の戸籍の証明書の添付が不要となるだけでなく、市区町村間において電話で戸籍情報を確認したり、公用請求で取得している戸籍の証明書が不要となるなど、国民の利便性が向上するとともに、

427

戸籍事務の効率化につながるものといえる。

　なお、ネットワーク連携の前提として、どのように戸籍情報とマイナンバーとの紐付けを行うかについては、現在、①本籍地市区町村の求めに応じ、住所地市区町村が本籍地市区町村に対し住民票コードを提供し、②本籍地の市区町村で管理している戸籍の附票に住民票コードを記載した上で、③法務省の求めに応じ、戸籍情報連携システム（仮称）に当該住民票コードを送信することとし、さらに、④法務省が当該住民票コードを用いてマイナンバー制度における情報連携に用いる機関別符号を受信して戸籍情報と結合させる案を基本として、関係府省間で協議がなされている。

戸籍事務に関する制度の見直しについて

第1　電算化を原則とする規定振りへの変更について

　紙の戸籍を原則とした規定振りとなっている現行戸籍法について、電算化戸籍を原則とする規定振りとする。全ての市区町村の電算化が完了した場合であっても、改製不適合戸籍（後記第3、2（注2）参照）に係る処理等が残ることが考えられることから、現行の紙戸籍による処理の規定も例外として残すものとする。

第2　法務大臣が連携情報を管理することの根拠規定等の整備について

　国（法務大臣）において、戸籍情報連携システム（仮称）を構築するものとする。

　法務大臣は、戸籍副本の情報を利用して親族的身分関係情報（連携情報）を調製し、これを管理するものとする。

（注）市区町村長を戸籍事務管掌者とする現行の法第1条の規定は維持するものとする。また、戸籍事務へのマイナンバー制度導入のために、国において連携情報を整備・管理するに至った後も、災害等に備えて戸籍のバックアップ情報を保管する必要があることから、副本は国が保管するものとする。

第3　文字の取扱いについて

1　連携情報で使用する文字

　現に各市区町村で戸籍に記録されている文字を収集した上で、同じ文字と異なる文字とを峻別する文字の同定作業を実施し、連携情報に使用する文字として、同定作業により整備された文字（以下「戸籍統一文字」という。）を定めるものとする。

　なお、文字の同定作業については、当該分野の専門家の知見を得るため、有識

者で構成する会議体を設置し、文字の同定に疑義が生じた文字について、同定の可否を同会議体に諮問するものとする。

2　戸籍正本で使用する文字

市区町村において戸籍統一文字と紐付けできない新たな文字が登録されることを防ぐため、戸籍統一文字及びその文字コードを公表するとともに、戸籍統一文字に紐付けることができる文字の同定基準を確定・公表するものとする。

（注1）今後、新たに戸籍の正本に用いる文字については、字形（デザイン）について特段の制限を設けないが、この同定基準に従って戸籍統一文字と紐付けられた文字を記録するものとする。

（注2）改製不適合戸籍（戸籍の氏又は名の文字が誤字で記載されているため、コンピュータによる取扱いに適合しない戸籍）については、当該戸籍に記載されている者に対し、対応する正字により記載する旨の告知を改めて行うことにより、戸籍に正字で記載されることを促すものとする。

　なお、戸籍に記載されている文字に対する愛着が強い国民に配慮して改製不適合戸籍とした経緯を踏まえ、引き続き対応する正字で戸籍に記載されることを希望しない者に係る戸籍については、以後も改製不適合戸籍として取り扱うこととする。

第4　市区町村における連携情報の参照について

1　届出の受理の審査のための連携情報の参照

市区町村の戸籍事務従事職員は、届出の受理の審査に当たって戸籍情報を確認する必要がある場合には、国が構築する戸籍情報連携システム（仮称）の情報（市区町村が保有する情報と同一の情報）を参照することができるものとする。

（注）原則として、届出人は戸籍の謄本若しくは抄本又は戸籍に記載した事項に関する証明書（以下「戸籍謄本等」という。）を届出の際に添付しなくてもよいものとする。

2　連携情報の参照範囲

届出の受理の審査のために確認する戸籍の情報については、審査のため必要な範囲内であれば、特段制限を設けないものとする。

3　不正な情報参照等を防止する方策について

不正な情報参照等を防止するために十分な方策を講ずるものとする。具体的には、個人の戸籍情報の適切な管理のために必要な措置を講じなければならないとする規定を設けるとともに、漏えい防止義務を設けた上で、違反があった場合には、罰則規定の適用の対象とする等の規定を設けるものとする。

（注）不正に参照することを防止するための方策としては、例えば、不正参照の可能性があ

る場合にコンピュータ処理画面に警告メッセージを表示する、管轄法務局若しくは地方法務局又はその支局（以下「管轄法務局等」という。）に通知する、誰がいつどのような戸籍情報を参照したか証跡ログを残し、管轄法務局等による監査を実施することが考えられる。

また、不正処理が行われる可能性がある一定の場合には、情報参照に当たっては上司等の承認を得ることとするなど、当該事務処理担当者以外の関与を必須とする仕組みを設けることも考えられる。

第5　管轄法務局等における連携情報の参照について

1　市区町村が行う戸籍事務への指導等の事務に必要な連携情報の参照

法務局の戸籍事務従事職員は、市区町村が行う戸籍事務への指導、戸籍訂正の許可等の事務に当たって戸籍情報を確認する必要がある場合には、国が構築する戸籍情報連携システム（仮称）の情報を参照することができるものとする。

2　連携情報の参照範囲

市区町村が行う戸籍事務への指導等のために確認する戸籍情報については、指導等のために必要な範囲内であれば、特段制限を設けないものとする。

3　不正な情報参照等を防止する方策について

不正な情報参照等を防止するために十分な方策を講ずるものとする。具体的には、個人の戸籍情報の適切な管理のために必要な措置を講じなければならないとする規定を設けるとともに、漏えい防止義務を設けた上で、違反があった場合には、罰則規定の適用の対象とする等の規定を設けるものとする。

（注）不正に参照することを防止するための方策としては、例えば、不正参照の可能性がある場合にコンピュータ処理画面に警告メッセージを表示する、上級庁に通知する、誰がいつどのような戸籍情報を参照したか証跡ログを残し、上級庁による監査を実施することが考えられる。

また、不正処理が行われる可能性がある一定の場合には、情報参照に当たっては上司等の承認を得ることとするなど、当該事務処理担当者以外の関与を必須とする仕組みを設けることも考えられる。

第6　届書類の電子化、保存について

1　届書類の電子化

届書類（届書、申請書その他の書類）を受理した市区町村において、内容を確認した上で電子化し、国が構築する戸籍情報連携システム（仮称）に送信するものとする。この場合の届書類の参照ができる者は、届出事件本人等の本籍地の市区町村の職員及び届出を受理した市区町村の職員に限ることとする。

戸籍法の改正に関する中間試案

（注）戸籍の記載を要しない届書（外国人のみを届出事件の本人とする届書等）については、現行制度において、他の行政機関への送付の対象となっていないこと等から、当面、現行の取扱いを維持することとする。

2　届書の加工制限

届書については、事務の障害とならないよう、届書様式についても一定の見直しを行う。

第7　市区町村及び法務局の調査権について

1　市区町村の調査権について

届出又は申請の処理に当たり必要があると認める場合に、市区町村長が届出人その他の関係者に対して質問又は文書提出の要求をすることができる旨の規定を設けるものとする。

2　法務局の調査権について

市区町村から受理照会を受けた場合その他法第3条第2項の指示等を行うに当たり必要があると認める場合に、管轄法務局等の長が届出人その他の関係者に対して質問又は文書提出の要求をすることができる旨の規定を設けるものとする。

（注）市区町村及び法務局の調査権は、現在行うことのできる任意調査の範囲に限定されるものとする。縁組意思を始めとする届出人の身分行為意思に係る民法上の実質的要件の調査については、濫用事例に当る疑いがある場合に限り調査権が発動されるべきことに関して法又は下位規定に何らかの定めを置くことの可否について引き続き検討を行う。

第8　戸籍訂正について

1　法第113条及び第114条の戸籍訂正許可手続については、人事訴訟によって戸籍の訂正をすべき事項は対象としないものとする。

2　戸籍の記載又は届書類その他の書類から、訂正事由があることが明らかであると認められる場合には、市区町村長は、管轄法務局等の長の許可を得て、職権による戸籍訂正手続を行うことができるものとする。職権による戸籍訂正ができない場合又は職権による戸籍訂正をした事項につき更に訂正を要する場合には、法第113条及び第114条の戸籍訂正許可手続又は確定判決による戸籍訂正手続（法第116条）によりこれを行うものとする。職権による戸籍訂正手続（後記3の市区町村長限りの職権訂正を行う場合を除く。）を〔行う場合にはあらかじめ〕〔行った場合には〕、訂正事由のある戸籍の名欄に記載されている者に対して通知をするものとする。

3　市区町村長限りの職権訂正ができる場合があることについて、明文で規定す

431

るものとする。その範囲については、訂正事由があることが当該市区町村長に
おいて戸籍の記載又は届書類その他の書類から明らかに認めることができる場
合であることに加えて、訂正事項が軽微で、かつ、戸籍訂正を行っても身分関
係に影響を及ぼさないことを要するものとする。

第9 死亡届出の届出資格者の拡大について

任意後見受任者（家庭裁判所による任意後見監督人が選任される前における任
意後見契約の受任者をいう。）について、死亡届の届出資格を付与するものとす
る。任意後見受任者が死亡届を届け出る時には、任意後見契約の登記事項証明書
等を添付させることとする。

事項索引

あ 行

アドレス・ベース・レジストリ………101
安全保護措置………………………15
一部事項証明書………………58, 205, 305
イメージ除籍…………………59, 133, 237
受付帳情報………………68, 197, 224, 303
　　──の保存及び保存期間……………69
　　──廃棄手続………………………70
親子関係記号………………………12
オンライン交付……………………61
オンライン発行……………………98

か 行

外字………………………100, 366, 403
改製原戸籍…………………10, 59, 364
改製不適合戸籍………10, 100, 140, 366, 428
改製不適合文字……………………370
帰化許可申請等……………………67
帰化届………………………67, 224
基本4情報……………7, 128, 402, 427
行政事務標準文字……………………101
健康保険の被扶養者の認定・検認に関す
　る事務……………………………16
広域交付………………22, 46, 54, 125
公営住宅の優先入居の要件の確認………17
広義のマイナンバー………………8, 126
公用請求………………20, 44, 54, 427
国籍取得届…………………………67
国籍選択届…………………………67
国籍喪失の報告……………………67
国民年金・厚生年金の未支給年金の支給
　に関する事務……………………16
個人事項証明書………………58, 205
個人統合戸籍情報……………………401
個人番号………………6, 357, 391, 421
　　──利用事務………………………9

戸籍関係情報……………………4, 52
　　──の調製…………………………130
　　──の提供…………………………15
　　──作成用情報……………………19
戸籍システム検討ワーキンググループ
　……………………37, 126, 358, 391
戸籍事務内における活用事務……………401
戸籍事務内連携サーバー…………120, 131
戸籍事務のコンピュータ化………4, 128, 391
戸籍情報システム……………36, 53, 125, 350
戸籍情報連携システム
　……………44, 62, 125, 379, 410, 427
　　──標準仕様書研究会……………132
戸籍情報照会者………………………95
戸籍証明書………22, 46, 117, 125, 405
　　──等の種類………………………58
　　──等の広域交付………………23, 422
　　──等の交付請求………………22, 46, 52
　　──等の添付省略…………22, 52, 224
　　──等の認証文………………59, 119
戸籍制度に関する研究会……37, 126, 357, 391
戸籍訂正
　　──許可審判手続…………………384
　　──制度……………………………384
　　──手続………………31, 384, 425, 431
戸籍手数料……………………………116
戸籍電子証明書等……………………25
　　──提供用識別符号………………25
　　──の発行……………………93, 423
　　　──等の請求……………………106
　　──の請求……………………48, 91
　　──の活用による戸籍証明書等の添付
　　省略………………………………52
　　──の提供……………………41, 95
　　──の認証文………………………59
戸籍統一文字………………109, 421, 428
戸籍届書の標準様式…………………110

433

戸籍副本データ管理システム
……………………3, 127, 373, 427
戸籍法の改正に関する要綱………………5
戸籍法部会………………………5, 427

さ 行

再製原戸籍………………………………62
死後事務受任者………………………389
児童扶養手当の認定に関する事務………16
死亡届………………33, 73, 362, 426, 432
事務に関する秘密………………19, 156, 423
社会保障・税番号制度システム整備費補
　助金………………………………129
住民基本台帳ネットワークシステム
……………………………372, 397
住民票コード……………………6, 131
取得番号………………………17, 131
奨学金の貸与・支給に関する事務………17
情報保護評価………………………377
情報連携…………3, 140, 372, 393, 422, 427
情報提供等記録開示システム………………98
情報提供用個人識別符号
……………………8, 65, 126, 350, 421
情報提供ネットワークシステム
……………………7, 126, 372, 397, 427
除籍………………10, 59, 127, 358
　──証明書………………46, 54, 422
　──電子証明書………25, 46, 60, 423
　　──提供用識別符号等……………25, 93
新戸籍統一文字………………………409
親族的身分関係………………10, 365, 402
　──情報………………128, 394, 428
請求情報………………………………109
正字………………………99, 235, 314
正本………3, 46, 52, 127, 360, 393, 423, 429
創設の届出………………………33, 362
俗字………………………………99

た 行

胎児認知届………………………71, 137

代理人による請求………………………24, 46
地方公共団体情報システム機構
……………………………39, 131, 396
電子情報処理組織………………3, 44, 104
　──による戸籍証明書等の交付請求……61
電算化戸籍………………100, 135, 365, 428
電子署名………………………97, 331
転籍届………………………39, 65, 422
特定個人情報………………6, 141, 375, 420
　──ファイル………………………8
匿名化統計情報提供事務………………401
届書等情報………………26, 52, 133, 421
　──内容証明書………………………84
　　──の認証文………………………86
　──による事務処理…………………81
　──による事務処理の実現……………52
　──の閲覧………………………28, 84
　──の公開………………………28
　──の作成………………………72
　──の通知………………………82
　──の廃棄手続………………………81
　──の保存………………………79
　──の連携………………………132
届出事件本人………………………9, 430
届出人………………9, 65, 380, 425, 431
　──の所在地………………………359

な 行

日本再興戦略改訂2014…………………357
日本再興戦略改訂2015…………………357
二要素認証対応………………………132
ネットワーク連携………125, 372, 393, 427
　──事務………………………401

は 行

発行確認区分………………………133
発行抑止区分………………………133
秘密保持義務………………………29, 424
非本籍地………………………19, 359
非本籍人………………………89, 362

事 項 索 引

副本·····················3, 52, 127, 350, 420, 427

　──情報·························52, 130, 374

　　──の参照等························64

　　──の全件送信に係る作業·······132, 350

　　──の提供·························66

複本籍···························129, 385

不受理申出書·····················72, 136

不受理申出取下書······················72

分籍届·······················39, 65, 422

報告的届出·························362

補助金

　──事業·························142

　──交付·························142

本籍地履歴書交付サービス·················401

本籍分明届·························80

本人確認情報·····················372, 398

ま　行

マイナポータル·····················98, 423

マイナンバー制度·········4, 100, 126, 357, 391

マイナンバーカード············6, 56, 361, 423

窓口交付·························24, 48

未来投資戦略2018····················37

や　行

郵送による請求····················24, 46

要確認情報·························134

435

条 文 索 引

行政機関の保有する個人情報の保護に関する法律（平成15年法律第58号）

第8条第1項·····························15
第54条··································31

行政手続における特定の個人を識別するための番号の利用等に関する法律（平成25年法律第27号）：マイナンバー法

第2条
　──第4項································38
　──第5項·································6
　──第8項···························37, 38
　──第9項································38
　──第10項·······························9
　──第14項·······························39
第3条··································16
第9条
　──第1項·································9
　──第2項·································9
　──第3項································65
第19条··································8
　──第7号·································8
　──第8号····················3, 14, 15, 16
　──第9号·····························3, 14
第20条··································8
第24条··································42
第25条··································42
第50条··································42
第55条··································17
第60条··································16
第75条··································16
第83条··································16
第143条·································17
附則第6条
　──第1項······························4, 126
　──第3項································98
別表

──1··································16
──53·································17
──58·································16
──73·································16
──81·································16
──141·································17

新マイナンバー法（改正法後のマイナンバー法）

第9条第3項··············8, 9, 14, 119, 141
第19条
　──第7号·····························8, 14
　──第8号·····························8, 14
第21条の2
　──第1項································17
　──第2項································17
　──第3項から第8項························18
第45条の2·······························19
　──第1項·····························19, 38
第52条の2·······························19
第53条の2···························18, 19
第55条の2···························18, 19

最新マイナンバー法（令和6年9月までに改正されたマイナンバー法）

第19条··································16
　──第8号··················7, 8, 11, 15, 22, 119
　──第9号··················7, 8, 11, 23, 119
第21条···································7
第21条の2第2項·······················19, 131
別表·································7, 15, 23

戸籍法の一部を改正する法律（令和元年法律第17号）

附則第1条····························34, 38
　──第2号································35
　──第3号································36
　──第4号································11

条 文 索 引

——第 5 号·················· 6, 37, 38, 125	第49条第 1 項····················80
附則第 8 条····················41	第54条第 1 項····················80
附則第12条····················38	第61条····················71
	第65条····················71, 81
戸籍法（昭和22年法律第224号）	第100条····················43
第 1 条····················37	——第 2 項····················39, 65
第 3 条····················15	第102条····················67
第 8 条第 2 項····················21, 22	第102条の 2····················67
第10条	第104条の 2····················67
——第 1 項	第105条····················67
······23, 25, 26, 40, 46, 47, 49, 54, 111, 141	第107条
——第 3 項	——第 2 項····················43
···················28, 46, 47, 48, 50, 55, 57, 87	——第 3 項····················43
第10条の 2····················40	——第 4 項····················43
——第 2 項····················46, 56	第108条····················43
——第 6 項····················46	——第 2 項····················39, 65
第10条の 3····················28, 87	第113条····················42
——第 2 項··········46, 48, 50, 55, 57	第114条····················42
第10条の 4····················65	第117条····················83
第11条····················15, 38, 62	第118条第 1 項··········20, 21, 54
第11条の 2····················38	第119条··········51, 54, 56, 58, 91
——第 1 項····················62, 119	——第 1 項····················15, 40
——第 2 項····················62	第144条····················33
第12条の 2··········23, 46, 51, 54, 56	
第13条····················7, 11	**新戸籍法（改正法後の戸籍法）**
第15条····················71	第 1 条····················35
第24条····················38	第 3 条····················35
——第 1 項····················32	第 3 条第 3 項····················31
——第 2 項····················32, 40	第24条····················35
第26条····················80	——第 1 項····················32
第36条····················27, 42	——第 2 項····················32
——第 1 項····················83	——第 3 項····················32
——第 2 項····················83	第27条の 3··········31, 35, 40, 42, 65
第40条····················66, 78	第87条····················33, 35
第41条····················78	第114条····················35
——第 1 項····················66	第118条····················34
第42条····················78	——第 1 項
——第 2 項····················87	·········20, 21, 42, 51, 65, 82, 96, 101, 103
第45条····················75	第119条の 2··········20, 22, 35, 62
第48条第 2 項··········28, 38, 84, 120, 121	第120条

437

——第 1 項‥‥‥‥‥‥‥‥‥‥51, 117
——第 2 号‥‥‥‥‥‥‥‥‥‥‥‥56
第120条の 2 ‥‥‥‥‥‥‥‥‥‥25, 49
——第 1 項
‥‥‥‥23, 46, 47, 51, 58, 59, 61, 91, 117, 141
——第 1 号‥‥‥‥‥‥‥‥‥‥‥54
——第 2 号‥‥‥‥‥‥‥‥‥‥‥54
——第 2 項‥‥‥‥‥‥‥‥‥24, 48, 55
第120条の 3 ‥‥‥‥‥‥‥‥‥‥25, 41
——第 1 項‥‥‥‥25, 46, 49, 51, 92, 93
——第 2 項‥‥‥‥‥26, 49, 93, 95, 107
——第 3 項‥‥‥‥26, 49, 92, 94, 95, 106, 117
——第 4 項‥‥‥‥‥‥‥‥41, 50, 141
第120条の 4 ‥‥‥‥‥‥‥‥‥‥‥121
——第 1 項‥‥‥‥27, 71, 72, 79, 108
——第 2 項‥‥‥‥‥‥‥‥‥‥27, 79
第120条の 5
——第 1 項‥‥‥‥‥‥27, 41, 75, 82, 83
——第 2 項‥‥‥‥‥‥‥‥27, 42, 83
——第 3 項‥‥‥‥‥‥27, 41, 75, 82, 83
——第 4 項‥‥‥‥‥‥‥‥27, 42, 83
第120条の 6
——第 1 項‥‥‥‥28, 85, 87, 118, 121
——第 2 項‥‥‥‥‥‥‥‥‥28, 87
第120条の 7 ‥‥‥‥‥‥‥‥‥‥39, 65
第120条の 8 ‥‥‥‥‥‥‥‥‥‥39, 65
第121条‥‥‥‥‥15, 28, 29, 34, 42, 51
第121条の 2 ‥‥‥‥‥‥28, 29, 34, 42
第121条の 3 ‥‥‥‥‥‥‥‥‥36, 119
第132条‥‥‥‥‥‥‥‥28, 29, 34, 42
第133条‥‥‥‥‥28, 30, 31, 35, 42, 51
第144条‥‥‥‥‥‥‥‥‥‥‥‥‥33

戸籍法施行規則（昭和22年司法省令第94号）
第11条‥‥‥‥‥‥‥‥‥‥‥‥86, 87
第11条の 2
——第 1 号‥‥‥‥‥56, 57, 87, 118
——第 2 号‥‥‥‥‥‥‥‥‥‥‥87
——第 3 号‥‥‥‥‥‥‥‥‥‥‥87
——第 5 号

——イ‥‥‥‥‥‥‥‥‥‥‥‥‥‥87
——ロ‥‥‥‥‥‥‥‥‥‥‥‥‥‥58
第11条の 3 ‥‥‥‥‥‥‥‥‥‥‥‥87
第11条の 4 ‥‥‥‥‥‥‥‥‥‥‥‥87
第11条の 5 ‥‥‥‥‥‥‥‥‥‥‥‥87
第20条第 1 項‥‥‥‥‥‥‥‥‥‥‥84
第21条第 1 項‥‥‥‥‥‥‥‥‥‥‥84
第21条第 3 項‥‥‥‥‥‥‥‥‥‥‥70
第25条‥‥‥‥‥‥‥‥‥‥‥‥‥‥83
第26条‥‥‥‥‥‥‥‥‥‥‥‥‥‥83
第27条‥‥‥‥‥‥‥‥‥‥‥‥‥‥83
第28条‥‥‥‥‥‥‥‥‥‥‥‥‥‥83
第30条‥‥‥‥‥‥‥‥‥‥‥‥11, 84
——第 5 号‥‥‥‥‥‥‥‥‥‥‥84
第31条‥‥‥‥‥‥‥‥‥‥‥‥‥‥99
第34条‥‥‥‥‥‥‥‥‥‥‥‥‥‥11
第41条‥‥‥‥‥‥‥‥‥‥‥‥‥‥84
第47条の 2 ‥‥‥‥‥‥‥‥‥‥‥‥33
第48条‥‥‥‥‥‥‥‥‥‥‥‥‥109
——第 2 項‥‥‥‥‥‥‥‥‥‥‥88
——第 3 項‥‥‥‥‥‥‥‥‥88, 89
第49条‥‥‥‥‥‥‥‥‥‥‥‥‥‥88
——第 2 項‥‥‥‥‥‥‥‥‥‥‥89
第49条の 2 ‥‥‥‥‥‥‥88, 120, 121
——第 1 項‥‥‥‥‥‥‥‥‥‥‥89
第50条‥‥‥‥‥‥‥‥‥‥‥‥‥109
第52条‥‥‥‥‥‥‥‥‥‥‥‥‥‥90
第52条の 2 ‥‥‥‥‥‥‥‥‥‥86, 87
第53条の 4 第 7 項‥‥‥‥‥‥88, 89
第54条‥‥‥‥‥‥‥‥‥‥‥‥‥‥83
第59条の 2 ‥‥‥‥‥‥‥‥‥‥‥‥74
第68条の 2 （令和6年4月18日以降は第68
条の 3 ）‥‥‥‥‥‥‥99, 100, 101
第73条の 2 ‥‥‥‥‥‥‥‥‥‥‥‥55
——第 1 項‥‥‥‥‥‥‥‥‥56, 93
——第 2 項‥‥‥‥‥‥‥‥‥58, 93
——第 3 項‥‥‥‥‥‥‥‥57, 58, 93
第73条の 3 ‥‥‥‥‥‥‥‥‥‥‥‥59
第73条の 4 ‥‥‥‥‥‥‥‥‥‥61, 94
第75条

条文索引

——第1項················62, 63, 69, 120
——第2項················62, 63, 69, 120
——第3項··························62
——第4項························63, 69
——第5項··························63

第75条の2
——第1項··························63
——第2項··························64
——第3項························63, 64
——第4項························64, 81
——第5項························64, 81

第75条の3··························64
——第2項··························66
——第3項························66, 81
——第4項··························67

第76条
——第1項··························68
——第3項··························68
——第4項··························69
——第5項··························69

第76条の2
——第1項··························70
——第2項··························70
——第3項··························70

第78条の2
——第1項··········71, 76, 82, 88, 89
——第2項········72, 77, 88, 90, 108
——第3項··········76, 79, 82, 88, 89
——第4項··········77, 79, 82, 88, 89
——第5項····················78, 79
——第6項··························79

第78条の3
——第1項··························79
——第2項第1号··················81
——第4項··························90

第78条の4
——第1項··························82
——第2項························83, 88
——第3項··························84
——第4項··························84

第78条の5
——第1項··························85
——第2項··························86

第79条の2
——第1項··························92
——第2項··························97
——第3項··························93

第79条の2の2
——第1項··························94
——第2項······················94, 107
——第3項··························94
——第4項··························95

第79条の2の3
——第1項··························96
——第2項························96, 97
——第3項······················97, 121
——第4項··························97

第79条の2の4
——第1項·························105
——第2項·························108
——第3項·····················98, 106

第79条の3··························98
——第1項····················105, 106

第79条の5
——第1項·························105
——第2項·····················98, 107
——第3項·····················98, 107

第79条の6
——第1項····················105, 107
——第2項·····················98, 107

第79条の8
——第1項··························61
——第3項··························98

第79条の9
——第1項·························108
——第2項·························109

第79条の9の2·····················102
——第2項·························103

別表第2····························99
別表第3····························84

別表第4 ·································95, 96
附録第7号 ·································84
附録第25号 ·································84

（改正法の施行に伴う令和元年法務省令第4号による改正前の）戸籍法施行規則
第63条 ·······························31, 39, 42
第69条 ·································101
第75条の2 ·································22
第79条の2第1項 ·························105
第79条の9 ·································84

戸籍法施行規則の一部を改正する省令（令和6年法務省令第5号）
附則第2条 ·································88
附則第3条
──第1項 ·································58
──第2項 ·································92

戸籍事務取扱準則制定標準（平成16年4月1日付け法務省民一第850号民事局長通達別添）
第33条 ·································74, 75
第55号第1項
──第13号 ·································90
──第30号 ·································78
附録第25号 ·································77

児童扶養手当法施行令(昭和36年政令第405号)
第4条第2項第3号 ·························39

住民基本台帳法（昭和42年法律第81号）
第12条第7項 ·································41
第12条の4第1項 ·························41

住民基本台帳法施行規則（平成11年自治省令第35号）
第4条第2項 ·································41

情報通信技術を活用した行政の推進等に関する法律（平成14年法律第151号）
第3条第2号 ·································51, 92
第6条第1項 ·································117
第7条第1項 ·································117
第11条 ·································41, 121

情報通信技術を活用した行政の推進等に関する法律施行令（平成15年政令第27号）
第5条 ·································41, 121

相続税法（昭和25年法律第73号）
第58条第1項 ·································119

相続税法施行規則(昭和25年大蔵省令第17号)
第29条の2
──第1項 ·································119
──第2項 ·································119

地域の自主性及び自立性を高めるための改革の推進を図るための関係法律の整備に関する法律（令和5年法律第58号）
·································44, 53

地方公共団体が競争の導入による公共サービスの改革に関する法律（平成18年法律第51号）
第34条第1項 ·································115

地方自治法（昭和22年法律第67号）
第2条第9項第1号 ·························38
第252条の19第1項 ·························56

保有個人情報の利用目的以外の目的のための利用を制限する個人情報の保護に関する法律（平成15年法律第57号）：個人情報保護法 ·································15
第180条 ·································31

旅券法（昭和26年法律第267号）
第3条第1項 ·································96, 122

戸籍法の一部を改正する法律の施行等に伴う戸籍情報
連携システムを利用した戸籍事務の取扱いについて

2025年2月8日　初版第1刷印刷　定価：4,620円（本体価：4,200円）
2025年2月14日　初版第1刷発行

不複許製	編　者	テイハン法令編纂部 戸籍実務研究会
	発行者	坂　巻　　徹

発行所　　　東京都北区　株式　テイハン
　　　　　　東十条6丁目6-18　会社
　　　　　　電話 03（6903）8615　FAX 03（6903）8613／〒114-0001
　　　　　　ホームページアドレス　https://www.teihan.co.jp

〈検印省略〉　　　　　　　　印刷／日本ハイコム株式会社

ISBN978-4-86096-188-6

本書のコピー、スキャン、デジタル化等の無断複製は著作権法上での例
外を除き禁じられています。本書を代行業者等の第三者に依頼してスキ
ャンやデジタル化することはたとえ個人や家庭内での利用であっても著
作権法上認められておりません。